广东省社科项目(GD16CGL04)『农村普惠金融深度与供给效率研究』
及华南农业大学教学课题『《农村金融与小微金融》案例库』阶段性研究成果

农村普惠金融创新案例

张乐柱 编著

经济管理出版社
ECONOMY & MANAGEMENT PUBLISHING HOUSE

图书在版编目（CIP）数据

农村普惠金融创新案例/张乐柱编著．—北京：经济管理出版社，2017.12
ISBN 978－7－5096－5552－8

Ⅰ.①农…　Ⅱ.①张…　Ⅲ.①农村金融—金融创新—案例—中国　Ⅳ.①F832.35

中国版本图书馆 CIP 数据核字（2017）第 313985 号

组稿编辑：曹　靖
责任编辑：杨国强　张瑞军
责任印制：黄章平
责任校对：王淑卿

出版发行：经济管理出版社
（北京市海淀区北蜂窝 8 号中雅大厦 A 座 11 层　100038）
网　　址：www.E－mp.com.cn
电　　话：（010）51915602
印　　刷：北京晨旭印刷厂
经　　销：新华书店
开　　本：787mm×1092mm/16
印　　张：20.5
字　　数：486 千字
版　　次：2018 年 2 月第 1 版　　2018 年 2 月第 1 次印刷
书　　号：ISBN 978－7－5096－5552－8
定　　价：78.00 元

乘风破浪普惠民生

普惠金融的缘起，公认的是孟加拉国 Muhammad Yunus 的小微贷款服务，专门提供给因贫穷而无法获得银行贷款的创业者，2006 年，为表彰他们从社会底层推动经济和社会发展的努力而获得诺贝尔和平奖。“南学北渐”，舶来华夏。然而，作为一种制度，19 世纪中叶诞生于德国的合作金融，本身就具有普惠弱势群体的基因，故称其为“人本与资本联合的制度设计”，但那时诺氏尚未设奖（1900 年 6 月）。中华人民共和国成立后，农村信用合作制度虽是集体化的产物，但确实以其贴近基层的优势服务了农村弱势群体。吾辈采众家之长，“舶来”普惠技术，推进十余载，成就斐然，与新时代民生理念如此契合，也说明了它天生关注底层受众，是人本化制度设计。

测度普惠金融的标准至今尚有争议，有两点已达成共识：可持续与覆盖面。所谓“覆盖面”是指普惠广度，但具有广度不一定实施服务，尤其是在政绩工程的情况下。所以，普惠金融一定要有深度，真正实施服务尤其是贷款服务，将金融资源配置于急需人群。做到这一点，可有三种思路：其一，新型技术的应用。如今天的信息通信技术所支撑起的互联网金融、手机银行等，如蚂蚁金服的陈龙所言，“实现普惠每人发一部智能手机就够了”。然而，农村居民的“弱势性”决定了大部分人能力不足，欠缺信息通信所需的知识积累，达到现代人的标准需要较长甚至很长时间，何况农村基础设施的缺失，因此，非一部手机所能满足！其二，做小做深金融脉络，也就是十几年前笔者所提出的“毛细系统”，使农村群体对金融产品真正可触、可得。借鉴民间信贷交易机制，有效降低交易费用，不仅包括金融机构的费用，也包括金融服务使用者的“奉行费用”，尤其是信息成本，信用代理就是一种好的方式。其三，开发个性化的小微信贷产品，满足差异化的多层次、多样化需求。如土地“三权”下的经营权抵押、农业产业链金融等，除传统农户金融外，满足新型经营主体的需求更需产品创新。

所谓“可持续”是指实施服务的金融机构能够不间断地长期提供金融服务。这意味着金融机构首先得“活着”，前提是其收益大于成本。一方面是收益。然而在承担不了高利率的假定下，针对弱势群体甚至是穷人的合理的“可承担费用”，意味着收益难以达到金融机构愿意实施服务行为的预期。另 方面是成本。“三农”的弱质弱势落后性、服务群体教育程度的相对较低、农业产业风险的不确定性等，决定了农村金融服务成本高企。不似城市金融服务的“制式化”，千差万别的需求要求开发个性化金融产品，且因为需求的零星与小批量，产品的使用难以规模化，进一步加大了成本。因此，要实现可持续，必须增加收益，市场机制配置金融资源；降低成本，除运用新技术外，着力解决农村金融服务的外部性问题，使农村金融服务达到边际社会成本与边际社会收益相等的“帕累托”状态。这是政府部门应该作为的边界，加大财政税收、货币金融等的支持力度。更重要的是完善制度支撑，降低交易费用，为市场交易主体创新服务优化生态，形成诱导行为的预期。

学者的书斋苦思和模型数字的把玩，不如实践中的创造来得实在。农村金融实践者作为理性人，一直捕捉可能的市场机会，探索在既有政策框架下与农村实际结合的普惠金融之路，创新符合需求的金融产品，弥足珍贵。这需要我们总结汇总，形成值得学习借鉴的案例。

本书收录了17个案例（第13个案例中就包含了15个金融危机子案例），其中张乐柱及博士、硕士研究生写作10个，他们分别是陈晓洁、张少宁（中国农业大学博士生）、于卉兰、杨明婉、黄文苑、卢一铭、李伟伟、李伟鑫、孙红、苏柳方。MF中心参与写作的老师有潘朝顺、蔡键、彭东慧、董莹。主要执笔者在每章最后注明。在编著过程中，陈晓洁贡献良多，全书由张乐柱修稿并统编定稿。

起笔之时，正值中共十九大闭幕之际，故言“乘风”；所谓“破浪”，对普罗大众的任何惠及都意味着改革成果的再调整——除非仅仅是“做样子”，既得利益者必有阻遏之势，不可能一帆风顺，何况是讲究要素利得之时。祈愿普惠金融得以发展，真正惠及农村弱势苍生，使金融不再成为“有余者”的资本集聚手段；回归金融的“初心本意”，成为“不足者”的谋生技术与方式。

是为序。

张乐柱

2017年10月26日于羊城

目　录

普惠金融创新：广东四会案例 …… 1

一、四会市及四会农商行概要 …… 1

（一）四会市社会经济发展概况 …… 1

（二）四会农商银行发展概要 …… 3

二、四会农商行普惠金融产品创新 …… 4

（一）具有特色的“三农”服务产品创新 …… 4

（二）助力小微企业发展的服务产品创新 …… 11

（三）践行普惠金融理念的服务产品创新 …… 15

三、案例使用说明 …… 19

（一）教学目的与用途 …… 19

（二）启发思考题 …… 20

（三）理论依据与分析 …… 20

（四）建议课堂计划 …… 21

普惠金融精准扶贫的“平邑模式” …… 46

一、平邑县经济社会发展概况 …… 46

（一）平邑县人文区位优势 …… 46

（二）平邑产业特色明显 …… 47

二、平邑县普惠金融扶贫的探索及绩效 …… 48

（一）创新组织与落实工作机制 …… 48

（二）增扩农村金融基础设施，构建社区金融服务体系 …… 49

（三）重点创新惠民信贷产品，提高信贷可得性 …… 50

（四）以提升服务的就近、可触和可得性进而实现金融普惠性 …… 52

（五）以居民金融素养提升工程促金融生态优化 …… 53

（六）普惠金融改革绩效 …… 54

三、平邑县普惠金融服务实践中存在的主要问题 …… 55

（一）农村金融机构营业网点偏少 …… 55

（二）金融服务环境尚需优化 …… 55

（三）金融支付手段及产品创新不足 …… 55

（四）金融理念与教育缺失 …… 56
四、完善发展普惠金融的政策建议 …… 56
（一）加大普惠金融的政策支持力度 …… 56
（二）整合农村金融机构服务网点设置 …… 56
（三）大力实施普惠金融教育 …… 57
（四）制定普惠金融发展规划 …… 57
五、案例使用说明 …… 57
（一）教学目的与用途 …… 57
（二）案例思考题与分析思路 …… 57
（三）理论依据 …… 57

茂名市普惠金融实践案例 …… 63

一、茂名市农村金融发展现状及存在的问题 …… 63
（一）茂名市农村金融发展现状 …… 63
（二）茂名市农村金融存在的问题 …… 65
（三）茂名市农村金融问题的成因分析 …… 68
二、茂名市农村普惠金融实践的主要做法及其绩效 …… 69
（一）构建多部门协调联动机制，强化组织领导 …… 70
（二）统筹运用金融和财政扶持资金杠杆，助推普惠金融发展 …… 70
（三）完善组织体系与强化服务功能，增强金融机构普惠能力 …… 71
（四）具有茂名特色的普惠金融产品创新 …… 71
（五）构建普惠金融交易实施的基础条件 …… 73
三、进一步深化改革的路径 …… 75
（一）以增加便利性而提升普惠金融覆盖率，降低交易成本 …… 76
（二）基于个性化需求的农村金融服务产品创新 …… 76
（三）以金融生态环境的优化促进普惠深化 …… 77
四、案例使用说明 …… 77
（一）教学目的与用途 …… 77
（二）启发思考题 …… 77
五、理论依据与分析——金融生态理论 …… 78
六、建议课堂计划 …… 78

农村金融体制改革制度变迁特征及趋向：南海农商银行案例 …… 88

一、中国农村金融体制改革历程回顾 …… 88
二、中国农村金融体制改革的特征 …… 89
三、中国农村金融体制变迁的路径分析 …… 89
（一）外生性 …… 90
（二）内生性 …… 90
（三）路径依赖性 …… 91

四、中国农村金融体制存在的问题 …… 92
（一）农村经营网点覆盖面不足 …… 92
（二）农信社长期处于垄断地位，农村金融市场缺乏竞争机制 …… 92
（三）民间金融活跃，但是缺乏法律保障和约束 …… 92
（四）农村信用社的业务单一，难以适应多样化的农户贷款需求 …… 92
（五）农业保险发展滞后 …… 93
（六）农村金融市场信用担保体系不健全 …… 93
五、案例分析：以南海农商行为例 …… 93
（一）南海农商行的曲折探索阶段（1952～1966 年） …… 93
（二）南海农商行的粗放发展阶段（1997～2004 年） …… 95
（三）南海农商行的改革攻坚阶段（2005～2011 年） …… 96
（四）南海农商行的全新发展飞跃阶段（2012 年至今） …… 98
六、我国农村金融体制改革路径选择 …… 99
（一）普惠性和营利性相结合，国家给予财政支持 …… 99
（二）农村金融与农村经济协调发展 …… 100
（三）降低金融市场的准入门槛，构建多元化竞争市场 …… 100
（四）既要注重增量也要优化存量 …… 100
（五）诱致性变迁与强制性变迁结合 …… 100
七、案例使用说明 …… 101
（一）教学目的与用途 …… 101
（二）案例思考题与分析思路 …… 101
（三）理论依据 …… 101

基于微贷视角的县域金融风险管控：河源农商行源城支行案例 …… 103

一、引言 …… 103
（一）县域金融 …… 103
（二）县域金融体系 …… 103
（三）县域金融机构风险 …… 103
（四）小额信贷风险 …… 105
（五）小额信贷风险成因 …… 106
二、河源市农村商业银行小额贷款风险现状 …… 107
（一）河源市农商行发展概况 …… 107
（二）河源市农村商业银行小额贷款现状 …… 107
三、河源农村商业银行小额贷款风险分析 …… 110
（一）信用风险 …… 111
（二）市场风险 …… 111
（三）自然风险 …… 111
（四）机制风险 …… 111
（五）法律风险 …… 112

四、河源市农村商业银行小额贷款风险成因分析 …… 112
（一）小额贷款风险产生的内部原因 …… 112
（二）小额贷款风险产生的外部原因 …… 114
五、河源市农村商业银行小额贷款风险控制措施 …… 117
（一）从降低机制风险角度出发的风控措施 …… 117
（二）从降低信用风险角度出发的风控措施 …… 122
（三）从降低市场风险角度出发的风控措施 …… 122
（四）从降低自然风险角度出发的风控措施 …… 122
（五）从降低法律风险角度出发的风控措施 …… 123
（六）从完善信息机制角度出发的风控措施 …… 123
（七）从小额贷款定价角度出发的风控措施 …… 124
（八）从流动性管理角度出发的风控措施 …… 125
六、案例使用说明 …… 125
（一）教学目的与用途 …… 125
（二）案例思考题与分析思路 …… 125
（三）理论依据——信息不对称理论 …… 125

我国股份制商业银行小微金融发展策略研究：民生银行案例 …… 128

一、引言 …… 128
二、股份制商业银行发展小微金融的 SWOT 分析 …… 129
（一）股份制商业银行发展小微金融的优势 …… 129
（二）股份制商业银行发展小微金融的劣势 …… 130
（三）股份制商业银行发展小微金融的机会 …… 131
（四）股份制商业银行发展小微金融的威胁 …… 131
三、民生银行发展小微金融的策略分析 …… 132
（一）变革与转型之路 …… 132
（二）民生银行小微金融核心理念 …… 135
（三）民生银行小微金融产品创新 …… 137
（四）民生银行小微金融风险控制 …… 143
（五）民生银行小微金融的绩效 …… 146
四、股份制商业银行发展小微金融的建议 …… 147
（一）优化完善授信管理制度 …… 147
（二）完善行业金融组织架构 …… 147
（三）立足行业供应链发展小微供应链金融 …… 147
（四）加强金融产品创新 …… 148
五、案例使用说明 …… 148
（一）教学目的与用途 …… 148
（二）案例思考题与分析思路 …… 149
（三）理论依据 …… 149

村镇银行绩效及发展问题建议分析：小榄村镇银行案例 …… 151
一、村镇银行发展的背景 …… 151
二、村镇银行成立的必要性 …… 152
（一）我国农村地区金融发展的特殊性 …… 153
（二）村镇银行成立前农村金融体系主要问题原因分析 …… 153
（三）村镇银行成立的意义 …… 154
三、我国村镇银行发展现状 …… 155
（一）我国村镇银行发展现状 …… 155
（二）我国村镇银行发展中存在的问题 …… 157
四、中山小榄村镇银行基本情况 …… 159
（一）中山小榄村镇银行发展概况 …… 159
（二）治理结构介绍 …… 159
（三）绩效分析 …… 160
五、小榄村镇银行发展问题 …… 164
（一）业务品种单一，金融创新不足 …… 164
（二）受发起行控制较深，经营独立性不足 …… 165
（三）存贷结构不合理，流动性风险加剧 …… 165
（四）市场定位与实际工作存在偏差，存在信贷风险 …… 165
（五）专业人才匮乏，人力资源不足 …… 166
（六）同业竞争力弱 …… 167
（七）定位不清，重企轻农 …… 167
六、小榄村镇银行可持续经营路径 …… 167
（一）细分农村金融市场，开展错位竞争 …… 167
（二）改革与创新金融产品，满足客户个性化的金融需求 …… 168
（三）强化内控管理，切实加大风险管理和风险防范力度 …… 168
（四）坚持服务“三农”的功能定位 …… 168
（五）构建合理的股权结构 …… 169
（六）加强经营管理，降低村镇银行信贷经营成本 …… 169
（七）提高村镇银行社会认知度，拓宽资金来源渠道 …… 169
七、村镇银行发展的政策性建议 …… 170
（一）推动制度改革和创新 …… 170
（二）加大国家的政策支持 …… 171
（三）加强和完善外部金融监管 …… 172
（四）改善运营机制，推进金融创新 …… 172
（五）培养金融创新人才 …… 173
八、案例使用说明 …… 173
（一）教学目的与用途 …… 173
（二）案例思考题与分析思路 …… 173

（三）理论依据 …… 174

我国小额信贷模式实践的经验与困境：易县扶贫社案例 …… 176

一、孟加拉国格莱珉银行小额信贷模式 …… 176
（一）格莱珉银行的运行机制 …… 177
（二）格莱珉银行的发展绩效 …… 179
二、GB 模式在我国的实践：以易县扶贫合作社为例 …… 182
（一）易县扶贫合作社的运行模式 …… 183
（二）易县扶贫合作社存在的问题分析 …… 183
三、案例使用说明 …… 184
（一）教学目的与用途 …… 184
（二）启发思考题 …… 184
（三）理论依据与分析 …… 184
（四）建议课堂计划 …… 186

市场结构、民间互联性金融交易与帕累托改进 …… 188

一、柬埔寨的民间互联性金融交易 …… 188
二、巴基斯坦的民间互联性金融交易 …… 191
三、广东温氏集团的民间互联性金融交易 …… 195
四、案例使用说明 …… 199
（一）教学目的与用途 …… 199
（二）启发思考题 …… 199
（三）分析思路 …… 204
（四）理论依据与分析 …… 204
（五）关键要点 …… 206
（六）建议课堂计划 …… 206

债权保护、廉价资金和垂直联结战略 …… 207

一、菲律宾的垂直联结实践——国家农业生产力计划 …… 207
二、广东德庆垂直联结案例 …… 211
三、案例使用说明 …… 214
（一）教学目的与用途 …… 214
（二）启发思考题 …… 214
（三）分析思路 …… 218
（四）理论依据与分析 …… 218
（五）关键要点 …… 220
（六）建议课堂计划 …… 220

农村小额信贷模式创新：中和农信下属连南县农户自立服务社案例 …… 221

一、背景概述：中和农信项目管理有限公司及其小额信贷业务 …… 221

二、连南农户自立服务社小额信贷：中和农信模式 …… 222
（一）中和农信小额信贷模式 …… 222
（二）小组联保及其成功原因 …… 222
（三）妇女借贷及其成功原因 …… 223
（四）整贷零还及其成功原因 …… 223
三、中和农信小额信贷模式的制度创新方向 …… 223
四、案例使用说明 …… 224
（一）教学目的与用途 …… 224
（二）案例思考题与分析思路 …… 224
（三）理论依据 …… 224
（四）案例拓展讨论 …… 226

保险市场失灵与农业企业风险困境：盟德晟农业科技公司案例 …… 231

一、盟德晟农业科技发展有限公司概况 …… 231
二、农业企业的经营风险及其原因剖析 …… 232
（一）盟德晟农业科技发展有限公司的难题 …… 232
（二）原因剖析：风险导致公司遭遇困难 …… 233
三、保险市场失灵与公司发展困境 …… 234
（一）公司的保险需求 …… 234
（二）保险市场失灵 …… 234
（三）公司发展困境 …… 234
四、进一步思考：保险市场失灵是农业经营创新的瓶颈 …… 235
五、案例使用说明 …… 235
（一）教学目的与用途 …… 235
（二）案例思考题与分析思路 …… 236
（三）理论依据 …… 236
（四）案例拓展讨论 …… 236

金融危机案例汇编 …… 238

一、金融危机案例介绍 …… 238
（一）郁金香事件 …… 238
（二）南海泡沫事件 …… 240
（三）美国 1929 年金融大危机 …… 242
（四）墨西哥金融危机 …… 244
（五）国际商业信贷银行危机 …… 246
（六）里昂信贷银行风波 …… 248
（七）美国垃圾债券与德雷赛尔事件 …… 250
（八）中国香港“八七”股灾与银行风潮 …… 252
（九）巴林事件 …… 254

（十）90 年代日本金融危机…………………………………………256
（十一）中国台湾信用社挤兑风潮…………………………………259
（十二）英国西敏士银行巨亏………………………………………261
（十三）奥兰治事件…………………………………………………262
（十四）东南亚金融危机……………………………………………264
（十五）美国次贷危机………………………………………………268
二、金融危机案例的理论分析…………………………………………272
（一）金融危机分类…………………………………………………272
（二）金融危机传导机制……………………………………………273
（三）政府与市场的角色……………………………………………274
（四）历次金融危机的启示…………………………………………275
（五）总结……………………………………………………………277
三、案例使用说明………………………………………………………278
（一）教学目的与用途………………………………………………278
（二）案例思考题与分析思路………………………………………278
（三）理论依据………………………………………………………278
（四）案例拓展讨论…………………………………………………280

“8·16”光大证券乌龙指事件…………………………………281

一、光大证券乌龙指事件经过…………………………………………281
二、光大证券乌龙指事件原因分析……………………………………281
（一）乌龙指事件触发直接原因……………………………………281
（二）乌龙指事件深层次原因………………………………………282
三、对违法行为的认定…………………………………………………283
四、光大证券乌龙指事件调查处理……………………………………283
（一）中国银行间市场交易商协会通报……………………………283
（二）行政处罚和行政监管、市场禁入措施………………………284
五、光大证券乌龙指事件进一步思考…………………………………284
（一）积极研究完善相关风险的前端防控制度……………………284
（二）对交易所的运营与监管的思考………………………………285
六、案例使用说明………………………………………………………285
（一）教学目的与用途………………………………………………285
（二）思考题…………………………………………………………285
（三）角色扮演………………………………………………………286

郁南县农村金融扶贫案例………………………………………287

一、郁南县农村金融扶贫介绍…………………………………………287
二、郁南县金融扶贫经验总结…………………………………………288
三、案例使用说明………………………………………………………290

（一）教学目的与用途 …… 290
（二）案例思考题与分析思路 …… 290
（三）理论依据 …… 291
（四）案例拓展讨论 …… 292

大学生返乡务农融资行为研究：兼对新型农业经营主体发育的思考 …… 293

一、马倩蔬菜专业合作社的基本概况 …… 293
二、当地政府对合作社发育的金融支持与良性互动 …… 295
（一）当地政府金融支撑的目标定位 …… 295
（二）金融支撑政策的管理模式 …… 295
（三）金融支撑政策的风险管理 …… 297
三、新型农业经营主体发育与融资渠道转变 …… 298
（一）创业初期的非正规金融渠道 …… 298
（二）创业成熟期的正规金融渠道 …… 298
四、进一步思考：新型农业经营主体的成长路径 …… 298
五、案例使用说明 …… 299
（一）教学目的与用途 …… 299
（二）案例思考题与分析思路 …… 299
（三）理论依据 …… 300
（四）案例拓展讨论 …… 300

普惠金融扶贫：贵阳乌当农商行案例 …… 302

一、贵阳乌当农商行的发展历程 …… 302
（一）贵阳乌当农商行的改革历程 …… 302
（二）贵阳乌当农商行的改革业绩 …… 302
二、贵阳乌当农商行的特色金融产品 …… 304
（一）信用工程建设 …… 304
（二）农户小额贷款与联保贷款 …… 305
（三）金融夜校活动 …… 306
（四）金融精准扶贫 …… 307
（五）农民工金融服务产品创新 …… 308
（六）推行“直销银行”服务 …… 308
（七）黔微贷 …… 309
（八）信合惠农一折通 …… 309
（九）信合村村通 …… 310
三、贵阳乌当农商行发展普惠金融的经验总结 …… 310
（一）锁定目标客户，有针对性地创新金融产品 …… 310
（二）降低交易成本，使得借贷双方获益 …… 310
（三）借助政府的力量，发展普惠金融扶贫 …… 310

四、案例使用说明 …… 311
（一）教学目的与用途 …… 311
（二）案例思考题与分析思路 …… 311
（三）理论依据 …… 311
（四）案例拓展讨论 …… 312

后　记 …… 313

普惠金融创新：广东四会案例

自联合国将2005年作为“普惠金融年”，2006年尤努斯获得诺贝尔和平奖的效应推动下，普惠金融得以快速发展，普惠理念也逐渐深入人心。然而，在普惠金融发展过程中，普惠绩效却不尽如人意，诸多普惠金融所应普及人群仍然得不到金融服务，普惠金融供给远远满足不了需求，难以形成较高水平的均衡。这一方面是需求随着经济发展和农村经济主体的多元化而增加，另一方面是供给创新未能与需求对接。所以，如何进行普惠金融的制度、服务产品等创新，有效降低交易成本，实现普惠金融机构的可持续发展与覆盖面的扩大，是值得探讨的课题。广东省四会市农商银行立足服务“三农”，秉持“与您更亲，与您更近”的服务理念，加强业务和服务创新，积极应对市场，坚持“支农支小”，服务当地经济社会改革发展，以满足农村经济主体的资金需求为导向，积极开展普惠金融产品创新，值得分析借鉴。

一、四会市及四会农商行概要

（一）四会市社会经济发展概况

四会市，原称四会县，因“四水汇流”[①] 而得名。始建于秦始皇33年（公元前214年），是岭南最古老的建制县之一，1993年11月经国务院批准撤县设市。现隶属于肇庆市，位于肇庆市东部偏北，全市土地面积1166.38平方千米，辖10个镇和3个街道办事处，122个村民委员会和32个居委会。距广州市68千米，距肇庆市区42千米，水路距香港123海里，属广州1小时经济圈范围。2013年末户籍人口41.57万人，常住人口47.34万人。

四会市矿产资源丰富，主要矿产有煤、泥炭、油页岩、铁、铜、矿泉水等24种。境内河流有绥江和龙江，绥江全长226千米，其中市内河段长49千米。水资源519.44亿立方米，截至2013年末水力资源已开发5.7万千瓦。有自然保护区1个（总面积2252.5公顷），生态示范区7个（总面积12483公顷）；全市森林覆盖率56.3%，活立木蓄积量278.80万立方米，人均公共绿地面积11.28平方米。

---

① 因是境内的西江、北江、绥江和古肆水四水汇流之地，故名“四会”。

四会是“中国玉器之乡”，是全国主要的翡翠玉器批发市场之一，也是全国最大的玉器加工集散地。东城街道是广东省玉器加工专业镇，龙甫镇是广东省金属资源再生专业镇。四会市建设了占地3300亩、以翡翠为核心的“珠宝玉石首饰特色产业发展示范城”，2013年开通广东省首个玉器行业企业联盟标准及信用评价平台。

近几年，四会市出台支持工业主导产业的集聚转型政策措施，着重引进建设“环保型、集聚型、科技型”产业园区。截至2013年末，产业园区总体规划面积40多平方公里，已开发面积10多平方公里，入园企业350多家，年产值330多亿元，年创税利6亿元。列入首批“广东省现代产业500强重点培育项目”企业有4家，全市高新技术企业14家，高新技术产品产值占规模以上工业总产值约25%。省级民营科技企业35家，省、市级工程技术研发中心9个，2家企业评为广东省两化融合示范企业。获“广东省著名商标”16件，“广东省名牌产品”13个。

四会还是“中国柑橘之乡”，四会砂糖橘驰名中外。2013年，四会市农林牧渔业总产值66.83亿元，增长5.0%，其中农业产值22.83亿元，增长1.1%；林业产值3.25亿元，增长8.3%；牧业产值26.52亿元，增长3.0%；渔业产值13.89亿元，增长15.9%。全年生猪出栏量118.78万头，家禽出栏量1543.86万只。全年粮食作物播种面积31.46万亩，蔬菜种植面积12.14万亩，花卉种植面积6万亩，农民人均纯收入14077元。全市土地流转经营11.3万亩，新增农民专业合作社252家。完成5400亩农业综合开发项目和省水利示范县建设年度任务，是广东省高标准农田示范重点县。

作为珠三角地区的县级市，四会市经济在改革开放以来得以快速发展。2013年，四会市生产总值及三次产业增加值与增长率情况如表1所示。四会市获得“中国最具投资潜力中小城市百强”“中国最具区域带动力中小城市百强”“全国科技进步考核先进市”“全国法治县（市、区）创建活动先进单位”“国家知识产权（县级）试点市”等荣誉称号。

表1　2013年四会市经济发展情况

	增加值	增长率（%）
第一产业	42.54（亿元）	5.1
第二产业	124.13（亿元）	19.5
第三产业	111.38（亿元）	11.6
人均地区生产总值	5.78（万元）	13.1
规模以上工业总产值	594.78（亿元）	21.4
农林牧渔业总产值	67.63（亿元）	5.0
固定资产投资	218.78（亿元）	23.2
社会消费品零售总额	92.06（亿元）	16.7
外贸进出口总额	18.81（亿元）	10.8
实际利用外资	1.77（亿美元）	10.1
地方公共财政预算收入	21.06（亿元）	21.7
农村居民人均纯收入	1.37（万元）	13.1

（二）四会农商银行发展概要

四会农商银行，全称广东四会农村商业银行股份有限公司，由原四会市农村信用合作联社改制而成，前身成立于1953年，是四会地区历史最悠久的金融机构之一。1953年成立辖内第一家农村信用社，1997年与农业银行脱离行政隶属关系，开始独立经营。2008年12月成立以市（县）为单位统一法人的四会市农村信用合作联社。2015年3月，广东四会农村商业银行股份有限公司正式开业。四会农商行一直秉持"诚信、为民、勤勉、务实、创新、争先"的企业理念，作为四会地区的"金融主力军"，践行普惠金融，坚持以客户为核心的服务宗旨，创新运营模式与服务品牌，不断拓展服务的广度和深度，提高服务效率，在与实体经济结成"命运共同体"的过程中做大做强，取得了突出成绩。截至2017年3月，四会农商银行共有营业网点37个，辖内员工523名，截至2015年11月末，四会农商行存款余额113亿元，市场占比46.5%；贷款余额77.8亿元，市场占比38.33%，是当地存贷款规模最大的银行。先后获得"全国银行业金融机构小微企业金融服务先进单位""2014年全国农村金融十大品牌创新产品""广东省农村合作金融机构深化改革转型升级奖""广东省农村合作金融机构金融服务创新奖""支持四会经济发展特等奖""四会市金融服务满意度最佳银行"等荣誉。

近年来，四会农商银行创新改革，加大普惠力度，创新金融服务产品，精心打造社区银行、特色银行、便捷银行，创新推出玉器宝、高端业主贷、新厂贷等特色贷款，针对四会市玉器早市交易开设"早市银行"，取得了较好绩效，如表2、图1所示。

表2　四会农商行2012~2014年存贷款与经营利润情况　　单位：万元

年份	存款总量	贷款总量	经营利润
2012	756521	445832	16544
2013	953834	526544	22020
2014	1118563	635166	25673

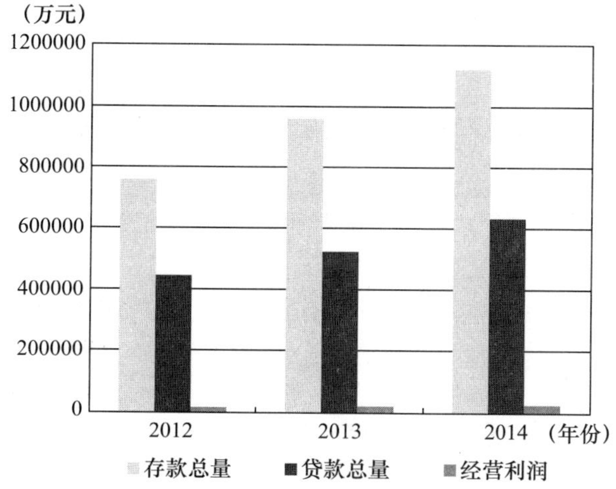

图1　四会农商行2012~2014年存贷款与经营利润情况

二、四会农商行普惠金融产品创新

（一）具有特色的“三农”服务产品创新

1. 林权抵押贷款

四会农商行是广东省第一家推出林权抵押贷款的金融机构，2008 年 12 月 17 日发放了广东省第一笔通过林业服务交易中心抵押登记的林权抵押贷款。所谓林权抵押贷款，是指以林业行政管理部门颁发的《林权证》载明拥有或有权依法处分的林地使用权和林木所有权作抵押，向借款人发放的人民币贷款。主要是针对经工商行政管理机关（或主管机关）核准登记从事林业经营的企（事）业法人、其他经济组织、个体工商户或具有中华人民共和国国籍和完全民事行为能力的自然人，均可作为林权抵押贷款的对象。

条件要求：借款人除应具备《广东四会农村商业银行股份有限公司信贷业务操作实施细则（修订版）》（四农商银发〔2015〕90 号）规定的基本条件外，还应符合以下要求：①自然人年龄在 18 周岁（含）以上 60 周岁（含）以下，身体健康，在四会农商行所在地有固定住所或常住户口，为具有完全民事行为能力的中国公民；企（事）业法人、其他经济组织、个体工商户须具备相应的林业经营资格；②具有良好的信用记录和还款意愿，在各金融机构无不良贷款、欠息及其他不良信用记录；③具有稳定的收入来源和按时足额偿还贷款本息的能力；④在本行开立结算账户；⑤本行规定的其他条件。

办理流程：客户向四会农商行并同时向林业交易服务中心提交申请材料；林业交易服务中心对拟抵押林木权属进行核实，组织资产评估并形成评估报告，提交给农商行进行决策是否办理抵押、抵押金额等事宜；若申请获得农商行初步同意，以林权证作为抵押，与林业交易服务中心签订林权抵押协议；林业交易服务中心向农商行办理林权登记手续，农商行以此向申请人发放贷款。

贷款额度、期限及利率：根据林权抵押物的变现能力及评估价值确定林权抵押贷款金额，原则上控制在抵押物评估价值的 40%（含）以内。

期限：根据林木的具体生产和收成周期合理设定贷款期限，一般应与林木的收成期限相匹配，原则上不得超过 5 年，且贷款到期日不得超出借款人对林地经营期限。展期适用《广东四会农村商业银行股份有限公司信贷业务操作实施细则（修订版）》（四农商银发〔2015〕90 号）的有关规定。

利率：参照《广东四会农村商业银行股份有限公司贷款利率定价实施细则》（四农商银发〔2015〕171 号），区分不同的贷款对象，综合考虑成本、市场竞争、风险等因素，结合实际确定贷款利率水平。

典型案例

四会市乃全国绿色小康县、全国经济林业示范县。总面积1163平方千米，其中林业用地面积95万亩，占全市国土总面积的55.67%；林业用地中商品林面积66公顷，生态公益林面积29万亩；森林覆盖率达53.1%。全市已种植速生桉丰产林11.2万亩，竹林12万亩，经济林18.2万亩，现有林产品加工柑橘（含山上山下）24.5万亩。四会市荒山造林和各类绿化造林大户不断涌现，四会市速生桉丰产林种植面积超过100亩的种植户大概有600户，超过1000亩的种植户约有100户，还有种植园林绿化和柑橘种植大户超过50亩的约有200户。据了解，有相当一部分种植户由于前期投入过大，后续管理资金严重短缺，急需大量资金周转。而且还有一部分林农已经租赁到了较大面积的林地，但由于没有足够的资金导致投资项目无法启动，资金不足问题日益凸显，全市农林业贷款资金需求约25000万元。

某借款申请人于2001年承包了四会市城中区下布经济联社角仔坑等一带山林地，合同签订面积共计1910亩（经林业局卫星定位勾图为2020亩），主要用于种植速生桉树。种植的速生桉树大部分已约有4年树龄，前阶段已投入约200万元资金用于承包山地、种植树苗、购买肥料等。目前速生桉树生长态势良好。由于林地仍需投入，用于树木的抚育工程（如施肥、管理及山林基地道路维护等），资金预计约300万元，现已自筹资金100万元，缺口约200万元。为使林地桉树能正常运作，向四会农商行申请借款200万元作为支付购买肥料、道路维修等之用，期限为2年。经四会市林业调查规划设计队作出评估：其中林木评估面积为2020亩，株数为191900株，市场价值为6173109元；林地评估面积为2020亩，市场价值为757500元，综合评估价值为6930609元，抵押率为28.85%，抵押物足值有效，对该笔贷款的投放起到一定保障作用，林木预计再需2年时间就能成材砍伐并上市销售。按现时的木材市场需求分析，林木资源仍然供不应求，木材价格逐年上涨，速生桉树的种植市场发展前景较为乐观。

种植的速生桉树（2020亩）已约有4年树龄，现时桉树正处于旺盛生长期，还要追加各种肥料，按照桉树一般生长期计算，其砍伐期一般为5~6年，是人工林树种中最短的。预计此批种植的桉树2年后可收成，按现时市场桉树收购价格每亩收成约4000元，总产值可达约800万元，纯利润约300万元，有较好的经营效益。

2. 政银合作农业贷款

四会市扶持发展现代特色农业政银合作农业贷款是由四会市政府、四会农商银行双方合作，以四会市政府出资成立风险补偿基金，并在四会农商银行开立风险补偿基金账户，由四会农商银行向在四会市从事现代特色农业的自然人和法人单位发放贷款，并由政府进行贴息的贷款业务。

适用对象：在四会市从事现代特色农业的农民专业合作经济组织、农村集体经济组织、农村企业以及拥有本地户籍的具有完全民事行为能力的农民专业户。

条件要求：借款人申请四会市扶持发展现代特色农业“政银”合作农业贷款，除了应具备四会农商银行贷款相关规定的基本条件外，借款人必须同时符合以下要求（对种植专业户不作适用对象和以下条件要求）：

（1）符合国家及当地农业产业政策和现代农业发展方向；

（2）依法成立的农民专业合作社、农村经济组织、种植专业企业或龙头企业，在工商行政管理等部门依法登记注册，持有合法有效营业执照和相应生产经营许可证，依法在本地纳税，并依法进行年检；

（3）经营管理制度健全，会计核算规范，资产负债比例合理，资信度好，具有连续盈利能力和按期还本付息能力；

（4）在四会农商行开立结算账户，企业对公账户原则上要求开立基本账户；

（5）没有任何未解决的纠纷和不良信用记录；

（6）以个人名义申请贷款的种植户都必须拥有本地户籍；

（7）借款申请人必须具有项目建设或经营资金总额的30%的自有资金；

（8）借款人原则上应购买农业保险作为保障，保费由借款人承担；

（9）四会农商银行要求的其他条件。

政银合作农业贷款办理流程如图2所示。

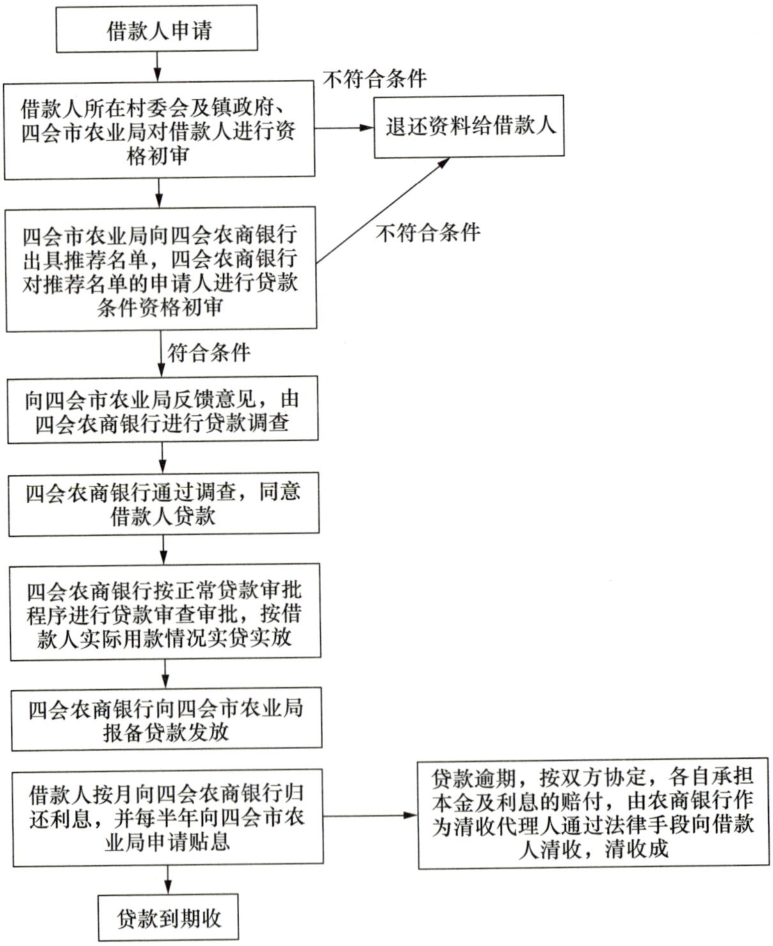

图2　政银合作农业贷款办理流程

贷款额度：四会农商银行根据借款人合理的收入偿债比例，结合借款人资产、负债、收入、支出、贷款用途等因素，合理确定贷款金额。贷款额度核定及最高额度可参照以下标准：①贷款额度核定，借款人的贷款额度原则上按借款人的种植规模进行核定，通过四会农商银行对借款申请人的经营项目进行调查评估，得出项目投入总额，确定借款申请人的贷款额度，原则上贷款额度不超过项目总资金需求的70%。②单笔贷款最高额度分层次，现代特色农业专业户：风险补偿基金担保方式的30万元，抵（质）押担保方式的200万元；四会市级及肇庆市级农业龙头企业、农业经济组织风险补偿基金担保方式的40万元，抵（质）押担保方式的250万元；省级及国家级龙头企业：风险补偿基金担保方式的50万元，抵（质）押担保方式的300万元。

贷款期限：四会农商银行根据借款企业或个人的经营周期、预期可还款现金流量、综合还款能力等要素确定，原则上不超过3年。如遇特殊情况，借款人可在贷款到期前一个月向四会农商银行申请展期；经调查，符合展期条件的，可批准贷款展期，但只可以申请一次，且展期期限不超过1年。

贷款利率：原则上按照中国人民银行同期公布的同档次基准利率上浮10%执行。逾期贷款利率按照合同约定的利率执行。

还款方式：根据贷款种类、期限及借款人生产经营、现金流等情况，合理确定借款人的收入偿债比例，以及分期还本付息、分期还息到期还本等还款方式。原则上一年期以上贷款应采取分期还款方式，设定分期还款计划，不得采用到期利随本清方式或到期还本方式。

3. 政银保合作贷款

农民合作社政银保贷款业务是指广东省农业厅（以下简称农业厅）提供扶持资金，四会农商银行提供信贷资金，中国人民财产保险股份有限公司广东省分公司（以下简称保险公司）提供履约保险，向四会市范围内农民合作社省级示范社、联合社（以下统称农民合作社）发放的生产经营性贷款。“政府担保+贷款保险+银行信贷”的运作模式，实现以财政资金撬动银行授信，以银行贷款拉动农业发展连锁效应。通过政府担保补贴部分利息方式，有效地解决了农民合作社无抵押情况下“贷款难，贷款贵”的难题，成为推动农民合作社发展壮大的动力。

适用对象：农民合作社省级示范社、联合社，具体名单由农业厅相关文件确定。

条件要求：①经工商部门登记成立并依法经营的省级示范社、联合社。②经营管理制度健全，会计核算规范，资产负债比例合理，资信度好，具有连续盈利能力。③符合广东省产业政策和现代农业发展方向。④在贷款经办社开立结算账户，并符合贷款相关条件。⑤没有任何未解决的法律纠纷和不良信用记录。⑥参加“政银保”贷款保证保险。

办理流程：

（1）借款人推荐。农业厅从扶持对象中择优向省联社推荐借款人。省联社向四会农商行转发农业厅推荐的借款合作社名单。须在收到省联社相关推荐借款人通知20个工作日内向保险公司反馈审批情况。

（2）借款申请。贷款经办单位在收到省联社通知后，按照属地管理原则在3个工作日内与当地农民合作社进行接洽。农民合作社书面提出借款申请，并提供以下资料：①营业执照、组织机构代码证、贷款卡以及以经相关部门核准的特殊经营许可证、合作社章程等。②出资协议文件、出资到位的书面依据。③社员（成员）代表大会出具的具备法律效力的同意申请借款的决议书。④法定代表人及主要经营管理人员的从业经历及相关证明材料。⑤最近两年（成立以来）的年度财务报表和上一季度财务报表。⑥信用社要求提交的其他资料。

（3）贷款调查。贷款经办单位联合保险分支机构按照实地查看、真实反映的原则，以偿债能力为核心，严格执行贷款面谈制度，做好尽职调查，对借款人进行信用等级评定，提出调查意见。调查内容包括不限于以下方面：①农民合作社的基本情况，核实、掌握合作社注册资金到位的情况，成员入股的意愿等情况。②农民合作社的经营管理组织架构，掌握、核实理事长等主要管理人员和大股东的家庭财产情况，以及个人品行、专长和信用等情况。③农民合作社所从事产业的特点、市场需求、发展前景等情况。④农民合作社及成员生产经营项目的生产场所、条件、规模。⑤农民合作社与上下游客户签订购销协议的真实性。⑥农民合作社的生产经营及财务状况、信用状况、还款能力和意愿。

（4）贷款审查。贷款审查岗按照《四会市农村信用合作联社信贷业务管理规定（暂行）》对贷款的合法合规性、安全性、可行性进行审查，重点关注调查的尽职情况和借款人的偿还能力、诚信状况、风险程度等，并出具明确、全面、客观的审查意见。

（5）贷款审批。贷款经办单位依据信贷审批管理制度及流程，对农民合作社借款申请进行审批，出具书面《农民合作社“政银保”贷款审批意见书》；对于不同意贷款的，须提出具体理由。

额度、期限及利率：农民合作社单户贷款最高额度不超过300万元。贷款最高额度及贷款期限根据合作社的经营周期、预期可还款现金流量及以下规定确定：①购建固定资产类贷款单户最高额度不超过300万元，贷款期限一般不超过3年。②流动资金类贷款单户最高额度不超过100万元，贷款期限一般不超过1年。③如遇特殊情况，经农业厅、省联社、保险公司一致同意后可将上述两类贷款期限适当延长，最长延长期限不超过1年。贷款利率按照不高于中国人民银行公布的同期同档次贷款基准利率执行。

典型案例

四会市是广东省的养猪大市，生猪年养殖量近300万头，年出栏量近200万头，是珠三角地区猪肉的主要供应地。凭借得天独厚的地理环境，以及专业的养猪从业人员和技术，四会市陆续形成了“养猪协会”和“养猪专业合作社”等相关机构，形成农户“抱团式”经营，不仅构筑了较好的风险防护墙，防止市场风险和疾病风险，更有利于成员间的技术交流，使养猪行业形成规模，发展成不少省级以及国家级的“农民合作社”。

××合作社是四会市成立的第二个生猪养殖类农民专业合作社，起初由5户养猪专业户和2名专业技术人员共同发起。自2011年10月成立发展至今，已壮大为几百户，其中农业户口成员占91%，非农社员占9%，已成为了四会市目前规模最大的生猪养殖类专业合作社。

××专业合作社的社员人数达到几百人，常年存栏生猪19.2万头，其中母猪2.253万头，存栏1000头以上的34户，存栏500~1000头的55户，存栏300~500头的102户，存栏100~300头的357户。2013年合作社出栏生猪410316头，日常投喂的饲料需求庞大，为了满足饲料需求，成立了“××养猪专业合作社饲料厂”，拟生产饲料提供给该社的社员。由于自有资金不足，资金缺口较大，急需流动资金，所以特向四会农商银行申请借款100万元，借款期限为1年。计划以经营收入及利润归还。

四会农商银行对开展农民合作社政银保业务十分重视，积极与农业部门、保险公司沟通推动政银保业务发展，联合肇庆市农业局、四会市农业局、中国人民财产保险公司肇庆分公司共同对××农民合作社进行了联合贷前调查。通过现场实地调查和资料审核，认定其符合政银保发放条件，一致同意授信，金额为100万元。四会农商银行于2014年10月完成了审批程序。2014年12月得到广东省财政厅和广东省农业厅批复，2015年1月14日发放首笔50万元贷款；2015年2月发放剩余的50万元贷款。

对“××专业合作社”的回访，得到的信息：在投入了政银保贷款资金后，饲料加工厂有了充足的运作资金，每日生产的饲料量大增，减少了赊账原材料带来的附加成本，有效地降低了生产成本，以更优惠的价格供应几百位社员的养猪场，从而达到惠农的目的。通过这种方式，加强了对农民合作社的经营管理，通过“抱团式”经营，也加强了农民社员的抗风险能力，有利于本地区农业的稳定生产。

4. 农家女金钥匙创业贷款

“农家女金钥匙”创业贷款（以下简称“金钥匙创业贷款”）是四会农商行基于创业者信誉，在核定额度和期限内向农村妇女发放的不需要抵押，只需要具有代偿能力的人作担保的贷款。金钥匙创业贷款是农户小额信用贷款的业务延伸，并参照农商银行农户小额信用贷款，采取“评定等级、核定总额、随用随贷、余额控制、周转使用”的管理方法。信用等级评定工作包括对借款人的信用等级评定和担保人的信用等级评定。

基本操作流程：农村妇女自愿申请→镇级妇联进行资格初审→市妇联进行资格审核→受理并调查审查→评定信用等级→审批并核定贷款总额→反馈到市妇联→借款人在核定的额度及期限内随用随贷→市妇联筹集资金进行贷款贴息→贷款到期收回。

申请条件：①居住在农商银行的营业区域之内，从事农业生产并拥有本地区户口的农村妇女；②具有完全民事行为能力，债信观念强，信用良好；③从事土地耕作、日用商品、农产品加工或其他符合国家产业政策的生产经营活动，并有合法、稳定、可靠的经济来源；④具备清偿贷款本息的能力；⑤没有违法行为；⑥四会农商银行要求的其他条件。

担保措施：金钥匙创业贷款原则上要求落实具有代偿能力的人作为还款保证人。严格控制借款人之间的互为担保。担保人应具备以下条件：①具有完全民事行为能力，债信观念强，信用良好；②从事正当行业，并有合法、稳定、可靠的经济来源；③具备代偿贷款本息能力；④没有违法行为；⑤四会农商银行要求的其他条件。

贷款用途：金钥匙创业贷款只可用于生产经营创业项目，具体包括：①种植业、养殖业方面的农业生产贷款；②小型农机具贷款；③围绕农业生产的产前、产中、产后服务等贷款；④农村日用品商店流动资金贷款；⑤其他符合有关规定的生产创业项目。

信用等级评定基本步骤：

（1）农村妇女向四会农商银行提交《农户信用等级评定申请表》，并提供农户信用等级评定所需资料。

（2）四会农商银行信贷人员根据有关规定对申请人进行调查，其主要内容包括：①从事生产经营活动的主要内容及生产资金需求状况；②家庭经济收入情况及偿债能力；③信用状况：四会农商银行根据村民、村委会或协管小组提供的情况以及通过查询个人征信系统，调查了解申请人的信用状况以及有无不良债信记录等；④生产、经营及管理能力；⑤其他有关情况。

（3）信贷人员根据调查情况，提出信用等级初评建议，并对调查内容的真实性负责。

（4）信用等级评定小组根据信贷人员的调查情况及信用等级的初评建议，充分考虑当地协管小组或村委会的意见，确定申请人的信用等级并核定最高贷款额度。

信用等级分类标准：农村妇女资信评定分优秀、较好、一般、较差四个信用等级。

（1）“优秀”等级的标准是：①目前无欠贷款或已还清所有到期贷款；②家庭年人均纯收入在2000元以上；③自有资金占生产所需资金的50%以上。

（2）“较好”等级的标准是：①有稳定可靠的收入来源，已欠贷款余额在5000元以下，能按期缴清利息；②家庭年人均纯收入在1000～2000元。

（3）“一般”等级的标准是：①家庭有基本劳动力，家庭年人均纯收入在1000元以下；②已欠贷款余额在10000元以下，不拖欠上年利息。

（4）“较差”等级的标准是：①家庭有基本劳动力，但不善于经营管理；②家庭年人均纯收入在500元左右，欠贷款余额在5000元以下，并且未能缴清上年利息。对该等级的客户原则上不予发放新的信用贷款，采取有效措施逐步压缩原有贷款。

贷款期限与利率：金钥匙创业贷款期限根据生产经营活动的实际周期确定，原则上为1年，最长不超过3年。为了体现对农村妇女贷款的扶持力度，并充分发挥利率的杠杆作用，金钥匙创业贷款按中国人民银行公布的同期同档次贷款基准利率执行，贷款逾期则按原贷款利率上浮30%执行。金钥匙创业贷款的利息计息实行按季结息，贷款期限内产生的利息由市妇联负责组织贴息，并由市妇联授权四会农商银行按季将贴息资金分别转入借款人账户并由贷款社扣收。

贷款的审核发放：金钥匙创业贷款的发放，应根据实际需求，按照借款人的信用等级在规定的最高限额内审核发放。已核定贷款额度的农村妇女，可凭有效身份证件等到四会农商银行直接申请办理金钥匙创业贷款。四会农商银行在贷款合法合规的前提下，根据农村妇女借款申请，在核定的额度及期限内，依据有关信贷制度要求进行审核后，随用随贷，并在贷款档案中登记相关用款记录。

贷款的贷后管理：金钥匙创业贷款发放后，四会农商行应按照其信贷业务操作管理办法以及相关实施细则做好贷后管理，确保金钥匙创业贷款“放得出、用得好、收得回”，实现金钥匙创业贷款经济效益与社会效益的双赢。

贷款的档案管理：四会农商行应按照《四会农商银行贷款档案管理办法》以及相关实施细则建立贷款档案并加强管理。金钥匙创业贷款档案，实行一户一档案，贷款档案应包括以下内容：①借款人、担保人姓名、身份证复印件、住址、联系方式等；②借款申请书和创业投资计划书；③借款人从事生产经营活动的主要内容、收入状况、资产状况、担保人收入状况、资产状况以及代偿能力，借款人及担保人在中国人民银行个人征信系统的查询记录等资料；④对农户信用等级评定的相关资料；⑤还款的历史记录；⑥四会农商银行审批（查）意见、借款合同及借据、贷后跟踪检查记录、贷款五级分类相关资料等；⑦四会农商银行所需要的其他资料。

贷款的收回：信贷人员根据贷款的实际运营情况，落实贷款的回收并在贷款证中登记相关还款记录；在贷款清偿后，做好对该贷款全面总结和评价，分析其综合效益。

贷款责任认定：根据信贷人员责、权、利对等的规定，实行“谁经办，谁管理；谁受益，谁负责”原则。鉴于金钥匙创业贷款的风险控制主要在借款人信用等级评定环节，责任认定时原则上借款人信用等级评定的调查人视同贷款的调查人。金钥匙创业贷款岗位责任认定参照《广东省农村信用社新账贷款考核指引》以及相关实施细则进行。金钥匙创业贷款出现不良，由农商行提交贷款责任认定的初步意见，报省联社贷款责任认定机构裁决认定，并予以相应处罚。

（二）助力小微企业发展的服务产品创新

1. 年审制贷款业务

年审制贷款是指四会农商行向小微企业贷款客户发放流动资金贷款，其适用对象为符合国家对小微企业的最新划分标准，且符合以下条件的法人、非法人资格组织（含农村承包经营户、个体工商户、合伙企业、个人独资企业等）及小微企业主等。条件要求：①借款人经营依法合规；②借款人为与四会农商行信贷业务关系存续 10 个月以上的客户；③借款人生产经营正常，具有持续经营能力和良好财务状况；④借款人信用状况良好，还款能力与还款意愿强，不存在挪用贷款资金、欠贷欠息等不良行为；⑤下一融资阶段的贷款担保方式较当前融资阶段的贷款担保方式不变或更优；⑥原流动资金贷款为正常类贷款，且借款人符合发放流动资金贷款的条件和标准；⑦对于从其他行转入四会农商行或从未与银行发生过信贷关系的新客户，为有效监控客户的现金流和经营情况，原则要求基本账户和代发工资等业务在四会农商行开办，且承诺以四会农商行为主要结算行；⑧其他四会农商行认定可以通过年审的情形。

办理流程：贷款受理调查—撰写调查报告—贷款审查和审批—合同签订—贷款发放与支付—贷款年审。

贷款期限：根据授信客户生产周期、销售周期和综合还款能力等因素合理确定年审制贷款期限，每一融资阶段贷款期限应不超过 12 个月，最多可以连续年审 4 次，第 4 次年审后原则上采用按月分期还本付息归还贷款。

贷款额度：根据借款人生产经营状况、偿债能力、资金真实需求状况、信用状况、担保方式、自有资金状况等因素，合理确定贷款额度。原则上年审制贷款最低额度不低于 50 万元（不含），最高额度不高于 500 万元（含）。

贷款利率：年审制贷款的每个融资阶段的融资期限按其年审期限加上前面所有融资期限之和来确定，并以此来确定对应的贷款基准利率，结合四会农商行当期的贷款利率定价相关制度进行上浮或下调。

2. 新厂贷业务

新厂贷是四会农商行向企（事）业法人、其他经济组织或自然人在本地区投资设立新的工厂提供融资授信业务，并以新成立的工厂作为借款主体，向其发放信贷资金用于购（建）经营性物业、机械设备、生产原材料等，并以借款人经营场所土地、所购（建）物业的产权、机械设备及原材料所有权等作为抵（质）押担保的贷款业务。

适用对象：新厂贷借款主体必须是新设立的公司或企业，且满足以下要求：①借款人依法经工商行政管理机关或主管机关核准登记。②具有较大发展空间的行业；经营行业属国家、地区支持产业，符合国家、地区的环保和节能要求。③企业产权明晰、资产负债率较低，管理完善，财务状况良好，有承担贷款风险的可靠担保措施，有还本付息的能力。④企业产品适应市场需求，有较强的盈利能力及拓展空间，且近年行业产品产销额处于稳步上升趋势。⑤拟购（建）的物业建设项目符合国家的产业、土地、环保等相关政策，并按规定履行了固定资产投资项目的合法管理程序。借款人的自有资金与项目投资总额的比例必须符合国家相关规定。⑥借款人无条件配合四会农商银行实现新厂贷在借款人未取得相关权属证明前，应提供其他担保方式作为过渡，取得相关权属证明后，借款人须将购置的土地、购（建）物业抵押给四会农商银行，并按要求办理贷款相关手续。⑦在四会农商银行开立基本结算账户或一般存款账户；并以四会农商银行作为主要结算行，且前期的建设资金以及生产经营后的经营流动资金受四会农商银行监督。⑧四会农商银行要求的其他条件。

办理流程：借款人提出贷款申请，贷款调查岗人员初步受理申请—贷款调查岗人员根据借款人提供的资料进行贷前调查、分析—贷款审查—贷款审批—签订合同—抵押登记—贷款发放。

贷款额度：①原则上生产原材料等流动资金贷款不超过 1 年；借款用途为建设或购买经营性物业的，贷款期限最长为 3 年。其中以其他担保方式的过渡期限原则上均不超过 12 个月。②借款用途为建经营性物业的，按进度确定最高贷款额度。建经营性物业阶段最高贷款额度为在建物业价值（含土地价值）的 60% ［按工程合同造价加土地价值之和、评估价格（含土地价值）两者孰低确定］。借款用途为购买经营性物业的，最高贷款额度为物业价值的 60%（按合同交易价格与评估价格孰低确定）。

利率：新厂贷的利率根据贷款风险和收益进行合理定价，同时应遵循中国人民银行公布的同期同档次贷款利率及四会农商行的利率定价制度规定。①综合利率定价方式。根据《广东四会农村商业银行股份有限公司贷款利率定价实施细则》，综合考虑信贷资金付息成本率、平均费用率、税付成本率、不良资产损失的风险补偿率、最低目标利润率确定。②递进利率定价方式。以综合利率定价为基础，计算贷款应收利息总额，根据企业还款压力实际情况，确定发放贷款时执行利率，并按季度或半年逐步递进执行利率。递进利率定价综合收息额原则上不得低于综合利率定价收息额。由于递进利率定价方式的执行利率位数四舍五入或遇国家节假日期间未能及时调整，存在递进利率定价综合收息额与综合利率定价收息额差额，差额控制在 1% 以内属于正常范围。

还款方式：新厂贷采用灵活还款方式，可选择等额本金还款法、等额本息还款法等方式或采用双方协商一致的分期还款计划，也可视厂房建设进度实际情况采取每月清息、到期还本，但必须符合银监会及各监管机构的相关要求。

典型案例

四会市江谷精细化工产业基地是广东省重点建设项目，总体规划面积10500亩，分精细化工区和综合配套区两个功能区，预计可引进化工项目180个，实现年产值250亿元，年创税15亿元。随着新入驻企业增多，厂区建设和设备配置等带来的“融资难，融资贵”问题在一定程度上困扰了众多中小微企业。四会农商银行在四会人行、四会市金融局的指导下通过走访这些中小微企业，创新推出新厂贷。四会农商行向该产业基地的投资管理公司——四会市捷泰投资管理有限公司颁发3亿元授信支票，用以支持该产业基地的建设和发展。而坐落于下茆电子工业园区内的四会富士电子科技有限公司是一家专业生产工控、车载、电源、通信、医疗等领域的长期高可靠性PCB制造厂商。2015年9月，企业二期厂房建设进入收尾阶段，流动资金面临压力，同时由于公司所在地为租赁使用，无法进行信贷抵押。适逢四会农商行推出新厂贷业务，为他们企业量身定做了信贷方案，及时为企业注入资金500万元。

3. 高端业主贷贷款

小区业主个人自助循环贷款（以下简称“高端业主贷”）是指四会农村商业银行针对本辖内成熟高端小区业主开发的信贷产品，根据业主个人的资信状况、收入情况、房产价值、在农商银行办理业务的范围及频率等要素，在明确贷款用途的前提下，对客户进行综合授信，在一定期限内核定最高贷款额度供客户循环使用，客户可在四会农商银行提供的业务平台（含营业柜台、村财通网点POS机、网上银行、电话银行、手机银行、ATM机等）上实施操作，完成借款与还款操作的贷款业务。

条件要求：①在四会农商银行开立银行卡，且借款人同意从其银行卡中扣收贷款本息；②要求必须在四会农商银行办理物业管理费、水费、电费、电话费等日常生活费用代扣业务；③收入稳定，信用良好，具有按期偿还贷款本息的能力；④具有经办行所在地常住户口或合法居住证明，年满18周岁，且具备完全民事行为能力；⑤遵纪守法，无恶意违约记录或不良债务资信。授信申请人在“个人信用信息基础数据库”中无恶意拖欠记录，非恶意拖欠记录不超过3次；⑥能够提供四会农商行认可的合法有效担保；⑦客户能够提供小区的房产产权证明、购房合同、购房发票或证明其拥有该小区房产的购房价值等证明；⑧四会农商银行规定的其他条件。

办理流程：借款人提出贷款申请，贷款调查岗人员初步受理申请→贷款调查岗人员根据借款人提供的资料进行贷前调查、分析→贷款审查→贷款审批→签订合同→抵押登记→贷款发放。

额度、期限及利率：授信额度根据客户资信情况、收入及还款来源、房屋性价比、房屋价值、职业、担保方式、偿债能力和担保人担保能力等情况确定。

（1）原则上首次信用及保证类贷款授信额不超过购房价的10%（以购房发票为准），最高不超过10万元；以后根据借款人还本付息情况及物业管理费、水电费等缴纳信用状况调整贷款授信额度，按时缴交贷款本息及相关代扣费用、信用状况好的上调其授信额度，反之则降低直至取消其授信额度。能提供符合四会农商银行要求的第三人保证担保的，可视借款人及保证人的信用状况对其贷款授信额度进行适当上调。但受信人在信用及保证类贷款授信之和原则上不得超过 10 万元的授信额度。

（2）抵（质）押类的贷款额度最高不超过 50 万元。

（3）结合所在区域的经济特点及发展情况、信用环境、担保方式、受信人资信状况等因素，合理确定授信额度。授信额度的计算公式为：$S\times Q\times 60\%+G-D$。公式字母含义：S 表示受信人月均可支配收入；Q 表示拟授信期限（以月数表示）；G 表示担保方式下最高可贷额度；D 表示报告时点负债以及可预见将会代偿的或有负债总额①。

（4）首次贷款授信期限原则上为 1 年，经借款人申请，贷款行审核，符合条件的，授信期限可以续延。贷款利率按贷款发放日中国人民银行公布的基准利率上浮 40% 以内执行，信用状况良好的可适当降低其贷款利率，但最低不得低于基准利率上浮 30%。逾期贷款按相关规定执行。

4. 玉器宝

玉器宝是借款人因玉石玉器市场建造、升级改造，玉石玉器生产、加工、销售经营等环节所需而发放的贷款。

适用对象：玉器贷款对象必须是资信可靠、自身或聘请人员有从事玉器经营经验，具有一定经济实力的玉器经营者。借款人必须是经工商行政管理机关（或主管机关）核准登记，并取得从事玉器经营行业营业执照的企（事）业法人、其他经济组织、个体工商户或具有中华人民共和国国籍和完全民事行为能力的自然人。

条件要求：借款人申请玉器贷款，除了具备四会农商行的基本条件外，还应符合以下要求：①资信良好，遵纪守法，且在中国人民银行征询系统无恶意违约的不良信用记录。②自有资金比例原则上不低于 40%；借款申请人能提供优质资产抵押，且抵押物充足、变现能力强，预期经营性现金流可全覆盖债务，其自有资金比例的要求可适度放宽，但最低不得低于 30%。③借款人资产负债率不得高于 70%。④新客户或与四会农商行连续合作期不足两年（含）的玉器客户抵押率最高不得超过 60%；超过两年且信用记录良好、无违约记录（含分期还款履约、利息偿还）的，抵押率最高不得超过 70%。⑤第一还款来源充足。⑥在农商行开立基本存款账户或一般存款账户或银行卡个人结算账户。⑦其他条件。

办理流程：借款人提出贷款申请，贷款调查岗人员初步受理申请→贷款调查岗人员根据借款人提供的资料进行贷前调查、分析→贷款审查→贷款审批→签订合同→抵押登记→贷款发放。

贷款额度：①个人玉器贷款额度，按照“区别对待、分类指导”原则，结合本地经济发展情况、信用环境、担保方式、借款人经营规模、资信状况等因素合理确定，原则上单户额度最高不超过 800 万元，信用贷款额度最高不超过 10 万元，保证担保类最高不超过 300 万元。抵（质）押类最高不超过 800 万元。②企业玉器贷款额度，根据借款人经营规模、业务特征、发展规划和流动资金周转周期等因素，综合考虑借款人现金

① 公式说明：月均可支配收入（S）：收固定工资的受信人取其近半年月可支配收入平均值；生产经营的受信人取其近一年月均经营流水收入平均值的 10%；担保额度：按现行信贷业务操作管理办法确定保证、抵押和质押担保的最高可贷额度。且最高限额为：保证贷款不超过 10 万元；抵（质）押贷款不超过 50 万元。

流、负债、还款能力、担保等因素，审慎确定借款人的流动资金授信总额及具体贷款的额度。

贷款期限：根据借款用途、合同工程期限、效益状况以及应收账款回笼时间等实际情况合理确定贷款期限，贷款年限原则上为 1 ~3 年，最长不得超过 8 年。发放中长期贷款要严格按照有关规定制订分期还款计划。

贷款利率：区分不同的贷款对象，综合考虑成本、市场竞争、风险等因素，结合实际情况确定贷款利率水平。

还款方式：根据借款人的贷款用途、还款来源、还款能力、资金使用周期等确定分期还款方案。对于期限在 1 年以上的贷款实行分期偿还，至少应做到半年一次还本付息，有条件的可按月或按季进行偿还。

（三）践行普惠金融理念的服务产品创新

1. 村财通

四会农商银行村财通业务，集合了民生金融、普惠金融和廉政金融三大金融概念于一体的多功能金融交易管理平台，是四会农商行与四会市纪委、农业局、金融局、人行等联合推出的一项支农惠农的新举措。该平台借助省联社粤信通间联 POS 机技术平台，通过在村（居）委布放 POS 终端和电脑设备，整合助农取款、缴款、转账、贷款、资金管理和公共事业缴费等业务功能。2014 年，村财通在四会率先全面启动，半年时间遍布四会市 126 个村委，是广东省首个 100% 金融服务全覆盖村级的县（市、区）。2015 年 5 月，村财通徽标正式启用，建设进入全新阶段；7 月，《政银合作共建村财通代理金融服务中心战略合作协议》正式签署，财政补贴助力村财通转型升级。9 月，村财通银行卡成功首发；11 月，“村财通”智能手环推出，开创了移动金融运用于公交领域的先例。

（1）村财通多功能银行卡。为了拉近城镇与农村的各项联系，拓展村财通服务范畴，加大便民普惠力度，经中国人民银行、省联社批准与支持，四会农商银行推出村财通多功能银行卡（以下简称“村财通卡”）。该项业务集合了农村一卡通，社区一卡通，校园一卡通，园区、工厂一卡通，图书借阅一卡通，城市一卡通及自动折扣消费等各项便民功能，大大降低了交易成本。具有以下行业应用特点：

其一，实现了农村一卡通服务。通过四会农商银行村财通 POS 机具为村（居）民提供助农取款、助农缴款、助农转账、助农贷款、农村资金管理和公共事业缴费等业务功能。通过 IC 卡身份识别和电子现金技术，使村（居）民只需在村财通 POS 机具上刷“村财通卡”便可进行各种便民缴费、转账以及办理其他政府公共事务等便民服务，在满足农村多样化金融服务需求基础上进一步简化操作步骤，方便农村百姓。

其二，社区一卡通应用。村财通卡可做小区业主卡、会员卡、积分卡、智能卡，方便了物业管理，降低了小区运作成本、管理成本。有效地解决了小区楼宇出入管理、门禁管理、停车场管理、电子巡更管理、水电费代扣、物管费代扣、智能楼宇、智能家居等问题。

其三，校园一卡通应用。在校园内凡有现金或需要识别身份的场合均可使用农商银行的村财通卡进行终端管理。如饭堂、热水供应、门禁、图书馆等校区公共场合均可使用村财通卡进行智能化管理。

其四，园区、工厂一卡通应用。村财通卡具有人事、考勤、消费、身份认证、门禁、电子巡更等功能。如身份识别，整个厂区的综合消费管理，员工考勤的智能化管理，厂区所有重要场所的出入门禁管理等。提高了企业管理水平、提升了企业形象。

其五，城市一卡通应用。村财通卡将城市公交卡、旅游卡、煤气卡、电费卡、水费卡、图书卡合为一体，实现一卡通用、一卡多用。

其六，自动折扣消费应用，刷村财通卡可在各大商盟提供折扣、回赠或其他增值服务。

（2）“村财通”智能手环。为推动移动金融服务普及，结合银行业移动支付业务的渗透率不断提升、提供的业务种类不断丰富、用户使用习惯也开始成熟稳定的行业现状，四会农商银行与四会市贞山宾馆客货运输有限公司合作，适时推出“村财通”智能手环这一移动支付应用产品，开创了金融业务与运动手环组合的先河，通过在手环里安装 IC 卡芯片，可以让运动手环实现电子现金闪付功能，促进了电子现金业务发展，也实现了金融业务便民化。

“村财通”智能手环除具备普通手环的计步器、睡眠监测、短信来电提醒、事件提醒、闹钟等功能外，还具备四会农商行与四会市贞山宾馆客货运输有限公司合作电子现金账户的交通支付功能。手持“村财通”智能手环的用户，在搭乘四会市贞山宾馆客货运输有限公司的相应线路公交时，可通过已圈存好电子现金的手环进行刷手环搭公交，免除了出门搭车准备零钱、找赎零钱和保管零钱的麻烦。

2. 易捷通业务

易捷通是广东农信研发的电子银行业务系统，客户可在网站、网银、手机银行和大堂自助终端等电子银行渠道，通过远程网点查找、预约叫号、免排队、预填单等手段，预约服务实现了“随到随办无须等待”，大幅缩短客户等候办理时间，同时，便捷的填单服务也解决了客户到银行得填单问题，提升了网点服务效率。易捷通可实现开户、开卡、存取款、跨行转账、办理电子银行业务、理财业务等，并将进一步开发其他功能。

易捷通业务的优势：①节约客户业务办理时间。通过易捷通客户可进行远程网点查找，选择合适的网点办理业务，解决部分客户对地区不熟悉的烦恼；去网点办理业务之前先进行预约叫号，在约定时间内到网点办理业务，节省等候时间。免排队、免填单、办理业务快捷便利。②减轻一线柜员工作压力，提高业务办理效率。③降低银行成本，提高网点管控能力，提升客户满意度和对银行的美誉度。减少了纸质版填表的浪费，也减免了部分人力的前台填单指导，降低了银行的成本消耗，办理效率提升也会增加客户满意度以及对银行的美誉度。

微信预约/预约填单的操作类型与步骤：第一种，关注广东四会农商银行；点击易捷通，进行预约/预填单。第二种，下载“广东农信”APP，登录个人手机银行。选择“预约业务”，点击“办理预约”，在新的预约界面中选择“查询方式”，列表选择查询中可找到农合机构为“广东四会农村商业银行股份有限公司”，目前已开通预约业务的有碧海湾支行和信华支行，选择您要办理业务的支行，进入预约排队的填写界面，填写“证件类型”“证件号码”“手机号码”“预约业务”“预约日期”“时间段”，确认并输入验证码后，手机收到预约号即成功预约，并在约定的时间段前往办理业务。“预约填单”业务则选择“填单业务”，点击“自动填单”进入新的填单，选择广东四会农村商业银行股份有限公司，根据需要选择“业务”“证件类型”“证件号码”“手机号码”“账（卡）号”，确认之后点击选择你所需要的业务和填写信息，最后输入验证码提交，填单成功后将收到填单号。第三种，打开广东农信网站，左边选项栏找到“易捷通”，选择“自助填单”，或者选择业务类型并填写个人信息和需要办理的业务，预约成功后手机将会收到填单/预约的短信，到网点办理业务时出示填单号/预约号即可。

典型案例

案例一：家住碧海湾的林女士想要办理开卡业务，可是在日常上下班经过四会农商银行碧海湾支行的时候总是看见很多人排队等候，这让她倍感苦恼，因为上班期间中午休息时间比较短，只能抽空出来办理个人业务，如果把时间都耗在等号过程中又很浪费时间，一次偶然机会听到同事提起四会农商银行推出预约业务，便尝试点开手机银行，按步骤进行了预约。手机收到预约成功的短信后，按照预约时间，林女士拿预约号到碧海湾支行，取到自己的号后很快办理了业务！林女士真的感到非常舒心和满意，直赞现代银行业就应该有这样的科技跟上！

案例二：老陈是个五保老人，身边没有儿女在，但为了领取政府的补贴，他需要到银行去办理一个活期存折或银行卡才能收到政府的补助，可是从没念过书的他一想到要到银行填一堆资料就头疼，这回该怎么办呢！邻居张阳得知情况后，领着老陈到电脑前，点开广东农信官网，对照着老陈的身份证件信息，点开“预约填单”业务，帮助老陈填好了表单，并预约成功，收到预约号后马上到附近的信华支行，提交相关证件和预约号给柜员后，柜员迅速打印并核对网上的自助填单信息，给客户签名确认后便顺利办理了业务，老陈拿到自己的存折后笑呵呵地对“预约填单”业务赞赏了一番。

3. 无卡取现

预约取款是广东农信为用户提供的安全、便捷、智能、个性化的特色取款服务，客户通过网银、手机银行等渠道进行预约，在 ATM 机上轻松实现无卡取款。

预约取款的优势：①有效降低银行卡被盗刷的风险。近年来，向手机植入木马、利用盗刷器制卡等银行卡被盗刷事件层出不穷，四会农商行实时推出预约取款，亦称无卡取现业务，可通过网银和手机银行进行预约，做到无介质使用 ATM 设备取款，有效地降低了银行卡被盗刷的风险。②多重保障护财安全。客户通过网上或者手机银行进行预约取款业务时，需要在 ATM 机输入正确的手机号码、预约号、银行卡密码，必须全部符合才能取现成功；另外，每张银行卡的预约取款业务当日累计取款限额为 2 万元，并与 ATM 机有卡取款限额共用一个总的取款限额，额度限制保障资金安全。③操作简便。客户只需要带齐证件和本人银行卡到四会农商银行任一网点进行业务的开通申请，便可在手机银行客户端和网银上进行相关操作，操作流程简单快捷，符合普惠大众的现实需求。

业务操作和说明：预约取款业务主要包括网银、手机银行等渠道的预约和ATM机无卡取款两方面内容。①网银、手机银行等渠道的预约只包括专业版个人网银、经柜面签约的客户端手机银行。客户在当天只能有一笔有效预约，预约没有过期、撤销或者完成交易前，客户不能再预约。预约有效时间为预约当天24：00，超过有效期限，系统将自动关闭当日预约取款业务。②预约成功后，客户可在大集中系统内农合机构的任意ATM机上，输入正确的手机号码、预约号、银行卡密码即可无卡支取预约款项。预约取款的金额可分多次支取，支取金额可小于预约金额，且多次是可以在不同ATM机取款。其对应的手续费与ATM机有卡取款一致。如图3所示。

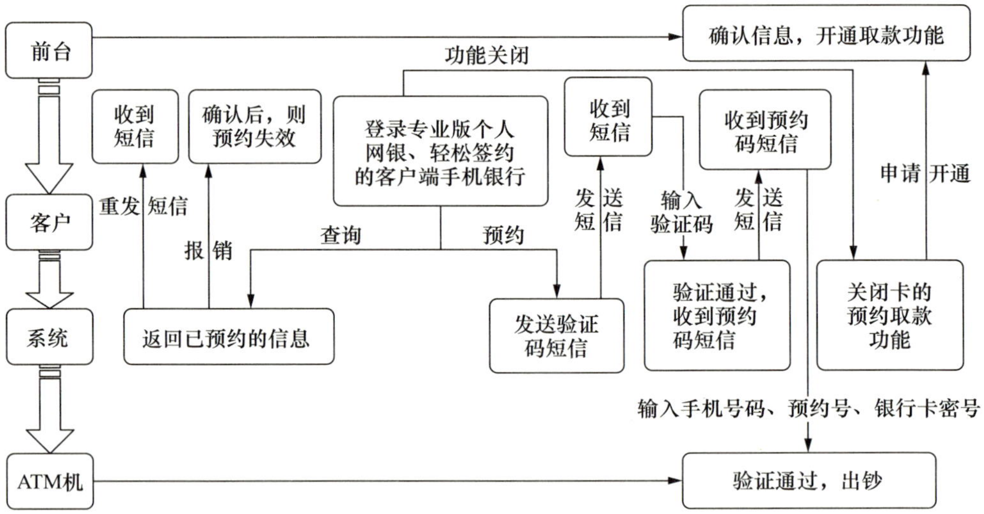

图3 “预约取款”业务流程

典型案例

案例一：匆匆下班跑去接女儿下课的黄女士，带着女儿走在回家的路上，忽然下起了大雨，没任何准备的俩人赶紧躲到屋檐里去，黄女士眼看着雨越下越大，打算乘出租回家，可是一掏口袋才发现，钱包落在公司了！看着瓢泼大雨，黄女士灵光一闪，只要手机在手，又有何愁呢！她马上点开广东农信手机银行，登录自己的账号，进行预约取款业务。很快就收到了预约成功的短信提示，拿着预约号，在旁边的柜员机里取到了钱，叫上了出租车带着女儿愉快地回家了。

案例二：周先生把银行卡落在了家里，今天去交房屋契税时才发现自己带的钱不够，身边又没有朋友，一时间也不知如何解决，只好打电话给正在上班的周太太，周太太马上帮他在网银上做了个预约取款，并告诉周先生无卡取现的操作流程，周先生顺利取到了现金，直赞该项业务灵活方便、充满了人性化！

4. 早市银行和夜市银行

（1）早市银行。2015 年 7 月 25 日，四会农商行推出“早市银行”服务，将部分网点营业时间从上午 9：00 提前到上午 7：00，打破银行“朝九晚五”的传统营业格局，开创了省内早市银行的先河。自启动社区银行计划以来，四会农商银行在当地多个小区、商业圈布局了营业网点，其中比较典型的有位于四会玉器天光墟交易区的早市银行——现代城支行和四会海伦城市广场茶艺厅式的海伦堡支行。

早市银行的开设是为适应当地玉器商户早市交易的习惯。开办“早市银行”为储户解除了取款限制，而配套的保管箱业务等更为储户规避了部分安全风险。

四会素有“中国玉器之乡”之称，是国内最大的翡翠加工基地。四会市天光墟是玉器市场早市交易模式的鼻祖，每天凌晨三四点即引来大批外地散户入墟购玉。在其带动下，该区域成为四会玉器市场最集中的地段，四会玉器摆件城等多个大型玉器交易市场均集聚于此。然而，由于时间的局限，且 ATM 机每天两万元的取款额度，无法满足巨额资金需求。这片商贸发达的玉器市场，金融服务成为极大问题。

早市银行开设最初的半个月，其针对玉器交易的存取款业务量日渐增长。早市（7：00～9：00）存取款交易量接近 100 笔/天，存取款金额达到 300 万元。早市存取款业务量几乎占该早市银行每天业务量的 50%。除提前营业提供大额存取款等服务外，早市银行还针对玉器早市交易的相关特性开设配套业务。其中，保险箱业务受到产业者的欢迎。

（2）夜市银行。2015 年 2 月 26 日，肇庆地区首家开通“夜市银行”服务的银行网点——四会农商银行龙江支行开始试点，打破银行“朝九晚五”的服务时限，将营业时间延长至晚上 8：30。龙江路地处四会老城区，人口密集，商贸繁荣，金融服务需求量大。夜市银行所办业务和日间服务基本一致，可以提供存取款、转账、开户、挂失及银行卡业务等现金业务和非现金业务，满足了上班族、社区居民和商圈客户延时办理银行业务，特别是柜员机也无法办理业务的需求。2015 年 5 月 23 日，四会农商银行碧海湾支行推出“社区夜市银行”服务，营业至晚上 8：30，把普惠金融和便民服务更深入地渗透到社区中，提高了银行与客户、社区居民之间的亲密度，打造解决民生需求与促进经济发展的双赢，塑造“与您更亲，与您更近”的金融品牌。

三、案例使用说明

（一）教学目的与用途

（1）适用课程：农村金融，金融产品设计。

（2）适用对象：金融专业硕士，金融学术硕士。

（3）教学目的：以广东四会农商行为研究对象，了解其在普惠金融发展中的创新产品，学习如何通过产品创新更好地践行普惠金融的理念，为中小企业解决“融资贵，融资难”的问题，提高“三农”的主体地位。具体目标分为以下四个方面：

1）为什么需要创新的产品？传统的金融市场供给不能满足“三农”发展的需要？怎样创新？

2）金融服务的便利性和可获得性对中小企业的发展影响如何？

3）金融创新产品设计如何兼顾四会农商行的营利性及普惠性双重目标？

4）金融创新产品绩效如何评估？交易成本是否有效降低？如何规避产品风险？如何激励中小企业创收？

（二）启发思考题

（1）阅读农村金融方面的文献，思考为什么要创新金融产品？它反映传统的金融市场供给与“三农”发展需求之间的矛盾是什么？怎样解决这个矛盾？

（2）阅读农村金融方面的文献，思考金融创新产品设计如何兼顾四会农商行的营利性及普惠性双重目标，促进普惠金融的可持续发展？激励机制如何设计？

（3）阅读农村金融方面的文献，思考金融创新产品绩效如何评估？交易成本是否有效降低？如何规避产品风险？

（三）理论依据与分析

资本的边际回报递减原理指在凹性生产函数曲线假定的条件下，资本相对较少的企业能够获得比资本相对充足的企业更高的投资回报率，即缺钱的企业应当能比有钱的企业支付银行更高的利率，货币应当从有钱的储蓄者流向缺钱的企业。

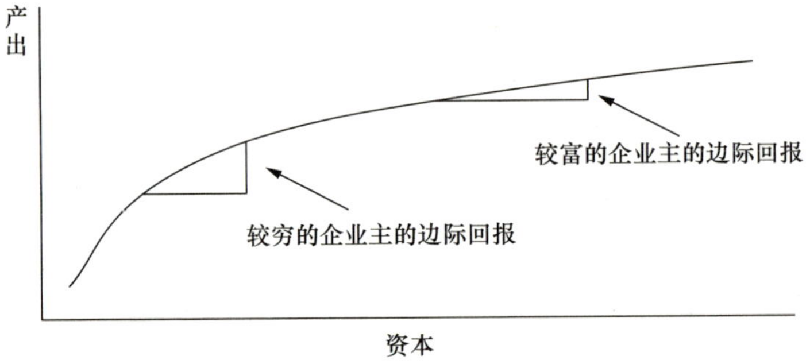

图4　凹性生产函数下的资本边际回报

在凹性生产函数的假定下，即当一个企业投资更多资本的时候，它可以预期当期有更多产出，但每增加一个单位资本将会带来越来越小的增加（边际报酬递减），较穷的企业主在其下一个单位资本上具有较高的边际回报率，比那些较富有的企业主愿意支付更高的利息率，所以资本在任何一个国家都应该自然地从富有的借款人流向贫困的借款人。然而在现实生活中，资本往往从贫困的借款者流向富裕的融资者手中。为什么现实生活的情形会违背资本边际回报递减的原理？

解释这一难题的第一出发点是风险。对很多人而言，到贫困地区去投资要比到发达地区去投资需要承受更大风险。当然，有学者指出为什么在穷乡僻壤的补鞋匠和卖花者不能提供更高的投资回报率以充分补偿投资者的风险呢？一方面，政府施加的利率管制，阻止了银行征收能够吸引资金从富裕方流向贫困者的高利率；另一方面，由于信息不对称，银行分不清客户的实际风险程度，对每个人都提高平均利率水平，通常将低风险的客户挤出信贷市场，弱化信用好的借款人的激励从而损害金融机构本身。此外，银行不能保证客户付出充分的努力以使他们的投资项目成功，在司法体系较弱的地区，道德风险问题更加严重。

解释这一难题的第二出发点是交易成本。当银行在穷人社区运营的时候，他们通常面临较高的交易成本，对零散的贫困者进行客户信息收集和信息评估以及执行合同情况监督都需要比执行一个富裕者的一宗大笔交易产生更多的交易成本。

（四）建议课堂计划

本案例可以作为专门的案例讨论课来进行，如下是按照时间进度提供的课堂计划建议，仅供参考。整个案例课的课堂时间控制在 120 ~ 180 分钟。

课前计划：提出启发思考题，请学生在课前完成查找文献、理论准备、案例阅读和初步思考。

课中计划：课堂前言（10 ~ 15 分钟），简明扼要、明确主题；理论准备梳理（20 ~ 30 分钟）；案例回顾（10 ~ 15 分钟）；分组讨论（60 分钟），要求准备发言大纲，分 2 个小组，小组发言（每组，30 分钟），幻灯片辅助，控制在 60 分钟以内；引导全班进一步讨论，并进行知识梳理归纳总结（20 ~ 30 分钟）。

课后计划：请学生上网搜索普惠金融产品的相关信息资料，查找与普惠金融产品绩效的测度以及交易成本测算有关的研究方法，尝试以一个普惠金融试点地区为研究对象，测算其普惠金融创新产品的交易成本及绩效，或者了解不同普惠金融试点在金融产品创新方面的经验，总结普惠金融产品如何通过创新设计兼顾银行的营利性和普惠性双重目标的分析报告（1500 字左右）。

附件一　四会农商银行2006年以来获奖清单

序号	获奖名称	颁奖单位	获奖时间
1	广东省农村信用社2006年度利润增长考核二等奖	省联社	2006
2	广东省农村信用社2007年度利润增长考核三等奖	省联社	2007
3	广东省农村信用社2007年度先进党支部	省联社党委	2007
4	广东省农村信用社2008年度经营目标考核综合奖三等奖	省联社	2008
5	广东省农村信用社2009年度银行卡业务竞赛业务拓展奖三等奖	省联社	2009
6	四会市2009年度农业农村工作先进单位	四会市人民政府	2010
7	四会市银行业金融机构反假业务竞赛机构总分第一名（2010年）	人行四会支行	2010
8	广东省巾帼文明岗	广东省妇女联合会	2010
9	2010年度广东银行业迎亚运文明规范服务示范单位	广东银行同业公会	2010
10	2010年度广东省农村合作金融机构文明规范服务示范单位	省联社	2010
11	肇庆市第十届体育节先进单位	肇庆市体育局	2009
12	2010年“银行卡营销年”第一季度商户拓展奖二等奖	省联社	2010
13	2010年“银行卡营销年”第一季度ATM拓展奖三等奖	省联社	2010
14	2010年“银行卡营销年”第二季度商户拓展奖一等奖	省联社	2010
15	2010年“银行卡营销年”第三季度商户拓展奖一等奖	省联社	2010
16	2010年“银行卡营销年”第二季度发卡质量奖三等奖	省联社	2010
17	2010年“银行卡营销年”第四季度商户拓展奖二等奖	省联社	2010
18	2010年度“银行卡营销年”商户拓展奖一等奖	省联社	2010
19	广东省农村合作金融机构2010年度经营目标考核综合奖二等奖	省联社	2010
20	肇庆市农村信用社数据大集中上线工作先进单位三等奖	省联社肇庆办	2010
21	2010年度支付清算业务优胜奖二等奖	省联社	2010
22	2010年度支付清算业务进步奖一等奖	省联社	2010
23	2010年度四会市农业农村工作先进单位	四会市人民政府	2011
24	肇庆银行业“送金融知识下乡”宣传服务站示范点	肇庆银监分局、肇庆银行业协会	2011
25	2010年金融支持地方经济发展奖一等奖	四会市人民政府	2011
26	2011年先进党支部	省联社党委	2011
27	2011年“银行卡丰实收获季”活动发卡质量奖三等奖、收单质量奖二等奖	省联社	2011
28	2011年“银银转账激情燃烧季”活动综合效益奖	省联社	2011
29	2010年度全国送金融知识下乡宣传服务站	中央金融团工委、中国银行业协会	2011
30	2010年度广东银监局辖内送金融知识下乡宣传服务站	广东银监局团委 广东银行同业公会	2011
31	广东省农村合作金融机构2011年度压降不良奖二等奖	省联社	2011
32	广东省农村合作金融机构2011年度服务三农先进单位三等奖	省联社	2011
33	广东省农村合作金融机构2011年度经营目标考核综合奖三等奖（二类社）	省联社	2011

续表

序号	获奖名称	颁奖单位	获奖时间
34	四会市农村妇女“双学双比”先进集体	四会市妇联	2011
35	2011 年度四会市金融服务满意度最佳银行	四会市金融服务协调领导小组办公室	2011
36	2011 年度四会市支持地方经济发展贡献奖最佳银行	四会市金融服务协调领导小组办公室	2011
37	2011 年度四会市农业农村工作先进单位	四会市人民政府	2011
38	广东省农村合作金融机构创先争优活动先进基层党委	省联社	2012
39	广东省农村合作金融机构创先争优活动优秀共产党员	省联社	2012
40	广东省爱心父母大联盟银奖	广东省妇女联合会	2012
41	广东省农村合作金融机构 2012 年度经营目标考核综合奖二等奖（一类社）	省联社	2012
42	四会市银行卡助农取款服务工作突出贡献单位	人行四会市支行	2012
43	2012 年度四会市支持地方经济发展特等奖	四会市人民政府	2012
44	2012 年度四会市金融服务满意度评比最佳银行	四会市人民政府	2012
45	肇庆市 2012 年度纳税大户	肇庆市人民政府	2012
46	四会市青年文明号	共青团四会市委	2012
47	四会市三八红旗单位	四会市妇女联合会	2013
48	广东省农村合作金融机构 2013 年度综合考核一类机构一等奖	省联社	2013
49	2010 ~ 2012 年四会市扶贫双到工作优秀帮扶单位	中共四会市委、市政府	2013
50	2013 年肇庆农村合作金融机构柜台人员业务技能比赛团体总分第三名	市办	2013
51	肇庆市三八红旗集体	肇庆市妇联	2014
52	四会市巾帼文明岗	四会市妇联	2014
53	2013 年度执行货币信贷调控政策先进单位	人行肇庆中心支行	2014
54	2013 年金融支持三农发展先进单位	人行肇庆中心支行	2014
55	2012 ~ 2013 年度四会市先进基层工会	四会市工会	2014
56	2013 年度四会市金融服务满意度最佳银行	四会市金融服务协调领导小组办公室	2014
57	四会市 2013 年度银行业支持地方经济社会发展特等奖	四会市金融服务协调领导小组办公室	2014
58	广东省农村合作金融机构 2014 年深化改革转型升级奖	省联社	2014
59	广东省农村合作金融机构 2014 年金融服务创新奖三等奖	省联社	2014
60	四会农商银行开发的“村财通”金融产品获颁“2014 全国农村金融十大品牌创新产品奖”	中国社会科学院农村发展研究所	2015
61	四会农商银行开办的全省首家早市银行——现代城支行获“2014 最美农金服务窗口提名奖”	中国社会科学院农村发展研究所	2015
62	四会农商银行“现代特色农业贷”荣获“2016 全国农村金融十大品牌创新产品奖”	中国农村金融品牌价值榜	2017

附件二　广东四会农村商业银行股份有限公司担保基金创业贴息贷款业务实施细则（试行）

第一章　总则

第一条　根据《关于印发〈广东省省级创业带动就业专项资金管理办法〉的通知》（粤财社〔2015〕109 号）、《关于申请增加承办肇庆高新区就业小额担保贷款业务银行的批复》（肇人社函〔2015〕459 号）、《广东省省级促进就业专项资金使用管理办法》（粤财社〔2014〕188 号）、根据广东省人民政府《关于进一步促进创业带动就业的意见》（粤府〔2015〕28 号）、《关于进一步明确就业专项资金使用管理及资金补贴项目申请和核发有关事项的通知》（肇人社发〔2015〕35 号）有关文件精神，深入贯彻党的十八届三中全会提出的“健全促进就业创业体制机制”和落实市委、市政府着力服务广大群众就业创业的要求，鼓励和帮助更多有创业意愿和创业能力的有志人士创业，肇庆高新区劳动和社会保障局与广东四会农村商业银行股份有限公司联合实施开展肇庆高新区担保基金创业贴息贷款。根据四会农商银行实际情况，结合《贷款通则》《广东四会农村商业银行股份有限公司信贷业务操作实施细则》《广东四会农村商业银行股份有限公司个人经营性贷款实施细则》等有关规定，特制定本实施细则。

第二条　肇庆高新区担保基金创业贴息贷款是农商银行向高新区辖区内从事合法经营的创业项目的个人经营性贷款业务，为了方便对外宣传，简称“小额担保贴息贷款”。

第三条　肇庆高新区担保基金创业贴息贷款是个人经营性贷款的业务延伸，按照《广东四会农村商业银行股份有限公司信贷业务操作实施细则》《广东四会农村商业银行股份有限公司个人经营性贷款实施细则》《广东四会农村商业银行股份有限公司个人贷款操作实施细则》进行规范和管理。

第四条　肇庆高新区创业贴息贷款的基本操作流程：创业者自愿申请→肇庆高新区劳动和社会保障局接收申请并初审→农商银行受理并调查审查→评定信用等级→审批并核定贷款总额→借款人在核定的额度及期限内随用随贷→贷款到期收回。如果发生贷款损失代偿，按相关协定办理。

第二章　借款条件、贷款方式及用途

第五条　申请肇庆高新区担保基金创业贴息贷款的借款人应具备以下条件。

（一）个人贷款

申请人年龄在 18 周岁（含）以上 60 周岁（含）以下，有具体的经营项目、固定经营场地，实现自主创业，且正常经营满 6 个月以上的。其中，高校应届毕业生自毕业后 1 年内（即 7 月 1 日至次年 6 月 30 日）自主创业正常经营满 3 个月以上的，可以申请。含以下四种形式：

1. 城乡个体经营者（以营业执照或其他合法登记凭证为依据）；

2. 承包土地、山林、鱼塘等实现创业的（以承包合同为依据）；

3. 公司+农户形式实现创业的（以供销合同为依据）；

4. 农民专业合作社的（以组织章程为依据）。

（二）合伙经营或创办的小企业

有具体的经营项目、固定经营场地，实现自主创业，且正常经营满6个月以上的。其中，高校应届毕业生自毕业后1年内（即7月1日至次年6月30日）自主创业正常经营满3个月以上的，可以申请。

（三）劳动密集型小微企业

用工10人以下（含本数）的企业当年新招用本省户籍人员达到企业现有职业总数的30%以上；用工超过100人的企业达到15%以上，并与其签订1年以上期限劳动合同的劳动密集型小微企业，可以申请小额担保贷款。新招人员以工资支付凭证或参加社会保险凭证为依据。

劳动密集型企业是指：主要依靠使用劳动力进行生产，而对技术和设备依赖程度低的产业，一般为农林牧渔业，制造业，批发和零售业，住宿和餐饮业，文化艺术业，教育业，卫生业，居民服务、修理和其他服务业。

（四）科技型小微企业

有关部门根据相关规定出具科技型小微企业资质认定的，可申请小额担保贷款。小微企业划型标准参照《关于印发中小企业划型标准规定的通知》（工信部联企业〔2011〕300号执行）。小微企业的认定和审核程序按财政部、中国人民银行、原劳动和社会保障部《关于推进下岗失业人员小额贷款工作财政支持政策具体实施意见的通知》（财金〔2004〕66号的有关规定执行）。

第六条　贷款方式。

个人贷款由担保基金和借款人同时向经办银行提供担保。借款人向经办银行提供的担保方式包括：

（1）第三方自然人信用担保。由一名或多名自然人提供贷款保证担保。自然人保证人的条件按金融机构的有关规定执行。

（2）抵押担保。抵押物必须符合农商银行认可，并按照有关规定进行评估、抵押登记。根据借款人经营和抵押物风险实际情况，可要求借款人增加购买财产保险。

（3）质押担保。以有价单证质押方式申请小额担保贷款的，必须符合银行质押担保有关规定。

第七条　肇庆高新区担保基金创业贴息贷款担保人应具备以下条件：

（1）信用观念强，资信状况良好，无不良社会和商业信用记录；年龄在18周岁（含）以上60周岁（含）以下；

（2）无赌博、吸毒、酗酒等不良行为；

（3）有固定职业或稳定收入，并有合法、可靠的经济来源，具备相应的保证能力；

（4）保证人与借款人家庭之间的经济必须相互独立。

（5）农商银行要求的其他条件。

第八条　肇庆高新区担保基金创业贴息贷款的用途：

贷款只能用于实体经济创业项目，不得用作购置生活用品、建房、治病、子女上学等非生产经营项目，不得用于房地产、“两高一剩”等国家限制类行业。

第三章　贷款额度、期限、利率和还款方式

第九条　对自创业（国家限制行业除外）自筹资金不足的，可申请小额担保贷款，其中个人贷款额度不超过20万元；对合伙经营或创办的小企业，可按每个人不超过20万元、总额不超过200万元的额度实行“捆绑式”贷款；对符合条件的劳动密集型和科技型小微企业，贷款额度不超过300万元。贷款额度有新调整的，按新文件执行。

第十条　肇庆高新区担保基金创业贴息贷款期限原则上为2年，展期不超过1年。因特殊情况，贷款人到期确实需要延长的，经担保机构与经办银行批准后适当展期，展期期间不享受贴息优惠政策。

第十一条　为了体现对肇庆高新区担保基金创业贴息贷款的扶持力度，并充分发挥利率的杠杆作用，创业贷款采用固定利率，原则上年利率为中国人民银行公布的同期同档次贷款基准利率上浮3个百分点（即基准利率+3%）。贷款合同有效期内如遇基准利率调整，仍按贷款合同约定的利率执行。信用状况较好、贷款效益好的创业者，利率可适当优惠。

第十二条　还款方式。创业小额担保贴息贷款的还款方式可采取以下几种方式。

（一）贷款利息

原则上按季结息，季后返还。贷款期限内产生的利息先由借款人按季归还贷款利息，季后由贷款行申请贴息返还借款人结算账户。个人贷款属于微利行目的，实行全额贴息；合伙企业或创办的小企业属于微利项目且贷款额度不超过50万元（含50万元）的给予全额贴息，超过50万元的，超出部分按照中国人民银行公布的贷款基准利率50%给予贴息（展期不贴息）；符合劳动密集型和科技小微企业贷款，按照中国人民银行公布的贷款基准利率50%给予贴息（展期不贴息）。

（二）贷款本金

（1）一次性还本付息法（适用于期限1~6个月贷款）；

（2）按季结息，到期一次性还本（适用于期限1~12个月贷款）；

（3）按季结息，分期还款（适用于期限1年以上贷款）。贷款期限1年以上必须采取制订分期还款计划，每半年归还一次本金，1年不少于两次归还本金。

第四章　担保基金账户管理

第十三条　担保基金账户管理。

（1）按照贷款行与肇庆高新区劳动和社会保障局确定创业担保贷款的经办银行，签订协议并直接将财政担保基金存入经办银行，用于存放担保基金。

（2）在贷款发放行，肇庆高新区劳动和社会保障局须一次性存入一定数量的担保基金，由担保基金直接为创业担保贷款提供担保；担保基金须到账后，经办银行才能发放贷款。

（3）贷款发放的规模不得超过肇庆高新区劳动和社会保障局担保基金余额的5倍。

（4）肇庆高新区劳动和社会保障局在贷款行开立保证金账户，用于贷款行发放的就业小额贷款担保的质押资金，实行专款专用，且保证金总额不得低于期内银行发放贷

款余额的1/5。

（5）在担保协议的存续期内，担保基金除经办银行因为已确定扣划代偿贷款本金或贴息资金转出外，不得随意转出。

（6）经办银行对已到还款期限未及时归还的小额担保贷款，应及时向借款人发出逾期贷款催收通知书并进行催收。担保机构协助经办银行履行追索责任。对经办银行经过法律途径追收仍无法归还的贷款本金，无法归还部分，属个人贷款损失的担保基金承担80%的代偿，经办银行承担20%的代偿；属合伙企业、劳动密集型和科技小微企业贷款损失担保基金不承担担保责任。

（7）若出现经办银行扣划担保基金的情况，经办银行须先征求肇庆高新区劳动和社会保障局和肇庆高新区财政局同意后方可办理代偿资金拨付，并暂停发放新贷款。采取基金直接担保的，经办银行应与肇庆高新区劳动和社会保障局和肇庆高新区财政局协商一致后，方可从担保基金本金中扣划垫支，并报有关部门备案。

（8）若担保基金账户余额少于担保协议约定的金额时，经办银行可向肇庆高新区劳动和社会保障局和肇庆高新区财政局问询并要求及时补充担保基金，在担保协议规定的期限内，担保基金未到账前贷款行可以暂停发放新贷款。

第五章　贷款的审核发放、管理与收回

第十四条　肇庆高新区担保基金创业贴息贷款的审核发放。

肇庆高新区担保基金创业贴息贷款的发放，应根据实际需求，按照借款人的信用等级在规定的最高限额内审核发放。已核定贷款额度的创业者，可凭有效身份证件等相关资料到农商银行直接申请办理贷款。

农商银行在贷款合法合规的前提下，根据创业者的借款申请，在核定的额度及期限内，依据有关信贷制度要求进行审核后，随用随贷，并在贷款档案中登记相关用款记录。

第十五条　肇庆高新区担保基金创业贴息贷款的贷后管理。

肇庆高新区担保基金创业贴息贷款发放后，农商银行应按照《广东四会农村商业银行股份有限公司信贷业务操作实施细则》有关规定做好贷后管理工作，确保肇庆高新区担保基金创业贴息贷款“放得出、用得好、收得回”，实现肇庆高新区经济效益与社会效益的双赢。

第十六条　肇庆高新区担保基金创业贴息贷款的档案管理。

农商银行应按照《广东四会农村商业银行股份有限公司贷款档案管理实施细则》有关规定建立贷款档案并加强管理。肇庆高新区担保基金创业贴息贷款档案，实行一户一档案，贷款档案应包括以下内容。

（1）借款人、担保人姓名、身份证复印件、住址、联系方式等；

（2）借款申请书；

（3）借款人从事生产经营活动的主要内容、收入状况、资产状况、担保人收入状况、资产状况以及代偿能力，借款人及担保人在中国人民银行个人征信系统的查询记录等资料；

（4）信用等级评定的相关资料；

（5）还款的历史记录；

（6）农商银行审批（查）意见、借款合同及借据、贷后跟踪检查记录、贷款七级分类相关资料等；

（7）农商银行所需要的其他资料。

第十七条　肇庆高新区高新区担保基金创业贴息贷款的收回。

信贷人员根据贷款的实际运营情况，落实贷款的回收工作并对相关还款记录做好登记；在贷款清偿后，做好对该贷款全面总结和评价工作，分析其综合效益。

第十八条　肇庆高新区担保基金创业贴息贷款的风险分类。

农商银行应按照《广东四会农村商业银行股份有限公司信贷资产七级分类管理实施细则》的有关规定，依据核心定义、结合信用评定等级和逾期时间等进行风险分类。

第六章　责任及处罚

第十九条　贷款责任认定原则。根据信贷人员责、权、利对等的规定，实行“谁经办、谁管理、谁受益、谁负责”的原则。

鉴于肇庆高新区担保基金创业贴息贷款的风险控制主要在借款人信用等级评定环节，责任认定时原则上借款人信用等级评定的调查人视同贷款的调查人。肇庆高新区担保基金创业贴息贷款岗位责任认定参照《广东省农村信用社新账贷款考核指引》进行。

第二十条　肇庆高新区担保基金创业贴息贷款责任认定机构及程序。

参照《广东省农村信用社新账贷款考核指引》（粤农信联发〔2007〕7号）的相关规定，肇庆高新区担保基金创业贴息贷款出现不良，由支行作出贷款责任认定的初步意见，报总行贷款责任认定机构裁决认定，并予以相应处罚。

第七章　附则

第二十一条　本指引中未尽事宜按《中华人民共和国商业银行法》和中国人民银行的《贷款通则》、《广东四会农村商业银行股份有限公司信贷业务操作实施细则》、《广东四会农村商业银行股份有限公司个人经营性贷款实施细则》和《广东四会农村商业银行股份有限公司个人贷款操作实施细则》等有关规定执行。

第二十二条　本指引由广东四会农村商业银行股份有限公司负责解释和修订。

第二十三条　本指引自发文之日起施行。

附件　1. 肇庆高新区青年电子商务创业贴息贷款项目申请表

2. 关于印发《肇庆高新区担保基金创业贴息贷款项目活动方案》的通知（肇高劳社〔2015〕4号）

3. 肇庆高新区劳动和社会保障局广东四会农村商业银行股份有限公司小额担保贷款与贴息合作协议

附件三 共青团肇庆市高新区委员会广东四会农村商业银行股份有限公司 文件

肇高团联发〔2015〕2号

关于联合实施“青春聚力·电商时‘贷’”青年电子商务创业贴息贷款项目的通知

区内各级团组织：

为深入贯彻党的十八届三中全会提出的“健全促进就业创业体制机制”和团中央十七大有关精神，落实市委、市政府着力服务广大青年就业创业的要求，服务新时代电子商务青年创业，鼓励和帮助更多有创业意愿和创业能力的青年科学创业，解决创业青年融资困难的问题。共青团肇庆市高新区委员会与广东四会农村商业银行股份有限公司联合实施开展“青春聚力·电商时‘贷’”——肇庆高新区青年电子商务小额贷款项目，大力扶持电子商务发展，适应肇庆高新区经济社会发展“新常态”。具体通知如下：

一、活动目的

充分发挥共青团的组织优势和农商银行的融资优势，整合资源，形成合力，大力扶持从事电子商务青年创业、大学生创业等，适应肇庆高新区经济社会发展“新常态”，为促进肇庆高新区经济社会发展做出积极贡献。

二、工作目标

以电子商务小额贷款为载体，着力解决广大电商青年融资困难的“瓶颈”问题，逐步探索和建立具有肇庆特色的青年信贷有效模式，计划3年内投放约若干笔电子商务小额贷款，形成帮扶青年创业的长效机制。

三、运作模式

（1）需要贷款的电商创业青年，填写《肇庆市青年电子商务创业贴息贷款申请表》，由高新区团委初审同意后送当地农商银行，团委对申请借款人的资格条件、经营场所、项目市场前景、个人创业能力及诚信情况等进行考核审定后，由农商银行挑选符合条件的项目发放贷款。

（2）团委在农商银行设立贴息专户，贴息资金由团委牵头筹措。农商银行按季度在专户里扣取青年创业贷款产生的利息。

（3）通过审核的项目，贷款利息由贴息资金专户支付，从事的电子商务行业原则上贴息不超过 1 年。

（4）贷款到期后，创业青年要将贷款本金偿还给农商银行，需要延长贷款期限的，重新填写《肇庆高新区青年电子商务创业贴息贷款申请表》，贴息项目原则上优先考虑首次申请的项目。

四、项目工作领导小组

组　长：吴雨果（共青团肇庆高新区委员会书记）

副组长：陈　孟（共青团肇庆高新区委员会副书记）

乔海云（广东四会农村商业银行股份有限公司总行副行长）

成　员：何炳权（广东四会农村商业银行股份有限公司授信管理部负责人）

邓肇明（广东四会农村商业银行股份有限公司授信管理部总经理助理）

雷晶晶（共青团肇庆高新区委员会组织联络部部长）

领导小组下设办公室，办公室设在团区委，办公室主任由雷晶晶同志兼任。

五、贷款对象及条件

1. 申请人基本条件

（1）年龄在 18 周岁（含）至 45 周岁（含），具有当地户口或在当地居住满 1 年以上；

（2）具有完全民事行为能力，债信观念强，信用良好，没有违法行为；

（3）从事电子商务的经营、管理、使用以及相关的科研、教学、设计、宣传等行业，并有合法、稳定、可靠的经济来源，具备清偿贷款本息的能力；

（4）需在互联网电子商务平台登记注册，获实名认证并正常经营 3 个月以上的；

（5）从事的电子商务项目应符合国家产业政策和法律法规的规定；

（6）大学生电商创业、拥有良好销售额的电商商户和具有工商行政管理部门颁发的营业执照（工商部门规定不需要办理工商营业执照的除外）的给予优先贷款及放宽贷款额度；

（7）从事特许经营的，须有有权部门颁发的特许经营证书；主要经营场所或常住地址在肇庆高新区范围内。

2. 金额

最高 10 万元；期限：最长 1 年。

3. 贷款的适用范围

贷款只能用于电子商务类创业项目，如帮助解决区内电子商户各类平台活动保证金、消保服务费等押金和广告推广费用，以及进货等资金缺口问题，不得用作购置生活用品、建房、治病、子女上学等非生产经营项目。

4. 还款方式

贷款期限内每季度以相等的额度偿还贷款利息，贷款到期一次性归还贷款本金

5. 担保方式

原则上以抵押为主，风险可控下可适当开展办理保证、信用贷款。严格控制借款人之间互为担保。

（1）信用贷款，原则上不超过3万元；

（2）保证贷款，原则上不超过6万元，超过3万元保证贷款原则上要求落实具有还款能力的公职人员（财政工资在编正式公职人员）作为还款保证人；

（3）抵押贷款，原则上不超过10万元，提供农商银行认可的抵押物作有效担保。

6. 担保人条件

（1）信用观念强，资信状况良好，无不良社会和商业信用记录；年龄在18周岁（含）至45周岁（含），具有当地户口或在当地居住满1年以上；

（2）无赌博、吸毒、酗酒等不良行为；

（3）有固定职业或稳定收入，并有合法、可靠的经济来源，具备相应的保证能力；

（4）保证人与借款人家庭之间的经济必须相互独立。

7. 需要提供的资料

本人身份证，户口簿，营业执照，税务登记证，代扣电费和税费的存折，近半年的银行资金流动账目单；场地租赁合同或房产证原件及复印件，贷款人要求的其他材料。

六、各方职责分工

（一）团委职责分工

（1）牵头成立肇庆高新区青年电子商务创业贴息贷款行动工作小组；

（2）负责肇庆高新区青年电子商务创业贴息贷款业务的具体推广工作；

（3）利用各类社会组织的资源开展创业辅导、培训、咨询，建立创业导师团队，提高青年创业成功率和贷款成功率；

（4）主动与当地人社、商务、农商银行等有关部门积极沟通、配合，发掘团内外资源优势，鼓励与社会机构合作发展，形成帮助青年创业和就业的工作格局，给予创业青年技能与管理等方面的支持；

（5）接受创业项目申请表；

（6）协助挑选出符合条件的创业青年；

（7）对项目的可行性进行初步审定；

（8）选择适合的项目加意见后交农商银行调查审批；

（9）对贷款项目进行定期督查；

（10）联系创业青年，指导创业青年合理使用资金，并给予技术、管理等方面的帮扶；

（11）协助农商银行监督贷款户资金使用情况。

（二）农商银行职责

（1）为贷款青年提供最优惠利率；

（2）为青年创业项目提供贷款资金；

（3）印发“创业贴息贷款”活动的宣传单；

（4）贷前调查；

（5）评定贷款户等级；

（6）核定创业贷款数额；

（7）做好贷款发放及管理具体工作；

（8）每季度将扣息报表报团委。

（三）贷款青年职责

（1）提出贷款申请，填写《肇庆高新区青年电子商务创业贴息贷款申请表》，并按要求递交相关资料；

（2）合理运用贷款资金，实现创业，创收，创新；

（3）按时归还贷款本金。

七、工作要求

（1）相关各单位、各组织要立足于开拓创新，不断加强学习，用新思维、新方法、新理念，尽全力帮助解决青年就业、创业、培训中的实际问题。用心服务，用力改变，扎扎实实推进，认认真真执行，及时总结、推广好做法、好经验、好模式。大力营造关心支持青年创业和就业工作的良好社会氛围，推动工作不断向纵深发展。

（2）各单位、各组织在项目实施过程中遇到的问题，报肇庆高新区青年电子商务创业小额贷款项目领导小组办公室反馈。

联系人：雷晶晶

联系电话：3641398

附件：《肇庆高新区青年电子商务创业贴息贷款项目申请表》

《肇庆高新区青年电子商务创业贴息贷款业务实施细则（试行）》

共青团肇庆高新区委员会　广东四会农村商业银行股份有限公司

2015 年 10 月 26 日

抄报：区领导伟文同志，团市委正副书记，广东省农村信用社联合社肇庆办事处

抄送：市直团委

共青团肇庆高新区委办公室　　　　2015 年 10 月 26 日印发

（共印 50 份）

附件1　肇庆高新区青年电子商务创业贴息贷款项目申请表

借款人姓名		性别		出生年月		民族	
文化程度		政治面貌			申请金额（万元）		
创业项目名称					注册单位 法人名称		
电子商务平台 名称及链接							
联系电话				银行账号			
个人/创业单位主要 经济状况							
项目基本情况							
贷款主要用途							
团区委审核意见	盖　章 年　月　日						
贷款人意见	盖　章 年　月　日						
备注							

附件2 肇庆高新区青年电子商务创业贴息贷款业务实施细则（试行）

第一章 总则

第一条 为深入贯彻党的十八届三中全会提出的“健全促进就业创业体制机制”和团中央十七大有关精神，落实市委、市政府着力服务广大青年就业创业的要求，服务新时代电子商务青年创业，鼓励和帮助更多有创业意愿和创业能力的青年科学创业，共青团肇庆高新区委员会与广东四会农村商业银行股份有限公司联合实施开展肇庆高新区青年电子商务创业贴息贷款。根据《贷款通则》《广东四会农村商业银行股份有限公司信贷业务操作实施细则》《广东四会农村商业银行股份有限公司个人经营性贷款实施细则》《广东四会农村商业银行股份有限公司个人贷款操作实施细则》等有关规定，特制定本实施细则。

第二条 肇庆高新区青年电子商务创业贴息贷款是农商银行向高新区辖区内从事合法经营的青年发放的用于电子商务类创业项目经营所需的个人经营性贷款业务，为了方便对外宣传，简称“电商创业贷”。

第三条 肇庆高新区青年电子商务创业贴息贷款是个人经营性贷款的业务延伸，按照《广东四会农村商业银行股份有限公司信贷业务操作实施细则》《广东四会农村商业银行股份有限公司个人经营性贷款实施细则》《广东四会农村商业银行股份有限公司个人贷款操作实施细则》进行规范和管理。

第四条 肇庆高新区青年电子商务创业贴息贷款的基本操作流程：创业青年自愿申请→团区委接收申请并进行资格审核→农商银行受理并调查审查→评定信用等级→审批并核定贷款总额→借款人在核定的额度及期限内随用随贷→贷款到期收回。

第二章 借款条件及用途

第五条 申请肇庆高新区青年电子商务创业贴息贷款的借款人应具备以下条件：

（一）年龄在18周岁（含）至45周岁（含），具有肇庆高新区户口或在当地居住满1年以上。

（二）具有完全民事行为能力，债信观念强，信用良好，没有违法行为。

（三）从事电子商务的经营、管理、使用以及相关的科研、教学、设计、宣传等行业，并有合法、稳定、可靠的经济来源，具备清偿贷款本息的能力。

（四）需在互联网电子商务平台登记注册，获实名认证并正常经营3个月以上；从事的电子商务项目应符合国家产业政策和法律法规的规定，具有工商行政管理部门颁发的营业执照（工商部门规定不需要办理工商营业执照的除外），从事特许经营的，须有有权部门颁发的特许经营证书。

（五）主要经营场所或常住地址在肇庆高新区范围内。

（六）农商银行要求的其他条件。

第六条　肇庆高新区青年电子商务创业贴息贷款的担保措施。

（1）信用贷款，原则上不超过3万元。

（2）保证贷款，原则上不超过6万元，超过3万元保证贷款原则上要求落实具有还款能力的公职人员（收财政工资在编正式公职人员）作为还款保证人；严格控制借款人之间互为担保。

（3）抵押贷款，原则上不超过10万元，提供农商银行认可的抵押物作有效担保。

第七条　肇庆高新区青年电子商务创业贴息贷款担保人应具备以下条件：

（一）信用观念强，资信状况良好，无不良社会和商业信用记录；年龄在18周岁（含）至45周岁（含），具有当地户口或在当地居住满1年以上。

（二）有固定职业或稳定收入，并有合法、可靠的经济来源，具备代偿贷款本息的能力。

（三）无赌博、吸毒、酗酒等不良行为，没有违法记录。

（四）农商银行要求的其他条件。

第八条　肇庆高新区青年电子商务创业贴息贷款的用途：

贷款只能用于电子商务类创业项目，发展经济，不得用于其他经营项目或用于购置生活用品、建房、治病、子女上学等非生产经营项目。

第三章　贷款期限与利率

第九条　肇庆高新区青年电子商务创业贴息贷款的额度将结合各地的经济特点及发展情况、信用环境、担保方式、借款人经营规模、资信状况等因素，合理确定贷款额度，原则上单户贷款额度最高不超过10万元。

第十条　肇庆高新区青年电子商务创业贴息贷款期限的核定。

肇庆高新区青年电子商务创业贴息贷款期限根据生产经营活动的实际周期确定，原则上最长不超过1年。

第十一条　为了体现对肇庆高新区青年电子商务创业贴息贷款的扶持力度，并充分发挥利率的杠杆作用，肇庆高新区青年电子商务创业贴息贷款按中国人民银行公布的同期同档次贷款基准利率执行，贷款逾期则执行中国人民银行公布的逾期贷款利率。

第十二条　肇庆高新区青年电子商务创业贴息贷款的利息计收。

（一）肇庆高新区青年电子商务创业贴息贷款利息实行按月结息，先由借款人按月归还利息，待季度后由农商银行向团委申请贴息返还借款人。

（二）贷款期限内产生的利息由团委负责贴息，并由贷款行按季从团委开设在农商银行的专门贴息资金账户中扣划到贷款行内部账户返还借款人结算账户。

第四章　贷款的审核发放、管理与收回

第十三条　肇庆高新区青年电子商务创业贴息贷款的审核发放。

肇庆高新区青年电子商务创业贴息贷款的发放，应根据实际需求，按照借款人的信用等级在规定的最高限额内审核发放。已核定贷款额度的创业青年，可凭有效身份证件等相关资料到农商银行直接申请办理贷款。

农商银行在贷款合法合规的前提下，根据创业青年的借款申请，在核定的额度及期

限内，依据有关信贷制度要求进行审核后，随用随贷，并在贷款档案中登记相关用款记录。

第十四条　肇庆高新区青年电子商务创业贴息贷款的贷后管理。

肇庆高新区青年电子商务创业贴息贷款发放后，农商银行应按照《广东四会农村商业银行股份有限公司信贷业务操作实施细则》的有关规定做好贷后管理工作，确保肇庆高新区青年电子商务创业贴息贷款"放得出、用得好、收得回"，实现肇庆高新区青年电子商务创业贴息贷款经济效益与社会效益的双赢。

第十五条　肇庆高新区青年电子商务创业贴息贷款的档案管理。

农商银行应按照《广东四会农村商业银行股份有限公司贷款档案管理实施细则》的有关规定建立贷款档案并加强管理。肇庆高新区青年电子商务创业贴息贷款档案，实行一户一档案，贷款档案应包括以下内容：

（1）借款人、担保人姓名、身份证复印件、住址、联系方式等；

（2）借款申请书和创业投资计划书；

（3）借款人从事生产经营活动的主要内容、收入状况、资产状况、担保人收入状况、资产状况以及代偿能力，借款人及担保人在中国人民银行个人征信系统的查询记录等资料；

（4）对农户信用等级评定的相关资料；

（5）还款的历史记录；

（6）农商银行审批（查）意见、借款合同及借据、贷后跟踪检查记录、贷款七级分类相关资料等；

（7）农商银行所需要的其他资料。

第十六条　肇庆高新区高新区青年电子商务创业贴息贷款的收回。

信贷人员根据贷款的实际运营情况，落实贷款的回收工作并对相关还款记录做好登记；在贷款清偿后，做好对该贷款全面总结和评价工作，分析其综合效益。

第十七条　肇庆高新区青年电子商务创业贴息贷款的风险分类。

农商银行应按照《广东四会农村商业银行股份有限公司信贷资产七级分类管理实施细则》的有关规定，依据核心定义、结合农户信用评定等级和逾期时间等进行风险分类。

第五章　责任及处罚

第十八条　贷款责任认定原则。根据信贷人员责、权、利对等的规定，实行"谁经办、谁管理、谁受益、谁负责"的原则。

鉴于肇庆高新区青年电子商务创业贴息贷款的风险控制主要在借款人信用等级评定环节，责任认定时原则上借款人信用等级评定的调查人视同贷款的调查人。肇庆高新区青年电子商务创业贴息贷款岗位责任认定参照《广东省农村信用社新账贷款考核指引》进行。

第十九条　肇庆高新区青年电子商务创业贴息贷款责任认定机构及程序。

参照《广东省农村信用社新账贷款考核指引》（粤农信联发〔2007〕7号）的相关规定，肇庆高新区青年电子商务创业贴息贷款出现不良，由支行交贷款责任认定的初步意见，报总行贷款责任认定机构裁决认定，并予以相应处罚。

第六章　附则

第二十条　本指引中未尽事宜按《中华人民共和国商业银行法》和中国人民银行的《贷款通则》《广东四会农村商业银行股份有限公司信贷业务操作实施细则》《广东四会农村商业银行股份有限公司个人经营性贷款实施细则》《广东四会农村商业银行股份有限公司个人贷款操作实施细则》等有关规定执行。

第二十一条　本细则由广东四会农村商业银行股份有限公司负责解释和修订。

第二十二条　本细则自发文之日起施行。

附件四　四会市农村信用合作联社“玉易贷创业贷款”活动工作方案

为推进四会市玉器产业快速发展，大力支持社会主义新农村建设，提高农村信用社的信贷服务水平，更好地发挥农村地方金融主力军作用，四会市珠宝玉石首饰行业协会与四会市农村信用合作联社联合组织开展“玉易贷创业贷款”活动。活动具体工作方案如下：

一、开展活动的时间、范围及贴息贷款额度

（一）开展活动时间

四会市“玉易贷创业贷款”活动开展时间为：2011 年 6 月至 2012 年年底。

（二）开展活动范围

在全市挑选 50 户玉器经营个体户组织开展“玉易贷创业贷款”活动，每户安排 100 万元的最高贷款额度，贷给玉器经营个体户用于玉器经营创业。

二、贷款对象和条件

该贷款产品是针对玉器个体私营业主发放的用于经营玉石玉器制作、销售过程中短期资金周转的一种融资贷款。

贷款对象必须是持有工商行政管理机关核发的非法人营业执照的个体户。借款人必须具备以下条件。

1. 年龄在 18 周岁以上，具有完全民事行为能力。
2. 属市四会市珠宝玉石首饰行业协会会员，具有工商行政管理机关核发的营业执照及相关行业的经营许可证，有固定的经营场所。
3. 从事正当的生产经营活动，有稳定的收入和还本付息的能力。
4. 资信良好，能提供农信社认可的担保。
5. 具有贷款银行所在地的常住户口或居住证明。
6. 农信社要求的其他资料。

三、贷款使用范围

贷款只能用于玉石玉器销售经营项目，发展经济。不得用作购置生活用品、建房、治病、子女上学等非生产项目。

四、贷款发放和管理、责任及处罚

按《四会市农村信用合作联社“玉易贷创业贷款”操作实施细则》的相关规定执行。

五、各方工作职责

（一）市玉器珠宝协会工作职责

1. 负责对每户申请贷款的会员提供会长及两名（含）以上副会长连带责任担保。

2. 协助挑选出符合条件的个体经营会员，参与审核评定“玉易贷创业贷款”项目，并对会员贷款项目进行定期督查。

（二）四会市农村信用合作联合工作职责

1. 评定贷款户等级。

2. 贷款调查、审查、审批、发放。各基层信用社根据《四会市“玉易贷创业贷款”申请表》的申请情况，按相关规定和要求做好贷前调查，对符合贷款条件的借款申请做好资料审查工作，并报联社审批同意后发放。

3. 贷后管理及贷款收回。各基层信用社按相关规定做好贷款贷后检查及管理工作，按期收回贷款。

（三）贷款户职责

1. 提出贷款申请。

2. 编写创业投资计划书。

3. 按时归还贷款本金及利息。

附件：《四会市“玉易贷创业贷款”申请表》

《四会市农村信用合作联社“玉易贷创业贷款”操作实施细则》

附件1　四会市“玉易贷创业贷款”申请表

<table>
<tr><td>申请人
姓　名</td><td></td><td>性别</td><td></td><td>年龄</td><td></td><td>从事玉器行业
时间</td><td></td></tr>
<tr><td>身份证号码</td><td colspan="4"></td><td colspan="2">家庭收入情况</td><td></td></tr>
<tr><td>详细地址</td><td colspan="7">镇（街道）　　村　　小组　　号</td></tr>
<tr><td colspan="8">创业项目情况</td></tr>
<tr><td colspan="2">经营场所名称</td><td colspan="2">规　模</td><td>自有
资金</td><td>申请借
贷额度</td><td>贷款期限</td><td>项目经营
预计年收入</td></tr>
<tr><td colspan="2"></td><td colspan="2"></td><td></td><td></td><td></td><td></td></tr>
<tr><td>玉器珠宝
协会意见</td><td colspan="7">（公章）负责人（签名）：
年　月　日</td></tr>
<tr><td>担保人意见</td><td colspan="7">1. 市珠宝玉石首饰行业协会会长担保意见：
（签名）：
年　月　日
2. 市珠宝玉石首饰行业协会副会长担保意见：
（签名）：
年　月　日
3. 市珠宝玉石首饰行业协会副会长担保意见：
（签名）：
年　月　日</td></tr>
<tr><td>申请人签名：</td><td colspan="7">联系电话　　　　年　月　日</td></tr>
<tr><td colspan="3">备注</td><td colspan="2"></td><td colspan="3"></td></tr>
</table>

附件2 四会市农村信用合作联社“玉易贷创业贷款”操作实施细则

第一章 总则

第一条 为推进四会市玉器产业快速发展，大力支持社会主义新农村建设，提高农村信用社的信贷服务水平，更好地发挥农村地方金融主力军作用，根据《贷款通则》《四会市农村信用合作联社个人贷款操作实施细则》等法律法规以及管理办法，结合四会市辖区实际，制定本实施细则。

第二条 “玉易贷创业贷款”活动是四会市农信社基于四会市珠宝玉石首饰行业协会（以下简称“协会”）会员自愿申请，协会大会审核推荐，在核定的额度和期限内向协会会员发放的不需要抵押，只需要协会会长及两名（含）以上副会长共同作为担保人的贷款。

第三条 玉易贷创业贷款是针对协会会员经营玉石玉器而发放的创业贷款，采取“评定等级、核定总额、随用随贷、余额控制、周转使用”的管理方法。

第四条 玉易贷创业贷款的信用等级评定工作包括对借款人的信用等级评定和保证人信用等级评定。

第五条 玉易贷创业贷款的基本操作流程：协会会员自愿申请→协会大会投票选择贷款对象并提供保证担保→农村信用社受理并调查审查→评定信用等级→审批并核定贷款总额→协会会员在核定的额度及期限内随用随贷→贷款到期收回。

第二章 信用等级评定

第六条 各信用社信用等级评定小组负责对申请创业贷款的协会会员（包括会长及提供保证担保的副会长）的资信进行评定。

第七条 协会会员的信用等级评定参照《四会市农村信用合作联社自然人其他贷款客户和微型企业信用等级评定实施细则》规定执行，基本步骤如下。

（一）农村信用社对申请信贷授信客户的信用等级评定按调查评估、信用等级初评、审查、审批的步骤进行，具体流程参照《四会市农村信用合作联社信贷业务操作实施细则》的贷款操作流程办理。

（二）农村信用社信贷人员应根据有关规定对授信申请人进行调查，调查的主要内容包括：

（1）受评对象的基本情况；

（2）受评对象的从事玉石玉器经营活动主要内容及资金需求状况；

（3）受评对象的偿债能力、盈利能力、营运能力分析；

（4）受评对象的产品市场及发展前景分析；

（5）受评对象的个人品行状况、与本社的合作等情况；

（6）信用状况：通过查询个人征信系统、企业征信系统以及其他相关方式，对受评对象的信用状况进行真实、详尽的调查；

（7）其他有关情况。

（三）信用等级初评。信贷员在调查评估的基础上，填写《四会市农村信用合作联社自然人其他贷款客户及微型企业信用评级审查审批表》。信贷员对其调查的内容、出具的初评意见及信用评级指标评分负责。

（四）审查、审批。各信用社（营业部）及联社根据信贷员的调查情况、信用指标评分和信用等级初评建议，并充分考虑协会的意见，确定申请人的信用等级并核定最高贷款额度，并按相关程序、权限对受评对象的信用等级进行审查审批。

第八条　信用等级评定设定统一的评级标准。各类评级对象按相应的指标及计分标准进行评分，并按得分高低分为优秀、较好、一般三个等级，一般等级以下列为“不予评级”客户。

第九条　信用等级的核心定义。

优秀等级：偿债能力、盈利能力及营运能力强，产品市场前景良好、竞争力强，发展前景良好，经营者素质优良，信用状况良好。优秀等级协会会员的贷款最高额度原则上不超过100万元。

较好等级：偿债能力、盈利能力及营运能力较强，产品市场前景较好、竞争力较强，发展前景稳定，经营者素质较好，信用状况较好。较好等级协会会员的贷款最高额度原则上不超过70万元。

一般等级：偿债能力、盈利能力及营运能力存在不足的征兆，发展前景尚可，产品市场、竞争力、经营者素质及信用状况一般。一般等级协会会员的贷款最高额度原则上不超过50万元。

第十条　定级。根据信用评级标准评出受评对象所得总分值，再根据总分值定级，定级参照以下标准：

（一）优秀：90分（含）以上；

（二）较好：75（含）~90分（不含）；

（三）一般：60（含）~75分（不含）。

第十一条　投资、新建经营未满1年，或首次与本联社发生信贷关系的申请人，同样按相应的指标及计分标准进行评分，将得分60分（含）以上的评级对象按得分高低，分为优秀、较好、一般三个等级，一般以下列为“不予评级”客户。计分定级参照以下标准：

（一）优秀：80分（含）以上；

（二）较好：70（含）~80分（不含）；

（三）一般：60（含）~70分（不含）。

第三章　借款条件及用途

第十二条　申请玉易贷创业贷款的借款人应具备以下条件：

（一）居住在农村信用社的营业区域之内，从事玉石玉器商业经营，拥有本地户口或暂住证；

（二）具有完全民事行为能力，债信观念强，信用良好；

（三）有较好的玉石玉器制作、销售经验，并有合法、稳定、可靠的经济来源；
（四）具备清偿贷款本息的能力；
（五）没有违法行为；
（六）农村信用社要求的其他条件。

第十三条　玉易贷创业贷款的担保措施。

玉易贷创业贷款必须落实协会会长、2 名（含）以上副会长作为连带还款保证人，其中每名副会长保证担保户数控制在 3 户（含）以下。

第十四条　玉易贷创业贷款担保人应具备以下条件：
（一）具有完全民事行为能力，债信观念强，信用良好；
（二）从事正当行业，并有合法、稳定、可靠的经济来源；
（三）具备代偿贷款本息的能力；
（四）担任协会副会长或会长，没有违法行为；
（五）农村信用社要求的其他条件。

第十五条　玉易贷创业贷款的用途：
（一）购买玉石原材料贷款；
（二）制作玉器相关费用贷款；
（三）从事玉器销售相关环节贷款；
（四）其他符合有关规定的玉石玉器创业项目。

第十六条　玉易贷创业贷款只可用于玉石玉器创业项目，发展玉器产业经济。不得用于购置生活用品、建房、治病、子女上学等非生产项目。

第四章　贷款期限与利率

第十七条　玉易贷创业贷款期限的核定。

玉易贷创业贷款期限根据具体玉石玉器经营活动的实际周期确定，原则上最长不超过 2 年。

第十八条　为了体现对协会会员贷款的扶持力度，并充分发挥利率的杠杆作用，玉易贷创业贷款按中国人民银行公布的贷款基准利率和浮动幅度适当优惠。具体执行如下：玉易贷创业贷款新发放按中国人民银行公布的同期同档次贷款基准利率上浮 185%，逾期贷款执行中国人民银行公布的逾期贷款利率。

第十九条　玉易贷创业贷款的本息计收。
（一）玉易贷创业贷款利息实行按月结息。
（二）玉易贷创业贷款本金实行按月等额还款。

第五章　贷款的审核发放与支付、管理与收回

第二十条　玉易贷创业贷款的审核发放。

玉易贷创业贷款的发放，应根据实际需求，按照借款人的信用等级在规定的最高限额内审核发放。

第二十一条　信用社应和借款人及其他相关当事人面签借款合同及担保合同等书面合同及其他相关协议，与各方当事人明确约定贷款额度、期限、利率等要素以及贷款用

途、支付对象（范围）、支付金额、支付条件、支付方式、诚信承诺等相关约定，并确保与相关审批的内容一致。

第二十二条　信用社应加强对贷款的发放管理，遵循审贷与放贷分离的原则，设立放款审核岗，负责落实放款条件、发放满足约定条件的个人贷款。由放款审核岗负责对贷款条件和发放条件进行审核。审核贷款条件符合相关审查、审批的意见后方可发放。对未落实审查、审批意见而且未作合理解释而擅自发放贷款，将追究有关责任人的管理责任，造成贷款损失的，将追究相关人员的经济责任。

第二十三条　借款合同生效后，信用社应按合同约定及时发放贷款。

第二十四条　信用社在发放贷款前应依据借款真实用途、额度、对象等情况，确定贷款支付方式，并在借款合同或相关协议中约定，通过贷款人受托支付或借款人自主支付的方式对贷款资金的支付进行管理与控制。

（一）贷款人受托支付是指信用社根据借款人的提款申请和支付委托，将贷款资金支付给符合合同约定用途的借款人交易对象。

（二）借款人自主支付是指信用社根据借款人的提款申请将贷款资金直接发放至借款人账户，并由借款人自主支付给符合合同约定用途的借款人交易对象。

第二十五条　除下列情形之一的个人贷款，经信用社同意可以采取借款人自主支付方式外，其余个人贷款应当采用贷款人受托支付方式支付。

（一）借款人无法事先确定具体交易对象且金额不超过30万元的；

（二）借款人交易对象不具备有效使用非现金结算条件的；

（三）贷款资金用于玉石玉器经营且金额不超过50万元的；

（四）法律法规规定的其他情形。

第二十六条　采用贷款人受托支付的，信用社应要求借款人在使用贷款时提出支付申请，并授权信用社按合同约定方式支付贷款资金。信用社应在贷款资金发放前审核借款人相关交易资料和凭证是否符合合同约定条件，支付后做好有关细节的认定记录，并详细记录资金流向，归集保存相关凭证。

第二十七条　采用借款人自主支付的，信用社应与借款人在借款合同中事先约定，要求借款人定期报告或告知信用社贷款资金支付情况。信用社应当通过账户分析、凭证查验或现场调查等方式，核查贷款支付是否符合约定用途。

第二十八条　玉易贷创业贷款的贷后管理。

玉易贷创业贷款发放后，应按照《四会市农村信用社信贷业务操作规范（修订版）》《四会市农村信用合作联社个人贷款操作实施细则》等有关规定做好贷后管理工作，确保玉易贷创业贷款“放得出、用得好、收得回”，实现玉易贷创业贷款经济效益与社会效益的双赢。

第二十九条　玉易贷创业贷款的档案管理。

信用社应按照《四会市农村信用社贷款档案管理实施细则（暂行）》的有关规定建立贷款档案并加强管理。玉易贷创业贷款档案，实行一户一档案，贷款档案应包括以下内容：

（一）借款人、担保人姓名、身份证复印件、住址、联系方式等；

（二）借款申请书和创业投资计划书；

（三）借款人从事玉石玉器经营活动的主要内容、收入状况、资产状况、担保人收入状况、资产状况以及代偿能力，借款人及担保人在中国人民银行个人征信系统的查询记录等资料；

（四）信用等级评定的相关资料；

（五）还款的历史记录；

（六）农村信用社审批（查）意见、借款合同及借据、贷后跟踪检查记录、贷款五级分类相关资料等；

（七）农村信用社所需要的其他资料。

第三十条　玉易贷创业贷款的收回。

信贷人员根据贷款的实际运营情况，落实贷款的回收工作并在贷款证中登记相关还款记录；在贷款清偿后，做好对该贷款全面总结和评价工作，分析其综合效益。

第三十一条　玉易贷创业贷款的风险分类。

信用社应按照《四会市农村信用合作联社信贷资产五级分类管理实施细则（修订版）》的有关规定，依据核心定义、结合自然人其他客户信用评定等级和逾期时间等进行风险分类。

第六章　责任及处罚

第三十二条　贷款责任认定原则。根据信贷人员责、权、利对等的规定，实行“谁经办、谁管理、谁受益、谁负责”的原则。

鉴于玉易贷创业贷款的风险控制主要在自然人其他客户信用等级评定环节，责任认定时原则上信用等级评定的调查人视同贷款的调查人。玉易贷创业贷款岗位责任认定参照《四会市农村信用合作联社新账贷款考核实施细则》进行。

第三十三条　玉易贷创业贷款责任认定机构及程序参照《四会市农村信用合作联社新账贷款考核实施细则》的相关规定，玉易贷创业贷款出现不良，由基层信用社提交贷款责任认定的初步意见，报联社贷款责任认定机构裁决认定，并予以相应处罚。

第七章　附则

第三十四条　本实施细则未尽事宜按《中华人民共和国商业银行法》和中国人民银行的《贷款通则》《四会市农村信用合作联社个人贷款操作实施细则》《四会市农村信用社信贷业务操作规范（修订版）》等有关规定执行。

第三十五条　本实施细则由四会市农村信用合作联社负责解释和修订。

第三十六条　本指引自发文之日起施行。

四会市农村信用合作联社

2011 年 5 月 31 日

（撰稿人：张乐柱、陈晓洁）

普惠金融精准扶贫的“平邑模式”①

一、平邑县经济社会发展概况

（一）平邑县人文区位优势

山东省平邑县位于沂蒙山区腹地，隶属于临沂市，总面积1825平方公里，辖12个镇、1个街道、1个省级经济开发区，515个行政村（社区），人口106万人。2016年，全县实现地区生产总值283.7亿元，增长6.4%；规模以上固定资产投资195.7亿元，增长16.2%；社会消费品零售总额173.9亿元，增长10.7%；一般公共预算收入10.71亿元，税收占比达到83.8%。

平邑人文历史悠久。早在五六千年前就有先民繁衍生息。西周属颛臾国，春秋为鲁国大夫季平子食邑，西汉置平邑侯国，距今已有3000多年历史。孔子“七十二贤”中的曾子、原宪、仲由、澹台灭明，晋代军事家羊祜、书法家羊欣，近代爱国将领左宝贵都诞生于此；陈毅、徐向前、罗荣桓、粟裕等都曾在这里战斗生活过，抗战期间全县有3万多名英雄儿女参战支前，涌现出了“陈毅担架队”等闻名全国的英雄集体。在改革开放和建设时期，平邑以自力更生、艰苦创业、开拓实干，铸造了“九间棚精神”。

平邑交通区位优越。位于临沂、枣庄、济宁、泰安四市交界，境内交通便利，兖石铁路、日兰高速、327国道、文泗公路横贯东西，新枣路、蒙滕路纵穿南北，莱新高速南延工程即将实施，鲁南高铁客运专线将于2019年正式通车。城市基础设施完善，县城建成区面积达到31.5平方公里，人口28万人，城镇化率达49.9%，城市绿化覆盖率达44.12%。累计新建改造城市道路48条，240省道改线及村级公路路网工程完成，建成了全市规模最大的县级零换乘交通枢纽，城市公交达到105辆、总数居临沂各县之首。

① 在山东省平邑县调研期间，得到了中国人民银行平邑支行、中国银行平邑支行、平邑县农村信用社联社的大力支持，在此表示衷心的感谢！

（二）平邑产业特色明显

1. 旅游业较为发达

平邑是全国县域旅游品牌百强县、省级旅游强县。"沂蒙花海·平邑近人"的旅游品牌让平邑的秀美山水、花海飘香享誉全国乃至全世界，不断提升平邑的知名度和美誉度。平邑旅游资源丰富。北部紧临5A级景区——蒙山。蒙山古称"东蒙""东山"，跨平邑、蒙阴、费县和沂南四县，绵亘100余公里，总面积1125平方公里，主峰龟蒙顶海拔1156米，为山东省第二高峰。另有较大山峰300余座，深谷陡涧300余条，有"七十二险峰，三十六洞天"之说。现为沂蒙山国家地质公园、蒙山国家森林公园。蒙山旅游区分为四个景区①，其中龟蒙是养生旅游区在平邑。天宇自然博物馆是国家4A级景区，全国古生物科普教育基地、全国科普教育基地，展品主要以矿物标本和古生物化石为主，馆藏达39万件，拥有6项吉尼斯世界纪录，特别是收藏了1106件完整的恐龙化石，为世界恐龙化石数量之最，被评为"世界上最大的恐龙博物馆"。九间棚、观音山景区，是3A级景区，闻名全国的九间棚精神发源地，每年3～6月，金银花及不同品种的果树竞相开放、次第盛开，放眼望去一片花海，人在花中走、犹如画中游，被中外游人誉为"中国最大的天然花园"。曾子山旅游区，是2A级景区，山势俊朗峭拔、峰奇石怪、造型各异、栩栩如生，素有"鲁南奇葩""北方桂林"之称，是中国第五种岩石地貌景观岱崮地貌集中观赏地之一。此外还有观音山旅游区、彭泉漫游谷、唐村湖、香山枫谷、太皇崮、苏家崮等20多处风景旅游区。

2. 以石材产业为支柱产业

石材产业是平邑的支柱产业之一，是中国花岗石之乡、中国石材之乡。平邑已探明矿产资源21种，其中黄金储量50吨，花岗石储量30亿立方米，石灰石100亿吨；其石材产业拥有石材加工企业714家，年加工销售各类板材5000多万平方米，其中进口板材3000多万平方米；石材产业从业人员达10万多人，全国所有的石材市场均有平邑的销售处，在欧洲、中东地区建有11处加工或销售中心，石材产品远销美、日、韩、德、阿联酋等国家和地区。

3. 具有特色的农产品加工业

平邑县是享誉中外的中国金银花之乡、国家级出口食品农产品质量安全示范区、全国食品工业强县、山东省长寿之乡。主要农产品有果品、金银花、大蒜、土豆、小麦、玉米、花生等，金银花种植面积达到65万亩、梨23.5万亩、桃10.2万亩。依托丰富独特的自然资源，着力培育特色产业集群，罐头、石材、金银花等特色产业规模不断壮大。金银花产业方面，平邑县是金银花的原产地和主产区，拥有金银花流通加工企业152家，金银花合作社247家，GMP认证企业9家，GSP认证企业15家，形成了集种植、采摘、加工、提取、制药于一体的完整产业链条，是全国最大的金银花生产、加工和集散基地。"平邑金银花"是国内第一个获得地理标志证明商标、地理标志农产品"双地标"认证的区域公用品牌，品牌价值达到13.68亿元。罐头产业方面，拥有果蔬

① 四个景区为：龟蒙是养生旅游区（平邑），云蒙（蒙阴）是生态、休闲旅游区，天蒙是天险观光区（费县），彩蒙是山林休闲区（沂南）。

罐头加工及各类配套企业127家，年加工果蔬罐头60万吨，年产值70亿元，占全国果品罐头生产总量的40%。

二、平邑县普惠金融扶贫的探索及绩效

2017年6月16日，山东省人民政府发布《关于推进普惠金融发展的实施意见》（鲁政发〔2017〕14号），旨在推进普惠金融发展，逐步建立与山东省经济社会发展相适应的普惠金融服务体系，改善小微企业、农民、城镇低收入人群、贫困人群和残疾人、老年人等特殊群体的金融服务，提升普惠金融服务的覆盖率、可得性和满意度。2016年12月6日，中国人民银行济南分行将平邑县列为山东省普惠金融综合示范区3个试点县之一。试点工作开展以来，中国人民银行平邑县支行健全组织体系，分解细化建设任务，全面打造“惠民信贷”“农村金融综合服务点建设”“居民金融素养提升”三大建设工程，探索了一条具有特色的普惠金融发展路径。2017年4月27日，山东省试点工作首次推进会议在平邑召开，平邑经验得到了人行总行领导的肯定并被新闻媒体报道①。

（一）创新组织与落实工作机制

1. 建立健全组织与工作机制

平邑县按照“上下联动，整体推进；以点带面，重点突破；循序渐进，全面渗透”的工作思路，建立健全普惠金融综合示范区试点工作机制，成立了平邑县普惠金融综合示范区试点工作领导小组，负责统筹协调、组织实施和督促推动普惠金融综合示范区试点；并牵头建立普惠金融工作联席会议制度，研究制定具体政策措施，指导并考核各镇（街）、开发区开展普惠金融综合示范区试点工作。各镇（街）、开发区建立相应协调机构，实施县镇联动，推进普惠金融工作开展。

2. 细化分解落实试点任务

一是制定《平邑县普惠金融综合示范区试点工作配档表》，把试点方案任务细化分解落实到人民银行部门岗位、政府部门和金融机构，督促各镇（街）、开发区、金融机构研究制订具体工作方案，层层分解目标，明确任务和责任人，确保全县普惠金融扎实高效地推进。

二是开展现场督导检查，强化责任落实。制定《平邑县普惠金融综合示范区试点工作考核暂行办法》，实施定期考核和通报制度。2017年3月，平邑县金融办与人民银行平邑支行组成两个督导组对14个镇（街）、开发区落实普惠金融试点情况开展现场督导并在全县范围内进行通报。

---

① 人民银行总行党委委员、行长助理张晓慧对平邑支行工作的评价是“三项工作抓到了点子上”；2017年8月9日，《金融时报》以《普惠甘霖润大地——人行山东平邑县支行推进普惠金融工作纪实》为题对平邑普惠金融试点进行了报道。

（二）增扩农村金融基础设施，构建社区金融服务体系

结合网点实际、整合社会资源，构建以营业网点为主体，全力推行“农金员 + 农金通 + 自助机具”“农金员 + 农金通”“自助银行”等六种模式的社区金融服务点为依托，各类电子机具应用为主要手段的社区金融服务体系，实现社区、行政村、自然村金融服务全覆盖。

1. 升级改造助农取款服务点

在行政村助农取款服务点全覆盖基础上，选择符合条件的服务点推动其功能综合化，对助农取款服务点进行升级改造，把全县农村助农取款服务点按照统一标准改造升级为集“存取款、非现金结算、残损币兑换、金融宣传、金融消费者权益保护、农村电子商务”六位于一体的农村金融综合服务网点，将便民点建设成金融知识宣传点、信息联络点和便民取款点。把服务点打造成“农民家门口的银行”，打通农村金融服务的“最后一公里”。截至目前，全县 515 个行政村和 1394 个农村助农取款服务点，已完成升级改造 312 个，占比 22.38%。

2. 推动普及移动金融服务支付方式

推动普及移动金融服务支付方式，通过增加 ATM 机、POS 机、便民自助服务终端等，不断拓展银行卡使用范围，提高城乡网点的自助设备覆盖率；同时，加大网上银行、电话银行、手机银行、扫码支付、微信支付等新产品的推广力度，扩大金融服务覆盖面。并在地方镇启动建设“现代支付示范镇”。截至 2017 年 8 月，全县共布放 POS 机 6996 台，农民自助服务终端 202 台。已为 1300 个沿街商户安装扫码支付工具；全县手机银行、网上银行用户达到 49 万户，电子银行业务替代率达 75%。

3. 创新支付服务方式

平邑县农商行率先发行山东省县域金融机构首张“普惠金融卡”。“普惠金融卡”主要是面向平邑县境内涉及各类惠农补贴、便民代发等业务的对私客户发行的银联标准借记卡。该卡面具有三大功能：一是实现惠农补贴整合集中发放。将农业支持保护补贴、农机购置补贴、困难残疾人生活补贴等 14 项惠农补贴全部纳入普惠金融卡发放范围，占全县补贴项目的 87.5%，其中涉及项目补贴金额 36611 万元，占全县补贴发放比例的 69.17%，惠及全县 28.13 万户，实现了惠农政策补贴款一卡汇入。二是实现支付结算功能整合。普惠金融卡在实现存取款、转账结算、查询、消费、缴费等传统支付功能基础上，绑定了电子银行工具，实现网上银行、手机银行、电话银行等移动支付功能，解决了农村领域支付结算方式单一、非现金支付工具应用比例低的问题。三是实现小额信贷功能整合。“普惠金融卡”集成了党员信用贷款、“速贷通”消费贷款、家庭贷、惠农·绿色能源贷等 12 项小额贷款品种，持卡人持身份证通过柜台、400 电话申请平台、移动办贷等方式申请授信后，可以在全市任意 ATM 机、手机银行或网上银行自主发放贷款和归还贷款，增强小额贷款可得性。此外，持卡人可以享受免年费、短信提醒费、小额账户管理费、全省农商行系统异地存取款、转账费，享受免手机银行、网银跨行转账手续费等服务优惠，大大提升了金融服务的可得性和便利性。2017 年 7 月 26 日，在下桥镇举行普惠金融卡首发仪式。目前已累计发行“普惠金融卡”1380 余张，实现手机银行、网银等支付、转账交易 2000 余笔，金额 40 余万元；共办理小额贷款授

信67笔，授信金额315万元，其中，用于发展小微经济和创业贷款资金累计260万元，支持带动67户养殖户、种植户和个体户生产经营；发放各类补贴月均笔数1000余笔，金额50万余元。同时，利用“普惠金融卡”推介时机，加大普惠金融政策宣传力度，开展现场用卡知识讲解、政策解读等宣传活动20场次，惠及6800余名群众。

此外，平邑县在人行平邑县支行设立县级征信管理服务中心基础上，在各镇农商银行支行设立了镇级征信管理服务分中心，在村设立了征信管理服务站，并组织开展温水小河村征信管理服务站建设试点，开展农户信用档案和非银行信用信息采集，持续深化文明信用户、信用村、信用镇建设。

（三）重点创新惠民信贷产品，提高信贷可得性

1. 针对贫困户需求开发金融精准扶贫产品

全面开展了贫困户及生产经营主体融资需求调查。平邑农商行对全县3.2万户贫困户进行贷款资格筛选，完成全县1160户贫困户有效信贷需求评级授信，授信金额达6000余万元，并先后开发推广富民农户贷、富民生产贷。

“富民农户贷”。平邑县农商行推出共收到扶贫办转发的建档立卡贫困户34510户（其中，平邑33210户，蒙山1300户），将超龄和无劳动能力等不符合信贷条件的贫困户剔除后，还有3503户（其中，平邑3164户，蒙山339户），平邑县农商行组织全体客户经理利用1个月时间对3503户建档立卡贫困户逐户上门落实信贷需求，并填写《贫困户信贷需求情况表》。经落实，有信贷需求且符合贷款条件的贫困户共计1252户，预计授信金额5479.5万元（其中，平邑1160户，预计授信金额5074.5万元，蒙山92户，预计授信金额405万元）。截至2017年4月，已审批543户，共发放富民农户贷1480万元，惠及355户贫困户。

“富民生产贷”。专门针对贫困户因年龄偏高无法获得信贷资金支持问题而创新。平邑县农商行筛选了罐头、生猪屠宰、地产中药材、手套加工等涉农行业的部分龙头企业，依托企业、农民互助社、农民专业合作社探索形成了“1+N”扶贫模式，通过向帮扶企业、农民互助社或农民专业合作社提供扶贫贷款资金支持，并给予利率优惠，由其负责帮扶、带动贫困户日常生产经营，实现脱贫致富。截至2017年4月，已对山东中海食品有限公司、山东辉煌食品有限公司、平邑县宏达食品有限公司、平邑方圆药业有限公司等18家企业发放富民生产贷7700万元（其中，平邑办理15户7500万元，蒙山办理2户200万元），并落实了利率优惠政策，由扶贫办代表政府与企业签订了贫困户帮扶协议，协议中明确约定在市场行情低迷或者市场供应过剩情况下，企业以高于市场价格5%～10%标准优先收购贫困户农产品，在企业用工方面，在同等条件下优先聘用贫困户人员，共带动1500户贫困户脱贫致富。

平邑农商行还推出了“绿色能源贷”。与政府部门沟通协作，配合省派驻村“第一书记”到地方镇王崮山村与丰阳镇大丰阳村开展光伏产业扶贫试点。由于分布式光伏发电绿色无污染，供电公司对分布式光伏发电全部高价收购，在国家规定的每千瓦·时0.42元补贴标准基础上，省级财政再给予每千瓦·时0.05元的电价补贴，光伏扶贫户只要一次性投入，不需要任何技术和后期维护，收益稳定，风险较小，有利于贫困户抱团发展、整体脱贫。针对该种经营模式，平邑农商行专门开发了“惠农·绿色能源

贷”，为农户购买光伏发电设备提供信贷资金支持。实行利率优惠，设置了最长5年期的还款期限，切实解决了部分贫困户的还款压力和利息负担。截至2017年4月，平邑农商行累计发放绿色能源贷104户，金额379.18万元。

而邮政储蓄银行开发推广富民发展贷。引导金融机构推行“银行+龙头企业（新型经营主体）+贫困户”的产业扶贫模式，支持贫困户脱贫增收。截至2017年8月，扶贫贷款余额达1.6亿元。其中，富民农户贷余额2000万元，富民生产贷余额1.2亿元，富民发展贷余额2100万元。2016年以来，累计发放各类扶贫贷款2.3亿元，累计带动4600户贫困户实现脱贫。

2. 突出对弱势创业群体的精准金融支持

发挥政策效应，加大了对下岗失业人员、农村妇女、残疾人、小微企业等弱势群体的信贷支持力度。如平邑县农商行推出“小额担保贴息贷款”。平邑农商行与地方团委、妇联和扶贫办等部门建立了常态化联系机制，实现扶贫户信息共享，在授信调查环节从信息库中获取家庭背景、收入等信息资料，提高了贷前调查效率。对各部门提供的创业贫困户名单优先、优惠支持。对符合政策规定条件的失业人员、残疾人、城乡妇女等群体人员发放小额贴息贷款，贷款额度最高10万元，在规模、利率、审批等方面均予以倾斜。截至2017年8月，累计发放创业就业担保贷款1.42亿元；小微企业贷款32.58亿元（占企业贷款的55.64%），涉农贷款106.66亿元（占各项贷款的72.02%）。平邑县农商行支持13家农业龙头企业，授信金额合计4.91亿元，贷款余额3.99亿元；以各种形式提供信贷支持的家庭农场贷款余额200万元，种养大户贷款余额2400万元。

3. 开发推出“家庭贷”（“亲情贷”）

中国没有单独的农业问题，有的是“三农”问题。因为中国农业不能像其他产业一样以要素产出贡献最大化来配置，如土地要素还承担着保障功能。所以，农业、农村、农民的“三农”问题是一体化的，集中体现于农户。农户家庭是我国农村社会经济生活的基本单元，家庭内部成员天然具有亲情、血缘联系，并且家庭具有成员之间的养老扶幼、互助保险等经济功能，家庭实际就是“一体化的利益共同体”，具有利益共享、风险共担、信用合一，荣辱与共的特征。针对此，平邑农商行整合家庭成员信用，开发了“家庭贷”信贷产品。尤其是解决了贫困户“缺抵押、担保难”问题。“亲情贷”将贫困户的资产和信用转化为资本，以家庭成员（包括父母、子女、子女配偶等）作为共同还款人，形成“信用就是财富”的金融机制，无须再提供其他担保方式。充分利用发放宣传材料、制作动画广告等方式进行推广宣传，受到了广大贫困户的欢迎。截至2017年4月，农商行已办理“家庭贷”1244户，金额4831.16万元。

4. 创新开发小微快贷产品

其一，农商行开发了“党员信用贷”。在皇权不下县的几千年间，中国农村实行的精英治理，也就是说，农村精英阶层担负起了乡土社会秩序的维护责任，也起着榜样的力量。经过革命的洗礼，后经初级社、高级社、人民公社及乡镇重设，乡村社会经营主体分化严重，乡土社会原阶层瓦解，农村治理正规组织与自治组织并存。党员是农村社会经过正规途径筛选的精英阶层，一定程度上是信用与能力双标准认可的“符号”，“党员信用贷”正是运用了这一现有的筛选成果，也有效地降低了成本和风险。

“党员信用贷”是指针对辖内基层中国共产党党员发放的以扶贫为目的，帮助党员脱贫或通过带头示范、结对帮扶形式帮助贫困户脱贫的经营性贷款或党员消费贷款。“党员信用贷”按照党员的经营用途分为生产类、种植类、养殖类、经营类、运输类、消费类以及个体工商户，涵盖种养殖、加工、商贸、消费、房屋装修、旅游、教育等方面。党员信用评级与县委组织部开展的党员星级评定结果、家庭资产等指标挂钩，按照A、AA、AAA三个等级分别授信贷款额度10万~30万元。农村基层中共党员信用贷款最高额度10万元，夫妻双方均为公职人员和党员的信用贷款最高20万元，在夫妻双方均为公职人员和党员的基础上收入更高更稳定的信用贷款最高30万元。“党员信用贷”执行同期同档次公职人员贷款利率；对带领建档立卡贫困户脱贫致富、经扶贫办认可并签署帮扶协议的执行基准利率。贷款期限根据生产经营周期、综合还款能力等协商确定，最长期限3年。“党员信用贷”率先在“沂蒙特产金银花之乡”流峪镇试点。流峪村作为流峪镇驻地村有党员52名，其中60岁以下且从事金银花购销的有30人，平邑农商行流峪支行与村两委对接、宣传和推广，得到了一致认同和欢迎，并承诺在市场行情低迷或市场供应过剩情况下，以市场保护价格优先收购贫困户的金银花。截至2017年6月末，平邑农商银行扶贫贷款累计授信15555.3万元，发放贷款624户，通过贷款共计帮扶了2610户贫困户，“党员信用贷”做出了“草根金融”特色。

其二，金融机构还相继开发了十余种具有特色的“小微快贷”信贷产品。一是“福农卡小额贷款”。福农卡小额贷款是在明确贷款用途前提下，对借款人进行评级授信，核定授信额度、期限和利率，借款人可在平邑市系统内的任一ATM机（含自助取款机、存取款一体机）等自助渠道自主操作办理，不用再到柜台内排队办理。这进一步提高了客户的便利性，提升农村金融服务质量和水平，有助于提升贷款服务的可触及性与可得性。截至2017年4月，平邑农商行已办理“福农卡小额贷款”3459户，贷款余额4.43亿元。此外，为解决小微企业融资难问题，创新推出“快易贷”，简化企业办贷手续，缩短办贷时间。二是“惠农消费贷”“家家乐”“安家贷”“润农贷”等，试点“谷雨贷”“幸福顶”贷款产品和乡邻小站模式。截至2017年8月，发放各类小微快贷达3.2亿元。

（四）以提升服务的就近、可触和可得性进而实现金融普惠性

1. 建立贷款营销平台

平邑县农商行提供平台式一体化服务。在全县范围内开通了400-16-96668贷款申请免费热线和微信贷款平台，农户只要有贷款需求，拨打400电话或通过微信平台提交申请，行总部在每天的上午8:30至晚上10:00，设有专人直接受理贷款申请，打造了新的贷款营销平台。平台实行“行总部集中受理、各网点属地办理”管理模式，“工单制”运行。营销平台将受理的客户贷款申请形成工单，由分管领导按照属地管理原则签发至相应支行、分理处并实施限时办结制度，小额贷款3个工作日办结，大额贷款最长不超过5个工作日；贷款营销平台在受理事项办结后，对所有转办工单实行100%回访，同时建立客户信息数据库，作为贷款营销绩效考核的依据。

2. 基于信息通信科技建设综合管理新系统

在贷款营销平台基础上，平邑县农商行又联合移动公司创新研发了“平邑农商银行营销综合管理系统”（以下简称“银管通”系统），系统包含“语音专线”和“手机客

户端”。“语音专线”实现了来电弹屏、语音导航、语音留言、电脑拨号、电话录音、发送短信、知识库查询、工单派发、贷款进度查询、贷款本息短信提醒催收等功能，通过科技手段使得400电话专业化程度和客户体验度不断提升。“手机客户端”实现了贷款工单的时时查收、办理、反馈，实现了人员管理、内部信息交流、文件制度学习等功能，通过APP的应用提高了工单处理效率。

此外，还提供了流动银行车服务。2017年初以来累计出车30天（次），走进武台小学、仲村手套加工厂、郑城社区、南马社区、浚东社区、中海食品等，现场为百姓和工人办理业务1420笔，交易额420万元；开办银行卡185张，个人网银65户，手机银行160户，有效地解决了企业发工资费时费力、偏远老百姓跑长路存取款等问题。

截至2017年8月，平邑县农商行贷款营销平台累计受理客户有效来电和微信信息3298个，其中，受理贷款申请1667个，申请金额23527.3万元，申请贷款金额在10万元（含）以下的客户占比为73%，受理业务咨询1631个。现已成功办理授信810户，金额10588.1万元，主要以新增小额贷款为主，平均每户授信额度为13万元，其中，新客户占比为71%，存量客户占比为29%，授信10万元以下的客户占比为75%。平邑县农商行还对贷款营销平台客户进行了电话回访，截至目前共回访1523户，满意度达99.27%。

3. 拓展建立社区银行

不是所有的客户都拥有手机、会运用网络信息通信技术，尤其针对农村人群，传统的金融技术还是适用的。以社区银行延伸服务触角，拉近与农村社区客户的距离。平邑县农商行在走访调研中心社区、新型社区、商贸市场基础上，2017年新建设了地方工业园区、昌里社区、龙王河社区、黄坡社区、保定社区、河湾社区等7处社区金融服务点，确立了“农金员+农金通+自助机具”“农金员+农金通”“自助银行、自助银亭”三大助农服务模式，向社区居民提供7×24小时全方位金融服务，让广大社区居民可以足不出社区便能办理现金存取、转账汇款、代收代付等业务，打通了农村金融服务“最后一公里”，拉近了与小微客户的距离。

4. 利用“智E购”电商平台拓展服务

平邑县农商行以省行总部推广“智E购”电商服务平台为契机，向辖区内企业、商户、贫困户进行宣传，为当地企业、商户和贫困户免费提供网上售货渠道，主要为平邑县的金银花茶、水果罐头、回锅鸡、蒙山核桃、栗子等优质农产品，以及洗衣、汽车美容、餐饮美食等社区生活服务类商品。截至目前，农商行“智E购”网上商城入驻商家20户、上架商品113件，注册商户数5351户，累计交易5534单，交易额3.8万余元。

（五）以居民金融素养提升工程促金融生态优化

实施“赢在沂蒙”金融素质教育提升工程，组建金融系统青年人才讲师团，在全县开展金融消费者宣传教育试点工作。开展金融素养问卷调查，率先探索建立普惠金融统计评估指标体系。组织开展金融精准扶贫大讲堂活动，举办省、市、县三级选派“第一书记”普惠金融培训班，组织开展金融知识进学校、进养老院、进社区等一系列活动，向4000余名学生、老人及偏远地区群众宣传金融知识。利用“汽车流动银行”、农村金融综合服务点开展“换新钱过新年”活动，发放反假宣传资料15000余份，兑换各类券别新钞1.6亿元。

（六）普惠金融改革绩效

关于普惠金融所带来的绩效，除上文中所列示的数据外，作为金融存贷款占平邑县半壁江山、也是普惠金融服务主要提供者的平邑县农商行的“政绩”具有代表性。

截至 2017 年 4 月底，平邑农商行各项存款 121.86 亿元，占全辖金融机构存款的 44%；各项贷款余额 67.31 亿元，占全辖金融机构发放贷款的 45%，同比增加 3.81 亿元；小微企业贷款余额 16.56 亿元，同比增加 1 亿元；涉农贷款余额 58.74 亿元，同比增加 3.83 亿元。其中，农户贷款余额 38.01 亿元，占涉农贷款余额比例 64.71%，农村企业贷款余额 20.49 亿元，占涉农贷款余额比例 34.88%，非农户个人农林牧渔业贷款 0.24 亿元，占涉农贷款余额比例 0.41%。累计办理“富民农户贷”467 户，发放金额 1984 万元，贷款余额 1785 万元；办理“富民生产贷”19 户，发放金额 10400 万元，贷款余额 8700 万元。累计办理创业担保（贴息）贷款 364 户，贷款余额 3167 万元。累计办理惠农绿色能源贷款 102 户，余额 291 万元，惠农旅游贷 1 户，贷款余额 450 万元。36 个营业网点覆盖了全部乡镇，流动银行车 1 台，ATM 等自助设备 123 台，较同期增加 8 台，网上银行 33569 户，较同期增加 524 户，手机银行 52269 户，较同期增长 3524 户，银联 POS 特约商户 819 户、银联 POS 机具 1017 台，较同期增长 127 户、196 台。电话 POS 957 台。作为平邑县普惠金融服务主要代表的平邑县农商行从 2007～2016 年的普惠金融服务绩效可以看出改革所取得的效果。

表 1　平邑县农商行普惠金融服务绩效（2007～2016 年）　　单位：元

年份	2007	2008	2009	2010	2011	2012	2013	2014	2015	2016
涉农贷款余额（元）	—	—	259431	309642	360178	417009	474105	531501	534605	567527
农户贷款余额（元）	—	—	216667	265064	308382	332357	350928	367953	360275	379799
小微企业贷款余额（元）	37332	39469	31242	43640	45889	55874	99820	143878	149014	158340
获贷农户数（户）	20373	21716	22132	23475	23910	24712	24807	22130	21925	20341
获贷企业数（家）	83	91	97	120	134	141	154	169	172	197
农民纯收入（元）	4669.7	5324	5824	6695.7	7946.6	9047.24	10277.7	11604	10721	11514.4
农业生产总值（亿元）	33.6	40.9	47.9	48.7	52.5	54.8	60.18	62.92	65.08	67.84
乡镇企业增加值（亿元）	145.8	161	183.6	223.4	232.5	285.86	370.6	458.6	492.8	386.05
年度营业收入总额（元）	—	29773	38975	38786	52531	58749	62129	70307	70653	69294
年度营业费用总额（元）	—	25982	35426	34609	45414	51906	54651	55952	52521	48707

三、平邑县普惠金融服务实践中存在的主要问题

（一）农村金融机构营业网点偏少

虽然利用信息通信技术从而使金融网络化、电子化建设取得了较大进步，但网络服务并不能完全代替物理网点服务，尤其是欠发达地区，农村电子化建设滞后，部分客户特别是农村客户的接受能力有限，需要缓慢推进。而金融机构到每个乡镇建营业网点都存在着成本高、人员缺口等现实问题，目前不宜采取。这需要一方面利用现代科技降低服务成本，发展适宜于农村的普惠金融技术和方法；另一方面借鉴民间借贷机制及其代理机制，发展使农村群体可触及的金融服务形式，或网点，或平台等，提升信贷可得性。此外，在客户选择上，以涉农小微企业、家庭农场、种养殖大户、农民合作社、个体工商户等新型经营主体为主，辐射带动农村更多农民尤其是贫困户，进而达到共同富裕的目标。

（二）金融服务环境尚需优化

1. 部分服务点功能不能有效发挥

一是农村地区网络信号不稳定、不能有效全覆盖，少数服务点存在有设备无网络的情况。二是因为后期维护跟不上，存在服务站点机具故障，影响工作。三是部分群众对惠农支付服务点功能不了解，存在办理金融业务“舍近求远”现象，增加了业务办理成本、影响办事效率。四是基层金融工作人员或代理点人员金融服务水平良莠不齐，部分人员对于机具的功能和操作不能熟练掌握，出现“僵尸点”。五是居民取现不能得到有效满足。支付点为了资金安全，往往留存少量现金储备，接受少量的现金存款，多数为 2000 元以内，不能有效满足居民日常生产生活的取现需要。

2. 服务站点功能有待增强

金融机构建设的服务站点功能由助农取款开始，后来增加了转账支付等，但人民币反假及部分金融知识宣传等功能，金融知识普及教育、金融业务宣传推广、农民家庭信息采集等尚未有效开展。

3. 金融生态亟须优化

个人征信系统和企业征信系统全国联网运行后，对社会信用体系的建设起到了推动作用，借款人的信用观念不断提高，还款意识明显增强。但整体信用生态有待优化，个别企业和借款人信用观念淡薄，还款意识差，甚至恶意拖欠贷款本息，金融债权维护难；企业贷款普遍存在有效抵押物不足，担保条件不达标。这都加大了金融机构的经营难度，制约了金融业务的发展。

（三）金融支付手段及产品创新不足

目前，平邑金融机构采用微信银行、手机银行等新型支付工具和手段，在农村推广

移动支付、POS 机转账等非现金结算，一定程度上解决了农村地区网点不足的问题。但距离满足农民金融服务需求还有很长一段路要走，农村金融基础设施投入缺乏财政支持。如一台 ATM 机购置费用在 17 万 ~22 万元，每年运行、维修、用电等费用合计超过 10 万元。农村金融具备一定的外部性，需要政府部门予以财政支持，从而实现“外部性内部化”，才能促使服务提供者提供更多、更好的服务。

（四）金融理念与教育缺失

由于金融知识欠缺，多数农民对于金融机构缺乏正确认识，缺乏参与日常金融活动的信心，不会主动咨询金融业务、提出金融服务需求，运用现有金融工具和金融产品的能力有限。受传统思维习惯影响，大部分村民不愿露富，更担心惠农支付点代理人员看到自己的密码窃取自己的财产，所以宁愿雇车去乡镇信用社也不愿去离家几分钟的惠农支付服务点办理业务。

四、完善发展普惠金融的政策建议

（一）加大普惠金融的政策支持力度

普惠金融工作前期投入大、运行周期长，且产生绩效需要一定时滞。政府需要优化一个使金融机构便于提供普惠金融服务的政策环境。一是颁行促进普惠金融发展的相关政策，规范普惠金融发展行为，打造良好的服务环境，提升普惠金融服务良好预期。二是提供更多的财政补贴，可通过金融杠杆，运用一定的涉农财政资金构建农业信贷担保体系，诱导更多金融资源服务“三农”；还可为小弱农户、个体户和企业服务的金融业务，实行坏账损失和风险损失的部分补贴。若使补贴水准达到“使外部性内部化”，从而使普惠金融服务的边际成本与边际收益相等，必然使普惠金融愿意提供更多服务产品，承担更多的社会责任。三是加大税收政策方面的支持力度。对农户和小微型企业等贷款，给予税收优惠或推行税收返还政策，优惠税率可因当地经济发展情况不同而有所差别。国家应通过税收等政策，引导商业银行把一定比例资金用于农业。国有商业银行应将新增存款的 15%、农村信用社的 60%、邮政储蓄银行的 70% 资金用于支持农业，农业银行要扭转“离农”倾向，使其在农村吸收的存款有相当比例用于农村信贷。

（二）整合农村金融机构服务网点设置

一是对农村涉农金融机构进行整合。农业银行的营业网点要保留到乡镇，在农村金融市场实行有条件退出，即每 10 万农村人口原则上有一个农行营业机构，每 3 万农村人口必须有一个农村信用社营业机构；从农村撤出的网点，允许其搬迁到中心城镇和县城近郊，完善中国农业银行功能，使其与城区、城郊接合部的农村信用社一起相互促进、互为补充，共同肩负起支持县域经济发展的重任。二是作为农村政策性金融机构的农业发展银行应重新定位，下伸营业网点，将营业网点设到乡镇，或完善其支农业务的代理机制，从组织机构上贴近农村经济。三是鼓励城市各类银行的金融网点向农村延伸、鼓励外资银行开展农村金融业务、改革农业发展银行等途径，使农村金融主体逐步实现多元化，满足“三农”对资金的多样化需求。

（三）大力实施普惠金融教育

大力实施金融普及教育，让青少年群体、弱势群体对基本金融体系有深入了解，可以提升全社会的金融认知水平，减少上当受骗事件的发生。一是要加强金融常识的普及与宣传（如反假币知识、利率政策、征信宣传、支付结算方式等），逐步提高居民认识金融、参与金融的意识，同时，突出风险知识教育，增强居民对金融风险的认识和防范能力。二是注重信贷政策和征信知识的宣传，促进居民有效利用贷款，提高居民的守约诚信意识。三是对于金融需求较高的居民，要加强理财和投资知识的培训，引导其树立正确的理财意识和投资意识。

（四）制定普惠金融发展规划

普惠金融是一项系统工程，一个明晰的发展规划能够给人确定的预期，进而引导普惠金融机构和参与群体的行为。这需要由人民银行牵头制定普惠金融改革发展规划方案，明确普惠金融发展目标和改革路线图，完善相关法律法规，消除制度障碍，构建“全覆盖、低成本、可持续”的普惠金融体系。建立普惠金融发展的监测分析体系，按照城乡基本公共服务均等化要求，把普惠金融相关指标纳入全面建成小康社会统计监测指标体系中。

五、案例使用说明

（一）教学目的与用途

（1）适用课程：农村金融、小微金融。

（2）适用对象：金融专业硕士、金融学术硕士。

（3）教学目的：本案例总结平邑市在普惠金融方面的探索与实践，通过创新组织与产品、提高金融服务覆盖率、提升居民素养等方式，持续推进普惠金融的发展。

（二）案例思考题与分析思路

（1）思考题：平邑县普惠金融做了哪些实践探索？

（2）思考题：通过提升居民金融素养对发展普惠金融的好处？

（三）理论依据

金融排斥一般被界定为在金融体系中某些群体缺少分享金融服务的一种状态。这些群体缺少足够的途径或方式接近金融机构，也没有能力经恰当的形式获得必要的金融服务。它是一个自强化的过程，它可以是社会排斥的原因或结果，或者既是原因又是结果。银行等金融机构为避免出现信誉风险，对各种可能损害其信誉的违法违规行为十分警惕，倾向于采用更为保守的经营策略，如缩减规模、去杠杆、精简业务等，以减少风险和保障收益。金融机构“去风险”在一定程度上会给部分地区和人口带来金融排斥，这部分人群通常也是普惠金融的重点服务对象，“去风险”减少了他们获得金融服务的途径，迫使部分人群选择非正规的金融渠道，甚至风险较高的地下黑市。

附件一　人行山东平邑县支行推进普惠金融工作纪实[①]

山东省临沂市平邑县位于沂蒙山区腹地，2016年12月，人行济南分行将平邑县列为山东省普惠金融综合示范区3个试点县之一。据了解，试点工作开展以来，人行平邑县支行健全组织体系，分解细化建设任务，全面打造“惠民信贷”“农村金融综合服务点建设”“居民金融素养提升”三大工程，探索了一条特色鲜明、政策惠民的普惠金融发展之路，越来越多的百姓切实感受到了普惠金融带来的实惠。

一、惠民信贷惠及千家万户

“从来都没敢想过，俺这山沟沟也成了生态旅游基地，俺这农家院也能开上饭店，多亏了银行给咱的小额扶贫贷款支持啊。”平邑县卞桥镇刘家寨村56岁的村民刘敬果说。据了解，2016年以来，平邑农商行对该村信贷记录好的27个大棚种植贫困户，提供每户5万元小额扶贫贴息贷款，帮助其扩大种植规模，并扶持该村依托蔬菜基地，大力发展观光、旅游、采摘等现代休闲农业，带动全村34户95人脱贫。

“发展普惠金融，要创新机制，更要向小微企业、农民、城镇低收入弱势群体倾斜，提高弱势群体信贷资源的可获得性是‘信贷普惠’的关键……”人行平邑县支行行长季德振介绍。

据了解，人民银行平邑县支行充分发挥货币政策窗口指导功能，引导辖区信贷结构优化调整，加大对精准扶贫、创业就业等重点领域的信贷支持。2016年以来，累计发放支农再贷款1.5亿元、扶贫再贷款2亿元。指导辖区银行机构推出“富民农户贷”“富民生产贷”“富民发展贷”“绿色能源贷”等小额扶贫信贷产品，创新推出“家家乐”“安家贷”“福农卡小额贷款”“润农贷”等特色“小微快贷”信贷产品。截至2017年5月末，累计发放扶贫贷款2.19亿元，累计发放创业就业担保贷款1.42亿元，助力4300户贫困人口走上脱贫之路。

与此同时，针对近年来农村基层党建工作实际，该支行指导农商行开发了“党员信用贷”，支持党员从事生产、生活消费或帮扶贫困户脱贫，党员信用评级与县委组织部开展的党员星级评定结果、家庭资产等指标挂钩，按照A、AA、AAA三个等级分别授信贷款额度10万～30万元。截至目前，农商行已对116户党员开展授信，授信额度1030万元，发放“党员信用贷”55户，贷款612万元。

二、打通惠农服务“最后一公里”

“以前缴纳电费太麻烦了，我每个月都要走到8公里外的镇上的银行存现金到存折里代扣。自从我们村的金融综合服务点开通了电费缴费服务后，我每次去那缴费就行。”谈起金融综合服务点开展带来的便利，家住平邑县仲村镇西坝子村的吴泽忠深有感触。

记者了解到，为提高金融服务覆盖率，人行平邑县支行制定《农村金融综合服务点

① http://www.financialnews.com.cn/ncjr/phjr/201708/t20170809_122405.html.

建设指导意见》，将现有助农取款服务点升级改造为集助农存取款、非现金结算、残缺币兑换、金融消费维权、金融知识宣传、农村电商服务六位于一体的“农民家门口的银行”。截至5月末，全县已完成助农取款点升级改造312处。

“我们采取‘文明信用户（科技示范户）+自助设备’等平台模式，大力推进农村金融综合服务点建设，不但给村民带来了安全方便快捷的金融服务，也给我们银行业务带来了意外惊喜。”莱商银行平邑县支行行长高永进说，该行在毛家洼社区设立的服务点，3个月存款余额已达1800余万元，开立银行卡658张。

同时，人行平邑县支行开展现代支付工具普及率调查，全面启动武台镇东近台村、县域商贸城、地方镇现代支付示范村、示范街、示范镇建设。按照“两纵两横、44个网格村”建设规划，重点打造现代支付示范镇，大力推广POS机、扫码支付、手机银行、网银等非现金支付工具应用；推广“普惠金融一卡通”，将贫困群众务工工资、光伏收益、入股分红等多项收入一卡汇入。如地方镇已为300个沿街商户安装扫码支付，扫码支付已对示范村、示范街商户实现了全覆盖。全县共布放电话POS机6996台，手机银行、网上银行用户达到49万户，电子银行业务替代率达75%。

三、奏响“金融素养提升”惠民曲

“‘第一书记’可以使用的金融扶贫工具有富民农户贷、富民生产贷、鲁青基准贷……”在平邑县农商银行，一场精彩的金融精准扶贫讲座正在举行。这是金融扶贫信贷领域的专家为正在省派平邑的“第一书记”讲解金融精准扶贫知识，解读相关政策，并现场为“第一书记”们答疑解惑。

记者了解到，目前，“赢在沂蒙”金融素养提升工程正在平邑如火如荼地开展。当地金融部门通过组建金融系统青年人才讲师团，在全县开展金融消费者权益保护宣传教育。开展金融素养问卷调查，率先探索建立普惠金融统计评估指标体系。组织开展金融精准扶贫大讲堂活动，举办省、市、县三级选派“第一书记”普惠金融培训班，组织开展金融知识进学校、进养老院、进社区、进农村等一系列活动。开展“换新钱过新年”活动，兑换各类券别新钞1.62亿元。与人民法院协调建立金融消费纠纷诉调对接工作机制和金融消费权益保护工作联席会议机制，及时处理消费者举报投诉，维护金融消费者合法权益。

此外，为提升农民信用意识，平邑县在人行平邑县支行设立县级征信管理服务中心基础上，在各镇农商银行支行设立了镇级征信管理服务分中心，在村设立了征信管理服务站，并组织开展温水小河村征信管理服务站建设试点，开展农户信用档案和非银行信用信息采集，持续深化文明信用户、信用村、信用镇建设。

“下一步，我们将加快推进金融IC卡在教育、医疗、交通等公共服务领域的应用，加快推进三级征信管理服务中心建设、普惠金融一卡通、两权抵押、贷款保证保险等工作，推动普惠金融结出更多的丰硕成果。”季德振说。

附件二　中国银行平邑支行开设临沂首家农村金融服务站[①]

2016 年 6 月 2 日，临沂首家农村金融服务点在平邑县地方镇王崮山村正式开业。开业当天，村民们纷纷涌入装饰一新的金融综合服务站，在服务点人员的指导下开卡、存钱、转账，享受了足不出村就可以取钱、存钱的方便快捷。据了解，王崮山村是省定贫困村，中行临沂分行积极联系当地政府，通过协调各方力量，顺利建成临沂市第一家“农村金融综合服务站”。服务站配备了中国银行自助服务设备、电话 POS 机以及复印机、验钞机、保险柜和电脑等标准化设备，是临沂第一家高规格、高档次、规范的银行卡金融综合服务点。服务点可以办理小额现金支取、转账汇款、活期定期互转、余额查询、存折补登等业务的同时，利用中国银行配备的硬件电子设施，还可为村民提供交电话费、手机费、代订火车票、飞机票等服务。支农惠农，中行同行。中国银行临沂分行“担当社会责任，做最好的银行”，将进一步扩大服务范围，提升服务品质，把最优质的服务送给我们最亲近的父老乡亲，谱写助农服务工作新篇章。

① http：//www. dzwww. com/finance/yinhang/sdyhdt/zh/201606/t20160603_ 14404253. html.

附件三　平邑农商银行全力推进普惠金融建设[①]

2017 年，平邑农商银行以平邑县创建普惠金融综合示范区为契机，结合自身实际，发挥亲民优势，扎实开展普惠金融工作，打通农村金融服务“最后一公里”。不断丰富信贷产品，满足客户差异化信贷需求。全面梳理当前的信贷产品，根据目前市场特点，紧紧围绕客户需求，加大信贷产品创新力度，不断丰富贷款品种，针对普通农户、贫困户、党员、青年创业客户和小微企业等不同的客户群体研发信贷产品。

加大贷款投放力度，提高客户贷款获得率。继续完善信贷中心建设，优化信贷流程，实现贷款全流程、无缝隙“一站式”服务，大力推行阳光办贷，实行贷款限时办结；畅通贷款申请渠道，推进 400 贷款营销服务平台建设，让老百姓打个电话，发条信息便能申请贷款，让信贷资金惠及更多老百姓。

持续开展金融精准扶贫工作，让政府扶贫政策落地生根。继续推广“富民农户贷”“富民生产贷”两大特色信贷产品，对符合条件的贫困户，优先评级授信、优先发放贷款证和富民卡、优先提供贷款。

加快金融基础设施建设，着力改善农村县域支付结算环境。实施网点改造提升工程，加快金融服务点建设步伐，建设示范性农村金融综合服务点，加大农金通、POS 等自助机具布放和网上银行、手机银行等特色电子银行产品营销推广，全力打通农村金融服务“最后 1 公里”；充分利用流动银行车开展上门金融服务，深入开展进村入企多渠道、立体移动金融零距离服务。

（撰稿人：张少宁、张乐柱）

① 资料来源：http：//lnsb. qlwb. com. cn/lnpaper/content/20170320/articeli15004zg. htm.

茂名市普惠金融实践案例①

2015年广东省出台了《关于深化农村金融改革建设普惠金融体系的意见》，对农村普惠金融体系建设提出具体要求。拟3~5年基本完善广东省农村地区的普惠金融体系建设，以期投入农村地区的金融资源显著增加，且农村地区金融资源利用效率与服务质量显著提升。茂名市是广东省闻名的“三高”农业大市，2014年9月，高州市和电白区就被广东省政府确定为全省首批农村普惠金融试验区，通过三年多的建设，取得了显著绩效。

一、茂名市农村金融发展现状及存在的问题

（一）茂名市农村金融发展现状

茂名市是广东省著名的“三高”农业大市。2016年全市户籍人口798.85万人，常住人口612.32万人，常住城镇人口比重为40.8%。2016年茂名市农林牧渔业增加值433.21亿元，占全市GDP的16.44%，如图1、图2所示。

近年来，茂名市金融部门加强农村金融服务力度，促进金融资源向“三农”倾斜，初步建立起了多层次、广覆盖的农村金融体系。一是形成了政策性、商业性与合作性金融互补合作、适度竞争格局；二是各类农村金融机构经营能力和竞争力显著增强；三是涉农金融产品不断创新，服务方式不断改进，农村金融奢华度不断提高。2016年，茂名市涉农贷款余额399.26亿元，占全市各项贷款余额的39.69%，比2011年涉农贷款增长了92.57%，年平均增幅达到14%（见表1）。茂名市银行机构涉农贷款余额占GDP比例由2011年的11.88%增至2016年的15.14%（见表2）。2016年，茂名市县域财产保险公司、人寿保险公司保费收入分别为6.05亿元、10.41亿元，同比增长17.10%、2.83%。

---

① 在2017年的茂名市调研期间，得到了茂名市国资委、茂名市金融局、高州市金融局、信宜市金融局、电白区金融局、高州市农商行、信宜市农商行、电白区农商行、电白区长江村镇银行等单位的大力支持，在此表示衷心的感谢！尤其感谢茂名市金融局钟期军副局长的友情相助。部分数据借鉴了叶贤官的硕士论文《茂名市农村普惠金融发展研究》。

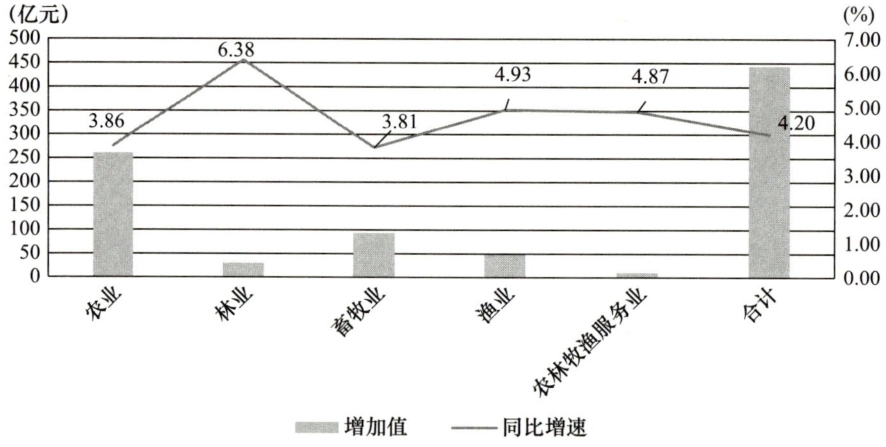

图1　2016年茂名市农林牧渔业情况

资料来源：茂名市调研、茂名市统计局。

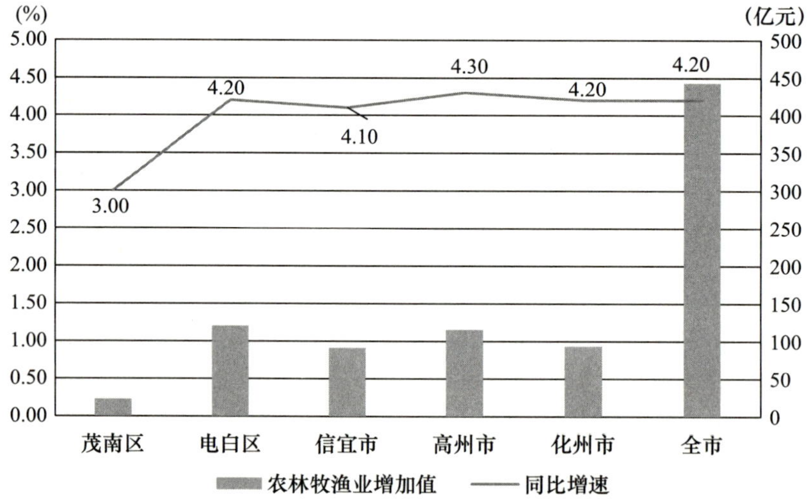

图2　2016年茂名市各地区农林牧渔业增加值情况

资料来源：茂名市调研、茂名市统计局。

表1　茂名市金融机构涉农贷款情况（2012～2016年）　　单位：万元，%

年份	涉农贷款余额	涉农贷款同比增长率
2012	2511. 187	21. 12
2013	2951. 310	17. 53
2014	3675. 437	24. 54
2015	3689. 093	0. 37
2016	3992. 563	8. 23

资料来源：茂名市金融机构。

表 2 茂名市地区生产总值及金融机构涉农贷款情况（2012 ~ 2016 年）

单位：万元，%

年份	涉农贷款余额	地区生产总值	涉农贷款余额/生产总值
2012	2511.187	19165.100	13.10
2013	2951.310	21709.700	13.59
2014	3675.437	23490.300	15.65
2015	3689.093	24456.300	15.08
2016	3992.563	26367.400	15.14

资料来源：茂名市金融机构与茂名市统计局。

（二）茂名市农村金融存在的问题

尽管通过几年的努力，茂名市农村金融服务取得了一定绩效，但仍存在诸多问题。

1. 金融网点覆盖不足，获取服务的成本偏高

近年来，茂名市农村金融服务体系建设取得了一定发展，多元机构体系逐渐形成。但农村普惠金融供给主体偏少，县域贷款占比较低。2016 年末，茂名市共有银行业机构 15 家，其中，内资大型银行机构 7 家、农信社 5 家、外资银行分支机构 2 家、村镇银行 1 家；保险业机构 48 家，其中，财产保险公司 19 家、人寿保险公司 18 家、保险中介机构 11 家；证券机构 9 家，其他类金融机构 20 家，其中，小额贷款公司 9 家、典当行 8 家、融资担保机构 3 家。但国有商业银行、股份制商业银行、村镇银行等大部分金融机构的分支网点仅设到县级，仅有中国农业银行（部分）、农村信用社和邮政储蓄银行等将网点设到中心镇。

2016 年末，银行与保险在乡镇的网点数分别为 306 家、122 家，分别占其全市机构网点的 49.75%、48.22%；在乡镇的从业人员占比均低于 40%。而证券机构、小额贷款公司、融资担保公司、典当行在乡镇没有网点设置（见表 3）。金融网点的覆盖密度低、覆盖面不足，增加了金融服务的获取成本，大大降低了服务的可得性。虽然有村镇银行等新型金融机构加盟茂名市农村地区金融供给，但主要提供服务的仍是农村信用社。2016 年末，茂名市农村信用社系统涉农贷款 232.05 亿元，占全部涉农贷款的 58.12%；在乡镇的网点、职员、ATM 机与 POS 机数分别为 195 家、2398 人、345 台、2390 台，分别占全市比例的 59.27%、71.54%、41.07%、58.59%。县域各项贷款余额 367.97 亿元，占各项贷款的 36.58%。而作为农村金融深化基础的保险业发展也不令人满意。2016 年，茂名市县域财产保险保费收入、人寿保险保费收入分别为 6.05 亿元、10.41 亿元，分别占全市保费收入的 29.95%、29.35%（见表 4）。

2. 农村金融服务产品开发不足，未能基于需求创新

农村金融服务产品与工具单一局面未能根本改变，与当前的农村金融需求存在较大差距。现金交易方式普遍，已经普遍使用的信用卡、网上银行、手机银行等便捷交易方式在农村区域覆盖不足；票据、担保、保险、证券、外汇等业务的金融工具产品稀缺。农村理财产品起点较高，形成对弱势群体的排斥效应，如较多理财产品的投资起点为 5 万元，这就将大多数的农户拒之门外了。

表 3　2016 年茂名市银行、保险、证券机构网点分布情况　　单位：家，%

地区	银行类			保险类			证券类			三类合计				
	市区	乡镇	小计	市区	乡镇	小计	市区	乡镇	小计	市区	占比	乡镇	占比	小计
茂南	121	23	144	37	25	62	9	0	9	167	78	48	22	215
高州	47	82	129	28	26	54	2	0	2	77	42	108	58	185
化州	49	61	110	21	18	39	1	0	1	71	47	79	53	150
电白	50	72	122	26	22	48	1	0	1	77	45	94	55	171
信宜	42	68	110	19	31	50	1	0	1	62	39	99	61	161
合计	309	306	615	131	122	253	14	0	14	454	51	428	49	882

资料来源：茂名市金融局。

表 4　2016 年茂名市银行、保险、证券机构从业人员分布情况　　单位：人，%

地区	银行类			保险类			证券类			三类合计				
	市区	乡镇	小计	市区	乡镇	小计	市区	乡镇	小计	市区	占比	乡镇	占比	小计
茂南	25296	264	2793	8294	72	8366	228	0	228	11051	97	336	3	11387
高州	76	878	1554	2432	62	2494	31	0	31	3139	77	940	23	4079
化州	701	646	1347	3886	58	3944	19	0	19	4606	87	704	13	5310
电白	726	819	1545	1899	69	1968	20	0	20	2645	75	888	25	3533
信宜	641	745	1386	2926	81	3007	25	0	25	3592	81	826	19	4418
合计	5243	3352	8595	19437	342	19779	323	0	323	25003	87	3694	13	28697

资料来源：茂名市金融局。

另外，硬件基础设施覆盖不足，难以满足应急便利性需求。2016 年，茂名市银行机构共有 ATM 机 1973 台，其中，市区 1133 台，占比 57.43%，而乡镇只拥有 840 台，占比 42.57%。这些设施只是农业银行、邮储银行与农村信用社系统提供，其他金融部门较少。2016 年，茂名市银行机构共有 POS 机 13636 台，市区拥有 9557 台占比 70.09%，而乡镇为 4079 台，占比 29.91%。大部分 ATM 机、POS 机设置在市区，乡镇较少，村子里几乎没有，给乡镇地区的居民存取款、转账及消费带来极大不便，更增加了农村居民使用金融产品的奉行成本。

3. 金融生态环境较差

（1）农村企业与农户硬信息缺失，软信息难以分辨。信息成本高一直是制约农村金融机构对农村经济主体实施金融服务的因素。金融机构所用以甄别信用的财务制度不健全，难以掌握和监督其真实财务运行。作为显示农村企业与农户信用的软信息，现有金融机构不具有筛选甄别的优势。因此，当出现有的客户违约时就被放大，进而形成“群体”信用缺失、逃废债务违约的预期，导致进一步的慎贷惜贷行为。

（2）风险分散机制缺失，风险管理水平有待提高。2016 年末茂名市农村信用社的不良贷款率约为 5%，其他银行的不良贷款率均低于 3%。截至 2016 年末，茂名市仅有 3 家信用担保机构，注册资本共计 1.8 亿元，担保责任金额为 700 万元，主营业务收入为 41.5 万元，净利润为 -63.54 万元。县域信用担保体系处于空白。

表 5 2016 年末茂名市银行机构 ATM 机、POS 机具设置情况 单位：台，%

地区	市区				乡镇				合计	
	ATM 机		POS 机		ATM 机		POS 机		ATM 机	POS 机
	数量	占比	数量	占比	数量	占比	数量	占比		
茂南	469	84.66	3990	81.25	85	15.34	921	18.75	554	4911
高州	227	57.32	1416	59.92	169	42.68	947	40.08	396	2363
化州	139	43.44	1299	75.17	181	56.56	429	24.83	320	1728
电白	162	43.32	1002	64.73	212	56.68	546	35.27	374	1548
信宜	136	41.34	1850	59.95	193	58.66	1236	40.05	329	3086
合计	1133	57.43	9557	70.09	840	42.57	4079	29.91	1973	13636

资料来源：根据茂名市金融局数据整理。

（3）农村信用体系建设滞后。人民银行系统的企业和个人信用信息数据库未能覆盖农村主要的企业与农户群体，因为他们金融活动信息少，所以征信系统在县域运用不理想。又因为农村地区人口分散、交通不便利，采集信息成本较高等，所以，整体信用信息建设滞后。普惠金融发展环境有待改善。农村信用体系建设滞后，金融债权维护成本高，信用和法律意识淡薄等制约了普惠金融发展。

（4）作为普惠金融发展的保障性的制度和法律缺失，法律的缺失导致普惠金融发展缺少立法层面的支持；制度的不完善会导致更高的交易费用产生，进而降低普惠金融交易的意愿和预期，减少交易行为。

4. 财政支持不足，杠杆作用未能充分发挥

（1）普惠金融的财政资金支持不足。普惠金融的可持续发展，需要克服其外部性所带来的经济效益不足的困境，这需要作为“公共人”的政府对普惠金融交易的外部性收益内部化。但受财力约束，政府支持不足，目前只有央行的支农再贷款、各级政府的少量财政性资金。截至 2016 年末，茂名财政支持金融服务站、征信中心经费分别为 500 万元、196 万元，其中作为试验区的高州市、电白区获得了较多支持，而其他县、市、区则支持较少。并且，财政资金采取“一事一议”形式，不可持续（见表 6）。2014～2016 年茂名市财政向小额贷款公司的涉农贷款补贴分别为 83 万元、92 万元和 85 万元。

（2）对于农业保险扶持资金较少，导致农业保险服务的缺失。2016 年，茂名市香蕉、荔枝、龙眼三种水果产量分别占全市水果产量的 58.19%、15.07%、9.30%，三者总体占 82.56%，但却没有三种水果的保险，在台风肆虐的粤西地区，农户损失的风险难以实现优化配置。

（3）信用担保也不足。茂名市担保业机构业务规模较小，担保能力弱。2016 年末，仅有 3 家担保机构，注册资本共计 1.8 亿元，担保责任金额 700 万元，主营业务收入 41.5 万元，净利润为 -63.54 万元。政策性担保公司仅有 1 家，且未开展农业担保业务，也未设立专门的农业担保公司。

（4）“三农”贷款风险补偿基金的缺失。风险补偿基金一定程度上可以弥补“三农”贷款违约概率高的劣势，进而诱导金融机构对农村区域的信贷投放。无论是保险、

担保还是基金都受制于财力的制约，而这些杠杆机制的缺失，一定程度上制约了信贷投放。

表 6　茂名市财政资金支持普惠金融情况　　单位：万元

地区	金融服务站扶持资金	征信中心扶持资金	小计
高州市	253	35	288
电白区	217	58	275
茂南区	13	40	53
化州市	9	34	43
信宜市	8	29	37
合计	500	196	696

资料来源：茂名市金融局。

5. 资产资本化程度低，抑制了金融服务供给

在不改变农村土地集体所有的前提下，农村土地承包权、经营权与收益权、处置权等权利束归农民所有，还有宅基地与房产，这是他们的主要资产。长期以来，土地使用权、农村房屋等财产的确权、登记、流转与抵押受到比较大的限制。即使放开试点的情况下，这部分资产的变现费用较高，因而，金融机构接受该部分资产抵押的意愿较低。缺乏合适的抵押物，变相抬高了借款人的融资门槛，增加了融资成本。2014 年末、2015 年末、2016 年末，茂名市两权抵押贷款余额为 3243 万元、2751 万元、2295 万元，同比增速为 15.34%、-15.17%、-16.58%。

（三）茂名市农村金融问题的成因分析

1. 茂名市经济发展水平相对较低

一方面，城乡差距大。这与一直以来的城乡二元经济结构的约束有关。城市和重工业优先发展战略导致大量的资源汇集于城镇和工业，而长期以来农村区域发展受限于资源贫瘠约束。因而，收入与财富差距越拉越大。2012～2016 年，茂名市农村居民可支配收入占同期城镇居民人均可支配收入的 59.19%、59.99%、60.97%、61.80%、62.26%，如表 7 所示。

表 7　茂名市城镇居民及农村居民人均可支配收入比较（2012～2016 年）

单位：元，%

年份	城镇居民人均可支配收入	农村居民人均可支配收入	农村/城镇收入比
2012	15975	9455	59.19
2013	17748	10647	59.99
2014	19541	11914	60.97
2015	21397	13224	61.80
2016	23323	14520	62.26

资料来源：茂名市统计局。

另一方面，居民收入较低。2012～2016年，茂名市城乡居民人均可支配收入分别为11741元、13704元、15266元、16847元、18408元，分别为同期广东省城乡居民人均可支配收入的55.21%、58.51%、59.44%、60.47%、60.75%，约占60%（见表8）。再者，茂名市基础设施建设滞后，进一步影响经济发展。“要想富，先修路”，交通状况是一地经济发展水平的折射。截至2016年，茂名市高速公路建设里程只有199公里，高铁、机场、港口等未发展起来，茂名市是广东省未通高铁的3个地级市之一。

表8 茂名市与广东省城乡居民可支配收入比较（2012～2016年） 单位：元，%

年份	城乡居民可支配收入			城镇居民可支配收入			农村居民可支配收入		
	茂名	广东	茂名在广东占比	茂名	广东	茂名在广东占比	茂名	广东	茂名在广东占比
2012	11741	21268	55.21	15975	26981	59.21	9455	9999	94.56
2013	13704	23421	58.51	17748	29537	60.09	10647	11068	96.20
2014	15266	25685	59.44	19541	32148	60.78	11914	12246	97.29
2015	16847	27859	60.47	21397	34757	61.56	13224	13360	98.98
2016	18408	30300	60.75	23323	37684	61.89	14520	14512	100.05

资料来源：茂名市统计年鉴。

2. 金融体系发展滞后

截至2016年底，茂名市共有15家银行类金融机构，其中，国有独资五大商行各1家，5个市辖市区农村信用社联合社各1家，政策性银行与股份银行各1家，其他3家是最近几年新设的小型、外资银行类机构①。其他非银行类机构也偏少。保险业机构48家，其中，财产保险公司19家、人寿保险公司18家、保险中介机构11家；证券机构9家；其他20家，其中小额贷款公司9家、典当行8家、融资担保公司3家。相对发展滞后，因而整体金融业规模不大。2016年金融业增加值67.33亿元，占全市GDP的2.6%；2016年末，存款余额2216.3亿元，占全省存款的1.23%；贷款余额1005.87亿元，占全省的0.91%。

二、茂名市农村普惠金融实践的主要做法及其绩效

近年来，茂名市按照广东省金融工作会议现场会精神，结合地区农村经济金融发展状况，在推进高州区、电白区试点基础上全面推进全市的农村地区普惠金融体系建设，取得了阶段性绩效。农村地区金融服务显著提升、金融生态环境不断改善，金融供给持续增强。其主要做法主要有。

① 这3家机构是：茂名电白长江村镇银行股份有限公司、汇丰银行（中国）有限公司茂名支行、东亚银行（中国）有限公司茂名支行。

（一）构建多部门协调联动机制，强化组织领导

自试点工作开展以来，高州市、电白区就先后成立了以党政领导为组长的农村普惠金融工作领导小组，成员部门包括央行、银监、有关金融企业、财政、税收、国土、农业、林业等。统筹推进，协调联动，研究解决农村金融改革创新中遇到的困难和问题。如人民银行茂名市中心支行通过制定农村金融改革规划和实施意见，推动农村金融产品和服务创新，推动农村信用体系建设和农村支付结算体系建设；茂名市银监分局创新监管方式，综合运用审慎监管和非审慎监管手段，协助开展农村金融产品和服务方式创新，推动建立或引进新型农村金融机构，增加农村区域的金融网点布局，放宽涉农监管指标；财政税收部门落实财政扶持和税收减免政策；农业、林业和国土部门等联合进行土地承包经营权、农村房屋所有权和林业承包经营权等的确权、登记、颁证等工作，并落实各级政府的产业扶持政策，推进建设各类支农信贷风险基金等。

（二）统筹运用金融和财政扶持资金杠杆，助推普惠金融发展

（1）综合运用支农再贷款增加涉农资金供给。支农再贷款是人民银行的重要货币政策工具，通过向涉农金融机构注资，提高金融机构资金实力，诱导商业性金融机构加大对“三农”领域的信贷投放，缓解农村和农户贷款难问题。2016 年，人行茂名市中心支行申请支农再贷款 3.2 亿元，发放支农再贷款 4.3 亿元，有效地增强了农信社支农资金实力，既引导信贷资源向农村地区倾斜，又有效地降低了融资成本。

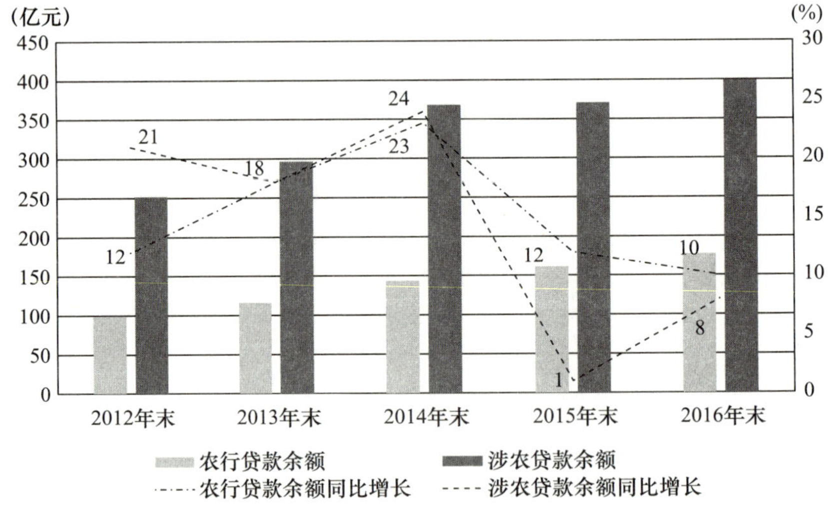

图 3　茂名市涉农贷款情况（2012～2016 年）

资料来源：茂名市金融局。

（2）发挥财政资金对普惠金融发展的杠杆撬动作用。2014 年 10 月，茂名市制定了《茂名市农村金融改革发展专项资金分配方案》，安排专项资金 500 万元，用于支持普惠金融建设。2015 年茂名市财政拨付了 40 万元经费用于征信系统的升级改造，推动信用

体系建设。截至 2016 年末，两个率先试点的高州市、电白区先后投入财政资金 470 万元。

这一做法，取得了较好绩效：2016 年末，茂名市涉农贷款余额 399.26 亿元，占所有金融机构贷款余额的比重为 39.69%；涉农贷款全年净投放贷款 30.35 亿元，占全市贷款增量的 20.57%；2016 年末涉农贷款余额、农户贷款余额分别为 399.26 亿元、177.33 亿元，比 2011 年末分别增加 191.60 亿元、89.40 亿元，分别增长 92.26%、101.67%。同时借用支农再贷款的农信社加权平均利率比全市涉农贷款加权利率低 1 个百分点以上，一定程度上缓解了农户融资贵的问题。

（三）完善组织体系与强化服务功能，增强金融机构普惠能力

（1）培育新型农村金融组织机构。自 2012 年茂名市第一家小额贷款公司成立，目前已发展为 9 家，实现了县、市、区全覆盖。2016 年末，小额贷款公司贷款余额 6.20 亿元，充分发挥了支农支小职能。2014 年茂名市电白区成立了第一家村镇银行——电白长江村镇银行，截至 2016 年末各项贷款余额 1.66 亿元，同比增长 6.06%。

表 9　2016 年末茂名市小额信贷公司情况　　单位：家，人，万元

县、市、区	机构数	从业人员	注册资金	实收资本	营业收入	本年利润	贷款余额
茂南	3	48	30000	30000	3806	1107	24540
高州	1	5	5000	5000	337	5	4860
电白	2	26	8000	8000	277	20	8179
信宜	1	29	5000	5000	572	213	5374
化州	2	28	20000	20000	2443	729	19078
全市	9	136	68000	68000	7435	2074	62031

资料来源：茂名市金融局。

（2）强化现有金融机构的服务功能。一是支持农业发展银行服务向农业综合开发模式转型，促其信贷投放向农业综合开发与农村基础设施、大型农业项目开发等领域倾斜。2016 年末，中国农业发展银行茂名分行各项贷款余额 91.93 亿元，贷款同比增长 9.14%。二是引导国有商行服务农村，推动更多金融资源和管理权限向农村基层网点下沉。农业银行的“三农”事业部制改革、邮储银行支农业务拓展成效显著。三是深化农村金融的主力军——农村信用社改革，使其真正起到“支柱”作用。2016 年末，茂名市农村信用社贷款余额 299.53 亿元，占全市贷款余额的 29.78%，其中，涉农贷款 102.21 亿元，占全部涉农贷款的 28.01%。

（四）具有茂名特色的普惠金融产品创新

1. 渔船抵押贷款

茂名市电白区是海洋捕捞示范区，博贺港是广东省最大、全国十大渔业港口之一。在推进现代渔业发展的过程中，实施了“改木建钢”渔船改造行动，而一艘木质渔船改建为钢质渔船需 400 万 ~600 万元。每年的休渔期间，渔民需对渔船进行维修和更新

网具，同时渔船经营周转资金需求也面临巨大资金缺口。在此背景下，电白区农商行等金融机构结合渔民资金需求及行业特点，创新出渔船抵押贷款产品。渔船抵押贷款是针对渔民开发的贷款产品，是指借款人或第三人不转移对渔船的占有，将渔船作为贷款保证，经渔政部门登记，由贷款机构向借款人发放的抵押贷款。借款申请人只要具备捕捞技术，信誉良好，生产经营情况正常，渔船证照齐全，均可办理用于购置渔船、更新改造大修、购置捕捞设备等的贷款。金融机构还成立了专门机构，对渔船抵押贷款的办理开设绿色通道，如电白区农村信用合作联社设立了“三农”贷款专营中心、邮储银行电白支行设立了渔业贷款中心。贷款申请、贷前调查、审查审批、签订合同、抵押登记、渔船投保、贷款发放等整个流程一般在5个工作日内完成。

截至2016年末，电白区金融机构累计发放渔船抵押贷款602户、金额11.70亿元。渔船抵押贷款切实解决了渔民的渔船改造资金难题，提高了海洋渔业设备装置水平、综合生产能力和抗风险能力，提升了地区渔业现代化水平，并带动了冷冻加工、运输、码头装卸、补网、餐饮、休闲渔业等关联行业的发展。

2. 妇女小额担保财政贴息贷款

妇女小额担保财政贴息贷款是指通过财政贴息贷款并辅以技术培训，扶持贫困户妇女进行农作物养殖和农产品生产创业的项目，以期达到帮助其脱贫致富的绩效。妇女小额担保财政贴息贷款是茂名市推进普惠金融和精准扶贫的重要举措，自2011年启动以来，茂名市财政支持力度居全省21个地级市首位。2014年，中国人民银行茂名市中心支行联合茂名市妇联出台了《关于进一步推进茂名市扶持妇女创业小额担保财政贴息贷款工作的通知》，推动与财政、人社、金融各部门之间的协调合作，建立了“多方协作，共同推进”的工作机制。截至2016年末，累计发放妇女小额担保贷款3.17亿元，已贴息金额720万元，直接扶持4069名妇女创业，间接收回人群达5万多人，缓解了妇女创业资金不足的难题。

3. 政银保合作信用贷款

政银保合作信用贷款项目采用“政府+银行+保险”合作模式，以政府投入扶持基金为引导、以保险公司出具的保单承保为保障、银行见保单即放贷的项目，主要通过风险共担机制破解涉农贷款风险高之困，解决中小微企业及农户融资难开发的金融产品。省级政银保合作信用贷款的扶持对象以农民合作社省级示范社、联合社为主，主要用于购建固定资产类贷款和流动资产类贷款，最高额度分别为300万元和100万元。市县级政银保合作信用贷款的扶持对象主要是家庭农场、种养专业户、农民专业合作社、农业龙头企业和小微企业，贷款额度和借款主体相关，家庭农场、种养专业户不超过50万元，农业企业等不超过80万元，农业龙头企业不超过100万元。电白等地启动政银保风险基金，已到位风险基金2000万元。截至2016年末，茂名市共发放政银保合作信用贷款1484万元，受益中小微企业近43家，支持了当地产业发展。

4. 金融扶贫贷款

根据《广东金融助推脱贫攻坚实施意见》茂名市建立了扶贫开发金融服务联动协调机制。中国人民银行茂名市中心支行出台了《关于金融助推茂名市精准脱贫攻坚的实施方案》。截至2016年末，茂名市银行机构为国家级贫困人口发放精准扶贫贷款余额为1178万元，比2015年末增加322.97万元，增长37.78%；茂名市银行机构为省级贫困人口发放精准扶贫贷款余额4111万元，比2015年末增加1089万元，增长36.05%。

典型案例

案例一 信宜市普惠金融支持农户案例

杨彩红是信宜市思贺镇下寨村人，一家6口人，两夫妻在家务农，有2个读小学的孩子，还有70多岁的家公家婆，家庭经济比较困难。近几年，靠家庭自身的人力、财力承包村山地种植柑橘，由于自由资金不足，且前期投入人力、物力较大，种植面积仅仅30多亩，规模不大，年柑橘产量仅仅5万多斤，除人力、肥料、农药、山租等生产成本，纯入年剩无几。于是想扩大种植面积，但资金是个大问题。后来找到信宜农商行商量，农商行进行深入了解后，认为杨彩红本人较诚实、做事踏实，全村人反映较好，种植柑橘也有几年，技术过关，收成不错，只是规模较小，制约生产发展，于是农商行经综合考虑，利用普惠金融妇女小额担保财政贴息贷款政策，由财政全部贴息，决定贷款8万元支持杨彩红扩大生产，种植面积扩大到90多亩，是原来的3倍多，种植柑橘约10000棵，每年柑橘产量20多万斤，为其带来40多万元的利润，彻底解决了家庭经济困难问题，还解决了部分农村劳动力的就业。

案例二 信宜市普惠金融支持企业案例

广东盈富农业有限公司，从2012年起，信宜农商行连续5年向该企业累计发放10多笔惠农助农贷款，累计金额700多万元，其中，在实施普惠金融建设活动中，农商行按照普惠金融有关政策，给盈富公司贷款200万元，使该公司养殖规模不断扩大，肉鸡养殖基地从1个增加到3个，活鸡存栏量从60万只增至160万只，共占地2000多亩。母鸡存栏10万羽，年产鸡苗1500万羽，签约加盟农户850户，带动农户2200户，年生产销售“信宜怀乡鸡”1200多万羽，年销售额突破亿元。广东盈富农业有限公司先后获得“国家级怀乡鸡保种场”“广东省菜篮子基地”“广东省著名商标证书”“广东省名牌产品证书”“无公害农产品证书”“广东省农业龙头企业”等称号。

（五）构建普惠金融交易实施的基础条件

1. 建立农户征信系统

（1）建设信用村。在高州、电白开展信用村建设试点，试点村成立以村支书（主任）为组长的信用村建设和农户信用信息采集领导小组，镇政府派出驻队干部、五家涉农金融机构派出业务人员予以指导，主要做好信用户的评定与农户信用信息的申请、采集、核实等工作。

（2）建立征信中心。2012年10月，茂名市建立了广东省第三个地级市征信中心，各县、市、区征信中心也随之成立。征信中心具备了“有办公场所、有人员、有设备、有系统、有数据、有制度、有编制、有经费”“八有”条件，重点推进农户信用信息采集工作。截至2016年底，高州市累计完成13.5万多户农户信用信息采集，电白区完成13万多户农户、13500家企业和个体商户的信用信息采集。征信中心的信用信息采集行为也体现出诚信文明的教育功能，使之成为针对农村社会的诚信教育和精神文明的活动。

（3）建立农户征信系统。2010年，中国人民银行茂名市中心支行负责建立维护的农户征信系统上线运行，实现和全市197个涉农金融机构网点的对接，目前，该系统已采集了140多万户农户的信用信息，建成了全国最大的地级市农户信用信息基础数据库，该系统实现了农户信用自动评分功能，为金融机构甄别农户信用提供依据。茂名市出台了《关于推广农户征信管理系统深化农村信用体系建设的通知》《茂名市“农户+征信+信贷”业务指引》等文件，指导金融机构创新信贷管理模式。对信用等级高的农户正向激励，实行“贷款优先、额度放款、利率优惠、期限灵活、手续简化”，限制信用低的农户进入。截至2016年末，茂名市涉农金融机构利用农户征信系统查询农户信用报告7万多笔，发放金额超过100亿元。

征信体系建设推进了农村诚信文化的提高，同时也促进了信贷资源向农村的流动。高州市通过征信系统筛选培育“农村信用之星”评选对象21户，对评选为“农村信用之星”的农户给予同类贷款最高授信额度、最优惠利率、最优先安排贷款等激励，共发放贷款334万元。化州市开展“农户+征信+保险+信贷”业务，共发放贷款3105笔、金额3.1亿元。信宜市开展“信用户、信用村、信用镇”评选，对信用评价较高农户和乡镇给予信贷优惠，截至2016年底，共评定信用户8957户，其中，A级3622户、AA级2665户、AAA级2670户。电白区结合信用体系建设重点支持龟鳖特色产业发展，在沙琅镇发放养龟贷款380笔、6885万元。

2. 增加基层便利性基础设施

（1）建立乡村助农取款点。乡村助农取款点是指金融机构在脱离银行网点条件下，与小商铺、卫生站等经营场所进行合作，通过布设POS机等机具为农民提供免费支取现金的服务。助农取款点通过统筹布设、合理选点，有限在边远山区的卫生医疗站、农资生产购销部建设推广，使之有效覆盖范围最大化，大大提高了便利性。后进一步升级，使得一般的银行卡取款拓展到金融IC卡、存折等载体取款，满足农民每次2000元以下的取款小额现金业务，很大程度上缓解了金融机构由于金融网点不足导致的金融服务缺失困境，降低了农村居民的金融交易成本。截至2016年末，茂名市共建助农取款点2024个，实现全市1619个行政村全覆盖。共计发生取款交易22万笔、交易额2.3亿元，同比增长169.8%和95.7%；转账交易22万笔、交易额2.4亿元，同比增长32.3%和68.3%，实现了助农取款“村村通”目标，改善了农村金融服务消费环境。

（2）建立乡村金融综合服务站。在银行卡助农取款点建设基础上，选取其中信誉良好、具有固定场所、经营规范、具有一定经济实力的商户作为合作对象，合作建设乡村金融综合服务站，由金融机构承担初期费用和设备投入，合作商户作为农村金融综合服务站的运营主体，负责金融综合服务站的日常业务办理、设备的日常维护和管理。合作商户通过与金融机构签订合作协议，明确合作商户的经营内容，金融机构通过业务推广、业务办理等指标对商户进行考核，以市场化运作原则对商户进行提成或奖励。当前其主要功能包括办理银行卡助农取款服务、提供农村信贷融资中介服务、手机农户金融需求、咨询代理金融业务、金融知识和业务宣传、农户信用信息收集、非现金支付工具推广等。截至2016年末，茂名市共建立农村金融综合服务站1657个，填补了农村金融服务网络，成为现有农村金融网点服务的有力补充，有效地提升了服务水平。

（3）现代支付工具加大布放应用。积极推进银行卡和离行式ATM机下乡进村，发展IC卡、网上银行、手机银行，推动支付手段网络化、便捷化。并改善农产品市场的支付环境，在高州东方市场、信宜玉器市场、电白海产品市场、化州罗非鱼市场等更大范围布设普通POS机与电话POS机，大大提升了资金运转效率。

3. 以保险业发展助力普惠金融

农业农村保险业的发展是农村金融深化发展的基础，茂名市保险业做了许多业务探索，为普惠金融发展提供了条件。

（1）政策性保险深入服务农村地区。茂名市保险机构分开办的政策性保险主要是：农村住房保险、政策性水稻种植保险、政策性能繁母猪保险、蔬菜、甘蔗、花生、玉米等政策性保险。截至2016年末，农业保险共8684件，保费收入12921.60万元，理赔支出4127.50万元。

（2）发放支农融资贷款。2016年12月30日，茂名市保险机构发放广东省首笔支农融资贷款，基本模式是“融资+农业保险+信用保证保险/第三方担保”，即由人保资本发型支农融资产品募集资金用于支农融资，人保财险组件专业团队负责支农融资具体业务操作，同时提供农业保险、人身意外保险等保险产品，人保财险信用保证保险或人保认可的第三方担保方式，承担融资业务最终风险。2017年3月3日，人保财险茂名市分公司又向农业龙头企业伟业罗非鱼良种场发放1000万元支农融资贷款。这进一步降低了农业企业的融资成本，扩大了支农融资覆盖面。

（3）为农村居民提供大病保险和自然灾害公众责任险保障。2015年、2016年连续两年为641万城乡居民提供大病保险服务，减农村居民的医疗负担；组建大病保险专职核查队伍，143位核查员分布在114个服务点提供服务。2014～2016年连续3年为700多万人提供自然灾害公众责任险保障，是广东省第一个自然灾害责任险保障全覆盖的地市，每年累计提供保障3645亿元。

三、进一步深化改革的路径

目前，“普惠”已成为党和政府的执政理念，也是实现“共同富裕”的重要抓手。普惠金融已成为消除贫困和金融排斥、发展经济的重要举措。然而，普惠金融发展之路仍面临诸多困难：农民等弱势群体的金融服务需求仍被选择性排斥，金融服务的可得性和公平性偏低；普惠金融服务体系不足，农村金融服务基础设施仍显薄弱；服务价格机制偏离普惠等。这些都需要从制度安排、机制创新、市场调节等方面入手，深化农村普惠金融结构性改革。

（一）以增加便利性而提升普惠金融覆盖率，降低交易成本

1. 放宽准入门槛，增加小微金融机构供给

多层次组织体系是普惠金融发展的基础，从金融市场分层竞争优势、低成本收集信用信息、有效对接农村普惠需求等方面看，农村小微金融机构和地方法人机构，具有扎根农村基层、贴近弱势群体所产生的人缘、地缘、血缘优势，了解弱势群体金融需求及变化；具有信息成本低、服务灵活便利，有实施普惠金融的比较优势，能够以低成本方式提供小额化的金融服务。因此，应适当放宽新型农村金融机构的准入门槛，对于资本充足率、信息披露、不良贷款容忍度等方面给予一定政策放宽。同时，鼓励国有控股大型商业银行在农村设立营业网点，在支持大中型金融机构设立普惠金融专营机构基础上，指导其以批发资金形式向小微金融机构提供低成本资金，助力增强发展普惠金融的资金实力。

2. 扩大自助银行与农村营业网点的金融代理服务

一方面，借鉴巴西无网点银行模式，在县域管辖下的乡、镇、村建立自助银行，偏远乡村地带建立无网点银行服务，将自助银行服务建立在当地村部、医院、商店等群众集聚区域，将原来许多不能方便享受到金融服务的人群纳入金融服务覆盖范围；另一方面，充分利用农村现有营销服务点、镇村便民服务社、乡村诊所等服务优势，开展农村金融的代理服务，拓展金融服务范围。实际上，原有农村信用社的代办站、代办员制度有许多合理制度内核，值得现在借鉴。

（二）基于个性化需求的农村金融服务产品创新

1. 基于个性化需求创新金融产品与服务方式

根据农村居民的个性化金融需求，做好市场细化分割和定位，突破原有服务的时空限制，创新发展差异化的金融产品和服务，提高金融产品供给水平。目前传统的存贷汇业务已经难以满足需求，随着经济的不断发展和消费需求的升级转型，农村居民的保险、代理、理财需求也不断增加，因此金融服务产品的多样化与多元化已经是普惠金融拓展的应有之义。思维应改变原来注重“群体需求”的方式，向“个体需求”转变，人性化的供给一定是“个性化”的。所以，在进一步扩展农村助农取款服务网点功能的同时，通过经营理念、支持对象、营销手段等差异化服务创新，打通普惠金融服务的渠道梗阻，对接新型农村金融服务的个性化需求。

2. 运用最新科技实现低成本普惠

农村区域的金融服务缺失一定程度上是交易成本过高所致。而通信与信息技术的应用，一方面可以降低借贷双方信息不对称程度，另一方面解决了单笔交易规模小、成本高的难题，某种程度上大大降低了交易成本，提高了需求的有效性，拓展了服务空间。发展普惠金融应以完善信用数据、降低交易成本为突破口。重点是善用数字技术和信息技术、融合“互联网 +”，发展数字普惠金融。一方面，依托大数据技术，授信额度可以精准厘定、动态调整，并以较低成本建立起互联网金融信息库，以此为基础降低普惠金融的产品成本和价格；另一方面，依托互联网技术，克服农村居民分散、经济密度低、服务受众少、物理网点服务半径短的弊端，交易成本随规模增长而分摊，规模经济

效应明显，可以大幅降低借贷市场准入门槛，缓解融资难问题。所以，广泛运用通信与信息技术，引导社会资金参与发展互联网普惠金融，对接农民等弱势群体普惠金融服务的个性化需求，打通渗透农村经济主体的金融“毛细系统”，实现普惠金融在“最后一公里”的供需对接。

（三）以金融生态环境的优化促进普惠深化

1. 建成完善的区域性信息数据库

信息成本高是农村经营主体被金融服务排斥的主要原因之一。所以，完善征信体系、整合信用信息、健全信用管理机制是解决这一矛盾的关键。鉴于信息数据库与信用信息平台的公共物品属性，政府应主导；另外，鉴于农村经营主体市场交易的“区域性”特征，不一定建立全国统一的“大一统”信用信息数据库，应以地方政府主导建立“区域性”为宜，这也便于信用信息的收集、更新与不同金融机构的标准协调，与基层政府的信用户、信用村等建设相结合。同时，加大信用信息的有效链接，逐步将村镇银行、贷款公司、农村资金互助社、小额贷款公司等贷款信息区域性征信系统中，规范和完善农户、农村小企业信用档案管理。

2. 协同政策合力强化杠杆支撑

农业产业的基础性和外部性、“三农”的弱质、弱势、落后性，决定了产业与农村区域发展的政策性。但支持政策的分散，导致政策性资源使用的效率低。因此，应加大相关支持政策在普惠金融支持末端的整合力度，实现金融、财政和产业等政策的协同施力，强化杠杆支撑作用，引导金融资源与社会资源向农村地区聚集。利用财政税收政策和货币政策充分发挥财政资金的杠杆作用，对于新设微型农村金融机构初期给予其一定补贴，并实施税收优惠，对于不同农村普惠金融实行定准差别化利率和信贷政策，完善财政资金扶持办法，撬动财政资金在贷款贴息、资金奖励、政策优惠、融资担保、农业保险等方面的正向激励功能，缓释普惠金融发展的外部金融风险。

四、案例使用说明

（一）教学目的与用途

（1）适用课程：农村金融。

（2）适用对象：金融专业硕士，金融学术硕士。

（3）教学目的：以茂名市为研究对象，了解其普惠金融实践情况，获知其在实践中取得的成效以及遇到的问题，并剖析问题产生的原因，探究更好地践行普惠金融理念的深化改革路径，提升普惠金融覆盖率，降低交易成本，优化金融生态环境。

（二）启发思考题

（1）阅读农村金融相关书籍，了解小微金融机构融资的主要准入门槛包括哪些？

（2）阅读金融生态环境相关文献，在明确金融生态定义基础上探究优化金融生态环境的有效途径。

（3）提升普惠金融的覆盖率与可持续脱贫之间的联系是怎样的?

五、理论依据与分析——金融生态理论①

金融生态理论是将生态学的概念和研究方法引入金融系统中作为借鉴性分析的一种新研究视角。金融生态系统指在一定的时间和空间范围内，金融主体与金融生态环境通过货币流动与信用循环形成的，具有自我调节机制的统一整体。金融生态理论的基本假设：①货币非中性。尽管货币在流通中不创造财富，但货币流动的规模和速率对资源使用效率产生实质性影响，因此是货币非中性的。②金融主体的行为自利最大化假设。金融主体的行为总是追求自身利益最大化，因此会根据环境条件的变化而进行适应性调整。③金融主体的行为有限理性。金融主体以自身利益最大化为前提，由于不确定性因素的存在，其信用活动的授信依据往往是不完备的，面临的偿付风险也往往难以预计。

金融生态主体主要包括以证券、保险、银行为代表的金融机构、决策机构和监管机构等，金融产品和金融业务的直接生产者和参与者。我国金融学者对金融机构尤其是以国有商业银行为典型代表的银行体系研究较多。金融生态内部调节需要建立金融企业破产和退市机制，主要以调节求利动机、竞争压力等方面为主；外部调节主要依靠中央银行、政府部门以及金融监管机构协调，以银行为主的金融机构对调节金融生态和稳定金融生态影响较大②。

六、建议课堂计划

本案例可以作为专门的案例讨论课进行，如下是按照时间进度提供的课堂计划建议，仅供参考。整个案例课的课堂时间控制在120~180分钟。

课前计划：提出启发思考题，请学生在课前完成查找文献、理论准备、案例阅读和初步思考。

课中计划：课堂前言（10~15分钟），简明扼要、明确主题；理论准备梳理（20~30分钟）；案例回顾（10~15分钟）；分组讨论（60分钟），要求准备发言大纲，分2个小组，小组发言（每组，30分钟），幻灯片辅助，控制在60分钟以内；引导全班进一步讨论，并进行知识梳理归纳总结（20~30分钟）。

---

① 钟帅，沙景华．基于金融生态理论的美国金融制度分析——对美国次贷危机的一种解释［J］．中国软科学，2010（S1）．

② 党文．金融生态理论视域下农村金融新体制构建探讨［J］．特区经济，2012（1）．

课后计划：请学生上网搜索普惠金融产品的相关信息资料，查找与普惠金融产品绩效的测度以及交易成本测算有关的研究方法，尝试以一个普惠金融试点地区为研究对象，测算其普惠金融创新产品的交易成本及绩效，或者了解不同普惠金融试点在金融产品创新方面的经验，总结普惠金融产品如何通过创新设计兼顾银行的营利性和普惠性双重目标的分析报告（1500 字左右）。

附件一 高州市农村信用联社推进普惠金融汇报实录

农信社作为草根金融，来源于“三农”、扎根于“三农”，也服务于“三农”，这是我们主要的业务。普惠金融是我们工作的一部分，也是我们的社会责任。2014 年以来，大力推进以“三大工程和八项行动”为主要内容的农村普惠金融建设。

（一）加强组织领导

2014 年我社成立了建设普惠金融发展领导小组，由理事长任“一把手”，主任、信贷管理部、“三农”中心及金融业务部等部门组成。领导小组下设办公室，办公室设在“三农”贷款中心，领导小组对农信普惠金融中心整体工作进行规划统筹，组织协调各金融部门开展农村金融普惠工作。

（二）全面推进“三大工程和八项行动”

（1）积极推进信用村建设，2014 年 3 月开始，农信联社与高州市政府、人民银行高州支行沟通合作，在镇江镇开展诚信社会建设试点工作。

（2）着力推进乡村助农服务取款点建设，目前已在全市乡镇设立了 171 个助农取款点，安装 POS 机 171 台，助农取款服务点乡村覆盖率达到 100%，截至 2017 年 4 月末，助农取款服务点累计办理业务达 50000 笔，取款金额达 1500 万元。

（3）开展农村产权抵押贷款服务，农村产权主要是农村房屋宅基地使用权、土地承包经营权和林权的三权问题。目前已开展了集体土地、林权等承包经营权的抵押贷款业务。农村最欠缺的就是农村资产、资源怎样才能实现变现、流转、流通，如果法律层面和国家政策配合实施的话，农村未来将会有一个比较大的进步。

第一，农民住房财产的抵押担保情况，高州市早已开展针对农户住房抵押担保贷款，但只是对集体土地中的房屋进行房产抵押登记，集体土地使用权无法进行抵押登记，2017 年 4 月，累计放贷 179 户，累放金额 3988 万元，现在正在探索集体土地承包经营权抵押业务。第二，林权贷款情况，专门出台了高州市信用联合社林权抵押贷款操作业务实施细则，开展林权抵押贷款业务，截至 2017 年 4 月末，林权抵押贷款存量 12 户，贷款余额 943 万元，累放 108 户，累放金额 6464 万元。第三，开展水利承包经营权抵押权贷款，如蓝萌有限公司 2011 年 7 月 29 日到 2016 年 7 月 29 日，经营水域承包，作为抵押，贷款 500 万元。

（4）政银保合作农业贷款。2015 年初，我社与高州农业局、保险公司配合，发放政银保贷款 2 笔，金额 200 万元，用于支持高州正丰水果专业合作社的流动资金和共建固定资产。2015 年 9 月 28 日，我社与政府、保险公司签订政银保合作协议，现场授信政银保客户信用贷款 40 万元，截至 2017 年 4 月末累计发放政银保贷款 6 笔，金额 246 万元。

（5）妇女小额担保财政贴息贷款。自 2010 年以来，我社与市妇联合作推进妇女小额担保财政贴息贷款，支持妇女创业就业。截至 2017 年 4 月末，累计发放妇女小额担保财政贴息贷款 1524 笔，金额 7778 万元，目前存量 275 户，贷款余额 1798 万元，2017 年累放 87 户，累计贷款 583 万元。扶持领域涉及种植业、养殖业、服务业以及商业等多个行业。范围覆盖全市28个乡镇、街道办。直接或间接贷款2000多名农村妇女创业就业。曾经被评为茂名市经济社会发展十件实事之一。该项工作的主要措施：一是高度重视，周密部署。制定联社“三农”贷款的部门中心专门管理协调开展妇女小额担保财政贴息贷款工作，并组织开办培训班，向信贷员讲解妇女创业贷款知识和办理流程及要点。二是精准扶贫对象，从种植和养殖扶持典型。三是降低担保门槛，放低担保条件。担保人条件原来规定由公务员担保放宽到有稳定收入的公职人员担保，将贷款对象由原来仅限于农业户口的妇女扩大到城镇非农业户口妇女。四是简化申贷手续，开通绿色通道。对妇女创业贷款实施三优一简：优先放款，优化费用，优质服务，简化办事程序，开辟信贷绿色通道，为农村妇女创业提供方便、快捷、贴身的金融服务。

（6）发放扶贫金小额贷款。截至2017年4月末，累计发放扶贫小额贷款168户，金额334万元。

（7）推进“公司+农户”贷款，自2011年以来，与高州市顺达有限责任公司达成“公司+农户”养猪项目贷款授信意向，授信额度为2000万元。“公司+农户”养猪模式是由高州市顺达有限责任公司为农户提供猪苗、饲料、药物、疫苗、技术等服务，生猪定价回收，农户负责养猪场地和人工养殖，农信社给予贷款支持，该模式由公司为农户提供贷款担保。截至2017年4月末累计发放贷款147户，金额4106万元。

（8）创新金融服务，开办夜市银行。为满足一些上班族或白天忙于生意无暇到网点办理业务的民众的金融需求，2014年6月起，在高州辖区推出首家夜市银行服务，新区分社、普前路分社营业时间延至晚上8：00。为客户提供储蓄、理财、银行卡、电子银行等“一站式”金融服务，满足社会公众和社区居民的服务要求。夜市银行的开办，创新了高州辖区内金融服务方式，增加了办理业务的笔数，拓展了存款新账户业务，附带开设银行卡网银，手机银行等中间业务。

（9）普及金融知识。一是打造包括个人账户、手机银行、电话银行、自住银行在内的线上一体服务网络。拓展农村金融服务渠道，实现富农惠民的发展目标。二是加强与政府扶贫办、中小企业局、农业、林业、海洋业局、供销社、团委、工会、妇联、组织部等部门的共同协作，及时了解相关政策信息，共同搭建“三农、小微企业金融服务平台”。三是发挥线上普惠金融产品的作用。利用好“卡贷保”，一次核定、自助循环、随用随贷的功能和优势，对融资小额客户提供优质高效服务，四是做好电子银行普及宣传工作，通过网点横幅和电子LED屏的宣传，电视广告、网上宣传，户外活动等多种方式，使农村地区客户能够有效使用电子银行产品，促进电子银行业务进村入社区。

（三）存在的问题及建议

1. 存在的问题

一是社会信用体系仍有待健全完善，公众的诚信意识还有待提高。二是促进普惠金融发展的配套措施有待完善，如农民住房及集体土地使用权，缺乏配套支撑，土地承包经营权，农业设施抵押担保手段滞后，“三农”政策性担保体系不健全，财政补贴、农业风险补偿机制有待健全。三是普惠金融现阶段大部分业务仍是成本支出较大，收益甚微。这与农信社经营的发展有些不一致。比如，助农取款业务我社投入了大量的人力、物力，包括服务站点的硬件，广告牌、业务流程的宣传，以及给商户提供的保险柜、点钞机、登记簿、按季度给商户发放的补贴，以及按年度结算给POS机的维护费用等。

涉农取款和农村金融服务站的前期建设费用已投入 30 万元，2014 年发放给助农取款点商户的助农补贴费用达 26 万元，支付给 POS 机公司的维护费用达 8 万元，然而收入只有 6400 元。

2. 几点建议

一是建议加强完善社会信用体系建设，完善社会征信体系，加大对失信违约行为的惩罚力度。二是促进普惠金融发展需要政策大力扶持，对开展普惠金融的金融机构给予财税扶持，并且制度化、长期化。同时监管政策需要差异化，在货币政策、监管政策、财税政策上有所侧重，给予优惠。加快推进三权改革试点推进步伐，为普惠金融发展引来源头活水。三是政府应为创造平等的竞争环境，对服务普惠金融的金融机构，尤其是服务普惠金融的农信社，要一视同仁，废除歧视性的业务准入政策（如对公业务开户不建议在农信社，而建议去国有银行开户），打击逃废债行为，维护农信社的合法权益。四是建议普惠金融优惠政策要及时落实，加大风险补偿金和财政的贴息力度。五是加大政府对农业园区的农产品深加工和产业全区建设。筑巢引凤，应大力扶持水果深加工，水果深加工是解决水果出路和升值的根本路径。六是规范林权评估的收费标准。降低评估收费。

附件二　电白农信社调研实录

张老师：茂名普惠金融做得不错，请介绍一下电白农信社普惠金融的做法、成效，包括农村信用社怎样开展普惠及其成效，整体的情况。

陈局长：电白作为2015年全省20个试点地区之一，茂名市是电白与高州，共有8项。电白的农村产权抵押贷款（渔船）、政银保贷款、征信中心等方面应是具有特色的。其他几项如信用村、金融服务站、取款点跟其他地方差别不大。电白政银保与其他地市的政银保差别比较大，其他地方（如清远、江门、东莞等）的银政保项目政府兜底的比较多，但可持续性不够。电白银政保政府承担有限责任，机制设立的基础是市场机制，具有可持续性。当然缺陷就是保险公司承担的责任太小，如果保险公司能把这个提上来，我们这个方案就是比较好的。

吕主任：作为农信社，从开始成立一直肩负着普惠金融任务，即支农、支小，支持小微企业，我们的社会责任跟国家给农村信用社的定位决定我们一直开始就是做普惠金融，特别是便利性。刚开始成立农信社时每个村委会都有一个服务网点（即信用站）。但是随着金融改革的推进，收缩了很多网点，最初2~3个村委会拼成1个分社，到2000年之前，每个镇除了一个总社，下面还有几个分社，后来又逐渐缩小了。

目前，为了做好普惠金融工作，除了信贷管理部外，电白农信社还专设了两个部门：小微企业金融服务中心与“三农”专营中心。在20多个乡镇共设置了57个营业网点（物理网点），每个乡镇最少有一个营业网点，大的乡镇3~4个营业网点（如电城有3个，博贺有3个，沙朗有2个）。随着金融科技发展，又增加了助农取款点和金融服务站，延伸了以前“站”的功能，规范的助农取款点，可以转账等，搭建起电商和购物平台。

张老师：在这之前有没有代办站、代办员制度？

吕主任：以前有，后来取消了。因为当时几百个网点，在管理上很难到位，在内控这块出现的案件比较多，特别是在信用站。因为当时都是一个人去做服务，拿着袋子，背着现金、存单、存折，如果这个人道德有问题，就会出现侵吞公款。后来进行整合，两三个信用站整合为一个信用分社，有两个人，一个出纳，一个会计。随着业务量的不断发展，又整合为3~4人一个网点。

张老师：取消之后这部分人有还用的吗？

吕主任：当时代办员逐渐取消了，这些人全是临聘的。

现在我们按照要求把助农取款点恢复起来。助农取款点是主要风险防范点，因农信社不给店主现金（现金是店主自己的），现金不会出现问题。风险是农村人拿存折过来时，最怕被人复制其信息。贷款业务到镇网点去办理。另外，贷款投放方面坚持小额。现在贷款有表内和表外，表内的正常贷款有1万多户；表外贷款就是小微小额贷款，约有4万户，基本上是农户。

张老师：为什么分表内和表外呢？

吕主任：考核需要。表内是对不良率的考核。这几年的小微贷款多是信用贷款与保证贷款，抵押贷款少。因为小微企业资金需求比较大，后来与政府合作，开展政银保贷款。

张老师：政银保是统一合同吗？还是针对不同企业有不同的合同？

吕主任：政银保的合同格式大致是相同的。

张老师：保险公司承担多少？农信社承担多少？政府承担多少？

陈局长：我们跟其他地方不一样，差别主要在这一块。政府兜底很多，最多的是银行。在电白有 3 家银行参与，分别是农信社、广发行和电白村镇银行。但是实际是农信社和村镇银行发生业务，广发行没有，总共 30 多笔，差不多上千万元。保险公司承担很小，按照保费的 1.5 倍赔偿，收的保费是 2%。农信社 95%，政府 5%。后来做了调整，政府调到 20%，银行 80%。利率按基准利率上浮 20%，这也是电白跟其他地方差别的地方。政银保贷款有一个优势，追偿的话可以动用政府的力量，动用公检法等公器。

吕主任：关于精准扶贫，我们与电白扶贫办签了合作协议，制定了相关制度和操作流程。扶贷款是信用贷款，没有担保和抵押，额度在 5 万元以内，利率是基准利率。对建档立卡、有生产能力的贫困户，用于生产经营的，在核定额度以内，随借随还，期限最长 3 年。该贷款利息全由财政贴息（财政扶贫资金），如果出现不良，本金损失的 80% 由扶贫基金支付，农信社负担 20%。利息是按照要求收取贷款户利息后，每年汇总报财政后再返还，财政专门划到贷款户的账上，一年申报一次。

另外，妇女创业贷款现已投放 9000 多万元，主要特定人群是妇女创业、经营方面，实施基准利率。还有农村大型机具产权贷款、林权抵押贷款等。林权抵押贷款从 2008 年开始，但现在出现不良的比较多，主要原因是林木的管理。贷款时林木还很小，后来林木管理跟不上，生长了几年还是那么大，成材率很低。同时，砍木的工钱比较高，除去砍木成本后，他们可用还贷款的钱不多。现有 3 户不良贷款，其中一户 200 多万元贷款，现在利息都交不上了，三户总共损失 900 多万元。当时在茂名林权抵押做得最多的是化州。

电白渔船抵押贷款做得比较好。自 2010 年以来，渔船经历了几次改革，最早是一般的木船，没有动力，靠风靠人；后改装为机械动力；再到后来，渔业资源越来越少，要出到外面的大海才能够捕鱼，所以渐渐淘汰木船，做钢铁渔船。但一般钢铁渔船 35～40 米，马力约 400 千瓦，资金需求比较大，整个船的投入 600 万～800 万元。如果依靠渔民自己的收入是不可能完成的，贷款按评估价值的 50% 放款。

陈局长：保险也有参与渔船抵押贷款。2016 年保险公司与农村信用社合作该保险，每一笔贷款有相应的保险，主要是人保在做，现在亏得很厉害，包括过去烧了几条船，到现在为止都不知道怎么回事。农业保险广东做得最好的就是茂名，这么多公司做得最好的是人保。农业保险总体的收益可以维持。现在很多保险由政府出钱，如果是纯商业的估计基本都是亏的。

吕主任：渔船抵押贷款的风险，一方面是渔民经营上的困难导致的，另一方面是自然风险引致的，如鱼汛的不确定性。因为海上的东西也是有规律的，并不是每年都很好，鱼随着洋流不断游动，有可能今年来到这里，明年去到那里，碰到多的时候是满载而归的。再者是政策性调整导致的。如国家油料补贴的调整。以前国家油料补贴（中央财政补贴）占了渔民稳定收入的一大部分，但从2016年开始，对油料补贴制定了新的规则。在总量不减少的情况下，按渔船的船长实施补贴（以前是按马力补）。以前油料补贴是一千瓦1800～2000元/年，调整后，2015年比2014年的标准降低60%，还剩40%。给渔民收入带来较大影响。此外，国家环保政策鼓励减排，如果船到期报废了，每千瓦国家补贴6000元。由于从2017年开始休渔期又延长一个月（从5月1日至8月16日，休渔期有生活补贴，但是很少）也带来一定影响。

渔船抵押贷款农信社有600多借款户，累计贷款12.2亿元，贷款余额5.2亿元，但形成不良的有1000多万元，还是做得比较好的一个产品。因博贺本身是大渔港，通过渔船抵押贷款可以带动整个上下游的产业链，包括深度加工，推动整个电白经济发展。渔船抵押贷款除了农信社外，邮储行、农行也有一部分。

张老师：电白农信社在整个茂名应该是属于比较好的？

吕主任：不是。茂名市的五个联社中，存款、贷款规模最大的是高州，经营效益比较好的是信宜，资产质量比较好（山区的人民风比较淳朴）。最近的电信诈骗事件对电白的贷款影响最大，现在基本不敢向群众发放信用担保之类的贷款。前几年放了500多笔担保贷款，现基本形成不良，人都找不到了，风气不好对金融的影响还是很大的。

张老师：村镇银行发展得怎么样？

钟局长：有两家。最早是电白，2015年成立，后来是高州，2016年成立。从广东区域村镇银行来讲，电白的村镇银行是全省办得最好的。

附件三　茂名电白村镇银行调研访谈实录

何经理：现在中国的四大行、农信社和其他民营银行很多，但是专门服务农村、乡镇、县域的银行比较少。在县域，除了农村信用社和邮储银行外，基本就没有其他了，所以国家就大力发展村镇银行。长江村镇银行是武汉农村商业银行主发起的（大股东），出于监管要求，主发起行要达到国家监管二级。

陈局长：现在全国的村镇银行大约有1600家、1700家，广东第一家村镇银行是中山的小榄村镇银行。

何经理：长江村镇银行的主发行是武汉农商银行，整个管理架构、制度办法及内控制度、产品制度等都是引用或借鉴武汉农商行的，再根据本地实际作调整。农商行的组织架构清晰，银监会每年都会检查，必须完善。现在有2个副行长，1个行长，1个董事长，1个监事长。董事长兼任高州和电白两家村镇银行的董事长，监事长兼任阳江、高州和电白3家的监事长。村镇银行有市场业务部、风控部和综合财务部（负责后台）3个部门，有营业网点2个。内控由行长牵头，综合财务部负责财会、审计、监察等，风控部负责信贷。现在职工有60人，50个左右是大学生，没有研究生，本地的优先考虑。

村镇银行定位于县域，贷款发放的主要方向是涉农，包括农户贷款（渔户、养龟专业户、果园专营户等），大概占70%；企业占20%左右，主要是当地的中小企业和个体工商户；还有一些消费贷款。农户贷款根据市场规模、抵押物价值，最高可贷50万元，最低几万元起步，也有几千元的，月利率6厘左右，一些信用好、存款贡献比较大的客户利率1厘。企业利率也差不多，主要看对银行的贡献度。农户可以用承包经营权、林权、在市区的房子抵押。我们这边做林权抵押比较少，种松树、桑树、茶树等都可以考虑。长江村镇银行2014年12月15日开业，截至2017年5月，贷款余额2.49亿元，存款大概2.7亿元，最高时存款有4亿元，存贷比90%多，现在在茂名地区所有金融机构中，长江村镇银行的存贷比是最高的（可以比较的存贷比：河源82%，湛江58%，阳江62%，云浮60%左右，茂名只有45%）。

张老师：现在放的贷款中不良的有多少?

何经理：没有不良，100%收回。我们现在存贷比达96%，也就是说我们在当地吸收的存款基本全部投放到当地企业中去（现在存款不多是一个客观因素）。

张老师：村镇银行现在一部分经理是从农行等大行过来的，那我们经营过程中所采取的营销方式，拉存款方式，排除不良的方式有什么不一样的地方?

何经理：目前存款主要依靠当地征地款，要跟当地村干部打好交道。一般的存款是按人行利率，但有些大额存款（10万元以上）可以做协议存款，利率可适当提高一点，在基本利率基础上上浮一点。贷款利率比四大行高一点，但与当地农信社相比还是低一点的，利率是自己决定的。

长江村镇银行具有三个特色：一是贷款决策链条短，讲求效率。拓展一个客户，只要我们认定他风险可控，就可以立马做，可能1~2天就可以贷款。但大银行审批流程比较长，如果支行有一笔贷款，支行办理以后，要报到分行去批，经过分行的部门、行长、大小会审批，一个流程走过来就要 10 多个工作日，决策时间长。二是经营灵活。现在大银行贷款，房地产公司名下的土地不能贷，很多信用不能做，很多保证也不能做，一定要有足值的、优质的抵押物才可以贷款。我们对客户做综合评估，可能抵押物稍微欠缺，但其信用很好，企业发展是良性的，今后的还款能力也应该没问题，我们就可以灵活一点。三是存货质押贷款。茂名地区其他银行都不办存货质押贷款了，因为存货质押贷款对存货的监管要求比较高，而且存货的抵押率比较低。但这制约了一部分没有抵押物但有存货的企业，如电白地区的干果、海产品存货很多，可以通过存货质押获得支持。我们拓展存货质押贷款，不只看抵押物，还看企业的整体发展，综合考虑。

张老师：不一定非要标准的，可以大体估算整体价值，在这个价值的基础上贷多少钱，做一个灵活的处理，这是比其他金融机构做得好的地方。

何经理：鼓励一些银行对有发展潜力的科技型企业，村镇银行内部成立一家公司予以支持。不需要抵押物、信用贷款或保证贷款，通过贷款参与企业的发展成长（相当于参股，现在国家鼓励这种发展模式）。广东建行和电白成立了 50 亿元的发展基金，但利息比原来贷款的利息要高，年利率是 5%，再加上管理费。

（撰稿人：张乐柱、于卉兰）

农村金融体制改革制度变迁特征及趋向：南海农商银行案例

一、中国农村金融体制改革历程回顾

中国自1978年改革开放之后，市场经济迅速发展，为了推进市场化改革，农村金融体制也进行了一系列改革，大致分为四个阶段：

第一阶段，农村金融市场组织的多元化和竞争状态的初始形成阶段（1979～1993年）。这一阶段的主要改革措施为以下四个方面：第一，1979年恢复中国农业银行，明确提出大力支持农村商品经济。第二，人民公社逐渐消失，恢复农村信用合作社名义上的合作金融组织地位。第三，放开民间信用管制，允许民间自由借贷，允许成立民间合作金融组织。第四，允许多种融资方式并存，包括存款、贷款、股票、基金等多种信用手段。

第二阶段，建立一个能够为农业和农村经济发展提供及时、有效服务的金融体系（1994～1996年）。具体地说，包括以工商企业为主要服务对象的商业性金融机构（中国农业银行），主要为农户服务的合作金融机构（中国农村信用合作社），支持整个农业开发和农业技术进步、保证国家农副产品收购以及体现并实施其他国家政策的政策性金融机构（中国农业发展银行）。这一阶段的主要改革措施为以下四个方面：第一，1994年组建成立中国农业发展银行。第二，加快了中国农业银行商业化的步伐，包括全面推行经营目标责任制，对信贷资金进行规模经营，集中管理贷款的审批权限等。第三，进一步强化农村信用社的合作金融性质（实际进度大大落后于这一阶段设定的目标）。第四，农村信用合作社不再受中国农业银行管理，农村信用社的业务管理，改由县联社负责；农村信用社的金融监督管理，则由中国人民银行直接承担。

第三阶段，农村信用社主体地位的形成及其农村金融改革的深化阶段（1997～2006年）。中国遭受亚洲金融危机和1997年开始的通货紧缩。强调继续深化金融体制改革的同时，对金融风险的控制也开始受到重视，客观上强化了农村信用合作社对农村金融市场的垄断。这一阶段的主要改革措施为以下四个方面：第一，开始在国有银行中推行贷款责任制；第二，收缩国有银行战线；第三，打击各种非正规金融活动，压制民间金融行为；第四，将农村金融体制改革的重点确定为对农村信用合作社的改革。农信社的试点得到央行的支持，国家采取两种方式给予资金解决农信社不良资产的问题。第一种，由人民银行按照2002年底实际资不抵债数额的50%，安排专项再贷款。第二种，由人民银行发行专项中央银行票据，用于置换农村信用社的不良贷款，票据期限两年，按适当利率分年付息。在改革的第三阶段，由于紧盯体制内的农信社，很难触动既得利益阶层，虽支付了高昂的成本，但农村金融落后的局面却并未根本改观。

第四阶段，探索试点开放农村金融市场的增量改革（2007年至今）。新一轮改革将重点放在增量（即现行农村金融体系所缺乏的部分），而不是存量。全国第三次金融会议召开，央行与银监会出台文件，动员社会资金参与，村镇银行、小额贷款公司、农民资金互助社等新型金融机构纷纷建立。

二、中国农村金融体制改革的特征

中国农村金融体制改革主要是在政府主导下的强制性变迁过程，具有很强的路径依赖。主要的具体特征如下：

（1）农村金融体制改革是一个渐进的发展过程。改革的过程实际上是利益重新调整的过程，由于时间长，改革不能尽快到位，而改革者犯了急于求成的错误，所以使得改革实施频率高、政策多变，造成改革成本巨大，产生非预期成本以及改革参与者与利益相关者对改革的预期和目标缺乏正确把握。

（2）农村金融体制改革是一个政府参与和主导的强制性制度变迁过程。政府参与有助于减少新制度取代旧制度的摩擦阻力。同时，也会阻碍自下而上的诱致性制度变迁的创新路径。

（3）农村金融体制改革是一个逐渐市场化的过程。农村金融体制市场化指政府放松市场准入垄断与管制，构建公平的市场准入与退出机制。衡量农村金融市场化的指标为：①农户和企业通过直接融资方式实现的融资量占融资总量的比重。②农户和企业从非合作金融渠道与非政策性渠道得到的融资占融资总量的比重。③民间私人资本和合作制形式的金融机构占金融机构总数的比重。

三、中国农村金融体制变迁的路径分析

新制度经济学家诺思认为制度的产生是由于制度安排的非均衡，及未达到帕累托效率准则最优，这是制度变迁的前提。制度变迁的动因在于“成本与收益”的比较，只有在预期收益大于预期成本的情形下，行为主体才会推动制度变迁，否则，就会维持原有制度不变。

诺思同时指出，当社会经济条件发生变化后，制度安排便由于潜在利润的存在而受到创新的压力，原有制度均衡将被打破，新的制度安排取而代之，均衡状态重新出现，

这一过程就是制度变迁或创新的过程。

（一）外生性

外生金融成长是基于对外部金融模式的移植，在外部金融业的发展示范下，将外部金融模式移植于本国或某一专业经济领域的一种方式。该模式由于不是通过金融市场的扩展和提高微观经济主体的参与程度来刺激金融成长，往往由政府主导、政策移植、人为推进，而与实体经济、文化结构相排斥，通常表现为由政府采取自上而下的方式建立，金融组织机构或微观金融企业处于被动地位（徐忠爱，2008）。

外生性金融制度变迁的主要特征具有强制性，国家直接控制下的单一国有银行体制是中国金融改革面对的初始体制，农村金融体制改革初始条件的存在决定了中国金融制度变迁中政府的主导地位。中华人民共和国成立初期，为了更好地促进工业化发展，政府主导强制性制度变迁，运用行政手段可以减少摩擦成本，更快建成完善的金融体系为工业化服务。

回顾我国农村金融制度的历史变迁，政府强制性的供给贯穿整个发展过程。比如农业银行、农村信用社等农村金融机构改革都是以政府为主导，强制性的，由于正式金融制度未能真正反映农村金融主体（农户、农业企业）的贷款需求，所以我国农村金融制度一直处在不断的反复变化之中。与此同时，真正满足农户金融贷款需求的民间金融制度受到政府压制，在夹缝中难以发展，比如1999年关闭全国上千家农村合作基金会，迫使其成为“地下金融”，进而使贫困地区的农户对于贷款的可获得性更加困难。

政府主导的强制性变迁使得生产性要素大量从农村转向城市。一方面，农村金融主体出现脱农、隐蔽脱农和潜在脱农的现象，农村大量劳动力转移到城市，农村土地撂荒，农村空心化，造成留守儿童和老人的社会现象，城市里农民工没有社会保障，比如医疗、教育卫生等基本社会公共服务条件得不到满足，引发一系列城市化问题，不利于社会稳定；另一方面，农村资金要素大量向城市转移，农业银行改制成为商业银行之后，由于农业本身存在的特质性，高风险、慢收益预期等使得银行不愿意给农户贷款，大量资金流向城镇，农村融资难问题更加严峻。

（二）内生性

内生金融是基于微观经济主体的参与和贡献，基于实体经济内在机制作用下自觉形成的金融交易。在这一过程中，企业部门和个人自主的作用是主要的，政府只是在企业和个人自主活动的基础上介入金融成长过程。因此，内生金融成长一般包含着较为完善的金融激励、创新、约束机制，金融成长是一个自发、自主、渐进的演化过程。在这种金融成长方式下，企业和个人作为资金的供给者和需求者，多样化的金融需求是金融机构进行金融创新的动力（徐忠爱，2008）。

内生性金融制度变迁具有渐进性，是自下而上的诱致性变迁。以市场为主体，以农户需求为目的，从乡土社会土生土长的民间金融长期以来兴旺不衰的原因，可能存在以下几点：第一，农村经济本身存在的特殊性，受到自然条件和经济条件的双重制约，农村金融机构承担了经济再生产和自然再生产的双重压力，金融风险致使正规农村金融机构缩小甚至限制农村金融主体的贷款，农户的生产经营资金没有来源，最初是借助于亲人或者邻里之间的借贷，发展到一定阶段之后，由于缺乏对民间金融的条例管制，高利贷普遍盛行。第二，中国金融体制改革一直滞后于经济体制改革，农村市场主体多元化的需求与国家银行和信用社难以满足形成矛盾，这在客观上促成了私人金融组织的出现。第三，正规的农村金融机构既要承担农业生产的双重风险，又要承担因为农户居住分散、信息不对称等原因引起的高昂的交易成本。民间金融是农户内部自发形成的，借贷双方彼此了解，并形成隐性的互相监督体制，大大降低了交易费用，并且存在信息成本的优势。

农村合作基金会虽是集体化与家庭联产承包责任制改革下的产物，但一定程度上具有内生性，它曾经一方面弥补了农村国有金融系统与信用社的不足，另一方面又抑制了萌芽状态的高利贷。农村合作基金会产生的原因，分为外部条件与内部动因。由于1978年实行家庭联产承包责任制，极大促进生产力的发展，农民的生产生活资金需求不断增加，这使得资金、技术、劳动力等生产要素的横向流动和重新组合，需要相应的资金融通机制，再加上产生了家庭企业、个体企业等多种经济企业主体，对于农村金融具有巨大需求，但是缺乏相应的融资机制。除此之外，农业银行和农村信用社长期保持垄断地位，把资金从农村转向非农产业。虽然国家实行了相应的金融体制市场化改革，但传统农信社存在的僵化体制和“官办”色彩，仍然难以解决传统资金集中与现实中需求分散的矛盾，这为农村合作基金会发展留下了较大的发展空间，这是其产生的外部条件。内在动因是农村集体资金历史遗留问题。但由于农村合作基金会依附地方政府而产生，存在产权关系模糊的弊端，导致了农村合作基金会走向灭亡。

（三）路径依赖性

诺思在制度及制度变迁研究中提出了著名的路径依赖理论。诺思认为，路径依赖类似于物理学中的“惯性”，一旦进入某一路径（无论是“好”的还是“坏”的）就可能对这种路径产生依赖。其原因是：制度变迁过程与技术变迁过程一样，存在着报酬递增和自我强化的机制。

中国农村金融制度变迁路径依赖的根本原因在于长期形成并且不断自我强化的利益机制。与现行农村金融制度相联系的四大利益主体：国家、政府、农业银行和农村信用社。由于我国长期受到计划经济的影响，对于农村金融体制国家具有控制权，来为工业化集聚资金，从而实现国家利益。从中华人民共和国成立初期建农村金融机构至20世纪八九十年代的农村合作基金会，再到农村信用社希望以商业金融机构的身份参与金融市场竞争，扩大自身利益，几十年来，四大利益主体之间相互牵制，形成一种动态均衡，从而形成农村金融的现状，农户作为博弈的弱势方很难参与到利益分割当中。农村金融制度变迁中的成本—收益比较是路径依赖形成的现实原因，制度创新必然要付出新的成本，包括制度变迁的初置成本和运营成本，只有当制度变迁的边际收益大于边际成本时，制度变迁才会产生持续推动力，在动力和旧制度的阻力共同作用下形成张力，摆脱对原有路径的依赖。

农村合作金融绩效远未达到农民的广泛参与以及农村金融资源对“三农”的有效配置，其深层次的原因在于固有的利益机制对农村金融制度变迁形成的路径依赖。我国农村金融制度安排的路径依赖主要表现在，尽管存在着中央政府方面的强制性因素和广大群体方面的诱致性因素，但某些群体出于对制度的成本—收益分析和意识形态的考虑，使农村金融制度安排受阻，农村金融制度迟迟不能发生显著性变化。例如，我国农信社体制基本成形后存在着制度惯性，制度变迁易变成“修修补补”的游戏，虽然政府、农户都极力要求改革，但是一直未能取得突破。农村金融制度的路径依赖，使得农村金融地位长期被弱化，制约了其做大做强，难以发挥服务于农村经济的主体作用，并且严重滞后于农村经济的发展。

四、中国农村金融体制存在的问题

目前我国已经形成了以合作金融为基础，商业金融、政策性金融分工合作的农村正规金融体系。但是，目前我国的农村金融市场机制并不健全。

（一）农村经营网点覆盖面不足

农信社的信用服务站被强令撤销后，农村地区的信用社服务网点大规模减少，大部分农村地区的金融服务网点覆盖面较低，有些偏远地区的农村甚至金融空白。国有商业银行深化改革，对商业银行的经营网点进行撤并和整合，以利润最大化为目的的商业化模式与农业的国民经济基础地位不相称，再加上农户贷款风险难以把控，从而日益削弱了对现代农业的金融资源供给。

（二）农信社长期处于垄断地位，农村金融市场缺乏竞争机制

20 世纪 90 年代中后期，国有银行进行商业化改革，致使国有银行从县域农村退出，各行业都采取撤并网点和收缩权限的方式。农村合作性金融机构（农村信用社、农村合作银行和农村商业银行）在农村正规贷款市场上处于垄断地位，但垄断是低效率的，大部分农村信用社难以独立支撑农村金融主渠道的职能。

（三）民间金融活跃，但是缺乏法律保障和约束

民间金融在活跃农村金融市场、拓宽农村融资渠道、促进农村经济发展方面起到了积极作用。但由于民间金融是一种自发的、分散的、具有一定隐蔽性的信用活动，缺乏必要的规范约束。正规农村金融机构出于风险的考虑，往往需要农户提供抵押物和担保品，但是农户缺乏抵押物因而更加倾向于亲友之间的借贷。民间借贷手续简单，一些借贷存在不可避免的风险，需要国家给予相应的法律制度进行管理和约束。

（四）农村信用社的业务单一，难以适应多样化的农户贷款需求

传统农村信用社的经营业务、模式、管理机制和激励方式在各个地区大致相同。但是，从时间上，农村不同的发展阶段，比如经济发展水平提高，城市化进程加快，农户的金融服务需求也存在变化，而农信社业务发展的滞后性难以适应农户的需要。从空间上，不同地区的经济发展存在差异，经济的不均衡，导致农户对于金融的需求也存在差

异性。例如，东部地区农村金融的需求主要来自非农部门，中部地区农村金融的需求主要在于种养殖业，西部地区农村的金融需求在很大程度上是用来满足由于产出的不确定性而带来的生活方面的需求。所以，农村信用社的发展要因地制宜，根据当地经济发展状况，不断因时创新、因地创新发展。

（五）农业保险发展滞后

农业的风险性是制约农户贷款的关键原因。农业本身的弱质性，体现于农业化生产面临三种风险叠加的不确定性：自然风险、市场风险、政策风险。其中，自然风险具有不可预测性，再加上农业生产具有季节性和周期性，农民收益具有时滞性，所以农业保险的存在能够转移风险，保障农户的基本利益。但我国农业保险存在缺失且农户自身的参保意识并不强烈；农业保险缺乏财力支持与法律保障；业务规模小，种类少。

（六）农村金融市场信用担保体系不健全

我国广大农村尚未建立起健全的农村信用担保体系，大部分地区担保资金规模较小，并且资金来源主要是政府，自身的利润难以维持机构的可持续发展，并且风险补偿机制并不健全。农户本身难以拥有高价值的抵押物，再加上现有的资产评估机制并不专业，对于农村土地承包权等并没有标准的评估细则，使得农户难以实现交易。

五、案例分析：以南海农商行为例

1952 年南海成立以第一家农村信用社，于 2011 年 12 月 23 日改制成为南海农商银行。截至 2015 年末，南海农商银行贷款余额是 691.60 亿元，占南海区贷款总量的 25.99%，存款余额 1019.54 亿元，在全国银行业位列第 80 位，资产总额高达 1324.64 亿元，在全国农商银行位列第 13 位。

南海农商银行的体制变迁分为三个阶段，分别是曲折探索阶段、粗放发展阶段和改革攻坚阶段。

（一）南海农商行的曲折探索阶段（1952 ~ 1966 年）

1952 年南海县第一家农信社在平洲三山乡成立。同年，全县设立农村信用社 14 家。1955 年 2 月，南海农信社召开第一届信用社社员代表大会，基本实现“一乡一社”。从 1954 年开始，我国农村普遍掀起一场声势浩大的群众性合作化运动。1954 年 2 月，中国人民银行召开第一次全国农村信用合作社会议，大力推进农村信用社发展。到 1957 年底，全国 80% 的乡都实现了农村信用社，共有农村信用社 88368 个，吸收存款 20.6 亿元，社员股金 3.1 亿元，农村信用社逐渐成为农村的主要金融工具。

1958 年 1 月，南海县信用社与农行营业所合并为公社信用部。由于 1958 年全国掀起“大跃进”和人民公社化运动，同年 12 月，中共中央、国务院发布《关于适应人民公社化的形势改进农村财政贸易管理体制的决定》，中国人民银行将其农村营业所下发给农村人民公社，与农村信用社合并成为人民公社信用部。

1959 年 5 月，南海县各公社信用部撤销，信用社恢复原状。由于出现了农村信用社随便动用人民银行农村营业所资金和信贷资金问题，1959 年，中共中央又发布了《关于加强农村人民公社信贷管理工作的决定》。同年，中国人民银行分行行长会议决定把下放给人民公社的银行营业所收回，但仍挂信用社牌子。几经周折，农信社的组织和业务遭到严重破坏。到 1962 年，社员储蓄下降到 9.7 亿元，比 1953 年减少了 10.9 亿元。

1964 年，全县农信社共同组织—南海县成立信用合作联社。为了加强国家支农资金的统一管理和农村各项资金的统筹安排，1963 年，中国农业银行又一次自上而下建立，为国务院直属机构，并领导农村信用合作社。但由于中国人民银行和中国农业银行在农村基层设置上存在问题，1965 年 12 月，中国农业银行又一次被撤销。

1968 年，南海县信用合作社停止各项业务活动，各公社信用社独立经营，顺信用社下放大队管理。1969 年 1 ~9 月信用社、银行营业所与财税合并为“财税金融管理站”。在文化大革命期间，农村信用社交给了贫下中农管理，规章制度遭到破坏，财务混乱，经营性亏损不断增加。到 1970 年，贫下中农管理农村信用社的做法废止，农村信用社业务状况有所好转。

1975 年，南海县农村信用合作联社恢复业务活动。1977 年 11 月，国务院在《关于整顿和加强银行工作的几项规定》中指出，“信用社是集体金融组织，又是国家银行在农村的金融机构”。避免了农村信用社受人民公社和生产大队领导而名存实亡，但也丧失了合作金融组织的特点，成为中国人民银行在农村的金融机构。

1980 年，南海地区恢复农业银行南海县支行，农村信用社隶属于农业银行领导。1978 年之后，我国实行了改革开放，在党的十一届三中全会上，通过《关于加快农业发展若干问题的决定》提出，“恢复中国农业银行，大力发展信贷事业”。1979 年，中国农业银行正式恢复成立。为了满足农户、村集体对于资金的需求，农业银行主张恢复“三性”，即组织上的群众性、管理上的民主性、经营上的灵活性，按照合同制原则办成真正的合作金融组织。1978 ~1991 年，这个阶段，农村信用社被明确规定为集体金融组织，并且归属为农业银行领导。截至 1988 年底，农村信用社各项存款达 1397.7 亿元，比 1983 年增长 1.9 倍，年均增长 23.5%；各项存款余额达 910.2 亿元，比 1983 年增长 4.6 倍。但在市场化改革的过程中，农村信用社面向农民、农村的政策性功能开始弱化。1986 年之前，农村信用社免交税。1986 年之后，农村信用社要按照大集体企业对待，缴纳营业税。1987 年，农村信用社又要缴纳集体企业所得税。中国人民银行对农村信用社的贷款利率优惠政策也在减少。

1996 年，南海农村信用社与农行正式脱离行政隶属关系，独立运作。1992 年，中国共产党的十四大确立了社会主义市场经济体制，并且围绕这一目标改革金融管理体制。1996 年，《国务院关于农村金融体制改革的决定》指出，“建立和完善以合作金融为基础，商业性金融、政策性金融分工协作的农村金融体系。进一步提高农村金融服务水平，增加对农业的投入”。农村金融体制改革的重点是“恢复农村信用社的合作性质，增强政策性金融的服务功能，发挥国有商业银行的主导作用”。基于此决定，1996 年，开始农村信用社和农业银行脱离行政隶属关系，农业银行不再领导、管理农信社，而由县联社负责农村信用社的业务管理，农村信用社和农业银行建立平等自愿的业务往来关系。农村信用社和农业银行脱钩以后，历史上存在的资产质量差、亏损严重的问题逐渐暴露。如表 1 所示。

表 1　1955～1966 年南海农信社管理体制变迁

时间	地方政府	人民银行	农业银行	备注
1955 年 3 月			领导与管理	
1957 年		领导与管理		农行并入人行
1958 年 12 月	领导与管理			人民公社信用部
1969 年 4 月	领导与管理			生产大队信用分部
1962 年 11 月	思想与干部	业务		信用社组织独立
1963 年 10 月			领导与管理	农行设立专门管理机构
1965 年 11 月		领导与管理		农行再次并入人行
1969 年 11 月	领导与管理			设立革命委员会财金科
1977 年 10 月		领导与管理		
1979 年 2 月			领导与管理	恢复设立农业银行
1990 年 10 月			领导与管理	人行委托农行领导与管理
1996 年 8 月				与农行脱离行政隶属关系

（二）南海农商行的粗放发展阶段（1997～2004 年）

1996 年，南海农信社与南海农行正式脱离行政隶属关系，开始独立运作。1998 年，启动网点布局调整工作，完成 67 家营业网点调整事宜。1999 年，完成南海 3 家城市信用社归口农信联社管理改革试点。2001 年，成功加入 SWIFT 组织，开办自营外汇业务。2002 年，发行银联标准储蓄卡——盛通卡。2004 年，开展贷款风险五级分类试点。这一阶段业务发展的指标波动较大，如图 1、图 2 所示。

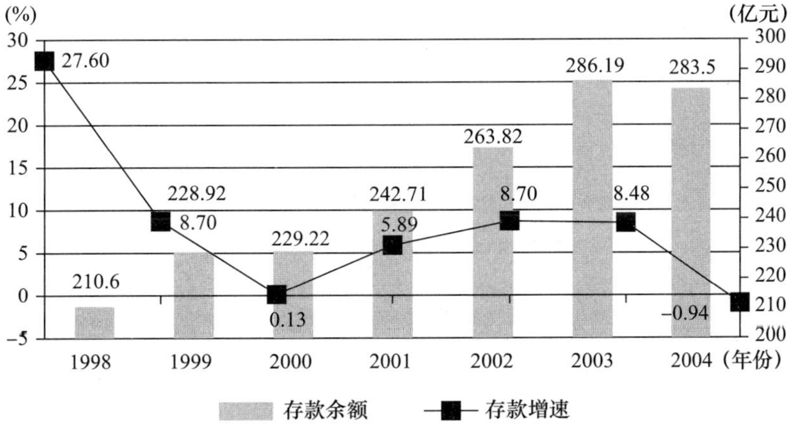

图 1　存款余额变动

资料来源：南海农商行数据整理。

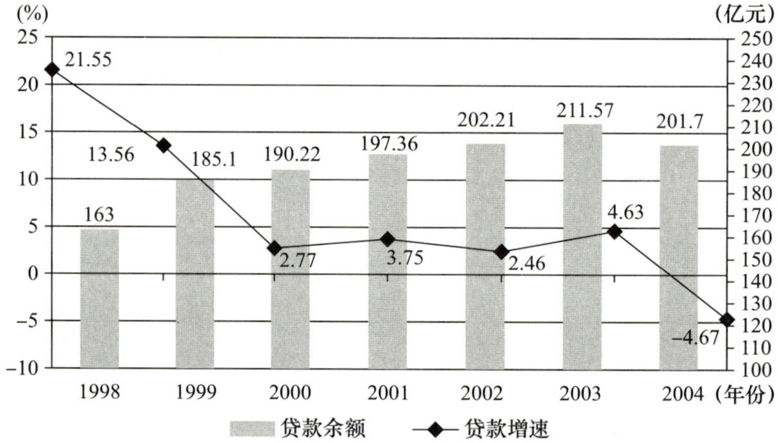

图 2　贷款余额变动

资料来源：南海农商行数据整理。

1998～2004 年虽然存款余额和贷款余额都在增加，但增速都在整体下降，2004 年均降至负值。与此同时，信用社的业务操作差错较多，比如，1998 年，全社“现场稽核，即时扣罚”共处理违规 1608 人次；电脑事后监督发现纠正账务差错 2552 笔，涉及金额 1262.89 万元。1999 年，全社“现场稽核，即时扣罚”共处理违规 2184 人次；电脑事后监督发现纠正账务差错 1387 笔。对于南海农信社发展而言，刚刚经历过摸索阶段，制度初步建立，正在寻求适合自己的发展途径。从 2001～2004 年的不良贷款变动中可以发现，虽然整个不良贷款余额较高，但是整体上的不良贷款率都在下降，如表 2 所示。

表 2　2001～2004 年的不良贷款变动情况　　单位：亿元，%

年份	2001	2002	2003	2004
不良贷款余额	89.27	88.58	91.67	79.78
不良贷款率	45.17	43.82	43.33	39.66

资料来源：南海农商行数据整理。

自 1997 年之后，为了更好地防范和化解风险，加强对农村信用社的管理与监督，国务院决定在中国人民银行内设农村合作金融监督管理局，负责对农村信用社的行业管理工作和监管工作，国家也加大财政投入以解决农村信用社的不良资产问题。

（三）南海农商行的改革攻坚阶段（2005～2011 年）

2003 年 6 月，《国务院关于印发农村信用社改革试点方案的通知》确定吉林、山东、江西、浙江等 8 个省为改革试点。2004 年 8 月，国务院将北京等 21 个省也纳入试点范围，使得农村信用社改革试点工作进一步推广到除海南、西藏以外的 29 个省。2005 年南海农信社作为第二批试点，试点内容有成立筹建工作小组，选举产生社员代表大会理事会，筹建县级法人联社，清产核资、增资扩股，并且签署《农村信用社专项中央银行票据协议书》，并于 2006 年 6 月 10 日，召开了佛山市南海区农村信用合作联社创立大会暨第一届社员代表大会，选举产生了新的联社第一届理事会和第一届监事会。南海农信社顺利从二级法人向一级法人过渡，改革取得阶段性成果。

2007 年 1 月 8 日，佛山市南海区农村信用合作社正式挂牌开业，标志着体制改革有实质性的进展。完成了统一法人工作，按照“自主经营、自我约束、自我发展、自担风险”原则，建立决策、监督、经营相制衡，成立“三会一层”的法人治理结构，并且制定了章程，“三会”议事规则，形成较为完备的法人治理结构。2008 年 12 月，顺利完成央行专项票据兑付工作，获得专项票据扶持资金 11.9 亿元，对于压降不良贷款，弥补资本有实质性作用。2008 年资本充足率提升 15.92%，不良贷款率下降 6.68%，拨备充足率提升 12.68%，拨备的缺口比年初缩小了 14.06 亿元。

2009 年南海农信社各项存款突破 500 亿元大关，达到 507.89 亿元，贷款余额突破 300 亿元，达到 325.84 亿元，不良贷款余额降至 7.35 亿元，资不抵债的情况得到扭转，资本充足率为 3.24%。2010 年南海农信社不良贷款下降净额达 27.25 亿元，为农商行的升级达标做了充足准备。2011 年 3 月，以定向募集方式开展新一轮增资扩股工作，募集股份 13 亿元，对应处置 26 亿元不良资产，成立佛山市首家不良资产集中管理机构——金海支行，全面推广小微企业专营业务——“信速贷”。2011 年 10 月，南海农信社筹建农商行申请获中国银监会批复同意，南海农商银行开业筹备工作启动。2011 年 12 月 23 日，南海农商行实现挂牌开业，标志着原南海农村信用社股份制改造全面完成。

2005 年以来，南海联社在改革中不断发展，不断收获。截至 2011 年 11 月末，全社资产总额 699.43 亿元，负债总额 644.38 亿元。其中，各项存款余额 624.68 亿元，比 2007 年增加 251.36 亿元，增长了 67.33%，比 2005 年增加 336.72 亿元，增长 116.93%。各项贷款余额 414.99 亿元，比 2007 年增加 173.04 亿元，增长了 71.52%；比 2005 年增加 213.32 亿元，增长了 105.78%，如图 3、图 4 所示。

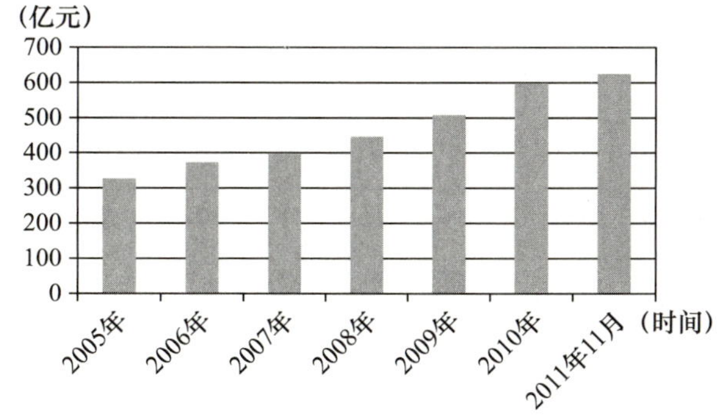

图 3　存款增长趋势

资料来源：南海农商行数据整理。

2011 年改制之后，南海农商行各项业务快速发展，截至 2015 年末，资产总额达 1324.64 亿元，比年初增加了 119.22 亿元，整体上稳步上升（见图 5）。各项存款余额达 1019.54 亿元，成功跨越千亿元平台，比年初增加了 94.03 亿元。各项贷款余额达 691.60 亿元，比年初增加 60.17 亿元，利润总额为 25.39 亿元，不良贷款率一直保持在

1% ~2%，如表3所示。

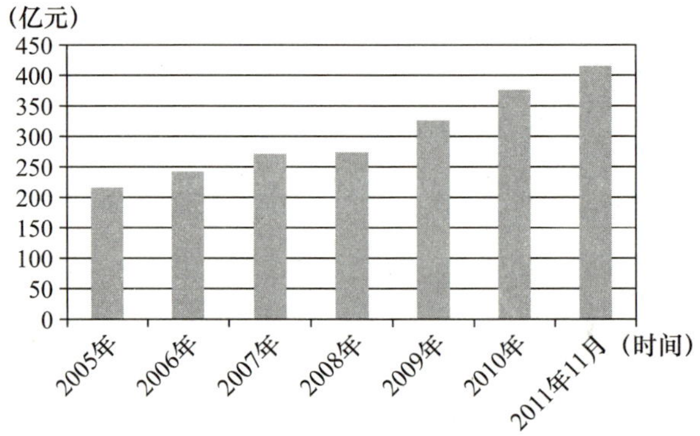

图4　贷款增长趋势

资料来源：南海农商行数据整理。

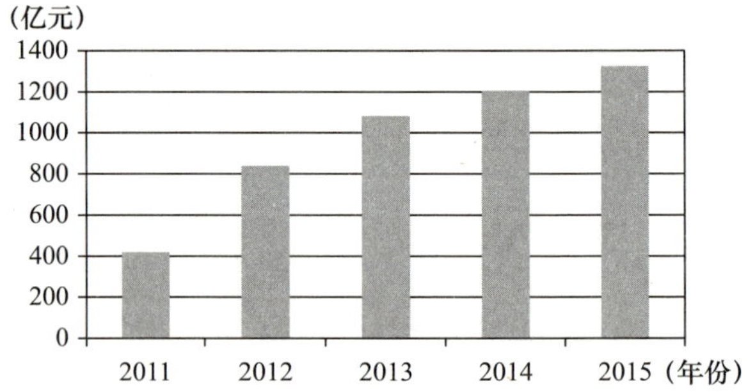

图5　2011~2015年南海农商行总资产

资料来源：南海农商行数据整理。

表3　2011~2015年南海农商行存贷款总额　　单位：亿元，%

年份	存款	贷款	利润总额	不良贷款率
2011	632.84	429.46	9.46	1.47
2012	745.15	488.34	16.68	1.13
2013	871.96	558.53	21.15	0.95
2014	925.51	631.43	24.68	1.15
2015	1019.54	691.6	25.39	1.71

资料来源：南海农商行数据整理。

（四）南海农商行的全新发展飞跃阶段（2012年至今）

2012年9月，南海农商行启动整体战略规划项目，并于2013年4月顺利完成。大力推动和发展小微金融业务，成立了小微金融部，推出“信速贷”小微企业系列专属产品。截至2015年，南海农商行向小微客户发放贷款186.81亿元，累计放款14841笔，惠及小微企业7664户。而南海农商行的理财业务逐渐打造出自己的品牌。“盛通理财”服务品牌逐步建立，专享的理财产品稳步扩大，差异化理财服务策略有效实施，2015年，综合理财能力在全国362家区域性银行中排名第18名，位居全省农村信用合作机构首位。南海农商行将业务的发展定位为“两体两翼”。小微金融、个人金融为“两体”，金融市场、公司金融业务为“两翼”。

在金融服务上，面对“互联网+”的国际环境下，大力发展电子服务，2013年“粤信通”间联POS业务正式推出，手机银行、微信银行研发顺利进行，在2013年末，全行业务电子替代率达56.09%。2014年11月，率先在南海开设夜市银行提供延时服务。南海农商行将自己的市场定位为服务“三农”、中小企业和地方实体经济，力争成为扎根南海、面向珠三角地区、辐射全国的社区银行、精品银行、百年银行。

综上所述，南海农商行经历了64年的体制变迁，基本上都是在政府参与与主导下的强制性制度变迁过程，压制了自下而上的诱制性制度创新。虽然减少了新制度取代旧制度的摩擦阻力，但是政府往往以自身的需求来界定银行的发展战略，并不能很好地面对农户和农村微小企业，可持续地为农户和微小企业提供金融服务的机制并没有建立起来（钱水土，2009）。而且在1952~2004年，整个南海农商行发展缓慢，存贷款金额都在下降。

2004年至今，农商行整体发展迅速。农商行的体制改革是一个逐渐市场化的过程，实质上是政府逐步放松市场准入垄断与管制，利用市场机制发挥作用，构建具有竞争性、合作性的农村金融市场过程。2011年，南海农信社改制成为南海农商行，具有深远意义。过去的农村信用社以社员互助合作、民主管理和服务社区社员为特点，而改制成立的农村商业银行是由农民、农村工商户、农村信用社员工和各类企业共同入股，为“三农”、中小企业和市民百姓服务的股份制地方性金融机构（罗韵轩，2008）。这标志着开始了现代金融企业转型的步伐，也代表了这个企业在新的体制框架内拥有更高的综合竞争力和抗风险能力。

六、我国农村金融体制改革路径选择

为了建立与农村市场经济体制相适应的“现代农村金融制度”，主要遵循以下几个原则性的问题。

（一）普惠性和营利性相结合，国家给予财政支持

农村金融制度改革的最基本服务的主体是农村中小企业和农户，其目的是解决金融贷款融资难、融资贵的问题，将现行被排斥在外的贫困农户纳入到整个农村金融体系当中，促进农村经济的可持续发展，构建“普惠制”农村组织金融体系。但是同时必须正确处理支持“三农”与金融机构的盈利之间的关系。一方面，金融机构既要在服务“三农”的同时实现盈利目标，另一方面，财政资金的支持可以缓解农村金融机构经营

的外部性问题。财政资金的支持可以加大对于农村金融机构的政策支持、贷款贴息、减免税费等力度，使得农村金融机构将更多的资金投向“三农”。

（二）农村金融与农村经济协调发展

农村金融与农村经济是相互协调、相互依存的利益共同体。农村经济的快速发展有利于吸引更多金融机构服务农村，从而为农村金融主体带来更多的资金和机会，使得农户和农业企业有更多的资金发展经济，从而又进一步促进农村经济发展。如果农村经济贫困，以市场机制为主导的农村金融会缩小对于农村市场的开拓和服务供给，从而使农村经济发展的资金需求更加缺乏。

（三）降低金融市场的准入门槛，构建多元化竞争市场

农业生产经营本身具有规模小、风险大，生产周期长，资金预期收益不能立竿见效的特点，所以放松对金融市场的限入条件，促进利率市场化，建立完善的退出机制，可以有效提高农村金融市场的竞争力，促进效率的提升。鼓励民间组织、私人和有关的金融机构组织参与农村金融市场，吸引外部资金的投入，构建由农村合作组织、商业性金融机构和民间组织相结合的多层次农村金融体系（高飞，2012）。

（四）既要注重增量也要优化存量

从整体上考虑，农村金融改革的终极目标是构建一个健全的农村金融组织体系和有效竞争、富有活力的农村金融市场，促进农村金融与农村经济协调发展；从个体上考虑，对农业银行、农业发展银行、农村信用社的改革，要始终坚持为“三农”服务的原则，并确定好各机构的定位与分工。

同时，中国作为一个农业大国，各地经济发展水平千差万别，对农村金融机构的改革就应当尊重各地的首创精神，积极探索新形式，促进农村金融机构地方化、多元化发展。况且，现存的农村金融机构可能会经营失败，如果没有约束机制和有效的退出机制，风险将不断积累，而如果市场准入过严，增量跟不上，农村金融服务的空白就会越积越多，从而阻碍农村金融与农村经济的良性互动发展（王定祥等，2011）。

（五）诱致性变迁与强制性变迁结合

政府主导的自上而下的强制性变迁存在高昂的信息成本，无法满足农村的金融需求，而自下而上的诱致性变迁虽然外在表现没有章法，但是其内在的经营机制和治理是有序的。它可以通过低成本交易费用与熟人之间的信息优势将小额贷款延伸到正规金融组织无法涉及的领域（王定祥等，2009），从而与外生性的金融机构功能相辅相成。所以，政府不应当打压从民间自下而上而形成的非正规性金融机构，而是要给予法律制度保障，通过相应的手段规范民间金融的运营机制，并给予合法地位，加强相应的监督。

七、案例使用说明

（一）教学目的与用途

（1）适用课程：农村金融、小微金融。

（2）适用对象：金融专业硕士、金融学术硕士。

（3）教学目的：本案例总结了南海农商行金融体制变迁的过程和特征，围绕该农商行体制变迁的时间发展线索，总结了产生农村金融体制变迁的原因、趋势，以及未来发展的路径选择。

（二）案例思考题与分析思路

（1）思考题：农村金融体制变迁的特征是什么？

分析思路：①政府主导的强制性变迁；②内生性、诱致性变迁。

（2）思考题：农村金融体制改革选择路径是什么？

分析思路：①诱致性变迁与强制性变迁相互作用；②既要对正规金融机构改革，也要注重民间金融的发展，促进金融机构市场的多元化、竞争性发展。

（三）理论依据

1. 不完全竞争市场理论

该理论认为，一方面由于农村金融信息的不对称，通过政策来干预市场可以有效防止金融风险损害农村经济；另一方面在我国农村经济发展摆脱体质桎梏的呼声越来越高，通过市场化的金融调节方式来为经济转型提供导向是可靠路径，这种情形下，要让金融机构和农村经济组织通过自主经营行为决定农村资金的流向，政府主要通过颁布法律法规，通过公平公正市场制度的建立来进行管理，维护金融环境的稳定，促进农村金融市场效率的提升。

2. 农村金融市场理论

该理论认为，农村经济具有市场化运行的能力，虽然使用成本较高，但农村经济在吸引资金上同样具备比较优势，市场化金融的框架内，农村经济能够更为稳定地发展。农村经济在运行中的金融抑制是周期性的经济波动产生的，政府不当的政策干预反而会导致经济发展偏离轨道。因此，通过政策定向投资或者贷款对农村经济进行投入反而不利于其长期稳定发展，资金的自然流动可以通过利率的自由调节来影响资金的流向。在正规金融机构难以承担资金的机会成本时，正规机构能够有效弥补市场缺陷。

3. 农村信贷补贴理论

该理论认为，农村信贷补贴理论假设贫困农村地区农民无储蓄，农业收益低和投资期长，商业银行不会把这些贫困农村居民或企业作为服务对象，因此农村居民和企业的信贷资金需求难以得到满足，他们存在信贷资金不足的难题。基于此，农业信贷补贴理论提出要从农村的外部引入政策资金、建立非营利的政策机构和分配政策资金，增加收入和缓解农村贫困，我国主要表现为政策性金融的主导模式。

参考文献

［1］钱水土．中国农村金融体制三十年改革的回顾与评价［J］．浙江工商大学学报，2009（2）．

［2］罗韵轩．农村信用社改制转型中的流程再造研究：以农村商业银行模式为例［J］．南方金融，2008（9）．

［3］高飞．我国农村金融体制改革的现状与对策研究［J］．现代经济信息，2012（11）．

［4］徐忠爱．从外生到内生：基于农村金融制度变迁视角的分析［J］．南都学坛，2008（5）．

［5］王定祥，田庆刚，李伶俐，王小华．贫困型农户信贷需求与信贷行为实证研究［J］．金融研究，2011（5）．

［6］王定祥，李伶俐，冉光和．金融资本形成与经济增长［J］．经济研究，2009（9）．

（撰稿人：杨明婉、张乐柱）

基于微贷视角的县域金融风险管控：河源农商行源城支行案例

一、引言

（一）县域金融

县域金融是我国特有的概念，目前理论界尚未达成一致的定义，一般而言，县域金融被认定为界于农村金融和城市金融，并建立在以行政县域划分为基础的相关金融活动的范畴。它由县域金融与农村金融之间的集合、县域金融需求的形式及其达成效果、县域金融体系的构成及其工作成效以及县域经济与县域金融之间关系的相互协调与否等要件构成；以广大农村为基础，乡镇为链接，县城为主体，县级行政区划为地域标准，城乡兼容；由各种经济成分有机构成的区域经济的集合，以县级政权为中心，以市场为指引，特征明显。

（二）县域金融体系

我国县域金融没有独立的自有体系，它是根据县域金融市场的需要和国家金融政策形成的，与地方经济发展状况相匹配的一种金融资源。经过多年的农村金融体制改革，我国已形成了包括商业银行金融机构、政策性金融机构、合作性金融机构在内的，以正规金融机构为主导、以农村信用社为核心、以民间非正规金融为补充的县域金融组合体系，如图 1 所示。

（三）县域金融机构风险

县域金融机构风险是指县域金融机构在县域金融活动中面临的风险，其特征因县域经济环境特殊而与一般金融风险有所不同，对县域经济发展会产生深远影响。

金融机构信贷风险的传染性和扩散性特征会使局部性金融风险慢慢扩散和传染到其他社会经济部门，进而形成整个金融机构的风险。如何有效、准确地监控和防范县域金融机构的信贷风险是社会经济发展过程中亟待解决的问题。目前有关区域金融机构信贷风险的研究成果较为丰富，但针对县域的研究较少，在对县域金融机构的深入调查中，

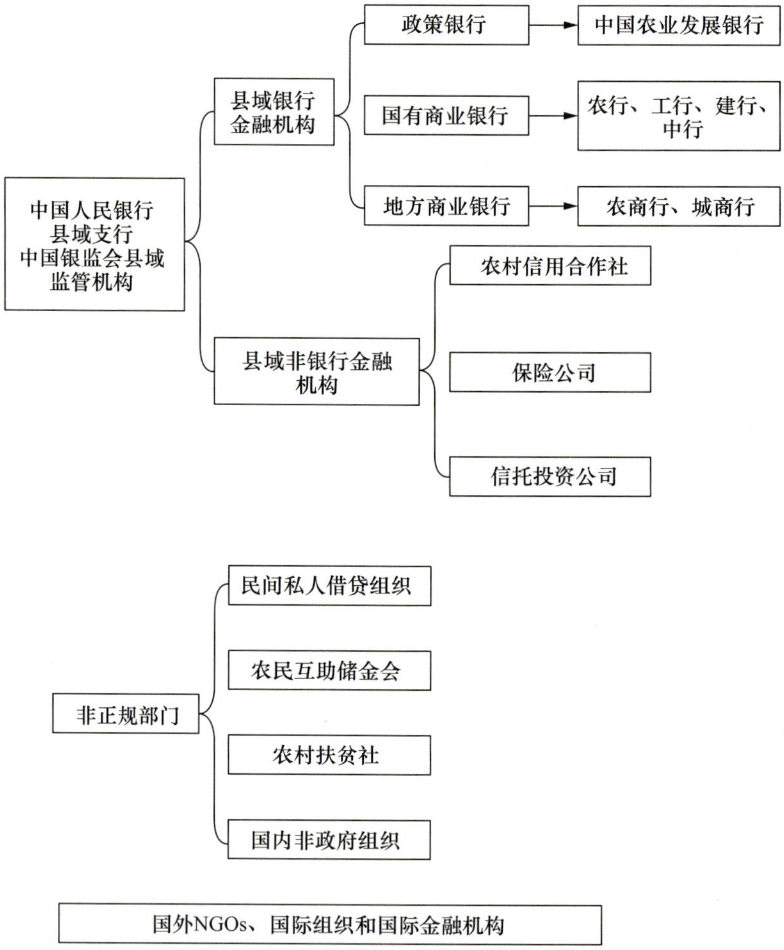

图1　县域金融体系构成

发现县域金融环境普遍恶劣，不良资产在剥离之后仍然相当严重，尤其是信贷风险。按照县域金融信贷风险产生的原因，我国县域金融信贷风险可划分为政策风险、环境风险、信用风险、操作风险、市场风险和法律风险6种类型。

1. 政策风险

政策风险主要是指政府的经济金融政策和政府的行政行为给金融机构带来的风险。第一是政府的宏观经济政策带来的经营预期的不确定性。由于政府的宏观经济金融政策的不连续性，导致县域金融机构不能连续、持续和健康经营。第二是“看得见的手”的行政干预。由于地方政府对当地金融机构超越作为边界的干预，以及某些地方官员不道德的行政干预和以权谋私行为，造成了县域金融信贷资产的非科学安排和营运，企业破产倒闭和农户不守信用的现象层出不穷，导致个别县域金融生态环境恶化。

2. 环境风险

对县域金融来说，环境风险主要指自然灾害和意外事故给借款人造成直接的财产损失，致使其无法按期还本付息，从而间接地给县域金融机构带来信贷资产损失的风险。县域金融机构还款主体多从事农业，我国农业基础薄弱，技术装备比较落后，对自然资源的依赖性强，不论是种植业、乡镇企业、交通运输业、商业服务业，还是城乡物资交流等资金运动，都不可避免地会受到农业生产周期和季节的制约，遭受各种自然灾害的侵蚀和影响。

3. 信用风险

在我国县域金融领域，由于存在东部、中部、西部的地域差别，经济发达程度不同，决定了信用风险的范围大小与区域差异性。发达县域随着银行业务的多样化，存在着贴现、透支、信用证、担保、证券投资等比较宽泛的信用风险，而在广大欠发达地区县域，仍然以借款人违约导致信贷资产损失的风险为主，也就是以狭义的信用风险，即贷款的信用风险为主。

4. 操作风险

从内部因素看，在县域金融领域，由于基础设施、管理素质、技术含量、生态环境等多种因素的制约，操作风险表现得更加复杂和严重。从外部因素看，操作风险主要表现为两种情况，一种是借款人由于生产经营出现严重危机而导致的客观信用风险，另一种是借款人或其他相关人出于自身利益的不良目的，采用骗取银行信任、拉拢或腐蚀内部人员等手段，诈骗贷款资产的主观行为而导致的风险。但无论如何，操作风险在县域金融领域表现最薄弱的环节首先是管理问题。

5. 市场风险

市场风险是影响我国金融业的重要风险，指基础金融变量（如利率、汇率、股价）的变动而使金融资产或负债的市场价值发生变化的可能性。由于我国县域金融的特殊环境所限，目前影响信贷风险的主要因素仍然是利率风险。在过去的经济体制改革过程中，由于利率的变动，国有企业和乡镇企业以及专业化农户等县域经济实体都曾遭受过沉痛的教训，使县域金融资产的损失雪上加霜。目前，金融机构已越来越多地通过开发机动灵活的浮动利率贷款新产品来规避利率风险。但我国县域金融在贷款定价的运用上还处于起步阶段，如何提高贷款定价的策略和方法，在支持多元化的农村客户中达到双赢，在县域金融市场利率价格的波动中防范信贷风险，是县域金融的重要课题。

6. 法律风险

在我国，法律风险主要表现为法制环境不健全，与银行经营直接或间接有关的法律不完整、不细化、不配套，有些法律法规同国家的相关政策和规定互相矛盾，甚至背道而驰。在县域金融领域，落后的法制环境更使金融机构望法生畏，能避则避，法律本身的不完整和法制环境的不健全使县域金融债权不能得到有效的保障，形成了县域金融的法律真空。

（四）小额信贷风险

我国最先引入小额贷款这种贷款方式，是由非政府机构自发组织的，不具有任何营利性质，完全出于公益目的，因此最开始的试点规模相当小。直到20世纪90年代末，为了改善我国农村的落后面貌，国家开始重视扶贫项目，至此政府才开始介入小额贷款中，而且由政府发起的小额贷款多以扶贫方式出现。21世纪后，我国的小额贷款方式发生了很大变化，不再是专门针对贫困落后群体，而是由正式的金融机构开展小额贷款业务。我国是农业大国，县域金融主要服务于农村经济，小额贷款主要落在农村商业银行身上，但农村商业银行在选择小额贷款对象时，通常选择资金雄厚的大客户，或者有抵押物的个体户，而对于没有担保、没有抵押物的农户基本采取排斥态度。这一方面是由于商业本身发展资金不足、管理水平有限，另一方面农商行缺少针对农户的信用评级制度、风险控制体系不健全，由此导致在选择小额贷款对象时有失偏颇。因此，探讨县级农村商业银行的小额贷款风险控制具有非常重要的现实意义，不仅能帮助农商行完善小额贷款业务，而且能促进我国农村贫困人口通过小额贷款实现自我发展，进一步推动我国小额贷款业务的全面、健康、协调发展。

本案例以河源农商行源城支行小额贷款发展现状为例，探讨县级农商行小额贷款风险管控状况。河源农商行于 2011 年正式成立，其前身是源城区农村信用合作社，而源城农信社是从农业银行脱离出来于 1996 年成立的具有独立法人资格的信用合作社，这个发展历程可以说是我国大多数农商行发展的一个缩影，因此具有很强的代表性。由于小额贷款的特殊性和农村商业银行的管理水平限制，在应对小额信贷风险时，应联合政府和金融监管部门，加强外部监控的力度，强化内部控制机制，实现从内到外的控制体系。同时，还应从金融政策和法律法规方面辅助农村商业银行抵御信贷风险，达到全面增强农村商业银行小额信贷风险控制力度。

由于小额信贷是银行向特殊群体提供的无担保贷款，具有额度小、无担保、客户群特殊等特点，所以小额信贷风险同样归类于以上银行风险类别。除此之外，小额信贷风险还具有特殊性。一是风险表现形式特殊，客户信用风险表现种类繁多。二是单笔额度小，累积占比大的特点。所以当小额信贷风险达到一定规模之后，一旦发生损失，那么其损失额度将会达到巨大的数字，同样会给银行可持续发展构成巨大威胁。三是操作风险具有更大的欺骗性。由于小额信贷的额度小，客户群素质低及信用度不高，银行重视度不高等原因，银行内部工作人员、借款人等更容易利用种种手段与方法骗贷，给银行风险管控造成了更多复杂情况。四是风险点多，面广，成因复杂。这一特点是由小额信贷额度小、客户群众多、贷款目的复杂等原因造成的，它增加了银行控制、规避风险的难度，加大了风险控制成本。五是同业竞争风险。改革开放以来，我国银行业得到了突飞猛进的发展。除了原有的四大银行之外，多种新式的股份制银行、小额贷款公司等如雨后春笋般层出不穷。这些新增金融机构为了拓展业务，完成授信，纷纷加大小额信贷业务量，使得小额信贷同业竞争日趋激烈，增加了同业竞争的风险。六是自然风险。由于小额信贷主要面向“三农”客户，投向“三农”发展，而“三农”对自然环境依赖程度高，一旦发生自然灾害，“三农”生产将会受到严重影响，因而增加了客户履行协议按时归还贷款的不确定性，进而增加了银行小额信贷风险。

（五）小额信贷风险成因

导致小额信贷风险的主要原因从宏观角度讲既有外部原因，又有内部因素，但概括起来主要有：

信息不对称原因。信息不对称容易导致风险，也是小额信贷风险的最大原因。如银行对客户的信用度、资信状况、投资项目、经营管理信息不对称而造成损失。

信用缺失。由于小额信贷的客户以农民为主，农民由于长期生活在社会最底层，既受文化程度不高因素影响，又受长期社会文化环境影响，同时还受本身资产状况不佳因素影响等导致其对资产、信贷的获取与占有欲望更加迫切，因而极容易发生失信现象，并由此给银行带来风险。

道德背离因素。对于小额信贷而言，尽管其单笔额度一般不会很大，但是由于影响因素很多，所以更容易发生道德背离风险。

内部治理结构因素。即由于内部管理制度、管理体系、管理措施、奖惩约束机制、业务流程等不完善、不严密而造成的小额信贷风险。

自然环境因素。因为自然灾害、疫情等因素而导致借款人无法或无力履行契约，按期偿还到期贷款的情况。

客户能力因素，指的是对于借款投资、创业的客户而言，由于其对投资项目的分析、论证不充分，对机会把握能力不足，对风险管理能力不足及经营管理能力不足等因素而造成投资亏损或创业失败而给小额信贷带来的风险。

二、河源市农村商业银行小额贷款风险现状

（一）河源市农商行发展概况

河源农村信用合作社最早成立于 20 世纪 50 年代初，是河源市历史最悠久的金融机构之一，1996 年 6 月，从农业银行脱离行政隶属关系，河源市源城区农村信用合作社联合社正式成立。2008 年 8 月，完成统一法人体制改革，河源市源城区农村信用合作联社开业。2010 年 2 月 26 日，广东省政府批准筹建河源源城农村商业银行股份有限公司。2010 年 12 月 31 日，河源源城农村商业银行股份有限公司正式开业，成为客家地区第一家（全省第五家）农村商业银行。2011 年 6 月 1 日，经广东省银监局批准，该行正式更名为广东河源农村商业银行，从此完成了从农信社向农商行的转变，并走上了自求发展的商业化轨道。截至 2013 年末，河源农商行共有营业网点 24 个，在职员工总数 291 人，是河源市源城区网点最多、覆盖面最广的金融机构，河源农商行全年 365 日不间断营业，坚持“立足本地，扎根河源，支持城乡经济”。

（二）河源市农村商业银行小额贷款现状

河源市现籍农村人口有 6.8 万人，而耕地面积只有 3.2 万亩，而且河源市的教育水平比较落后，很多农民都没有接受基本的义务教育，而新成长起来的青年农民也基本没有接受到高等教育，整体人口素质较低。源城区虽然是河源市的主城区，但经济发展却并没有达到主城区的水准，尤其农业经济发展状况不容乐观。无论是农业投资的需求，还是子女教育、医疗费用等需求，河源市的农商行小额贷款都蕴含着巨大的市场潜力。但从该地区农商行开展小额贷款业务现状来看，这并不是农商行自身提出的发展项目，而出于中国人民银行的要求。由此可见，该地区的农商行对农户的小额贷款并不感兴趣，或者说由于这类贷款金额小、利率较低而又存在各种风险，对农商行没有吸引力，缺乏内在动力。这使得小额贷款项目在该地区的发展非常被动，加上农商行本身资金不

够雄厚、风险管理水平较为落后，农商行往往不愿意将贷款发放给当地农户，只是迫于政策压力才不得已开办该项目，使河源市农村商业银行小额贷款业务得不到良性发展，该项业务由于内在动力不足而不断萎缩，预期目标遥不可及，甚至渐行渐远。接下来本节将重点围绕河源农商行小额贷款的数据报表和运营机制以及内控管理几个方面探讨该地区的小额贷款现状。

1. 从数据报表看发展现状

无论是何种性质的企业还是金融机构，数据报表是反映其现状最为直观的依据，从数据报表中我们可以看出其发展的整体趋势，而且对于具体的贷款项目也可以一目了然。表1、表2是河源农商行源城支行2009～2012年的具体数据。

表1　河源农商行源城支行2009～2012年正常类贷款余额　　单位：万元

年份/贷款科目	保证贷款	信用贷款	联保贷款	抵押贷款	质押贷款
2009年末余额	736.12	138.84	420.41	414.69	36.72
2010年末余额	1018.33	136.62	568.96	413.4	18.2
2011年末余额	1795.16	134.35	978.58	659.91	48.3
2012年末余额	2000.58	67.55	1041.75	1111.91	385.9

表2　河源农商行源城支行2009～2012年逾期类小额农户贷款余额　　单位：万元

年份/贷款科目	保证贷款	信用贷款	联保贷款	抵押贷款
2009年末余额	405.96	393.85	0	183.21
2010年末余额	237.22	358.4	0	136.26
2011年末余额	101.73	316.97	0	90.72
2012年末余额	331.41	912.79	907.52	431.51

从上述报表中我们不难看出，2009～2012年，在正常贷款中，信用类贷款与其他类型的贷款相比较，每年的贷款数额都在下降，在2012年末只有67万余元，其降幅和速度在所有贷款类型中都是最快的；而在逾期小额贷款中，信用类贷款在2012年达到了912万余元，其逾期率在所有贷款类型中无疑是最高的。另外，从源城农商支行发放的贷款数据来看，2012年为“三农”发放的贷款金额占据总贷款额的八成，达到6034万元，与上一年度相比，提高了近2000万元，这可以说是促进“三农”发展的重大举措，为改变河源市农村经济落后面貌做出了巨大贡献。与此同时，源城农商支行为了进一步增强农村金融机构的服务功能，还采取了各种措施促进小额贷款业务的发展，其中最为重要的有两点：一是全面统计河源市的在籍农户，并制定规范、有针对性的小额贷款项目，提供农户的信用贷款水平，2012年累计发放小额信用贷款1591万元，比上一年的400万元翻了几番，而农民小组联保贷款数额也得到了大幅度提升，贷款累放金额在2012年末达到12738万元，占据贷款总额的1/5还多。二是源城农商支行根据源城当地的经济发展需求，不仅放宽了信用贷款、小组联保贷款政策，而且将所有涉农贷款作为重点放贷项目办理，尤其是对于农产品的产销公司、农产品加工公司等依附于当地

农业的龙头企业也加强了贷款扶持力度，实现对农业经济的深度和广度支持。在源城农商支行的贷款支持下，当地农业企业已经逐渐形成规模，发展成为具有都市化特征的现代农业走廊，带动了农业产业链的发展，规模效益不断提升。据统计，河源市仅果品产业的发展状况就令人赞叹，农商行每年发放给果产品农户的贷款就将近有千万余元，而且每年都有新客户加入到这个市场中，农商行这一项的利息收入前后达到400万元。通过这两种由点到面的政策扶持，河源市农户实现了脱贫致富的既定目标，而源城农商支行本身也获得了巨大的收益，实现了双赢，促进了当地经济的全面发展。

2. *从运行机制看发展现状*

我国农村信用社体制改革成农村商业银行的最大目的是带动“三农”的发展，而这种“带动”作用的最主要体现形式即为小额贷款，通过为当地农户提供小额贷款，帮助他们完成农业配套设施的改善和各种农业肥料等投资，促进农村经济的发展，使农民走上致富之路，这可以说是农信社改革的目的之所在。因此，农村商业银行应将主要精力放在小额贷款项目上，不断提高自身的经营管理水平，创新经营管理模式，预防小额贷款的各种潜在风险，在实践中不断摸索出适合当地农村发展需求的小额贷款运行模式。从目前来看，源城农商支行在办理小额贷款业务时，实行的经营方针是“一次核定、随用随贷、余额控制、周转使用”的所谓“十六字方针”，在具体实施过程中主要采取三点措施：

首先，以农户为考察对象，设置农户贷款档案，在档案中详细记录各农户的信用等级，每次贷款的还款情况等信息都要详细记录。而且对农户的收入水平以及经营作业情况也要进行详细考察，并且必要时还要成立专门的信用评定小组，专门考察贷款农民的个人品质以及还款能力等，将信用等级设置为三个级别，即一般、较好和优秀，这为作出贷款判决提供了可靠依据。

其次，根据信用评定小组的详细记录和判定，农商行再作出具体的贷款决定，根据不同的信用等级发放不同的贷款级别证。

最后，对于可以拿到贷款级别证的村民，只需要带上身份证和贷款级别证即可到农商行直接领取贷款。这种全新的贷款流程（见图2）不仅缩短了贷款农户的申请时间和农商行的办理时间，提高了工作效率，而且每个贷款级别证上都注明了最大贷款金额，简单明了，贷款农户还完一次贷款之后，还可以继续贷款，也就是说贷款级别证可以循环使用，不用再重新发放。当贷款农户需要贷款的数额超过贷款级别证上的最高限额时，则需要采取小组联保方式。一般来说，贷款级别证上的贷款限额基本能满足传统农户的需求，只有对于养殖业以及种植某种经济作物的村民来说，其需要的资金投入量较大，会超过贷款证上的贷款上限。在这种情况下，农商行要求农户实行3～5个农户组成小组，采取小组联保方式申请贷款。小组联保的目的是使农户之间相互监督和制约，以有效防止逃避贷款责任和拒不还贷现象的发生，这种贷款模式与一般的抵押贷款和担保贷款有很大不同，小组联保贷款不需要抵押物资作为担保，而是以村民自身个人信誉为担保，小组成员之间负有连带责任，当一人不按期偿还贷款本息，小组其他成员有义务帮其还款，若所有小组成员都拒不还款，那么该组所有成员将不再拥有从农商行获取贷款的资格。

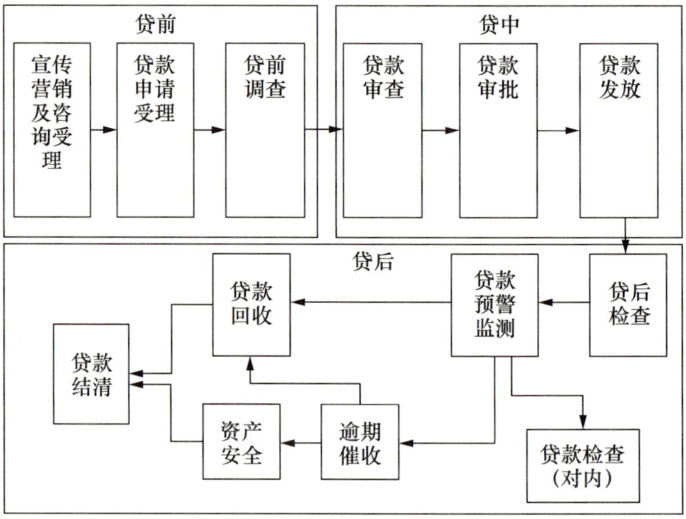

图 2　农村商业银行小额贷款流程

3. 从内控管理看发展现状

中国银行业监理委员会广东省银监局针对小额贷款业务出台了相应政策，有“贷款通则”，其中有针对如河源市农村商业银行农户小额信用贷款的管理办法等。所有这些行为都是为了农村商业银行小额贷款业务能够在政策支持下稳步发展，能够给农民提供更多的创业便利，能够让小额贷款管理规范化。“办法”中，对于农民小额贷款的相关事宜都做了较为详细的规定，比如发放的对象、期限、利率、额度等。源城农商支行在年初将会对其辖区村民进行评级授信，以确定哪些村民是具备发放贷款条件的，然后授予其“农户信用等级证”。通过这种等级评估，村民便可以随时领取额度范围之内的贷款。如果超过范围就必须有所担保，否则就会加大该业务的风险。在该支行中，设置了专门性小额贷款业务办理专柜。并且有专门的人员查收即将到期的贷款，针对不讲信用的村民，工作人员会依法收回贷款。若村民坚持不还贷款，则降低其信用级别，甚至严格拒绝该类型村民的商行贷款。村民如出现改变小额贷款使用形式，或者把信用等级证借给他人或是出租给他人甚至转让给他人这类情形，其获取贷款的资格就立刻被取消，并收回其“农户信用等级证”，删除其信贷管理系统中的所有资料。该支行的小额贷款管理制度基本健全。历经多年摸索，组织结构基本完善，并且管理制度规范化，有利于小额贷款的健康持续发展。不过，问题还是存在，其体系建设还未能完全满足信贷业务的发展要求，给小额贷款违规操作者有机可乘，由此极有可能产生信贷风险。

三、河源农村商业银行小额贷款风险分析

河源市的地理条件适合农业发展，所以除了农业外，其他方面无法和其他县相媲美，差距明显。因此，河源市的小额贷款受到广泛关注，即便近年来河源市小额贷款方

面成绩不错，不过，其风险也与之并存，不可忽视。下文将从各个方面来分析河源市源城支行小额贷款所存在的风险以及成因。

（一）信用风险

信用体系是市场健康运转的重要保证，没有信用，市场经济便没有了稳定的基础。作为农村居民，河源市的村民教育水平普遍不高，传统思想较为坚固，经济水平也较落后，尚未形成信用自觉。所以，很多村民本着一次性交易的思想进行小额贷款借贷，各种不法行为也随之出现，比如借贷不还、骗取小额贷款等，严重影响着河源市农商行运转，加大了其小额贷款风险。河源市的村民没有健康的致富思想，也就不会把小额贷款用到实处，仅仅把小额贷款当成一种取得钱财的方式，甚至有些人以能贷到款为荣，尚未形成契约还款意识。追根溯源，不够完善的信用体系和有待优化的信用生态是主要原因，由此导致各种不良现象的发生，河源市的经济发展也受到影响，并且也不利于河源市的市场经济建设和社会稳定，又反过来影响河源市的金融环境，形成一种恶性循环。

（二）市场风险

经济发展水平很大程度上影响着金融业的发展。农业种植业、养殖业的产业同构与滞后一期效应导致市场供给的供需结构错位，市场价格的跌宕起伏与收益预期的不确定性，更何况还有自然风险的影响，常常导致“粮食歉收”“谷贱伤农”。目前，河源市的农业生产方式依然以传统的生产方式为主，基本没有形成规模，小额贷款业务的运营成本极高。该地区的农业产业和外界联系较少，村民们过着自给自足的生活，不能得到多少额外的收益，经济基础条件差，小额贷款风险性极高，而村民的信用水平很低，基本无法满足商业贷款的相关要素。有些农户贷款的借款人与实际用款人分离，影响还款来源，进而出现还款问题，直接导致不良贷款发生。而且农民的经济基础薄弱，完全不具备承担风险的能力，所以，其生产过程中的各种风险会直接转移到农村商业银行的信贷风险中。

（三）自然风险

河源市小额贷款的发放对象主要是村民，村民偿还小额贷款主要依靠的是农作物的出售。而农业受到自然条件的影响极大，农民靠天吃饭，农业生产无法抵抗自然灾害，比如干旱洪涝等，都会给农业生产带来毁灭性破坏，使农民完全失去偿还小额贷款的能力，形成小额贷款的巨大风险。我国近年来，各地区自然灾害频发，大大小小的自然灾害时有发生，并且农业生态环境的破坏也较为严重，更弱化了其抵抗大小自然灾害的能力，所以，农民从事农业生产所获得的利润是很少且极不稳定的，这会严重影响小额贷款的偿还，加大农商行的小额贷款业务风险。

（四）机制风险

风险补偿机制可以很大程度上弥补风险带来的巨大损失。实际上，风险补偿机制是通过损失补贴来弥补部分损失，目的是避免风险的不断积累，保证农村商业银行能够稳定健康发展。不过，相比其他产业，农业对自然的依赖性更强，不确定性及发生风险的可能性更大，何况农业自然灾害具有区域覆盖面广的特征，因此，大部分保险公司都不愿意介入农业生产中。河源市也是如此，农业保险发展缓慢，农民和小微企业所面临的各种风险都无法实现顺利转移，此种现象和我国目前关于农村经济发展的政策是极不符合的，由此，村民的农业生产风险也大大增加，不利于农村商行小额贷款业务的进行。

（五）法律风险

一方面，法律法规不完善，金融债券维护困难，尤其是在当地政府发生干预的情况下；另一方面，金融教育与素养有待提升。河源市的农村教育水平普遍偏低，关于金融法律知识知之甚少，关于小额贷款也没有法律意识，表现为不了解小额贷款的法律规则以及不按照规定进行小额贷款。没有法律意识的没有办法按照法律办事，有法律意识的不愿意按照法律办事。特别是对于经营失败的村民不具有任何惩罚措施的情况下，村民的小额贷款更是在缺乏法律规范的情况下肆无忌惮地进行。由于无论是在法律层面还是在道德层面，对于欠债不还者从短期看其违约成本也较低。并且会发生“羊群效应”，让不讲诚信的村民越来越多。

四、河源市农村商业银行小额贷款风险成因分析

（一）小额贷款风险产生的内部原因

要想解决农户小额贷款的风险管理问题，必须从风险产生的根源入手，系统全面地进行分析，针对问题逐一解决。小额贷款风险产生的内部原因有很多，归纳为以下四个方面。

1. 信贷风险管理组织结构不健全

农商行信贷风险管理组织结构不健全，缺乏对合规风险进行统筹、预警、控制、补偿等全方位风险管理机制。特别是农户贷款受经营的周期性影响，一旦出现不可预见的风险，就会导致资金遭受重大的无法弥补的损失。

（1）缺乏科学的风险预警机制。多数农商行既不能在贷款前对贷款项目做潜在风险分析，也没有在贷款后对贷款风险进行预期分析。对潜在风险没有备案，没有应对方案，一旦风险暴露，便只能被动应付。

（2）风险识别机制不健全。一是对于信用贷款，农商行的信用评级制度并没有根据客户的特点而建立，也没有将其当作信贷决策的重要依据。二是农商行贷款分类方法还不够准确，不能全面反映出信贷风险情况。三是定性分析是贷款风险管理的主要手段，定量分析仍处于刚起步的阶段，在工作中未能很好地执行。四是缺乏对行业风险的分析。五是对农业产业的发展、农业项目的综合评价、循环经济的发展、经济周期和规律的分析还不够，评价体系还不完善。

2. 信贷风险管理制度不完善

（1）信贷政策需继续完善。一是要实行退出客户的风险防范的相关政策。对于借

款人实行择优选拔，对于信誉不好的客户实行退出机制，这就不可避免地会导致部分有资格的企业和农户失去贷款资格。同时理应防止出现“逆向选择”现象。二是缺乏基于需求的信贷产品研发，这造成了农商行只有少数的信贷产品，面对县域经济的快速发展和农业的产业特点，农商行的贷款产品显得力不从心，所以急需研发出更加多样化的信贷产品。三是政府支农惠农的相关政策农信社没有很好地研究落实，信贷部门未能真正用足支农信贷政策，开发出既适合农业项目，又适合农商行发展的产品。

（2）缺乏严格的责任追究制度。缺乏必要的责任追究制度是当前农商行存在的普遍问题。河源农商行也不例外，同样也没有建立起严格的贷款责任追究制度，这就造成了很多信贷员违反信贷操作流程以及信贷管理办法，违规发放贷款。个别信贷人员对已造成损失的贷款，逃避其自身的责任。由于农商行在贷款违规责任追究方面不严格，这让信贷员放松警惕违章违规操作，从而使新的贷款形成不良，形成坏账。此外，授权体系不健全，审贷分离制度的落实未能达到预期效果，各环节上的权限、职责相对模糊，有关人员的责任不明确，激励机制比较弱。

（3）信贷风险管理模式落后。河源农商行长期以服务农户为主，农户贷款与中小企业贷款按一个模式运作，信贷员既管理农户贷款发放，也管理中小企业贷款，对农户贷款和中小企业贷款没有区分，贷前调查、贷款审查、贷后管理没有差别，缺乏一套完善的针对中小企业的贷款机制。这一方面不利于贷款风险识别和控制，另一方面也不利于中小企业贷款营销。新一轮农信社改革虽然在信贷管理制度上有改进，但对中小企业贷款缺乏知识储备、人才储备和机制储备。如欠缺专门的中小企业信贷营销体系、没有制定科学的信贷激励与约束机制，信贷专业人才队伍欠缺，信贷风险识别与控制能力相对较低，针对中小企业信用档案和信用评级仍未建立。

（4）信贷创新不足，整体竞争力不高。中小企业具有规模跨度大，资金需求频率高、时效急，可提供担保（物）方式千差万别等特点，对河源农商行信贷需求呈现多样化。然而，河源农商行自主创新优势没有充分发挥，对中小企业的信贷仍停留在传统意义上的贷款，缺乏票据承兑贴现、贸易融资、保理等方式；拘泥于以房产、土地、动产等为主的第二还款来源，缺乏担保方式创新，例如没有应收账款质押、仓（提）单质押等贷款产品。另外，河源农商行资金成本高，缺乏价格竞争优势，其综合付息率以及固定成本要高于其他商业银行，而面对中小企业其他诸如结算、理财、投资咨询等服务时，农商行更是相形见绌，整体竞争力处于下风。

3. 信贷风险管理文化缺失

当前河源农商行的领导和员工对信贷风险管理的认识还不够，这都是信贷风险的管理观念滞后造成的，加之现代信贷风险的管理技术手段的严重缺乏，河源农商行对信贷风险的管理并没有以价值管理为中心，还在以实物的管理为中心，与现代信贷风险管理观念背道而驰。

4. 信贷从业人员素质有待提高

长期以来，河源农商行受各种因素影响，人力资源管理存在着不规范现象，在以往的农商行体制下，招聘方式主要是内部接班或者关系介绍，缺乏后备人员培养机制，这使员工素质普遍不高，法律意识不强，甚至出现业务人员一味追求业绩，违规发放贷款等操作，造成了一定的法律风险，影响了金融服务水平的提升和河源农商行的发展。自改制为农商行后，近几年才慢慢面向社会招聘，说明人员素质得以提升，但存量仍需优化。截至2013年末，河源农商行现有职工291人，其中研究生及以上学历的3人，第一学历本科的160人，第一学历专科的90人，专科以下的38人。其学历结拘中，第一学历本科及以上的占比较低，大部分职工的学历结构是第二学历大专以上，含金量比较低。该学历结构造成了河源农商行高素质的专业人才不足，无论是在对风险的识别上，还是在规章制度的理解与执行上、业务创新上，都给业务风险带来了隐患。此外，河源农商行的主要服务对象在地广人多的农村，而信贷管理人员力量却相对薄弱，大部分基层支行仅有1~2名专职人员管理信贷，人员缺少，业务量大，信贷管理失控，致使信贷资产质量不高。尤其是从事信贷工作的员工，不论是政治素质还是业务素质与同行业相比还相差甚远，个别信贷人员甚至没有接受过正式的岗前培训，学习能力相对较弱，对相关法律法规、会计、信贷管理等专业知识的学习不够深入透彻。由于计算机的应用，许多信贷程序都要在计算机上操作，对他们而言这无疑又加大了办理业务的难度，导致人为信贷风险也不断增加。

5. 贷款发放集中度过高

从银行资产安全角度出发，贷款集中度过高将是一个很强的危险信号。目前，银行大客户贷款已达到一定水平。如果大客户贷款所占的比例超过50%，便有可能引发贷款风险。这是因为过高的贷款集中度将会逐渐降低资产的质量。因此，这一比例在40%比较适合。出于源城区发展的需要、盈利动机以及单个贷款管理成本等因素考虑，河源农商行倾向于发放大额贷款，从而导致贷款高度集中。截至2013年7月末，河源农商行各项贷款余额27.14亿元。在河源农商行主要企业群达8个，其中，在2013年新发放的贷款中，涉及关联企业群的贷款约占新发放贷款的41.55%，贷款集中都处于高位，较大影响了河源农商行贷款风险的分散和业务的稳健发展。同时，河源农商行主要贷款是用于支农，投放到农林牧渔行业，但农林牧渔行业受自然因素影响较大，“三农”收成要“看天”，从而也给信贷业务带来风险。此外，河源农商行信贷结构还体现在地域的单一性上，河源农商行90%以上的业务是针对本辖区客户发生的，当发生对当地经济发展产生重大影响的经济波动或者自然灾害等不可预测情况时，这种单一性对其造成的风险将是毁灭性的。因此，信贷投向的集中，不仅影响了河源农商行的市场竞争能力，也导致了风险的过度集中。

6. 金融知识宣传缺乏力度

农村村民的金融知识缺乏，所以必要的金融知识宣传对于提高村民的金融意识有很大作用，金融债权教育重点要让村民了解小额贷款不偿还行为是违法的，是不道德的。由此，很多村民就能够积极地改变以往的做法而做到偿还小额贷款，以减少相关纠纷的发生率。不过，因为多方面原因，比如农商行方面，工作人员的服务方式、信用意识等不够好；农户方面、综合素质偏低等。所以，农商行的小额贷款业务还存在很多的隐性风险。很多村民以为小额贷款是“扶贫”，所以，村民没有给自己施加还贷压力，没有还贷紧迫感。

（二）小额贷款风险产生的外部原因

小额贷款风险的产生既有内部原因也有外部原因，外部原因主要有以下七个方面。

1. 农业产业模式不科学

河源市的农业生产方式依然保持传统的粗放式模式，这种模式下的农业生产农产品质量不高，尤其是高科技农作物种植面积小，高新技术还没有得到充分运用，农产品作物的附加值较低，无法面对激烈的市场竞争，不具有较强的竞争力，农村生产经营市场风险巨大，受市场波动影响极大，并且会发生增产不增收的现象，不利于农业经济的发展。

2. 农业农村基础设施不完备

农业的生产基础设备很大程度上影响着农村经济水平的发展、提高以及农业生产的抗风险能力，如水利灌溉、防洪防涝等。河源市本身的经济发展水平低下，农村基础设施也比较落后，部分农村的主干道都还没有通行，信息闭塞，网络水平落后。由此，整个农村的经济发展所应具备的基础设施条件不足，导致出现一种恶性循环现象。

3. 信用环境缺失

河源市农商行的小额贷款征信体系尚未全面建立，社会文化背景中对诚信的重视程度也远远不够。主要体现在以下三个方面：

（1）社会信用环境较差。当前社会整体的信用体系还不完善，有些借款人盲目地追求利益，急于致富，致使诚信意识低下，缺乏道德观念，个别借款人有钱不还、故意骗贷逃债的行为屡屡发生。此外，中国的法制制度建设还处于初期，在立法上还不能阻止对恶意骗贷、转移资产、逃废债务的行为，不能严厉打击恶意逃避债务行为。

（2）社会信用危机严重。全社会信用制度建设滞后造成借款人信用观念淡薄，这不仅直接表现为借款人对河源市农商行贷款的拖欠，还体现为处于产业链下游的借款人对上游贷款人的拖欠，形成了该农商行不良贷款呈现出跨区域、跨行业的特点，借款人与第三方借款人之间的相互推诿扯皮使贷款陷入“三角债”的旋涡中，催收难度非常大。

（3）信用道德文化缺失。良好的社会信用环境是金融业生存和发展的道德基础，也是农商行生存和发展的基础。在农商行的信贷资金运动规律中，贷款的投放和回收除了与农商行自身的经营管理水平密切相关之外，决定贷款资金能否回收的关键性因素与借款人的道德素养存在较大关系。村民的思想认识不足，信用意识过于薄弱，小额贷款的不法行为表现形式多样，部分村民拖延小额贷款偿还时间，部分村民根本就没想偿还小额贷款，部分村民即便有钱偿还也不愿意及时偿还甚至想逃避债务，部分村民改变小额贷款的使用方式以防止农村商业银行的监督管理，还有部分乡村出现集体性不偿还债务的情况，并且对农村商业银行的工作人员动粗施暴等，使得农商行的小额贷款发放意愿降低，不愿意再支持地方经济发展。

农商行如果建立健全的农户信用网络（见图3），便能够较为客观、全面地分析申请农户的信用情况，以避免出现信息不对称现象，降低信贷风险。此外，通过建立健全的农户信用网络很大程度上还能降低小额贷款运用成本。不过，河源市农商行还没有建立健全的农户信用网络，没有找到合适的调查了解农户信用情况的方法，对于申请人的信用真实情况未能全面调查掌握，所以整个村民信用、经济档案等体系都不健全，河源市农商行必须加大人力、物力、财力才能更多地了解情况，而这大大提高了其运营成本，并且小额贷款的安全性还无法得到充分保证。

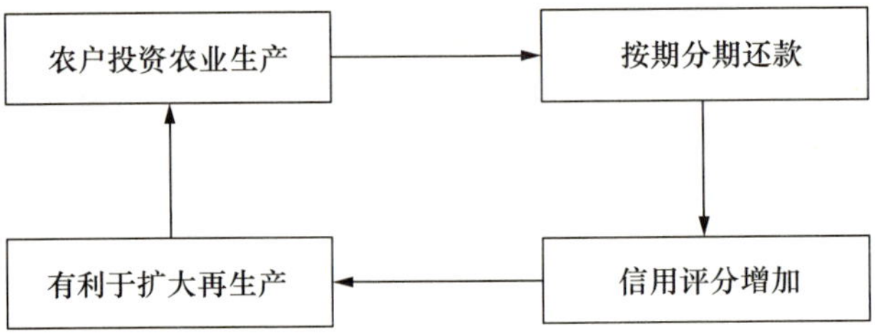

图3　农户“信贷—投资—生产”循环图

4. 风险补偿机制不健全

农商行对于农村信贷客户必须具备较高和较强的风险识别能力，才能够将有偿还能力的“三农”服务需求识别出来并予以满足。由于有偿还能力的“三农”服务需求主体比较难以提供市场均衡时的服务价格，这需要财政给予贴息，弥补服务价格差额，并建立风险补偿基金，对涉农金融服务本金予以一定比例的补偿。但当前风险补偿基金基本缺位、财政贴息覆盖面不宽，支持力度不够，在涉农信贷补偿机制未建立的情况下，农商行把改革市场取向认为是服务商业化运作，造成信贷资金不断投入较高收益的房地产等项目，而涉农方面的服务职能呈弱化趋势，这与农商行改革有所违背。没有政府介入纯粹依靠保险公司来操作农业保险，村民基本无法承受保险缴费压力。如果考虑村民的承受能力，从其消费水平来确定农业保险的价格，这对于保险公司又是不公平的，会造成保险公司的巨大亏损。另外关于巨灾风险分散机制还尚未形成，并且缺少国家财政政策的扶持等，我国农业保险的风险大、经营成本极高，基本处于亏损状态。

5. 小额贷款借款者自身因素

第一，小额贷款的贷款额度不高，贷款频率较大。农商行的小额贷款业务的运营成本就比较高，加大了小额贷款的风险。

第二，小额贷款申请人缺少农商行所需要的信贷抵押物。对于村民而言，其最有价值的就是土地承包权与经营权、宅基地使用权，不过，村民宅基地上的房子基本是没有产权证的，不能当作抵押物资。另外，对于村民来说较有价值的是其使用的各种农业工具、蓄养的牲畜等，但是这些物品的价值评估与处置成本高。农村资产资本化程度较低。

第三，非生产性小额贷款情况时有发生。农村村民的收入普遍较低，基本没有存款，生活中的资金都亟须依靠小额贷款解决，比如就业、上学等，可见，部分村民的小额贷款虽借生产之名实用于生活性用途，生产生活户内合一，难以监督。

6. 管理体制的分割难以反映真实信息

当前，农商行的管理权实际上分割于地方政府、银监部门以及人民银行三者。在实践上，管理体制上的分割与协调的缺乏，极其容易造成农商行业务经营和资产质量等真实信息的隐瞒，无法形成有效的管理网络。从人民银行方面而言，人民银行主要负责农商行贯彻执行货币政策、支付结算、金融统计等方面，实践中由于缺乏检查监督权，只能以调研形式补充掌握所需信息，无法深入掌握农商行贷款形态的真实信息。从银监部门而言，虽然有检查监督权，但受制于人员缺乏、县域分支机构的监管缺位等因素，无法全面准确掌握农商行的真实贷款质量。人民银行和银监部门由于管理体制的分割，只能对农商行部分网点的贷款合同进行现场抽查，无法全面检查农商行所有贷款合同并判断贷款质量水平，从而促使农商行进一步逆向选择。从地方政府而言，地（市）和县及以下地方政府都没有管理权，且地（市）没有设立农信联社或其他形式的独立管理机构，而仅有省联社的派出机构市办事处履行管理、指导、协调与服务职能，但市办事处仅内设综合部、业务部及稽核部三个部门，编制 10 人（不含清算中心及机房人员），具体负责全市农商行的资金集中清算、审计监督、报表汇总与统计分析等工作，根本无法顾及农商行贷款质量问题，也无法约束农商行隐瞒隐性不良贷款及经营状况等真实信息的行为。

7. 缺乏法律约束

我国现在已经颁发的相关法律不少，比如《商业银行法》《银行监督管理法》等，各种金融机构逐步迈进法制运营模式。但是，很多法律法规的约束力不够强大，并且监管也缺乏力度，金融债权的维护成本依然昂贵。法律上对于个人诚信要求并没有作出明确规定，无法对个人失信行为依法进行相应处罚。法律条规更多的是针对金融诈骗和工作人员的违规性发放等情况，也缺乏明确的追究逃避债务等行为。而法律的某些规定反而会加大信贷风险，比如关于金融机构回收贷款和利息方面缺乏强制性手段，使申请人有机可乘。

五、河源市农村商业银行小额贷款风险控制措施

（一）从降低机制风险角度出发的风控措施

1. 完善内部控制机制

企业文化建设对商业银行操作风险控制至关重要，包含内容众多，有诚信为本、职业道德等，在此文化氛围中，每一个公司员工都能受其熏染，都能认识到防范操作风险的重要性，掌握本行的风险管理制度和应对措施。特别是商行的高管人员，更是要以身作则。银行内控部门要有较为准确的风险识别能力和评估能力，监督所有的业务以及流程。建立强有力的内控制度是防范操作风险的基础，这也是农商行企业文化的组成部分。在贷款流程中，操作风险贯穿始终，所以控制贷款中的操作风险，不仅仅需要进行文化建设，还需要加强制度建设。

（1）按照小额贷款业务需要调整机构设置。独立的内部审计和稽核部门。中小银行要避免集体性决策，则应建立独立审计稽核机构，以实现风险管理的垂直领导，尽量减少外部干预。并且，要对内部审计人员进行把关，要有严格的上岗资质才能上岗。工作期间，也要重视审计人员的培训和深造，重视其再学习，还要采取一定的激励惩罚手段，激励所有员工做到自律、向上。

分支机构设立风险经理职位。中小银行要重视风险管理，特别是要重视分支机构的风险管控，因为大部分银行的信贷风险都发生于基层。银行要有独立的风险经理职位，因为专业，所以更加可靠，其控制风险的能力更强，在整个流程中，起到桥梁性作用，

有效实现信息的垂直流动，如图4所示。

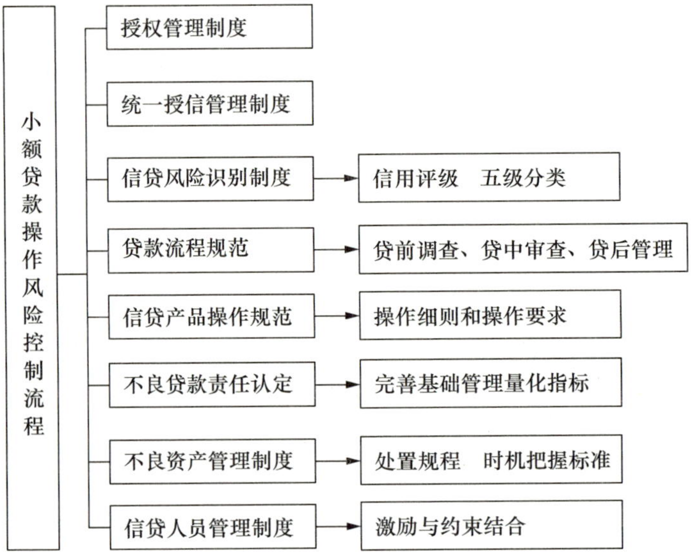

图4　小额贷款操作风险控制相关的制度体系

引入外部审计力量。银行业内外环境复杂，不仅需要自身的审计机构，还要引入外部审计力量，才能更好地实现有效风险管控。从国际银行风险管理看，也早已采取了引入外部审计力量的方式进行风险管理，外部审计力量能更为客观地分析公司的财务状况，提出建设性建议。

（2）优化业务流程。贷款业务流程就是指贷款业务过程中所需要遵循的各种程序。商行根据业务流程标准化和规范化操作，能够降低操作风险。并且，贷款流程严格也让商行能够更好地了解客户的个人情况，并监测其贷款流动方向，以防止不良贷款的发生。中小商行的流程改造从两个方面入手：第一是审核方面，审核的对象有操作流程、岗位职责，并把风险程度较好的业务作为窗口办理业务；第二是前后台方面，实行前后台管理分离制度，相互监督，以控制风险。

（3）创新小额贷款担保方式。在确权登记颁证可流转的前提下，按照“客户自愿、市场化运作和整体风险可控”原则，创新农村产权抵押担保方式，推广农村土地承包经营权、农村集体建设用地使用权、林权、宅基地及住房财产权、大型农机具等抵押担保小额贷款业务，帮助对小额贷款的风险控制。

推广“政银企农”合作农业贷款。地方政府与银行机构、龙头企业、农户四方紧密合作，签订合作协议，明确各方职责，由政府牵头设立互保资金池，对小额贷款提供必要的担保，建立小额贷款风险防控机制。

（4）建立小额贷款责任人的激励约束机制。小额贷款责任人的约束机制设计。关于责任人的约束机制要内外结合，从内部责任约束机制看，要把责任落实到人，并采取一定方式严格抽查或者普查，如有问题，绝不姑息。从外部责任约束机制看，要强化外部监管，成立专门性监管部门，以形成外部的高压环境，如有重大责任事故发生，一定要严查追究，不仅追究责任个人，还要追究其领导的责任，以大范围地进行约束，有效控制操作风险。

小额贷款责任人的激励机制设计。比如提成机制，就是较好的激励机制设计。每个工作人员都有其自身的相应台账，按照一个季度核算其个人绩效，并根据绩效的一定比例累积其风险基金，并单独核算个人风险基金收支。依据贷款的五级分类法，小额贷款不良率在3个百分点以内，损失率在5个百分点以内，并且没有形成较为突出的过失和责任，那么就从当年虚拟风险基金中按照一定比例奖励审批人和信贷责任人，并且信贷责任人的比例要多一些，且实质性风险基金都要归给信贷责任人，剩下的虚拟风险基金则转入下一年，以抵补小额贷款发生时所产生的实际风险损失。如果小额贷款的不良率超过3个百分点，那么信贷责任人和直接审批人都不能得到虚拟风险基金奖励，而且还要根据不良率扣除实质风险基金。如果不良率达到5个百分点以上，那么信贷责任人和行内直接审批人都需要以下岗惩处。

（5）建立信用评级制度。在开展小额贷款业务时，农商行应事前加强农户、商户资信评定，根据小额贷款客户的信用水平及家庭经济状况，结合贷款项目的风险性，评定贷款客户信用等级，再根据信用等级，确定贷款额度及利率，实行积极放贷、差别管理制度。同时，针对农商行小额贷款业务已开展的业务品种建立完善的信用评估体系，规定联保小组和保证人的行为规范，对申请者进行信用调查，建立信用档案。信用档案的主要内容可以包括：日常经济收入状况、申请贷款的数额、贷款用途及具体使用情况、还款情况、信用等级等。除了以上具体量化的评估标准外，还可通过电话询问和实地走访形式调查其道德水平并记录在案。除此之外还应对联保小组的成员和保证人分别建立信用档案。对在一定期间内规范运作，信用记录良好的受贷者和相关人（联保小组成员或保证人），提升其信用等级，享受一定的优惠贷款政策。事中应加强信贷管理和监督，防止“冒名顶替”以及“小额贷款挪作他用”等问题的发生；事后应进行监督，不能因为贷款笔数多额度小、客户居住分散而麻痹大意，疏于管理。要经常深入贷款客户了解和掌握其生产经营与贷款使用情况，确保小额贷款按规定用途和要求使用，真正发挥其功效。同时，农商行还应在农村借助当地政府部门的行政力量对农户和商户进行法律及金融基础知识的宣传教育活动，提高他们的法律意识和信用意识，促进信用环境建设。资产保全部门还要注意收集恶意违约客户的信息，通过司法途径追究当事人的民事甚至刑事责任。此外，农商行可借鉴农信社创建“信用村镇”的成功经验，积极参与社会信用体系建设。在当地政府的支持下，农村地区依靠村委会以及村民代表的参与，城市社区、商贸市场依靠管委会以及商户代表的参与，开展“信用村镇”“信用社区”创建活动，共同对农户、商户资信状况进行调查和评估，根据不同的信用等级授予信用贷款额度，发放《农户（商户）小额贷款信用证》，实现政府、村委会、农商行、农户的“四位一体”，变农户（商户）单个信用体为多重监督的复合信用体。

（6）进一步完善法人治理结构。目前，部分农商行法人机制仍不健全，自我管理能力较差，经营风险突出，防范和化解风险的任务依然繁重，短期内还需省联社的管理。但就农商行改革发展方向而言，省联社职能应定位于行业管理和服务组织，逐步弱化对农商行的行政管理，强化行业管理和服务职能，引导和推动农商行提高自我管理能力。要有效界定省联社及办事处的履职职能，逐步理顺省联社—市办事处—农商行（农信社）的级次管理体制，使市办事处正规化，完善其职能部门设置，增加人员，确保其完全有效履行职责；在此基础上，逐步分离省联社—市办事处的行政管理职能和业务经营职能，增加省联社—市办事处履行行业管理职能必要的手段，确保农商行经营的独立性，也为信贷提供机制保障。另外，要调整产权结构，提高法人股比例和单个法人持股比例。以充分激活农商行产权所有人参与决策、执行和监督的意识，强化"三会"职能，完善农商行自我良性发展的内在动力机制。对欠发达地区投资者资源有限、增资扩股难问题，可试点引进有丰富金融管理经验的战略投资者，同时，试点建立农商行产权场外交易市场。此外，要按照法人产权要求，完善高管人员任用机制。按照法人产权要求，取消对农商行高管人员的"干部"化管理，改变高管人员"党内职务任命在先、选举聘任在后"的模式，实行高管人员"选举聘任在前、党内职务任命在后"的模式。

2. 完善外部控制机制

（1）国家宏观经济政策对小额贷款风险控制的支持。进一步扶持河源中小企业发展。河源市中小企业的所占比例较大，成为当地的主要税收和就业来源，然而河源中小企业的发展一直受着融资问题的制约。和大型企业相比，其信资等级较低，并且也没有强大的抗风险能力，银行不愿意与之合作或者给予较高的贷款利率，融资难问题成为阻碍其发展的主因之一。尤其是宏观调控让很多商行秉承慎重贷款原则，中小企业的贷款更是难上加难。为了中小企业的发展，各大金融监管机构应该给予其较为宽松的融资环境，而政府需要给予金融机构以政策和制度上的支持，并给予商行摸索合适模式的机会和指导。农商行应该把中小企业的融资作为首要任务，创造更多的模式，以适应中小企业的发展，满足其融资需求，要放松贷款条件，不论规模，不看所有制，做好风险控制工作。

要提高河源中小企业小额借款人的素质，以增强金融机构对河源中小企业实施贷款的信心，提高借款人的违约成本。河源中小企业要给商行提供更为客观且准确的财务信息，所以中小企业要健全运行机制，尤其是要规范其财务管理制度，以增强企业信息透明度。另外，目前的信息不对称问题严重，主管部门要推出中小企业的统计监测体系，加强和政府的沟通，以了解相关政策，还要重视市场调查，了解更多的市场信息。再者，政府相关部门可通过制度性安排，增加借款人对小额贷款的违约成本。如加大对违约者黑名单的曝光力度；对违约人在政府资助、补贴等惠民政策上给予限制；甚至对违约人办理一些有关手续上给予行政限制等。让银行、政府以及债权人也能够清楚企业发展过程中所存在的各种难题，政府还应促进企业和大企业之间的交流沟通，建立完整的产业群，以加强企业的抗风险能力。

（2）金融政策对商业银行小额贷款风险控制的支持。小额贷款融资担保要分层次感，以分散风险。其担保有政府主导和商业机构担保两种形式。政府为主导担保的出资方主要是政府财政，政府拨款建立非营利性的小额贷款担保机构，目的是扶持中小企业的发展。商业为主导的担保体系，则是以营利为目的的，其资本来源是企业和民间资金，根据公司法建立担保机构。互助担保主要原则就是自愿协商，小额贷款借款人合伙组建，自行盈利，共担风险。互助型担保机构中的各会员之间根据会费的不同数额获得各自不同的担保数额，主要是为会员服务，不以营利为目的。另外，就是建立风险补偿基金，以增强风险共担能力，针对中小企业中的某些不良贷款，可以起到承担作用。

积极推动中小企业和农村信用体系建设。根据微观经济学观点，在市场经济条件下，优化配置资源必须有以下几方面的假设。完全信息，即市场主体要想达到资源优化配置，就要保证信息的充分流通，即帕累托最优状态。但是，金融市场的现状是信息流通受阻，效率极低，需要建立企业信息披露制度，以加强信息交流，尽快建立中小企业信用体系，依法监管。针对农村信用体系建设，政府要起到牵头作用，要成立相应的主管机构。要有农村信用体系建设规划，要农户信用等级进行评估，以增强村民的信用意识，要有强有力的惩处力度，对于失信的行为，应严惩。要营造良好的法律环境。现在征信系统是中国最大的信息数据库，但此数据库的信息表现单一化，还存有许多不足。可见，要尽快将央行在征信系统中的主体地位突出出来，还要补充公安、工商、税务、国土、林业、环保以及供电、电信等相关部门的加入，以提高征信系统的可信度以及覆盖范围。农村信用体系建设中，基层人民银行发挥着主导性作用。其征信宣传已经走进农村，应把具有贷款关系的村民都归入其征信系统中，加强与政府部门的合作，以确保非银行信用信息采集工作的有效开展。

农村产权制度要改革。目前的农村产权制度存在很多不足，关于土地，农民只有承包经营权，政策上一直不能将其作为贷款的抵押物。农村的产权制度要改革，基于“三权”分置改革，稳定承包权，重点做活经营权，实现土地经营权的资本化处置。

积极探索和创新贷款管理制度。方式有二：第一，贷款管理考核制度要完善。要有相应的激励机制，一方面是针对贷款人，另一方面是针对借贷人，要协调二者的合作关系。第二，加强银行和企业间的合作关系。将给予各种形式的创业金融方面的服务做到位，严格审查小额贷款的申请报告，要重视实况调查，进行客观性评估借贷风险。

（3）金融监管政策对小额贷款业务风险控制的支持。建立小额贷款客户信用征信体系。获得贷款申请人的信用情况的常用方法是其资信信息，资信涉及个人的收入、信誉等，金融机构要建立小额贷款申请者的信用档案，并且根据调查不断地补充以及修改，对其实施动态检测，在评估其信用登记后发放信用额度。

建立损失准备金制度。根据信用等级、现金流压力等准备与之对应的损失基金。如果客户的信用好并且还贷及时，便优惠其贷款利率，以进一步激励其还贷积极性。如果客户信用较差，出现抵赖不还现象，则要根据风险类别做好比例损失准备，且将其转入银行费用，防止商行积累不良贷款越来越多，所以商行要建立不良资产的快速反应机制。

培养商业银行的风险管理人才。任何制度都需要管理人才来执行。我国金融机构风控专业人才不足，需要重视风险管理人才的培养和培训，提高其风险敏感度，培养其高超的风险掌控能力和素养。

改进小额贷款的监测和审计过程。监测和审计工作影响着小额贷款的风险高低，做好监测和审计工作，一是要加强基层风险、审计人员的培训，甚至可以从贷款人中选择风险、审计人员。二是要编写审计方案，方案要全面，为审计工作的开展提供依据。

充分发挥中小企业授信违约通报机制的作用。要建立中小企业信贷还贷情况，信贷优劣信息要实现共享。相互之间要协作，并且在金额、还款时间、利率等方面给予一定优惠。针对信用差的企业，要慎贷，并控制其贷款时间、额度等，要进一步动态监测其贷款和用款情况。以此来强化客户的信用意识。

（二）从降低信用风险角度出发的风控措施

第一，对存量信贷业务风险要给予积极处置，在信贷结构调整中，要关注那些存在较大潜在风险的客户。要建立健全一套完善的贷后管理体系，定期对客户资产状况进行跟踪，及时了解客户还款能力的变化。

第二，积极研究与评估行业、政策性风险，对授信政策加以调整，进一步引导各经营单位对客户进行选择，实现对客户结构和信贷资产结构的调整；对行业进行细致分类，明确合作意向，将目标以及中心转移到行业发展良好，发展潜力大的企业。

第三，分类别地对具有行业变化和风险共性的客户进行专项检查，通过检查发现、降低并控制风险。一方面是来自监管部门的监管，另一方面是农商银行内部需建立健全的贷后管理监管体系。

第四，通过信息系统建设，对各级审批环节的权限以及客户授信限额管理加以强化，从而实现规避超权限、越权审批和超额度情况。通过设立 AB 角，将角色进行分化，避免审批权力过于集中。

第五，建立实时客户信息在线监测机制，对于异动情况及时预警，迅速传递、及时采取对应措施。此方面的监控可以通过系统以及人工辅助监控实现，对于较小额的贷款业务，系统自动对客户的资产状况以及还款能力进行五级分类，对于个别需要重点关注的，信贷人员应做好尽职调查工作。

（三）从降低市场风险角度出发的风控措施

风控措施主要是针对河源农商行所面临的利率风险和汇率风险。本文认为可以按以下几个方面进行完善：

第一，河源农商行可以运用资金交易管理系统，初步建立机制，将市场风险管理的前台、中台和后台岗位分离、相互制约；发挥风险监控人员在中台监控和市场风险管理的职能，强化风险计量和监控职能。

第二，在市场风险的风险额、交易额等方面实行限额管理；在投资业务方面，实行分类管理，每天都要坚持评估和监测交易账户头寸，以及周期性地举行压力测试与情景分析；对全行的资产、负债的期限、利率结构进行调整，实现可重新定价的资产和负债的匹配。

第三，通过对资产、负债结构的调整对利率风险进行管理，对利率敏感性缺口等指标进行定期监测，并采用风险敞口分析，静态测量资产、负债重新定价措施进行防范。

第四，严格按照中国人民银行存贷款利率政策执行，对于利率逐步市场化的债券投资、同业拆借利率管理，通过控制组合，设定目标收益率方法，对利率风险实行动态管理。

（四）从降低自然风险角度出发的风控措施

农商行的小额贷款业务主要满足农户和商户的农业种植、养殖或生产经营的贷款需要。农业是高风险产业，受自然因素影响非常大，即使贷款业务部门在贷款的审核和发放阶段小心谨慎，贷款项目也可能因为自然灾害导致损失，而且我国农民的经济承受能力普遍较低，一旦遭遇大的自然灾害，农民很难完成其还款计划，给农商行造成损失。针对这一现象，可以采取以下措施解决这一问题，如风险补偿金、保险理赔、抵押物变现、财政补偿等，避免或减少贷款损失。政府可以运用农村财政资金建立农业自然灾害风险保障基金，以弥补农户由此而受到的损失，用于在农业遭受重大自然灾害时，特别是使用小额贷款的贫困农户发展生产经营时遭受的损失。要尽快探索建立起以政府为主导、商业保险体系为主体、其他社会力量为补充的多层次农业重大自然灾害损失补偿体系，扩大农业保险的覆盖面，构建农业巨灾风险管理长效机制，提高农民抗御巨灾风险的能力。政府对开办农业巨灾保险的保险机构，可以采用再保险方式、在税收上给予优惠减免、由财政适当给予补贴的方式，补贴经营农业保险的保险公司的收益的外部性，提高其积极性、承保能力和持续经营能力。对参保农业重大自然灾害险农户，由于投保农户的小额贷款风险相应较低，农商行可以采用浮动利率方式在贷款利率上给予相应优惠，从而鼓励更多贷款农户去参保。这是防范和降低小额贷款风险的重要举措。农业保险是农村金融深化的基础，能够有力促进小额贷款发展，提高金融机构支持新农村建设的力度。如果将是否参与农业保险作为小额贷款受理和发放的一项业务要求，将会更大地促进农业保险的范围覆盖。此外，农商行还可与中小企业担保公司、农业融资担保公司开展合作，通过利益纽带完善小额贷款的风险分担机制。

（五）从降低法律风险角度出发的风控措施

在法律体系上，需要进一步完善法律法规。小额贷款的特殊性，决定了必须用法律指导和支持农商行顺利开展业务，保障其合法利益。银行业监管部门应树立监管与服务并重的理念，借鉴商业银行信贷业务监管经验，制定专门的小额贷款业务监管办法，农商行总行应根据监管部门的监管办法，结合行内的业务情况制定相应管理办法和规范，各分行应根据总行的管理办法，制定符合当地特色的实施细则。银监会也应当指定严格的指标体系，加强对不规范操作的惩罚力度，密切关注小额贷款业务的进展情况，确保资金安全。同时，政府应当为提供信贷的机构以及一些中小商户提供政策支持，包括税收优惠，财政补贴等。此外，还应大力开展技能培训，从根本上提高商户的经营管理水平，拓宽商户的信息渠道，增加其收益。

（六）从完善信息机制角度出发的风控措施

1. 建立高效的贷款管理信息系统

目前，各大商行都有贷款管理信息系统，不过依然存有诸多不足。就中小商行而言，小额贷款的管理信息系统需要进行数据上的不断更新，要有较强的信息查询功能，并且如果数据资料不完整，能够给予风险提示，贷款项目风险评估方法要多样化。对于贷款管理信息系统的建设方案具体如下：

（1）建立专门的小额贷款信息收集和管理系统。CMIS 使用的方法都是部门独立收集信息，可是对于小额贷款来说，这种收集信息的方法不能满足其信息需求，所以建立单独统一的信息处理系统极有必要，实现数据收集的持续不断目标，并且不断健全其对象的信用信息体系。

（2）重视小额贷款基础信息的完整和真实性。小额贷款申请者的所有基本信息都要完整并且真实，如果不完整，要通过各种方式如调查等补充完善，并且要实施动态性检测，保证信息的不断更新，还要保证资料的真实性，信息的完整和真实是风险准确评估的前提和基础。

2. CMIS 信息共享机制

CMIS 信息共享机制是上下级 交流沟通的桥梁，管理高层通过该机制能够更好地了解银行的小额贷款业务情况。因此，首先要保证 CMIS 信息的安全性，包括其真实可靠性以及及时更新的特点。其次，保证信息在部门之间的高效流通，实现信息共享，有利于对小额贷款实现监管，也有利于对其直接负责人实现有效监管，最大可能降低小贷风险。

（七）从小额贷款定价角度出发的风控措施

银行经营的重要原则之一是要对风险业务的收益和风险进行匹配。小额贷款的风险高，利率也相应较高，不过高利率较为容易引发客户的道德风险以及逆向选择风险。所以，贷款定价要综合考虑市场需求、分析客户情况以及监管要求等。农商行需要重视其内部定价机制。

1. 贷款定价风险影响因素

（1）宏观层面。根据现行的利率政策条件，银行先清楚贷款定价的基本原则：第一，风险和收益呈正比例关系原则；第二，根据风险等级细分贷款原则；第三，将风险基础定价和客户情况定价结合起来决定贷款定价原则；第四，重视信息的多样性、全面性定价原则。

（2）微观层面。具体来看，银行贷款定价主要参考以下内容：第一，小额贷款发放的实际成本。有资金来源成本、业务成本、违约成本、各种前期调查、评估、监测等形成的成本。第二，小额贷款的风险程度大小。信贷风险以不同程度客观存在着，银行要对风险进行分析评估，然后明确其承担的违约风险，并索取相应补偿。第三，银行对该笔小额贷款设定的目标利润水平。小额贷款会随着时间、行业、用途的变化而产生不同的目标利润率，建立在农商行整体利润率水平基础上，保证贷款安全回收情况下，综合参照各种市场环境因素，确定小额贷款的利息水平。第四，小额贷款的期限。贷款的期限严重影响着小额贷款的定价，期限长会影响资金的流动，综合各种不确定因素的变化，所以小额贷款定价会受到贷款期限的影响。第五，考虑农村商业银行与借款人之间的合作关系。如果长期合作也没有留下任何不良贷款记录，根据客户经营情况，可以给予客户适当贷款优惠，以较好地稳固客户关系，培养客户对于商行的忠诚度。第六，银行为了降低小额贷款风险损失，可能会让客户留下并保持一定数额的存款余额，作为存款补偿余额，否则将不予发放贷款。

2. 小额贷款风险定价模式

金融市场中，同样遵循价格决定于市场供求的原则，农商行的小额贷款业务实际上是一种金融产品，其定价和农商行的资产质量以及贷款盈利水平相关。其风险定价所应考虑的因素有银行总收益、银行信贷业务成本、违约和其他风险、目标利润率。

根据商行定价理论，农商行小额贷款业务的定价需要考虑其市场地位，考虑和小微企业的相互合作互赢关系，重视风险度量评估，以明确小额贷款的价格。根据风险定价理论评估风险，并且明确信贷的利率水平。

因为农商行小额贷款业务的贷款对象主要是小微经济主体，根据小额贷款的特点，经过以上系列比较，笔者认为小额贷款定价主要是要考虑成本费用并结合市场情况，才能更好制定科学合理的小额贷款价格，才能符合农商行以及小额贷款的特点。

（八）从流动性管理角度出发的风控措施

河源农商行应该重视流动性管理，在日常管理中密切关注国内外经济金融环境变化，掌握国家宏观政策变动情况，采用流动性缺口、流动性比率、备付金率、存贷比、核心负债依存度等一系列指标来评价和监控流动性风险，可以按以下几点来完善流动性管理：

第一，加大核心负债拓展力度，稳妥吸收存款，保证资金来源尤其是各项存款的稳定快速增长。要做好客户的开拓以及维护，通过较好的中间业务培养客户的忠诚度。

第二，维持信贷业务良性发展，大力拓展优质业务，严格防范信用风险，同时进一步实现信贷结构优化和调整，鼓励发放流动性较好的贴现以及贸易融资业务。

第三，合理安排债券总量，并积极优化投资组合，优化资产期限结构，继续持有适当数量流动性强的国债、金融债、央行票据等债券品种。

第四，进一步加强与同业客户的联络沟通，促进融资渠道多样化，保证融资渠道的畅通。

六、案例使用说明

（一）教学目的与用途

（1）适用课程：农村金融、小微金融。

（2）适用对象：金融专业硕士、金融学术硕士。

（3）教学目的：本案例从小额信贷视角出发，以河源农商行源城支行为例，探讨县级农商行小额贷款风险管控状况，分别从内外部角度剖析了小额贷款风险产生的原因，提出了针对性风险控制措施，旨在为防范县域金融机构风险提供有益启示。

（二）案例思考题与分析思路

（1）思考题：河源市农村商业银行小额贷款现状如何？

分析思路：从数据报表、运行机制、内控管理三种角度分析。

（2）思考题：河源市农村商业银行小额贷款风险成因是什么？

分析思路：分别从内外部角度分析小额贷款风险成因。

（三）理论依据——信息不对称理论

传统经济学基本假设前提中，重要的一条就是“经济人”拥有完全信息。实际上人们早就知道，现实生活中市场主体不可能占有完全的市场信息。信息不对称必定导致信息拥有方为牟取自身更大的利益使另一方的利益受到损害，这种行为在理论上就称作道德风险和逆向选择。为减少或避免这类行为的发生或者降低信息搜寻的成本，提高社会资源配置效率，经济学家为此提出了许多理论和模型。毫无疑问，信息不对称是导致任何风险的最大原因，也是小额信贷风险的最大原因。如银行对客户的信用度、资信状况、投资项目、经营管理信息不对称而造成损失。

参考文献

[1] 程锋. HY 农商行信贷风险管理及防范对策研究 [D]. 广东财经大学博士学位论文，2014.

[2] 李烨，徐润，陈媛. 基于内部审计视角的农商行信贷风险管理研究 [J]. 中国市场，2013 (33): 24-27.

[3] 曾岳腾. 河源市农村商业银行小额贷款风险控制研究 [D]. 仲恺农业工程学院博士学位论文，2014.

[4] 刘卓然. 河源农村商业银行财务风险控制体系研究 [D]. 广东财经大学博士学位论文，2014.

[5] 罗洁. A 农村合作银行小微企业信贷风险管理案例分析 [D]. 南京师范大学博士学位论文，2015.

[6] 张国强. LJ 农村商业银行小额信贷风险管理体系研究 [D]. 西北大学博士学位论文，2013.

[7] 叶永刚. 基于宏观资产负债表方法的县域金融风险研究——基于湖北省通山县的案例 [J]. 经济管理，2014，36 (2): 100-110.

[8] 吕炳彦. 建昌农信社农户小额贷款风险管理研究 [D]. 燕山大学博士学位论文，2015.

[9] 姜美善. 小额信贷风险规避机制的创新——以广东郁南县为例 [J]. 农村经济，2011 (8): 71-75.

[10] 张兰. 县域商业银行金融风险特征与管理模式的思考 [J]. 哈尔滨金融学院学报，2012 (5): 34-36.

[11] 徐丰. 县域金融机构信贷风险评估指标体系研究 [J]. 科技创新导报，2012 (5): 209-210.

[12] 陈红兵. 对小额贷款发展与风险管理的思考 [J]. 湖北农村金融研究，2009，12 (9): 43-44.

[13] 朱长锁. 农户小额信贷风险管理探析 [J]. 现代金融，2010，27 (1): 41.

[14] 李刚. 商业银行小额信贷市场的可行性分析 [J]. 经济视角，2011 (19): 65-69.

[15] 马辉. 试论我国商业银行发展中小企业贷款的问题及对策 [J]. 黑龙江金融，2012 (11): 45-48.

[16] 郭玥. 浅析中小企业贷款的风险控制：基于浙商银行“联保贷”的分析 [J]. 中国商贸，2012 (9): 50.

[17] 孙思磊．奏稳健之旋律——山东广饶农商行信贷管理经验扫描［J］．改革与创新，2013（2）：53－55.

[18] 李良琼．商业银行风险预警模型研究［J］．辽宁工程技术大学学报，2010（5）：56－57.

[19] 楼裕胜．构建我国商业银行风险预警系统的基本思路［J］．浙江金融，2009（9）：26－28.

[20] 王宗军，邓子文．我国商业银行风险控制体系的建立和完善［J］．经济师，2012（10）：47－48.

[21] 方勤．邮政储蓄银行在宁波地区小额贷款风险管控研究［D］．浙江工业大学博士学位论文，2013.

[22] Tara Bishop Micro Credit – NH Boosts North Country Economy [M]. New Hampshire Community Loan Fund, 2008.

[23] Gambacorta L., King M. Translating TCE/RWA to different bank capital ratios, BIS, mimeo [R]. 2010.

[24] Elliott D. A further exploration of capital requirements: Effects of competition from other financial sectors and effects of size of bank or borrower and of loan type, mimeo, The Brooking Institution [R]. 2010.

[25] Gökçe Günel, Özge Aytulun. Assistance or Subjugation: The Impact of Microcredit on the Poor [J]. Growth and Development, 2008.

[26] Jorion P. Value at risk: The new benchmark for controlling market risk [M]. New York: Macgaw – Hill Companies, Inc., 1997.

（撰稿人：黄文苑、张乐柱）

我国股份制商业银行小微金融发展策略研究：民生银行案例

一、引言

自20世纪80年代开始，小微企业进入了我国的经济舞台中。随着我国经济的发展，小微企业逐渐在经营机构的管理方式、经营方式、经营理念等方面都有了很大进步，小微企业数量越来越多，发展空间越来越广大。小微企业的存在提供了就业岗位总数的85%，小微企业所创造的价值占了GDP的60%，中国有超过一半的出口收入和财政收入都是来自于小微企业。小微企业规模虽然小，但是数量庞大，截至2017年7月底，中国小微企业名录收录的小微企业已达7328.1万户。据国家统计局的抽样调查，每户小型企业能带动7~8人就业，一户个体工商户带动2.9人就业①。特别是创新型小微企业的大量涌现，成为推动创新发展的活力源泉，为经济新常态下的结构转换提供了新的动能。可是，小微企业融资一直是难字当头。小微企业融资主要还是以小微企业为主的个人信用和资产进行担保，即使商业银行愿意为小微企业提供融资贷款服务，相对大型企业而言，小微企业的金额小不良率高、风险大、成本高等特征更加导致小微企业的金融需求与商业银行服务供给的巨大差额，助推小微金融的高收益性。

小微金融是专门向小型和微型企业及中低收入阶层提供小额度的可持续的金融产品和服务的活动，具体表现在以下几个方面：①服务对象的扩展。小微金融的对象除了穷人之外，还包括那些或许并不算贫困，但仍然不能从正规渠道获得金融服务的个人或小型企业。这揭示了正规金融体系难以对这些产生自草根的个人和企业提供持续的、有竞争力的服务的现实，也就意味着小微金融体系有着广阔的发展空间与需求。②金融服务的多元化。小微金融，不只是小微贷款，还有股权的服务、资本金的服务、存款、保险和其他一些增值服务。③经营主体的多元化。如今经营小微金融的机构已经广泛，主要有五类，即商业银行、信用合作社、非营利组织、非银行金融机构以及村镇银行，这基本上涵盖了现有所有金融机构。需要指出的是，按资产规模和所服务客户的数量来衡量，商业银行依然是主力军。④金融技术创新。金融业本身是一个信息行业，这在小微

---

① 资料来源：http：//app.myzaker.com/news/article.php?pk=59aa91bf1bc8e0d251000001.

金融发展中更显得尤为突出。小微金融机构自身应是有商业可持续性的，他们为特定目标客户提供特殊金融产品和服务，追求自身财务自立和持续性目标，是商业化运作，强调的是商业上的可持续。从宏观来说，小微金融更能够反映一个国家的金融结构，我国绝大多数的银行、保险公司、金融机构主要遵循“二八定律”，客户当中的20%客户创造了80%的利润，所以其主要重点服务便是这20%的人群，至于80%的客户，大概服务一下就行了。这造成现在结构上很多金融机构为大企业服务、为高端客户服务，但弱势小型企业缺乏支持。从弱势群体结构上强调小微金融，是非常重要的一点。

近年来，我国一直致力于进行产业结构的调整和经济增长方式的转变，并通过大力改善小微企业外部生产经营环境以及实行相关优惠措施来支持小微企业的发展，在此宏观形势背景下，小微金融业务逐渐成为国内各商业银行积极拓展的领域。其中，股份制商业银行作为银行业体系中最有活力的一支，基于自身业务拓展的需要，也陆续将小微业务提升到企业发展战略层次的高度，银行大力推动小微金融战略，可以创新业务发展模式，提升其自身竞争力，也为我国实现经济结构转型贡献出重要力量。

二、股份制商业银行发展小微金融的SWOT分析

（一）股份制商业银行发展小微金融的优势

（1）制度优势。在公司治理方面，相对国有银行，股份制商业银行较早建立起完善的公司治理结构，如招商银行一开始就将所有权和经营权分离，建立了董事会、监事会和经营班子分工明确、相互制衡的现代企业治理结构。在内部管理体制改革方面，股份制商业银行在组织结构和经营管理上也更加扁平化，如兴业银行启动企业金融体系、零售金融体系专业化改革。股份制商业银行较完善的治理结构和内部控制制度为股份制银行迅速适应市场变革提供了可能。

（2）业务创新能力强。相比大型商业银行，股份制银行虽然规模较小，但是体制活、创新能力强，在群雄并起的改革时代，股份制银行能够迅速壮大，创新起到了至关重要的作用。在支持实体经济发展的进程中，股份制银行凭借敏锐的市场触觉和快速的市场反应能力，已在差异化经营的道路上占据先机。如浦发银行将聚焦科技成长型企业作为特色定位之一，推出“科技金融α模式”，开展了把政府科技拨款改成贷款的“科贷通”特色服务；中信银行基于实体经济的现实需求，谋求与之相应的金融服务转型，推出“交易+”品牌，着手构建以客户为中心、以系统为基础、以营销为驱动、以团队为核心的交易银行业务体系；招商银行推出国内首家“微信银行”，把移动互联网的金融服务延伸至客户黏度更高的日常通信应用；民生银行将服务小微企业作为战略定位，不断创新，持续完善和优化小微流程再造，提升对实体经济服务能力，在市场上形成了良好的品牌和口碑。

（3）人力资本优势。商业银行赖以生存发展的基础是有别于工业生产型企业的特殊无形资产（如经营理念、人力资本、企业文化、银行信用等），人力资本在商业银行

的市场竞争中才显得更加重要。相关研究显示，股份制银行无论是从人力资本的创利能力还是从人力资本年龄看，都高于国有商业银行，如招商银行在人员管理上实行“人员能进能出、干部能上能下、待遇能高能低”的“六能”机制。

（二）股份制商业银行发展小微金融的劣势

（1）市场占有率欠佳。2015 年，在金融机构营业网点分布中，小型农村金融机构以 77889 个营业网点占比 35.3%；大型商业银行营业网点数量为 69293 个，占比 34.1%；股份制商业银行占比仅为 6.0%，如图 1 所示。

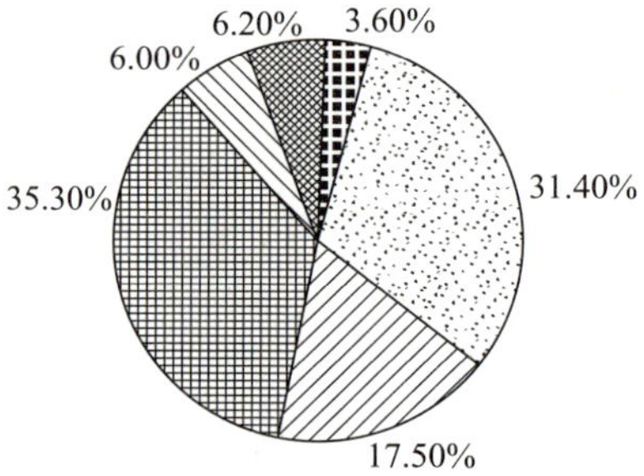

图 1　2015 年不同银行营业网点占比分析①

（2）资本劣势。资产业务既是商业银行最基本、最主要的盈利来源，同时也是商业银行资信程度和经营水平高低的重要标志。在资本实力方面，如表 1 所示，截至 2017 年第二季度，国有银行的总体实力（占银行业金融机构比例 37.44%）显然比股份制商业银行（占银行业金融机构比例 18.08%）充足，而股份制商业银行的资本实力又比城商行（占银行业金融机构比例 12.23%）及农村商业机构（占银行业金融机构比例 13.09%）强，因此股份制商业银行是“比上不足，比下有余”。从对小微企业的贷款情况来看，股份制商业银行贷款额仅高于其他类金融机构（外资银行）。

表 1　2017 年第二季度我国银行数据指标②　　单位：亿元，%

金融数据指标分机构	总资产	占银行业金融机构比例	总负债	占银行业金融机构比例	小微企业贷款	占银行业金融机构比例
大型商业银行	910480	37.44	842076	37.44	70193	32.32
股份制商业银行	439596	18.08	411179	18.28	39867	18.36
城市商业银行	297307	12.23	277829	12.35	49425	22.76
农村金融机构	318405	13.09	295338	13.13	55591	25.59
其他类金融机构	465873	19.16	422679	18.79	2123	0.98

① 资料来源：中国人民银行、中商产业研究院。
② 资料来源：中国银监会网站。

（3）线下成本与风险管理难题。与大额贷款相比，由于小微企业缺乏规范标准的财务制度和完善的担保抵押，小微企业贷款需要银行信贷员跑单做大量的征信调查和信用分析，由此给银行带来高昂的成本和风险管理难题，进而限制了商业银行小微金融业务的开展。

（三）股份制商业银行发展小微金融的机会

（1）政策环境支持。近年来，中小企业不断扩大生产规模，国家也对中小企业的发展高度重视，制定了很多支持政策。中小企业的良好发展对股份制银行发展负债业务、资产业务及中间业务具有促进作用。

（2）小微金融市场需求巨大。从企业数量来说，占我国企业总数中绝大多数的是小微企业，创造了大约60%的就业、50%的税收和40%的GDP，然而，它们获得的金融服务只有不足10%，远远没有享受到充分的金融服务，发展小微金融拥有巨大的市场潜力。此外，小微企业融资仍然主要依赖银行。经调查，有66.7%的小微企业将向银行贷款排在第一位，银行在当前融资市场依然占据绝对主导地位。

（3）互联网的发展为股份制商业银行发展小微金融提供了机遇。借助互联网技术，商业银行信贷业务可以通过集成信息数据的收集处理，大幅提高信贷业务流程的效率，满足小微客户对业务快捷、方便的要求。开启大数据时代的全新模式，传统的小微金融可以利用海量客户交易数据，发觉客户的消费习惯以及投资偏好，从而更精准地预测客户的投资以及消费行为，实现精准营销。同时，大数据为商业银行的小微金融和风险管理的标准化提供了可能。大数据给银行传统“小微贷”模式中遇到的交易成本和风险管理成本难题提供了破解的可能。通过开发和建设大数据平台，商业银行可以像蚂蚁金服一样，借助云计算对用户交易和信用数据进行处理与分析，在低成本运作模式下快捷实现充分交易，并将小微信贷风险管理标准化。

（四）股份制商业银行发展小微金融的威胁

（1）客户需求变化快。小微企业的需求并非仅仅局限于融资方面。由于小微企业数量众多、分布广泛，在企业性质、规模、运营模式、内部流程等方面存在很大差异，使得小微企业金融需求具有多样性的特征，需要个性化解决方案，在结算、融资、企业财务顾问甚至个人理财等诸多方面需要全方位、个性化金融服务。近年来，随着小微企业的不断发展壮大，对非贷款的其他金融服务的需求也越来越强烈。这要求股份制银行不断创新产品业务，提高议价能力。

（2）产品同质化程度高，行业竞争激烈。我国商业银行长期以来专注于追求大客户、大项目，但在央行收紧银根、信贷资金额度紧张、利率市场化进程加快、金融脱媒日益显著等宏观形势背景下，国内商业银行的经营发展思路发生了很大改变，普遍开始重视对小微金融的拓展。此外，国有商业银行、股份制银行、地方城市商业银行甚至于中小企业担保公司和小额贷款公司相继推出了面向小微企业的金融服务业务，且都各具特色。未来小微金融市场必将出现激烈的竞争。

（3）商业大数据平台建设起步较晚。大数据时代，商业银行受制于管制和机制，在用户数据挖掘上很难与电商媲美。虽然商业银行目前都开始集中精力在小微金融市场发力创新产品，争夺市场空间，但相比同期以阿里巴巴为代表性电商的交易额相比，在数据累积规模上的差距还非常大。做金融消费者身边的银行。通过互联网技术打破时间和空间上的限制，使得传统小微金融服务能力有了极大的扩展，全方位为小微金融客户提供24小时不间断服务，真正做到金融消费者身边的银行。

通过以上SWOT分析，股份制商业银行开展小微金融业务有其现实可行性，但能不能把握机遇，发挥优势，消除威胁，转化劣势需要进一步研究。

三、民生银行发展小微金融的策略分析

中国民生银行于1996年1月12日在北京成立，是我国第一家由非公有制企业入股发起设立的全国性股份制商业银行。中国民生银行成立20年来，从成立之初存款仅40亿元，年净利润1.5亿元的民营小银行一跃成为总资产超过4.3万亿元，年净利润超过400亿元的全国性商业银行，业务不断地拓展，规模不断地扩大，效益逐年递增，并保持了良好的资产质量。截至2016年12月31日，中国民生银行总资产达58958.77亿元，其中，发放贷款和垫款总额24615.86亿元，吸收存款总额30822.42亿元，实现净利润478.43亿元，不良贷款率1.68%。

2009年，民生银行董事长董文标创造性地提出民生银行要“做民营企业的银行、小微企业的银行、高端客户的银行”的战略定位，带领民生银行走上了小微企业金融服务的探索之路。作为首家全面进军小微企业金融服务领域的商业银行，民生银行已成为全球最大的小微企业金融服务机构之一，其商贷通业务在小微金融市场上占据较大的份额，在小微企业融资支持方面取得了良好的绩效。在利率市场化和“金融脱媒”明显加快的背景下，商业银行在公司银行业务等方面的议价能力面临着巨大挑战，而民生银行的小微企业金融业务具有分散的客户结构和较大的发展空间，议价能力相对较强，将成为应对外部市场变化、实现可持续发展的重要支柱。

民生银行是中国民营经济的代表，最早将目光投向了市场细分下被国有极其巨大银行一直排除在外的小微企业领域。自2008年小微金融的概念提出后，中国民生银行成为第一家专注服务于小微企业、提供专业小微金融服务的商业银行，将发展小微企业金融作为重中之重，并提升至战略高度。发展小微金融，成本与风险是商业银行关注的重中之重。如何控制小微金融业务开展过程中的风险和成本，如何在市场上细分定位开发目标客户，如何寻找目标小微客户的共同特性来开展批量的效率营销，如何将小微金融业务做出特色等，成为民生银行面对市场时的重要课题。多年来，经过不断探索，准确的市场定位和出色的经营表现，民生银行较好地凸显了自身商业银行的价值和经营理念，善于寻找市场中的机会和亮点，并根据自身的资源、能力和特点开拓新的市场，扶持小微企业，发展小微金融，在国内银行业中屡屡走出创新的路子。

（一）变革与转型之路

民生银行将自身定位为小微企业的银行，发现并挖掘到小微企业这个蓄积量极大的金矿，把小微金融提升为企业的战略定位，率先在银行业同质化竞争中快速成功转型。准确的战略定位不仅仅出于作为首家民营银行的历史使命感和强烈的社会责任，更源于决策层独特的前瞻性战略眼光。2005 年，民生银行开始酝酿公司业务组织架构改革，实行公司业务的集中经营；2007 年，民生银行正式决定全面启动公司业务事业部制改革；2009 年，民生银行董事会修订了五年发展纲要，提出了新的战略定位：做民营企业的银行、小微企业的银行和高端客户的银行。2010 年，民生银行继续推进新战略的实施。2012～2014 年，在贷款、客户数已初具规模的基础上，民生银行中小企业金融事业部进入了一个崭新的发展阶段，在三年规划的指导下，制定明晰的发展战略，通过“特色化、批量化、专业化”，牵头制订完善的销售策略和销售计划，真正实现董文标董事长提出的“突出区域特色，实施名单制销售”，让销售变得简单，让中小企业融资变得更容易。通过加快分支行转型和深化事业部改革，针对小微企业的经营情况持续创新产品和服务，打造具有核心竞争力和自身经营特色的中国最佳商业银行。

1. 董事会实施战略转型

民生银行管理层敏锐地看到，在金融脱媒、利率市场化进程日益加快以及同业竞争日趋激烈的态势下，发展小企业信贷业务是银行结构调整和战略转型的必然选择。“没有不还款的客户，只有做不好的银行”，只要发展措施得当，小企业是个高品位的金矿，是一片蓝海。民生银行在五年发展规划中明确提出，要做“小微企业的银行”。民生银行董事长董文标提出“为小微企业提供现代金融服务是值得我们付出一生的事业”。正是由于董事会的战略决策，民生银行开始了一场脱胎换骨式的经营体制变革和转型之路。

2. 从研究市场到逐步推进

2008 年，民生银行总行抽调专人，组成小微金融研究小组进行前期业务调研和产品设计。首先是业务区域选择，民生银行确定要在小微企业发展成熟、信用基础好的重点区域开展业务；其次是行业选择，根据零售业务的特点，民生银行重点选择与百姓生活相关度较高的流通领域和品牌供应链企业；最后是客户选择，通过对目标行业中各种商业模式、各类经营类型的调研分析，总结出各类商户的经营特点和资金需求特点，制定了相应的目标客户范围、要求和授信模式。

研究小组通过实地调研取得第一手数据资料，在此基础上反复论证，形成小微企业贷款初步的行业政策、信贷产品、业务流程、营销模式、风险管理、团队管理等材料。形成材料后又反馈至一线支行进行实践论证。经过超过一年的研究开发，终于推出了“商贷通”小微企业信贷一整套方案。根据总行的统一安排，选择在长三角及中东部的 8 个城市进行试点，在 15 个网点开展试行办理。

3. 配套合理的组织架构和专门团队支持发展

按照相关理论，银行发展小企业信贷应运用关系型信贷技术来破解信息不对称难题，而银行关系型技术的运用要求银行的内部组织架构简单清晰，否则会造成组织内部因委托代理关系产生的信息传递损耗。为此民生银行大刀阔斧地进行组织架构改革，成立地产、能源、交通、冶金四大行业金融事业部和贸易金融、投资银行、金融市场、工商企业四大事业部，全行大企业全部交事业部办理。在总行专门成立小微企业金融总部，分行成立零售小微银行部，支行成立专门团队，全行全力发展商贷通。形成了矩阵式准事业部制的清晰高效的管理路径，如图2所示。

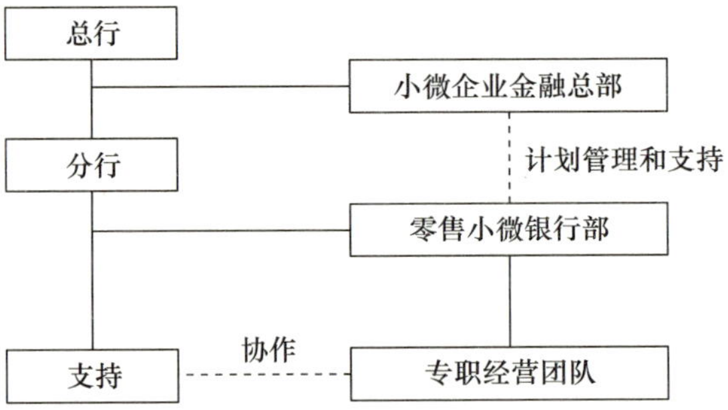

图2　总分支组织结构

在总行层面，设立小微企业金融总部，全面负责“商贷通”小微信贷业务的整体规划、市场开发、组织实施、业务管理、风险控制与人员培训等全面事项。在分行层面，设立零售小微银行部，主要负责“商贷通”小微信贷在本地区的全面管理工作；零售小微银行部下设多个二级部门，包括小微金融部、零售银行评审部、运营保障部、售后服务部等专业部门，分别组织实施产品推广、营销、评审、贷后管理、运营支持、风险预警等工作。在支行层面，专门成立小微企业营销客户经理团队，负责具体的营销实施以及客户的日常维护工作。

通过准事业部制的垂直管理，能够实现效率的提高和专业化的信贷管理，为小微信贷业务的快速健康推进提供了有效的组织和团队保障。

4. 配套合理的人力资源和专门的绩效考核支持发展

在人力资源管理上，管理层注重小企业信贷从业人员素质的培训，对从事调查、审查、审批及贷后管理的所有信贷人员，包括客户经理、授信审查岗、专职审批人等都必须通过培训学习和资格考试，合格后实行持证上岗，保证了从业人员熟练掌握小企业信贷相关的营销、流程处理、风险识别等信贷管理技能。

针对小微业务专门制定了考核办法，在财务资源上予以倾斜，对小微企业部进行单独条线考核，明确各岗位绩效指标，考核各分支行团队和人员，销售团队重点考核贷款新增额、新增客户数、中间业务收入三项指标，并将资产质量作为减项纳入考核，与销售团队和贷后管理团队相挂钩。通过绩效指标调动员工的积极性。

5. 配套专门的信贷规模和专业的小企业信贷系统支持发展

在信贷计划安排上，民生银行总行适当倾斜资源配置，为小微等战略业务留出专门的信贷额度，其他业务不能挤占资源。信贷资源上，2010年前3季度，68.7%的额度分配给了小微企业贷款；2010年初至今，新增贷款的70%～80%用于小微企业贷款。

在信贷业务全流程管理中，实现了独立的中小企业系统，实现了流程的自动化，提高了流程的整体效率。为小企业信贷管理过程中所有用户提供相应的工具，这些工具应该可以协助确保周转效率、审批的透明度和足够的风险监控功能，并能帮助信贷风险管理人员更好的监控客户，辅助做出更加知情、优化的贷款决策。

（二）民生银行小微金融核心理念

1. 大数定律

大数定律是随机事件的基本规律，也是现代零售银行商业运营的数理基础。很多随机事件是有规律可循的，这些“有规律的随机事件”在大量重复出现的条件下，往往呈现出几乎必然的统计特性，这个规律就是大数定律。简单地说，大数定理就是“当样本足够多时，事件发生的频率就接近于该事件发生的概率”。零售银行为大量、分散的个人客户和小企业客户提供现代金融服务，其客户分布、海量交易、产品服务等要素决定了其符合大数定律的特征。

就小微金融来说，大数定律首先解决了小微金融业务的风险可测、可管、可控的问题。小微企业客户群体数量众多，同时各类小微企业客户具备不同的区域、行业、客户等特征。按照大数定律，随机现象的大量重复中往往出现几乎必然的规律，风险单位数量越多，实际损失的结果会越接近从无限单位数量得出的预期损失可能的结果。在小微金融业务拓展中，遵循大数定律，就可以发现并掌握小微企业客户的风险特征，主动开展定价和营销，同时大数定律也是建设信贷工厂、实现批量化和规模化的基础。

为此，在小微金融业务实践中，首先要尊重客观规律，深入调查研究市场，研究商业模式，研究行业，利用“外部整合”等手段，通过对客户样本抽样进行调查分析，特别是对“坏”客户的分析，找到目标客户群的风险特征。同时，不断提升量化管理手段，完善行业评级、地区评级和客户评级，逐步细化各行业、各区域、各产品的风险限额，从总体上把握业务风险。其次要坚持小微业务定位，根据各个地区发达程度和各个行业风险度，确定合理的单笔贷款金额标准。不能简单地以公司业务模式和思维拓展小微金融，要做到单笔贷款金额小，客户数量大，从而有效分散和控制风险。最后要坚持规划先行，科学规划就是要在探求和发现客观规律基础上，主动掌握和利用规律。要在规划基础上获取大量客户，降低单笔授信金额，分散风险，将小微企业所带来的平均收益和平均风险水平体现出来；要通过规划方法在庞大的潜在客户群中找到风险最低、质量最优的客户群，使风险概率常数不断向下移动，从而达到主动管理风险与收益水平的目的。

2. 价格覆盖风险

“价格覆盖风险”是小微金融商业模式可持续发展的基本前提。民生银行发展小微金融的根本目的在于打造特色银行和效益银行，因此必须建立成熟的商业模式，实现可持续发展。“价格覆盖风险”正是可持续商业模式建立的基本前提。“价格覆盖风险”是指小微业务的价格（主要是授信产品定价，同时包括派生存款收益、中间业务收入等）在覆盖资金成本、运营成本后，能够覆盖大数定律所提示的预期风险损失。在小微金融提升过程中，树立正确的收益观，全面、综合地考虑小微业务的成本和收益，特别作为间接融资行业，要高度重视小微金融的资金来源，重点抓好小微企业结算创新工作；要树立正确的风险观，研究小微金融行业风险特征，建立“风险调整后的收益率”的观念，保持本行小微金融的长期发展后劲；要树立正确的客户观，定价要考虑客户的需求、能力和竞争态势。

“单笔金额小”是尊重大数定律和实现“价格覆盖风险”的必然要求。在民生银行小微金融拓展过程中，深入研究小微企业的特点，尊重客观规律，研究和发现小微金融的大数定律，要根据各个地区发达程度和各行业风险程度的具体情况，确定科学的单笔金额标准。

实现“价格覆盖风险”的关键在于掌握银行与客户定价的主导权。一方面，应当充分认识到，根据大数定律，当贷款的小微企业数量足够大时，其违约风险在总体上呈现出分散的特征，因此，与行业较集中的公司业务相比，在单个小微企业贷款时银行可承担更多风险弹性并获得更多的议价空间。在考虑地区和行业差异的情况下，把贷款平均金额控制在合理区间，在保证风险总体可控前提下，可以放大风险弹性。另一方面，也要充分认识到，提升收益的主要途径在于研究客户需求，进行产品创新以及提升服务水平。首先要破除“抵押物崇拜”的传统观念，改善业务结构；其次要充分研究同行和客户，将定价作为一种重要的竞争策略；最后要在期限、结构、结算等方面进行产品创新，以产品创新和服务提升来提高定价水平。

3. 批量化规模化

批量化规模化是大数定律在小微金融经营形式上的集中体现。民生银行的小微金融目标客户主要有三类：一是以核心企业为主导的产业链，上下游小微业务；二是两个商圈，有形商圈和无形商圈，有形商圈即批发市场，无形商圈即商会；三是散户，不同于前两类，散户没有明显的周期。小微企业客户的特征决定了其在经营形式上可以实现规模化增长，达到规模经济水平，能够在降低小微金融运营成本的同时，提高业务处理效率和客户满意度。

批量化规模化的前提是标准化，手段是电子化，关键是品牌营销和系统支持。批量化规模化是通过同时大批量处理小微业务从而实现规模化，这是落实大数定律的前提。要通过科学规划，加强内外部整合，逐步从传统的销售驱动模式向渠道驱动、品牌驱动模式转变，实现批发式营销；通过流程再造，加强系统建设，实行柜面化处理，实现批量化处理；批发式营销和批量化处理相结合，凸显小微业务的“规模效应”。批量化、规模化的关键实现途径是增强产品的标准化程度、提高系统支持水平以及加强品牌营销。

4. 专业化专门化

专业化专门化是小微金融业务流程和风险控制的必然要求。从事小微金融的核心团队要专业化、专门化，为客户提供的服务要专业化、专门化。因此必须做到以下几点：首先，总、分、支行应明确定位小微金融发展方向，并按照专业化、专门化原则建立坚实的组织架构体系；其次，在“销售—评审—售后服务”的闭环流程中，建立规划、营销、评审、售后服务等专门化团队，各团队应权责明确，各司其职，分段提供专业化服务；最后，建立售后服务团队，支行设立小微企业专区，提供“一站式”服务。同时，在重点支持的行业内形成一定的垄断优势，由现在的“混业”逐步过渡到“专营”突出、综合发展。

5. 综合开发

小微金融的可持续发展取决于综合开发，只有综合开发才能提升小微金融的内生增长动力，领先于国内同业，推动小微金融从较为单一的融资业务模式转向提供全面金融解决方案的综合业务模式。综合开发的范围非常广阔，主要包括以下几个方面：①商贷通客户的信贷类需求与结算、现金管理等非信贷类需求；②小微企业（主）的经营性需求与企业主的家庭财富管理需求；③商贷通客户的金融需求与非商贷通小微客户的金融需求；④小微客户自身的需求与其上下游客户的需求。因此，民生银行坚持多方面深入挖掘，实现包容性增长，打造小微金融综合开发的独特竞争优势。

6. “核心企业供应商及经销商”集群授信模式

“核心企业供应商及经销商”集群授信模式是指以核心企业为中心，将核心企业作为产业链的支撑点，把资金注入核心企业的上下游企业，使核心企业及上下游企业贯通起来，成为一个整体，以提升整个产业链的竞争能力和内在价值。特点是在产业链中找出大型核心企业，以它为出发点，为整个产业链提供金融支持。一方面，通过将资金有效注入处于弱势的上下游小微企业，解决小微企业融资难和产业链失衡的问题；另一方面，将银行的信用融入上下游企业的购销行为中，可以增强其商业信用，改善其谈判地位，使产业链上的成员能够更加平等地协商并逐步建立长期战略合作关系，提升产业链的竞争能力，促进整个产业链的持续稳定发展。集群授信模式跳出了单个企业的传统局限，符合民生银行的批量化、规模化营销模式。

（三）民生银行小微金融产品创新

1. 商贷通

“商贷通”业务是指民生银行向个体工商户、小业主、小微企业主提供用于经营活动（包括生产或投资等）的金融服务，包括人民币授信业务、结算、存取款、理财、消费信贷和咨询等。

民生银行开展小微企业贷款起源于 2008 年汶川大地震后，董文标董事长在震后成都慰问中，深深感受到小微企业给社会带来的贡献与稳定，经过实地调查，提出了“商户进支行，商户进柜台”的主张，民生银行在 2008 年 6 月成立了“商户融资”项目课题组，对小微企业贷款业务展开调查研究。2009 年 2 月，民生银行首先在上海推出“商贷通”产品，并从信贷业务角度对小企业进行定义，即银行贷款在 500 万元以下的属于小企业，其中 100 万元以下的称为微型企业。

（1）申请人基本要求。商贷通业务的申请人要求为自然人。该自然人为小型企业业主、微型企业业主、个体工商户或前述经营实体的实际控制人；有三年以上所从事行业的经营经验；有固定住房并有当地户口或在当地连续居住不少于两年；该自然人及其家人没有不良社会信用记载，家庭实物资产价值不少于 50 万元，在经营所在地有固定住房并有当地户口或取得当地暂住证；控制的经营实体有固定场所且连续经营不少于两年；在民生银行开立有个人结算账户，经营实体在民生银行开立有企业结算账户以及民生银行规定的其他条件。

（2）商贷通小微贷款的金额和期限。商贷通小微贷款的金额原则上不设最高额限制（一般不超过 500 万元），期限最长可达 10 年。

（3）用款方式。贷款额度支持随借随还功能，贷款资金可循环使用。

（4）担保方式。抵押、质押、保证、联保等多种担保方式，具体包括：①抵押；②经营管理公司保证；③供应链核心企业保证；④专业担保公司保证；⑤商铺承租权质押；⑥应收账款质押；⑦联保体；⑧互保；⑨自然人保证；⑩共同担保。

（5）准备材料。申请人与担保人的身份证、户口本的原件及其复印件；拥有或控制企业的资产证明材料，如财务报表、银行对账单、税单证明、货物运输清单等资料；此次贷款用途的相关材料；提供的担保材料，如房屋产权证明等；民生银行规定的其他相关材料。

（6）办理流程，见图3。

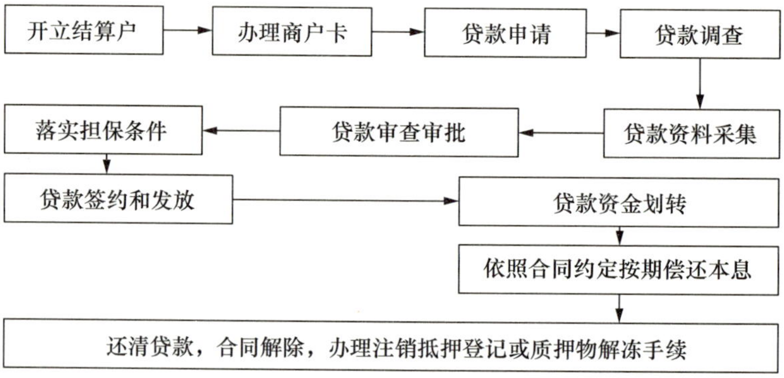

图3 “商贷通”办理流程

（7）主要特色。作为民生银行小微金融产品的代表，商贷通业务的主要特色有商圈营销、商户授信、建立信贷工厂、推行联保贷款四点。

1）以商圈为主体开拓市场。所谓商圈，是指企业或商户的群集，是一群人集中在某一地区进行贸易交易，也即以某一商店或商场作为中心，并以一定的方向和距离拓展吸引顾客的辐射范围，它是处于生产商和终端销售商的中间环节。

民生银行与招商银行、兴业银行的模式不同，后两者主要依赖散户开发客户，而前者主要依赖“圈—链—散户”的基本模式开发客户，商贷通的这种模式也叫作商会或商圈模式，它把商圈作为业务拓展目标，对其商圈供应链和产业链中的客户都进行贷款，因此其大部分项目都是跟着商圈走。具体实施起来是首先对小微企业进行地域和行业的划分，找出其共同点和风险的关键环节，从而确定形成同一商圈，即同一个商业区、批发市场、各类商贸集中地。然后针对这一商圈制定一套标准化的产品组合，以批发的形式打包贷款给这个商圈中的企业。

2）采取商户授信。商户授信是指以自然人名义发放的，为商贸流通和相关行业的个体工商户和企业主提供的，用于生产和投资经营活动的人民币授信。商户授信遵循目标市场管理原则，按照不同的商业模式，实行有差别的风险管理政策和分级审批政策，市场工作人员和风险管理人员共同承担责任、承担风险。在审批授信过程中，明确强调了支持的行业市场与严禁支持的行业对象。积极支持的目标市场主要包括以下几种：全国或地区内具有较高知名度的各类商品交易市场、批发市场、批发性商业街等交易市场；城市繁华商业街区或成熟的购物中心的品牌代理、品牌经销商；大型零售商或垄断性提供配套商品或服务的大型企业集群；与民众生活息息相关的流通服务行业的经营商；与民生银行有长期业务往来、结算量大、信用好的其他类型客户。而严禁支持的对象主要包括桑拿洗浴、歌舞娱乐、网吧酒吧等容易受政策影响的行业及企业经营者，环境污染严重、资源浪费严重的行业及企业经营者，其他有不良记录的市场开发商或管理者。

3）建立信贷工厂。2008年6月，民生银行在北京、杭州、深圳、重庆、苏州、武汉、成都等地进行调查研究，根据调查报告显示，中小商户的融资需求量十分大，大多商户希望的融资金额100万元以内，这一比例达到了调查总数的67%；同时，调查发现商户融资大多以短期资金周转为主，一年期以下的比例达到86%；另外，小微客户向银行提出贷款融资需求时通常有许多担心，担心不认识银行朋友而求贷无门，担心自身无法提供银行要求的资料，担心贷款手续麻烦等待时间长。

针对此次调研结果，民生银行成立了专门的项目小组，经过考察研究国外商业银行对小微企业融资的运作模式，大胆创新设计出以商贷通为核心产品的专门针对中小商户的批量化零售模式。商贷通产品是把原来放在企业贷款部门办理的中小企业贷款业务转移到个人部门办理，并把它定义为商户融资产品，把个人资信作为审批的重点，打破传统的担保方式，引入信贷评分卡和集中处理中心，打造“信贷工厂”的作业模式，大大提高了贷款发放效率，使信贷流程由原来的15天缩短到7天，同时做出承诺，如果初次申请，三天答复；如果是第二次申请，一天就能得到答复；对于信用较好的客户，三天即能得到放款。

4）推行联保贷款。联保是联合担保的简称，是指3个以上（含3个）自然人自愿组成联保体，向银行申请用于生产或投资经营活动的人民币授信业务，并相互承担连带责任的一种担保方式。原则上，联保体的成员一般不超过10人，其中的成员都要为联保体中任一成员发生的授信业务承担连带责任。同时，联保体一般要求必须是同行业的企业、同商会的企业或者在同一行政区内的上下游企业。每人只允许参加一个联保体，具有亲属、股东等关联关系的不能组成联保体。当联保体中任何一个成员出现问题，其他成员都会通知银行，产生相应级别的警报，银行收到信息后会采取相应的应对措施。联保采用额度限额管理，限定了单个申请人的贷款额度，然后根据单个额度乘以联保体成员数目（上限为10）计算出联保体贷款总额。这种额度限制设计一方面能够满足个体工商户的融资需求，另一方面根据大数法则原理，在限定了单个人的贷款额度后，随着个人信贷额的下降，在增加客户数量的同时也能够有效降低风险。

2. 乐收银

乐收银是中国民生银行专为批发贸易类小微企业定制的新型支付结算服务产品，支持使用个人借记卡和企业结算账户进行相关支付结算。

（1）适用对象。以“批发”业务为主的个体工商户、小微企业客户，在民生银行开立了企业结算账户且做了账户关联的商户；有固定的营业场所，希望使用POS机具来进行实时的货款收付；民生银行的“商贷通”贷款客户优先考虑。

（2）功能与优势。乐收银具有POS机刷卡、转账付款、交费等功能，也具有电话的功能。乐收银有众多优势：①“T+0”实时到账。商户使用“乐收银”可以做到实时收款、实时到账、实时可用，从而提高资金利用效率。②商户手续费封顶。如果商户的生意伙伴使用民生卡刷卡付款，更可享受免手续费的优惠。③转账、还款足不出户。商户可节约人力，节省宝贵时间。④实现资金归集。如果商户拥有多个店面，“乐收银”更能将货款实时归集到商户指定的个人结算账户中，帮助商户对多家分店的资金进行统一规划。⑤提供多种金融服务。如果商户“乐收银”交易结算量达到一定的标准并具备相应的条件，民生银行可根据客户需求提供包括融资支持、财富管理在内的多种金融服务支持。

（3）收费标准，如表 2 所示。

表 2　乐收银收费

<table>
<tr><th>功能</th><th colspan="2">项目</th><th>普通卡标准</th><th>银卡、商户卡标准</th><th>金卡标准</th><th>钻石卡标准</th><th>备注</th></tr>
<tr><td>乐收银收款</td><td colspan="2">老板收款</td><td colspan="4">交易金额的 0.8%，单笔最高 20 元</td><td>如果消费卡是民生借记卡，免收商户收款手续费</td></tr>
<tr><td rowspan="4">乐收银付款</td><td colspan="2">同城本行汇款</td><td colspan="4">免费</td><td rowspan="2">7×24 小时，实时到账</td></tr>
<tr><td colspan="2">异地本行汇款</td><td>2 元/笔</td><td colspan="3">免费</td></tr>
<tr><td rowspan="2">他行</td><td>普通跨行汇款</td><td>交易金额的 1‰，每笔最低 2 元，最高 35 元</td><td rowspan="2">每日累计汇款金额 50 万元（含）以内免费，超过部分按照普通卡标准</td><td rowspan="2">每日累计汇款金额 100 万元（含）以内免费，超过部分按照普通卡标准</td><td>免费</td><td>7×24 小时，当日到账，单笔最高 5 万元</td></tr>
<tr><td>快速跨行汇款</td><td>交易金额的 1‰，每笔最低 5 元，最高 50 元</td><td>免费</td><td>工作日营业时间，实时到账，无金额限制</td></tr>
</table>

3. 设立小微专业支行

所谓专业支行，即支行选择某一细分行业作为战略支柱，向信贷、人力等方面倾斜，甚至一家支行只做某一行业。简单来说，就是贴近某一行业并为该行业产业集群服务的支行。专业支行分四类：产业链专业支行、行业专业支行、商圈专业支行和服务专业支行。民生银行设置专业支行后的组织结构如图 4 所示。

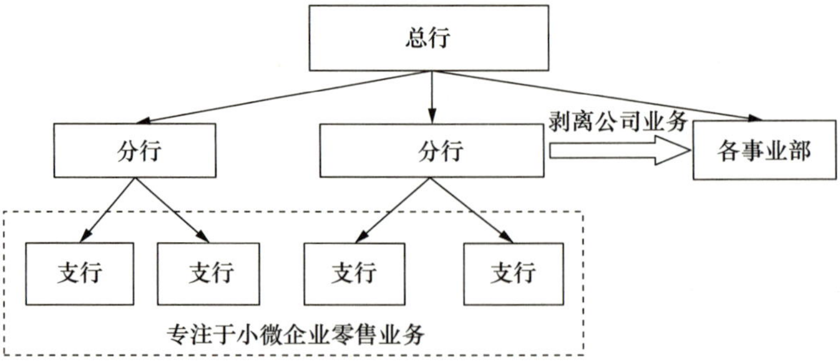

图 4　小微支行组织结构

2012 年起，民生银行启动专业支行建设，旨在针对目标客户差异化的金融需求向小微企业客户群体提供更加专业、更具特色的金融服务，增进客户认同感和忠诚度。小微企业金融专业支行是指依托支行所属区域的产业结构、主导行业、商业业态和特色经济，围绕周边商圈、主导产业链上、下游小微企业的经营特点和规律，结合支行资源和地缘优势设立的专注于面向特色行业和商圈的小微企业客户提供集融资、存款、结算、财富管理和售后等金融与非金融服务等于一体的支行机构。

根据其业务发展方式，专业支行形成了四种建设模式：一是产业链专业支行，是以核心企业为基础，为其上游供应链、下游销售链小微企业提供标准化金融产品。以核心企业为中心的“自上而下”的专业化开发方式，可以应用在家电、IT 数码产品、食品、饮料等大宗快消品行业。二是行业专业支行，是以特色行业为载体，为行业内小微企业提供专业金融服务，可适当归集建材、陶瓷、家装等子行业。以民生银行泉州水头“石材产业链”为例，民生银行制定了石材行业全产业链的金融服务和开发方案，小微企业金融重点开发石材市场的批发型商户和 23 万供销大军。在民生银行分支机构所在城市，普遍都有以石材加工、销售的专业市场，或具备此功能的大型建材家装市场或商圈，可以统一制定专业化、标准化的营销方案，上下联动营销。三是商圈专业支行，是以 4 ~ 5 个商圈内的小微企业客户为主要服务对象，运用融资、结算等产品进行深入开发，商圈项目在民生银行小微企业金融业务中占比达到 65%。四是服务专业支行，是以提供全行重点发展的产品和服务，满足特定客群需求，并以此带动其他业务纵深发展。此模式适用于产品结构复杂或业务链较长，需要通过集中经营的方式实现精细化管理或规模经济的产品和服务。以票据产品为例，票据是贸易融资业务链条中的重要金融工具，对于提升中间业务收入具有驱动性作用。2013 年，在民生银行全行资金流动性紧张的情况下，票据业务对于持续拓展市场、扩大客户规模起到了突出作用。以商业承兑汇票为载体，向业务链延伸，可发展出票据置换、票据贴现、票据撮合、跨区域票据同业交易等多项业务，从而形成具有枢纽作用的票据专业支行。类似地，在结算业务、存款归集等多个重点发展的产品或服务，均可以通过内容创新、合作方拓展、平台延展等方式，建设相应的专业支行。

4. 小微城市商业合作社

小微城市商业合作社是根据小微企业发展特点，按照区域、行业、产业链特征，将小微客户整合成一个有组织的经济体，通过该组织帮助小微企业抱团发展、抵御风险，享受民生银行全方位的金融及非金融服务。除了牵头的民生银行外，合作社的相关方包括小微企业、政府、行业协会、市场管理方等。

（1）组织架构。以广州市为例，合作社的组织形式框架如图 5 所示：最顶层有一个市的总社，下面根据项目、商圈、行业、街道等设置下一级的合作社，某些行业可以设置多个合作社。一个组织必须有一个完善的管理架构，民生银行设计了一个通用的合作社管理架构，方便各地合作社的内部管理。以广州市小微城市行业合作社的管理架构为例，如图 6 所示。

（2）成立条件。合作社成立条件是社员人数达到 30 ~ 50 人，填写入社申请表，推举合作社社长、副社长、秘书长等相关职务人员后选，召开全体会员大会，对会员发放徽章即可挂牌成立。广州市（含中山、东莞、佛山）的小微客户；连续两年以上在本地经营、诚信记录良好的企业；原则上要求符合国家四部委的“小微企业”标准，在客户自愿的原则下，即可加入。从成立条件和入社条件可以看出，合作社的进入门槛较低，能真正地服务小微企业。

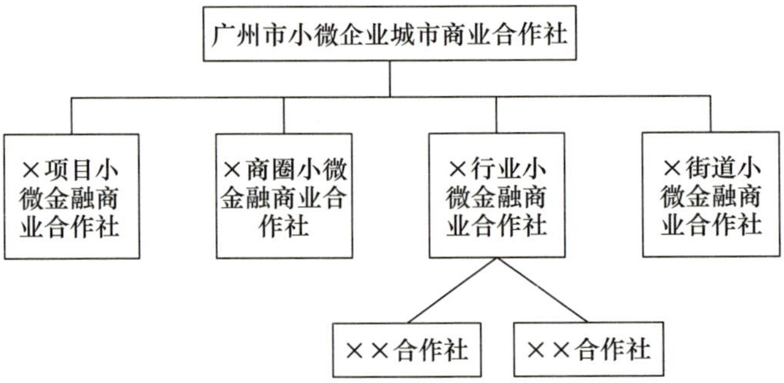

图5　小微城市商业合作社结构

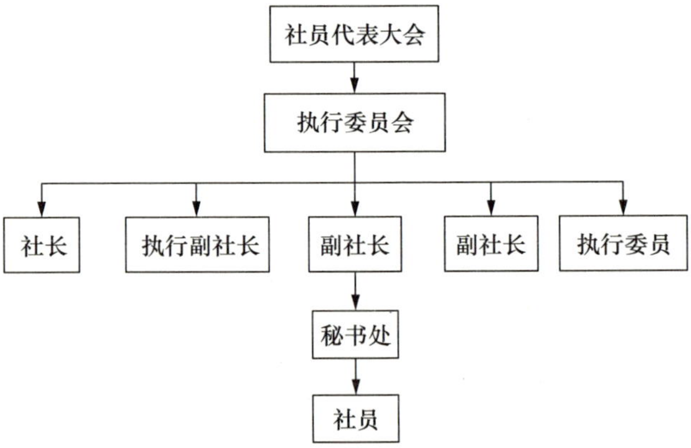

图6　小微城市行业合作社管理架构

（3）合作社的功能。合作社具有丰富的功能：①提供全方位的融资产品；②政府沟通；③专属优惠；④小微企业互助基金；⑤信息整合；⑥业务合作；⑦税务、法律、咨询服务。

合作社有全方位的融资产品服务，包括商贷通、合作社信用贷、商票通、自然人保证贷款、商铺经营权质押贷款、商铺及写字楼抵押贷款、经营管理公司担保贷款、担保公司担保贷款、联保贷款、房产抵押贷款、应收账款抵押贷款、共同担保贷款。

合作社的拳头产品是小微企业互助合作基金，小微企业互助合作基金是指符合授信条件的个体工商户、小微企业或实际控制人以“自愿互助、风险共担、利益共享”为原则组成互助合作组织，并缴纳一定金额的资金，委托专门的管理机构为组织内各成员单位在民生银行贷款提供担保而设立的担保保证金集合。它的特点是分散风险、有限责任、额度放大。基金构成包括互助保证金，占授信金额的10%；风险准备金，占每次贷款金额的0.5%（6个月内）或者1%（1年内）；基金管理费，每次贷款金额0.2%。基本规则包括：基金初始成员人数不得低于30人；初始募集的保证金不得低于1000万元；借款人符合民生银行个人经营性贷款的基本准入门槛；期限为1年，授信额度、循环贷款最长2年；单户授信金额最高500万元，且不超过互助保证金与风险准备金账户余额之和的20%；单户授信金额超过250万元的授信金额合计不得超过所有授信金额的10%。

5. 小微手机银行

随着移动互联网的快速渗透，小微企业的移动金融需求增长迅猛，民生银行也应需而动，于2012年12月推出小微手机银行，充分利用移动互联网最新技术，为小微企业客户打造了专属移动金融服务平台，满足其个性化的移动金融需求。根据小微金融客户需求的特点，民生业内独创了公私账户集中管理、大额汇款、乐收银账户管理、代发工资、小微贷款、回单验证等特色功能。其中，公私账户集中管理打通了对公和零售账户体系，客户方便查询账户信息；手机银行小微贷款在线签约和申请特色服务，使得客户可根据需求随时申请贷款，简单快捷。民生银行在小微手机银行中新增了“自助提款”和“自助还款”两项服务以方便小微客户贷款和还款，小微客户可以自助提用贷款额度下的款项、自助在线还款、在线查询贷款额度等，既突破了时空限制，又减少了小微客户在银行柜台申请贷款和还款的麻烦，降低逾期还款的风险，使其能以低成本便捷管理贷款资金，提高资金周转和使用率。

（四）民生银行小微金融风险控制

小微客户群体具有数量庞大、分布面广、经营期短、信用记录不足、财务信息不规范等信用风险特征，违约成本低、道德风险高。与其他小微金融机构相比，商业银行存在人工成本过高、没有地域优势、无法有效与企业互动等劣势。面对以上困境，民生银行发挥传统银行研究实力强、数据收集和数据分析能力强的优势，将信息技术转化为控制小微金融信贷风险的抓手，这将使风控手段从经验控制、人工监测转变为数据分析和自动化监测，而风控流程的重点也从前台转向了中后台。

1. 风险控制三大基本原则

一是大数法则投资原则。“大数法则”是指当贷款资产池中样本量足够大，且单笔资产规模较小时，实际贷款损失趋向于预期贷款损失。“大数法则”的成立需要满足三个条件：资产池的样本量要大；单笔贷款金额要小，单笔贷款产生的风险对总体平均贷款风险不会产生显著影响；资产组合的各项头寸风险相关性较弱，以对冲非系统风险。商贷通产品就是按照“大数法则”进行投资，业务部门按照总行和小微金融业务部的投资战略，选择可进入的行业、产业链、商业圈，进行小额、多笔投资，力图将贷款违约率控制在违约概率范围内。

二是价格覆盖风险定价原则。价格覆盖风险的定价原则是指小微金融的利率价格，在覆盖资金成本、运营成本以后，还能够覆盖大数定律解释的预期风险损失。如果大数法则成立的条件存在，则贷款的特有风险得到有效对冲，资产组合的平均贷款损失趋向于预期贷款损失，可用商贷通资产组合的总体预期损失率代替单笔贷款预期损失率，降低定价模型开发难度。

三是批量、小额交易原则。批量交易原则对于民生银行来说，既可以规避高人力成本劣势，又可以按大数法则实现大规模、多笔数的贷款。批量原则体现在商贷通的“一圈一链”战术上：民生银行按照商圈产业链对小微客户进行分层，从而减少了工作量、增加了客户黏合度，但这种客户整合或许会加大群体同质性、增加系统风险。而商贷通的小额交易原则用意颇深，其目的是通过降低户均贷款余额，增加贷款笔数，实现投资组合池对冲风险，降低单笔贷款违约率。

2. 三大层级的风险控制架构

民生银行小微金融业务的风控由董事会风险管理委员会、小微金融部及各分行分工协作进行。从管理分工上可以划分为战略决策层、业务管理层和业务执行层三个层级。首先是战略决策层。银行董事会风险管理委员会负责确定全行年度整体性业务导向、风险偏好和风险管理战略，从整体上把握系统性风险，避免小微金融业务遭遇经济周期、行业、区域问题带来的大批量违约打击。小微金融投资战略的决策对于传统银行来说至关重要，而其雄厚的研究实力以及广泛的信息渠道、强大的研究优势正是区域性银行及中小金融机构所不具备的。其次是业务管理层。按照民生银行组织结构，总行的小微金融部和下级分行都具有业务管理的职能。总行小微金融部的工作主要是根据总行的小微金融整体发展方向制定各行业、区域的具体发展策略。最后是业务执行层。业务执行层是最终落实战略、实现贷款发放的层级，其信用风险控制重在个案，风控部门负责向分行信贷部门提供风险量化工具的技术支持，各分支行在投资政策与风险量化数据的指导下，根据实际情况与工作经验在一定范围内执行具体操作。

民生银行最初实行“两级（总行、分行）管理、一级（支行）经营”，但在实践中发现这种管理方式还是“头重脚轻”：总行权力过大，分行权力与总行有一定重叠，支行作为最下沉的组织作用发挥不够。2013 年，民生银行根据小微金融 2.0 调整管理架构，按照“聚焦小微、打通两翼、做强分行、做大支行”方针，缩小总行授权范围，强化分行权力。总行权力从之前的批项目、批客户改为批规划，而将批项目、批客户的权力下沉给分行。同时，强调做大而非做强支行，这意味着民生银行将以分行为核心，推行国外大型小微金融机构的信贷工厂模式：强调标准化、模块化、批量化管理。分行成为信贷工厂的核心层，提供信贷产品规划设计、营销策划、质量控制，支行作为执行层，侧重于对客户的落地提升和售后服务。

3. 依托信息技术的风控体系 2.0

在民生银行小微金融 2.0 转型之后，个案层面的风控彻底由现场观察、经验判断转变成利用征信数据分析模型进行审批决策与贷后跟踪。然而，想要实现模型评分的精确性，还必须解决数据获取以及数据使用问题。充分获取数据信息是关键。从信息生成的角度，可将客户信息分为静态信息和动态信息两种。静态信息一般指过去较长时间内产生的信息，更多揭示客户基本属性；动态信息是可能迅速变化的信息，更多揭示客户近期行为特征。民生银行信息获取的途径主要是内部生成和外部交换（购买）。

（1）内部生成。内部生成包括获取内部静态信息以及获取内部动态信息。内部静态信息主要是客户基本信息、凭证影像等。基本信息中有客户身份特征信息和客户经营信息。信息范围不仅有小微企业主本人，而且包括企业主家庭成员。客户申请小微贷款时的相应凭证影像也全部留存。内部静态信息主要由授信工作人员在贷前检查、贷中审核阶段中获取，并将这些信息全部上传至对应信息平台，供全行进行分析和使用。另外，商业银行的存款、支付、结算等一系列业务为银行提供了更多的经营收入，也使得商业银行比其他机构更为容易地追踪客户交易流水信息。民生银行获取的内部动态信息，正是小微客户在其行内账户的流水情况。民生银行在一系列小微金融产品的设计中，都体现了对账户流水信息的重视。①“商贷通”产品：按照商贷通规则，凡申请贷款的客户需在民生银行开立个人结算账户，经营实体则需在民生开立企业结算账户。一方面起到了吸收储蓄的作用，另一方面也为银行的贷后监测提供了商户的流水数据。②“小微宝”产品：是指以手持移动终端（iPad）为载体，将移动互联、数据分析技术与小微金融服务相结合的移动销售平台，实质是一款 APP 应用。依托小微宝，民生银行建立了小微客户关怀体系，其中包括了针对小微企业主、企业主配偶及子女等的各类活动，从而获得了小微企业主及其家人多方面信息。③“商隆卡、乐收银”产品：商隆卡套卡适用于小微企业主及其家人、生意合作伙伴、员工；乐收银是民生银行为小微企业提供的刷卡机，可实时收付款。通过监测商隆卡交易情况，银行能够获得上下游企业流水、企业主家庭收支等一系列信息。同样，乐收银作为企业常用的 POS 机结算系统，能够将企业的每一笔交易信息传递到银行终端，实现贷后监控。能够获取到银行内部动态信息是传统商业银行在小微金融方面不可多得的优势。然而，要将信贷客户的流水数据利用起来，前提是客户选择民生银行作为主要支付结算银行，而发展小微贷款以外的小微金融服务则是实现该前提的必要条件。

（2）外部交换。外部交换包括获取外部静态信息和获取外部动态信息。民生银行获取外部静态信息的内容主要是小微企业客户的工商信息、法院信息、个人及企业主的信用记录，但前提是客户必须在银行有过借贷行为。客户信息主要来源于央行征信中心，以及分行所在地的工商局、法院等，具体采用购买或者交换的方式。这部分数据为贷款提供支持的渠道相对畅通，但该部分信息仍然具有较强的局限性、不能充分反映小微客户的信用情况。动态信息具体包括社交、消费、现金收支、经营等。借助于互联网和移动互联网技术，民生银行正在通过与银联等企业展开合作的方式尝试获取银行外部的动态信息。购买信息、搭建信息平台等都会带来高昂的固定成本，只有小微贷款存量足够大的金融机构才能够化解这部分成本并实现盈利。

4. *有效使用数据*

获取足够的数据信息仅仅是实现信贷工厂风控模式的第一步，数据分析、信用评价以及对分析结果的使用效率仍直接影响该风控模式的效果。民生银行在进行小微金融 2.0 改革中，着手建立以两大引擎为核心的风控技术体系：垂直搜索引擎主要负责实现数据的储存、查询和推送，决策引擎负责贷款过程中各种评分指标的生成和推送。工作人员将前端渠道采集到的信息上传至数据平台，由决策引擎提供模型进行授信评审，并在售后系统中对已发放贷款的客户进行跟踪管理，垂直搜索引擎则为授信业务的全流程提供信息支持。

垂直搜索引擎相当于一个信息集成的查询软件，具有搜索权限的工作人员获得贷款申请人的信息档案，在放贷全程实现电子化的管理与监控。垂直搜索引擎通过综合查询、信息推送、电子档案、数据分析、销售支持五大服务，对业务系统起到支持作用。所有服务中，最核心的内容在于信息查询服务，提供银行内部、外部的多种信息。垂直搜索引擎提高了客户信息的全面性、即时性、透明性和整合性，但其质量在很大程度上取决于数据信息获取的全面性和及时性。

在垂直搜索引擎提供的大量原始信息基础上，决策引擎使用特定的数据分析技术和分析模型对数据进行分析，生成衍生指标，为各类评分模型提供依据，对贷款过程中四个重要决策内容（是否准入、担保方式、利率、授信额度）提供辅助决策。目前，决策引擎主要为包括政策与限额管理、申请征信评分等在内的决策项目和模型提供支持。

从两大搜索引擎的内容看，民生银行风控所需要的信息技术与数据分析能力均相对完善，基本平台已经搭起，最终效果还取决于信息获取的数量和质量。两大支持体系的构建同样体现了大型商业银行的独特性：只有资金量充足的金融机构有条件承担其固定成本，而传统商业银行高昂的人力成本又使其无法像多数小贷机构那样依赖于信贷员执行贷中、贷后的风险控制。

相对而言，信息化的风控平台建设成功降低了单笔贷款的变动成本，将风控的重点从贷后监控转为了贷前、贷中评审，利用银行特有的流水数据，破解了商业银行贷后监控不足的困境。因此，信息化风控体系的建设对传统商业银行而言几乎是必然的。

（五）民生银行小微金融的绩效

1. 总体经营绩效

民生银行小微金融业务的发展给民生银行带来了不俗的经营表现，其最新的经营数据：2016 年集团实现归属于母公司股东的净利润 478.43 亿元，同比增加 17.32 亿元，增幅 3.76%；归属于母公司普通股股东的每股净资产 9.12 元，比上年末增加 0.86 元；平均总资产收益率 0.94%；加权平均净资产收益率 15.13%。营业收入保持平稳增长，收入结构持续优化。营业收入 1552.11 亿元，同比增长 7.86 亿元，增幅 0.51%；实现利息净收入 946.84 亿元，同比增长 4.16 亿元，增幅 0.44%；实现非利息净收入 605.27 亿元，同比增长 3.70 亿元，增幅 0.62%，非利息净收入占比 39.00%，同比提升 0.04 个百分点。

2. 小微信贷绩效

民生银行为国内民营中小企业发展做出了重要贡献。作为一家致力于更好地为中小企业服务的金融机构，民生银行自成立之日起，一直以服务中小企业著称，以高科技、中小型的民营企业为主要服务对象，全力扶持他们中的优势企业上规模、增效益，大力引导和促进我国非公有制经济健康发展。根据公开信息披露，截至 2016 年末，中国民生银行全年累计投放小微贷款 3967.9 亿元，期末小微贷款余额 3271.36 亿元，户均贷款 153.46 万元，占比 36.79%；小微贷款中抵质押贷款占比 61.92%，较上年末上升 11.69 个百分点。

3. 组织架构创新绩效

民生银行从 2007 年下半年开启了事业部制改革，经历几年的发展，逐步完善。最开始设有冶金、能源、地产、交通四大金融事业部，经过一段时间的发展与完善，成立了文化产业金融事业部，现代农业金融事业部，后来成立了石材产业金融事业部，总共七个行业事业部。成立金融事业部后，分支行的主要职责是负责零售业务，部分支行转型成专业支行，事业部的改革释放了基层的资源进入到小微金融领域，具有重要的战略意义。

民生银行迅速推进了小微专业支行的建设，挂牌了 50 多家专业支行。目前 624 家支行全部涉足小微金融，并形成了分别专注于石材、服装、珠宝、水产、茶叶等不同行业的特色小微网络。支行向专业化和特色化发展，可以更好地开拓小微金融业务。

四、股份制商业银行发展小微金融的建议

（一）优化完善授信管理制度

从民生银行的成功案例看，其完善的授信管理制度是其成功的必要条件之一。整合授信方式、简化授信审批流程是强化对小微企业金融支持的关键。在风险可控条件下，适度放宽小微企业准入标准，通过建立小微授信审核的标准化流程，实现对贷款的统一审批、标准定义、流程化核算、小微企业分层归类，规模化、批量化地发展小微企业客户群体，精简授信审批程序，切实缩短贷款发放到位的时间，及时满足小微企业客户的融资需求。

（二）完善行业金融组织架构

商业银行需要立足区域经济实际，整合优质资源发展具有经济价值的几个行业金融。完善行业金融组织架构可以通过整合商业银行内部业务条线优质资源及相关职能部门资源来实现：从各业务条线、后台风险部门抽调业务骨干组建行业金融项目团队，人员在一定时间内隶属于项目团队，但又不脱离原有部门，通过集中的市场调研确定目标行业，再针对这些行业的资金流动特性，从金融产品设计、风险防控以及具体的营销策略等方面，提出符合行业客户需求的金融解决方案。因此，民生银行才敢主动提高保证、信贷等非抵押方式在贷款结构中的比重，让更多无法提供抵押物的小微企业主和个体工商户获得金融支持。

相比于事业部模式运作的行业金融组织形式，成立特色支行、专业支行专门服务特色行业小微企业的做法，无论是在组织架构变革还是在人力资源调配、财务费用预算等方面都更具经济性，这种做法对于那些在管理能力、可调配资源、信息系统支撑方面尚处于弱势地位的城商行来说更具可行性。立足区域经济及产业发展实际细分市场，实行支行分类管理，既能有效引导分支机构开拓小微金融市场，还能在实现特色支行对特色业务的专业化经营过程中提高对细分市场的挖掘力度，提升精细化管理水平。此外，这种根据支行周边环境、客户群体定位支行小企业金融服务特色的发展模式还能避免行内各支行间的同质化竞争，是差异化、特色化发展模式的重要发展方向。

（三）立足行业供应链发展小微供应链金融

相比于传统小微金融从孤立的、单一的企业人手提供有限的金融服务，行业小微金融则从整个行业供应链出发，立足供应链上下游众多小微企业，关注整个贸易流程与交易过程，整合物流、信息流与资金流，提供更加丰富的金融服务，这便是小微行业供应链金融的要义所在。当然，在此过程中，处于供应链核心地位的核心企业也发挥了重要

作用，正是基于核心企业的信用捆绑，创造了与上下游小微企业供货商或经销商的利益共同体，才使商业银行有动机为这些小微企业提供供应链金融服务。通过行业路线发展行业小微金融服务还能够借助“同群监督”“商圈声誉”对小微企业及其经营管理者进行有效约束，在一定程度上为行业小微信贷上“双保险”。民生银行的成功，证明立足当地经济发展及行业集群特征，融入当地主流经济，做行业小微金融服务是商业银行小微业务可持续发展的重要保障。一旦在某些行业领域做大规模，形成可观的基础客户群体，就能在形成规模经济的同时也为其积累更加丰富的行业小微金融服务经验，提升其行业金融服务风险控制水平，最终形成良性循环。而在这一过程中涌现出的专业客户经理因长期接触某个行业或专业市场，掌握了有用的市场信息，因此其业务办理过程中的风险控制就有了坚实基础。正如民生董事长董文标所指出的那样，专注于某一行业金融业务三五年，就可以形成一定规模的存贷款，就能成为该领域的专家，从而有效避免风险的发生。

（四）加强金融产品创新

一是通过产品创新实现金融产品和服务的差异化，根据客户的需求设计有针对性的创新产品，为小微客户提供优质、快捷的金融服务。

二是加强数据平台建设，通过对现有数据信息的有效整合，扩大客户分析的维度，在实现数据积累与健全信息维度之后，根据数据分析客户的特征与需求，进行产品研发与营销。通过完善信用基础信息数据库，对客户的交易信息等方面的收集，建立信用评价指标体系，降低违约风险。

三是依托互联网平台，通过与互联网企业、电信运营商等的合作，创新服务模式和渠道，增强支付结算、资金融通等服务功能。

四是通过流程化建设，实现一体化流程服务，整体解决客户的金融需求，降低经营成本，提高客户黏性。

五、案例使用说明

（一）教学目的与用途

（1）适用课程：农村金融、小微金融。

（2）适用对象：金融专业硕士、金融学术硕士。

（3）教学目的：本案例以股份制商业银行发展小微金融为出发点，以民生银行为例，围绕民生银行“准确定位、控制风险、客户路线、不断创新”的成功经验，充分分析了这些核心要素在民生银行发展小微金融过程中的重要意义，也为其他股份制商业银行及其他金融机构发展小微金融提供有益启示和借鉴。

（二）案例思考题与分析思路

（1）思考题：立足行业供应链发展小微金融的好处？

分析思路：①“商圈声誉”提供了一定程度的保险。②立足特定行业，形成规模经济。

（2）思考题：民生银行如何控制小微贷款的风险？

分析思路：①大数定律。②依托大数据和信息技术。③充分利用产业链和互联互保控制贷款风险。

（三）理论依据

1. 信贷配给理论

信贷配给现象产生于信贷市场上的信息不对称性。信息不对称导致金融市场普遍存在的道德风险和逆向选择现象。借款企业对自身及项目的了解要多于银行，借款企业清楚地知道自己的资产负债情况、盈利能力和违约风险大小等，而银行却只能凭借企业提供的报表、材料等辨别企业与贷款项目的类型和平均风险，这使银行面临较高的信贷风险。因此，银行的预期利润率不仅取决于贷款利率，而且取决于贷款风险的大小。当银行不能观察到借款者的投资行为时，提高利率反而会使低风险者退出信贷市场（逆向选择行为）；或者诱使借款者选择风险更高的项目进行投资（道德风险行为），从而使银行贷款的平均风险上升，预期收益降低。因此，为了鼓励资信程度较高的企业借款，限制资信程度低的企业借款，银行通常会把贷款利率调低到均衡利率水平以下，因此其贷款供给并非贷款利率的单调增函数。这产生了信贷配给，给中小企业的融资带来困难。

2. 企业生命周期理论

企业生命周期理论是关于企业成长、消亡阶段性和循环的理论。所谓“企业的生命周期”，是指企业诞生、成长、壮大、衰退甚至死亡的过程。企业生命周期如同一双无形的巨手，始终左右着企业发展的轨迹。虽然不同企业的寿命有长有短，但各个企业在生命周期的不同阶段所表现出来的特征却具有某些共性。根据这一理论，在企业不同的生命周期，企业的融资渠道或方式有不同的特点。企业在创立和生存阶段，主要依靠自身或亲属的力量筹集资金，而进入到成长和成熟阶段时，由于自身发展已经达到一定的规模，符合银行的贷款要求，为了进一步的发展，企业的融资主要以银行贷款为主。商业银行要想更好地为小微企业服务，实现二者的共赢，就应当考虑到小微企业的特殊性和小微企业所处的发展阶段，针对小微企业生命的不同周期与发展阶段，提供更加个性化和符合实际需求的优质金融产品。

参考文献

［1］巴曙松．小微企业融资发展报告中国现状及亚洲实践［J］．博鳌观察，2013（1）：7－14.

［2］陈一洪．立足行业及供应链金融发展小微金融——城市商业银行小微金融服务模式探析［J］．西部经济管理论坛，2012，23（3）：61－65.

［3］金烨，董卿．大中型商业银行对小微企业的金融支持［J］．现代金融，2015

(6)：38－39.

［4］林波．民生银行：小微企业贷款成就“小微企业的银行”［J］．WTO 经济导刊，2010（5）：32－37.

［5］罗妮．民生银行战略 SWOT 态势分析与评价［J］．企业文化，2014（12）：142.

［6］彭惠新．民生银行小微金融业务的转型之路［J］．中国信用卡，2014（7）：25－27.

［7］奚尊夏，魏博文．国有股份制商业银行发展小微金融策略研究［J］．浙江金融，2012（11）：58－61.

（撰稿人：卢一铭、张乐柱）

村镇银行绩效及发展问题建议分析：小榄村镇银行案例

当前，我国农村金融改革已进入一个全新阶段，大部分农村金融问题都是围绕如何向“三农”提供金融服务而展开的。然而现有的农村金融机构越来越无法满足“三农”对资金和服务的多样化需求，原因是多方面的，其中主要在于监管部门对农村金融市场实行过度管制，农村金融市场准入门槛过高，新的金融机构无法进入，导致农村金融市场高度垄断，金融服务严重滞后于“三农”发展需要，供需不平衡矛盾日益凸显。

村镇银行作为新型银行业金融机构的主要试点机构和我国农村金融体制的一项重大创新，拥有机制灵活、依托现有银行金融机构等优势，自 2007 年以来取得了快速发展，对激活农村金融市场、完善农村金融组织体系、搭建农村金融供给新渠道和改进农村金融服务已经产生了积极影响。但作为新生事物，由于受到各种内外部因素的制约，村镇银行在发展中不可避免地遇到了许多具体问题。厘清村镇银行发展中面临的各种问题及内外部制约因素，才能促进其可持续健康发展，进而发挥应有的功能。

一、村镇银行发展的背景

自 1979 年开始，农村金融改革，初步形成了以国有商业银行、政策性银行和农村信用社为主体的正规金融体系。与此同时，民间借贷悄然萌发，形成了一套在法律约束之外的非正规金融系统，与正规金融体系并存。1997 年以来，受商业利润最大化的驱使和基于对入市后市场竞争加剧的考虑，中国工商银行等各大国有商业银行逐渐从农村撤出。目前，我国农村地区金融体系以农信社为主体，农村金融市场呈现出金融网点覆盖率低、金融供给不足的局面。据统计，截至 2003 年，国有商业银行一共撤销了 31000 多个县级以下营业网点，农村金融网点覆盖率越来越低。而 1994 年成立的政策银行——中国农业发展银行，其业务以支持粮棉油等流通为主，很少涉及农户贷款与农业基础建设方面，对我国农村金融市场的影响相对较小。农村信用社实际上逐渐形成了在农村金融市场上的垄断地位。然而为了追求利润和加强风险控制，农信社的资金存在着向城市和大型乡镇企业流动的趋势，其经营业务“非农化”倾向相当明显。而我国新农村建设与城镇化进程正在稳步推进。农村金融需求日趋上升并呈现出多样化趋势。除传统农户外，专业化和大规模生产需求增加。同时，农民对教育培训、住房、医疗卫生等服务的需求上升。无论是生产性要求还是消费性要求却呈现规模化色彩。相应的农民需要更多的资金支持和金融服务。从上述两个方面来看，我国农村金融市场上，一方面需求上升，另一方面供给不足，供需矛盾突出。

此外，在长期的金融抑制下，大量民间资金以“灰色”身份参与各种形式的地下金融活动，难以寻找到正规的发展渠道，这不仅在一定程度上扰乱了国家金融秩序，也为资金的所有者带来了巨大风险。因此，在引导商业性、政策性金融机构服务农村的同时，大力发展和培育村镇银行，发挥其经营灵活、运营效率高等优势，以有效增强农村地区金融服务的能力，切实提高农村金融服务水平，同时也为民间资金提供了一条正规化发展渠道。国际经验表明，解决农村金融发展难题的途径之一就是广泛设立为农村中小企业和农民提供金融服务的微型商业金融机构。

2006 年，中国银行业监督委员会出台了《关于调整放宽农村地区银行业金融机构准入政策更好支持社会主义新农村建设的若干意见》，首次允许产业资本和民间资本到农村地区新设银行。村镇银行的定义指以现代企业制度的管理模式，产权结构明晰，规定股权中至少 15% 由境内外金融机构所占股，其余股东可以由境内非金融机构企业法人、境内自然人组成，机构设立在农村地区，以面向“三农”、服务小微为经营宗旨的新型农村金融组织。

村镇银行的特点在于其法人性质，也就是说村镇银行是独立的企业法人，享有独立的财产权，依法享有民事权利，与之对应承担民事责任。对于其注册资本要求，若在县（市）设立村镇银行，其注册资金不得少于 300 万元；若在乡（镇）设立村镇银行，其注册资金不得少于 100 万元。

由于村镇银行具有独立小法人资格、准入门槛低的竞争优势，且受当地政府金融工作办公室和当地银行业监督部门所监管，村镇银行的灵活运行机制受到各个金融机构的青睐，我国村镇银行的主发起行主要由城市商业银行和农村商业银行为主，致力于在全国农村金融市场，开发农村金融市场，使农村金融市场活跃起来。

2009 年 2 月 4 日公布的《中共广东省委广东省人民政府关于贯彻落实党的十七届三中全会精神加快推进农村改革发展的意见》中指出：加快开展村镇银行、贷款公司、小额贷款公司、农村资金互助社等新型金融组织试点工作。2009 年 2 月，广东银监局在征求广东省各地市的需求意向后，草拟了省未来三年新型农村金融机构试点发展规划，确立了广东开展新型农村金融机构试点的基本原则：一是科学发展，统筹规划；二是面向县镇，服务“三农”；三是政府引导，市场运作；四是循序渐进，风险可控。从而为广东省村镇银行的发展模式提供了指引。

二、村镇银行成立的必要性

中国是农业和人口大国，以城市和农村为区域划分使我国经济形成了城市和农村分割的发展模式，在工业化、城市化和现代化发展进程中出现了城乡二元经济结构。占人口绝大多数的中国农村经济发展明显慢于城市，城乡收入差距不断拉大。作为一国经济的核心和助推器——金融的发展也呈现城乡二元结构特征。农村金融明显滞后于城市金融发展，进一步制约了农村经济。

（一）我国农村地区金融发展的特殊性

一是农村金融机构分布不合理。从地域看，农村金融机构的分布呈现出中西部分布较稀疏，东部地区较密集；农村地区分布较少，而城市地区分布较多。当然，各地区农村金融机构都已形成农业银行、农业发展银行和农村信用社三足鼎立格局。但这三家金融机构并没有撑起广大农村金融市场的一片天。农业银行乡镇以下分支机构大量撤并，而县以上的农业银行对农村金融的支持作用非常少；农业发展银行是政策性银行，不和农户直接开展信贷活动；农村信用社成为农村最主要也是具有垄断性的金融服务的提供者。农村，特别是经济较落后地区的农村企业和农村居民准金融服务信贷严重不足。

二是农村金融资源多数流向城市。一段时间以来，对“三农”的信贷投入总量呈增长趋势，但其增加幅度却在减少。长期看，农业信贷资金存贷差在扩大，存贷比在下降。商业性金融机构逐利性特点决定了从农村吸收存款大多流向利润丰厚的城市重点行业和大集团、大企业，进一步加剧了农村金融资源供给不足的状况。

三是农村金融需求增加与供给不足形成矛盾。农村经济格局在经历了 30 多年的改革后发生深刻变化。生产组织化程度提高，出现了民营企业、乡镇企业、个体户等组织形式。因此，对金融需求的主体过去只有种植户，而现在还包括农村中小企业、龙头企业和个体工商户等多种主体。农业生产上由粗放型农业向专业化、集约化和规模化转变，这些转变需要大量的信贷资金。

（二）村镇银行成立前农村金融体系主要问题原因分析

一是正规金融机构功能不健全。农业政策性银行作用发挥有限。中国农业发展银行是我国唯一一所农业政策性金融机构，但它却很难承担起中国农业政策性金融重任。究其原因，农业发展银行资金来源渠道狭窄、不畅通，资金使用效率低，业务范围因长期仅限于粮油棉流通领域，质量服务范围逐步扩大，但形成的银行依赖性依然存在。现有的“开发性”路径选择必定是改其追求规模为盈利，与农村需求的“小额”特征相悖，反而追求农村基础设施和企业为主。

在商业性农村金融机构趋利性原则作用下，形成了农村资金流失的两大主要渠道：以中国农业银行为代表的商业银行和邮政储蓄银行。它们在农业领域吸收了大量储蓄存款，但向农业、农民和农村发放的贷款却很少，不少地方的商业银行甚至不对涉农企业和农民发放贷款，从而使农业资金向非农领域转移。

农村信用社是农村正规金融的主力，它的发展存在种种难题，满足农村金融需求能力不强。尽管经过了管理体制改革和产权制度改革后，农村信用社经营状况和资产质量有所改观，但日益表现出银行化和商业化发展方向。改革后的农信社也显露出“嫌贫爱富”的本性，导致原本就因收入低、自有资金少、难以找到担保人等的农户被拒之门外，难以与农信社达成信贷协议。

二是非正规金融机构受抑制。由于正规金融在资金供给方面无法满足需求，催生了农村居民个人之间、个人与民间金融组织之间的民间借贷行为，从而出现在农村中非正规金融中介组织形式，主要有钱庄、农业合作基金会、民间借贷等。这些组织能够在一定程度上弥补正规金融供给不足，促进农村经济的发展。但它们的活动范围和经营规模上的劣势使其难以应对较高风险；农村非正规金融组织制度不规范，内部经营管理较混乱等原因，使其隐藏着较大的金融隐患，且基本游离于国家的监管之外。非正规金融机构长期受到压抑，如1999年关闭了当时农村各地广泛存在的农村合作基金会。

综上所述，由于农村的金融环境与城市相比有较大差异，多数金融机构在“营利性”原则指导下减少了对农村的金融供给。中国农村市场化程度低，经济发展相对滞后，缺少技术含量较高、投资回报率较高的优质项目，农村金融机构可投资的空间较小。农村金融供给不足是市场选择的必然结果。在这样的背景下，农村需要真正服务“三农”，扎根农村的专业银行出现。

（三）村镇银行成立的意义

村镇银行是我国在农村地区建立金融市场，对社会资本开放的一种尝试。建立村镇银行，可以使农村地区的银行网点数量小、分散面大、金融供给少等现象得到改善，从而让农村金融市场的竞争更加充分，促进农地地区金融行业的服务质量。

一是改变了原来对农村金融体系存量改革的思路。具有低门槛、多元化资金来源、灵活多样的股权与治理结构的村镇银行进入农村金融市场，不但为农村金融市场引入增量因素，增加了对农村金融供给的新渠道，而且村镇银行从成立之始，就对其设立条件、股权设置、治理结构、经营管理、内控机制及监管方面都做出了严格的规定，对股东在财务状况、经营管理能力等方面的要求更形成了对机构经营者的优胜劣汰，这必将推动农村金融的不断发展，缓解农村金融的“贫血症”。

二是增加农村金融市场供给，解决农村金融供需矛盾。如前分析，农村大量的资金通过商业银行、邮政储蓄等渠道流进城市，而资金回流渠道严重缺乏，从而农村金融供求不均衡问题突出。村镇银行建立初衷是贴近农民、服务农村专营小额贷款的机构，能够为农村金融供给注入新鲜血液。

三是打破农村金融市场垄断局面，引入机构间竞争。由于市场机制作用，自1998年以来国有商业银行开始逐渐退出农村金融市场。据统计，截至2006年底，全国平均每乡镇的商业银行网点不到3个，有3000多个乡镇没有营业网点，从而使各地的农村信用社处于垄断地位。村镇银行的建立受到中央银行经营许可，在银监局监管下的正规银行。从业务特点看，村镇银行能够为客户提供更个性化的服务，经营较农村信用社更为灵活。因此，虽然从业务总量上，村镇银行与农村信用社相比没有优势，但仍然对其形成竞争，这促使农村信用社能够在细分市场、提供服务等方面更下功夫，当然最终受益的便是广大村镇客户。

四是为民间资金提供投资渠道。因金融市场长期受到抑制，民间资本为获得更多的利润，都转入地下运作，通过灰色的金融交易形式来赚取利润，这种做法既破坏了国家金融市场正常的经营秩序，存在着很大风险，也为洗钱等非法行为提供了便利。村镇银行制度的实施使得国内外的相关金融机构、国内的自然人以及非金融性质的其他法人机构都可以出资或者发起建立村镇银行，这意味着民间的流动资金也可以通过银行进行经营。中国人民银行曾经试点小额信贷机构，经营只贷不存业务，吸收了大量的民间资金，村镇银行又一次为民间资金提供了投资机会，既有利于民间资金的规范运作，也促进了农村地区金融市场的繁荣发展。

三　我国村镇银行发展现状

（一）我国村镇银行发展现状

1. 村镇银行的发展定位

根据《村镇银行管理暂行规定》，我国村镇银行的设立主要是为了解决农村地区和欠发达乡镇银行业金融机构网点覆盖率低、竞争不充分、金融供给不足等问题。因此，村镇银行的定位始终应以服务“三农”为根本宗旨，致力于为农村地区的贫困农户及低收入家庭提供金融服务。首先，在服务对象上，应以县域内的农户、农业和农村经济发展的需求为重点，努力满足当地农村金融需求。其次，在金融产品研发上。村镇银行应充分发挥自身优势，针对农村市场小额、分散及农业弱质性等特点，开发设计出适合当地农村需要的金融产品，为农村市场提供全方位、个性化的金融服务。村镇银行的发展定位必须要立足于县域、农村，最大限度地使农村金融服务惠及最广大的农村贫困人口，实现经济效益和社会效益的结合。

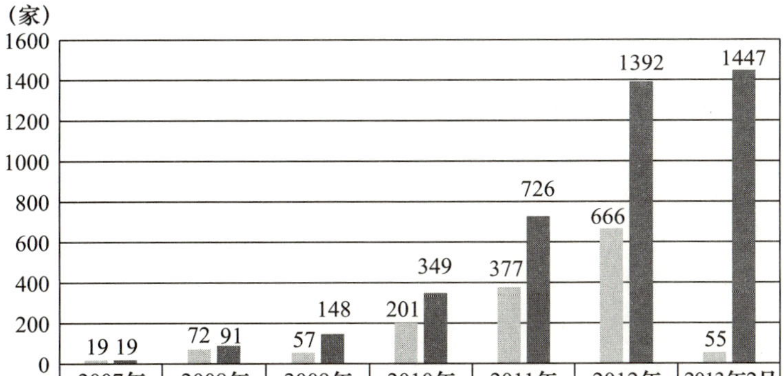

	2007年	2008年	2009年	2010年	2011年	2012年	2013年2月
新增量	19	72	57	201	377	666	55
总计	19	91	148	349	726	1392	1447

新增量　总计

图1　2007～2013年2月村镇银行数量及增长量

2. 我国村镇银行设立的数量及分布

2006年12月20日，我国银监会出台了《关于调整放宽农村地区银行业金融机构准入政策，更好支持社会主义新农村建设的若干意见》，提出在湖北、四川、吉林等6个省（区）的农村地区设立村镇银行试点，我国的村镇银行试点工作从此启动。2007年3月，首家村镇银行四川仪陇惠民村镇银行在仪陇县金城镇成立，同年10月，村镇银行的试点省份由6个省（区）扩大至31个省（区、市）。2007年，新设立村镇银行19家，2008年末，共建立村镇银行91家，比2007年增加72家，2009年村镇银行共建立57家，共为148家，2010年，村镇银行迎来又一轮的建立潮，所设的数目超过前三年的总和，至年末，已开业的村镇银行达到349家，2011年末为726家，2012年末，新增村镇银行666家，总数达到1392家，截至2013年2月28日，已批准设立的村镇银行数为1447家。

2011年7月，我国银监会下发了《关于调整村镇银行组建核准有关事项的通知》，实施村镇银行组建挂钩，在地点上由全国范围内的点与点挂钩，调整为省份与省份挂钩；在次序上按照先西部地区、后东部地区，先欠发达县域、后发达县域的原则组建。这一政策加大了对中西部、欠发达地区的金融支持。在已成立的1447家村镇银行中，东部11个省（市）共成立574家，占总数比例的40%，中部地区8个省共成立412家，占总数比例的28%，西部12个省（区、市）共成立461家，占总数比例的32%（见表1）。从地域分布来看，各省（市、区）设立的情况呈现不均衡态势，东部发达地区仍是村镇银行设立较多的地区，如辽宁省已设立118家，而地区偏远经济相对落后的地区情况则不容乐观，西藏自治区目前没有一家村镇银行，青海仅有一家。这可能与东部地区经济程度较为发达有关，村镇银行的营利性也可能相对较高，主要发起人到中西部地区成立村镇银行的动力较为不足。从设立的集中度来说，东部地区的村镇银行主要集中设立在浙江、辽宁、江苏、山东4个省份，共有420家，占东部地区总数比例的73.2%；中部地区为河南、江西、吉林3个省，共有228家，占中部地区总数比例的55.3%；西部地区则为四川、广西、内蒙古3个省份，共有461家，占西部地区总数比例的67.4%，如图2所示。

表1　2013年2月末1447家村镇银行地区分布情况

东部		中部		西部	
辽宁	114	吉林	54	广西	83
浙江	118	黑龙江	37	四川	153
江苏	96	安徽	24	云南	45
上海	16	湖北	48	贵州	29
北京	17	湖南	40	甘肃	32
山东	92	山西	12	陕西	35
广东	58	江西	62	重庆	26
天津	58	河南	112	内蒙古	75
海南	10			西藏	0
河北	26			青海	1
福建	15			宁夏	15
				新疆	28
合计	574		412		461

从已经成立的村镇银行看，大多将其总部设在各试点地区的行政中心所在地，周边的金融和经济环境理想，商贸较为发达。因此其并未完全符合在金融服务空白地区布局的经营思路，村镇银行最终呈现“冠名村镇，身处县城”格局。

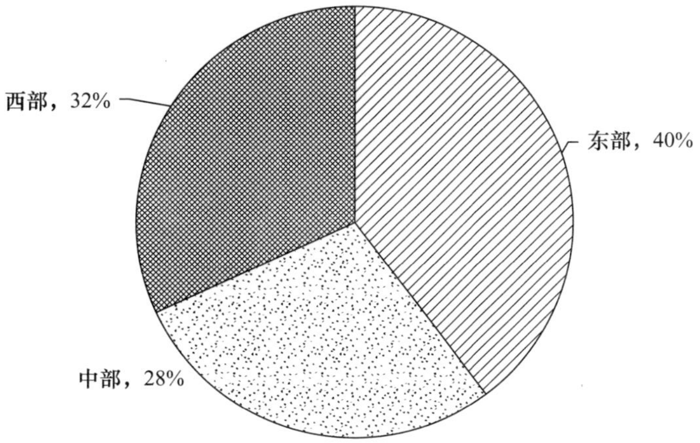

图2　2013年2月村镇银行地区分布

3. 注册资本规模不断增加

为了让村镇银行的设立门槛更低，银监会制定相应的规定：在县域设立一级的村镇银行，注册资本金最少为300万元，在乡镇设立村镇银行，投入的注册资本金最少为100万元，与其他商业银行相比，注册资本金的门槛降低了很多。从当前情况可知，金融机构在成立村镇银行时，多数都增加了注册资本金，这正成为一种趋势。数据显示，截至2007年9月，在推行试点的6个省市地区设立的村镇银行中，排名前12位的注册资本金的平均值超过了1000万元，其中注册资本金最多的达到2000万元，最少的只有200万元。截至2009年4月，正式挂牌成立的村镇银行已经多达96家，其注册资本金的平均值高达4870万元，其中注册资本金过亿元的就有14家之多，最大的一家村镇银行注册资本金超过2亿元。在全国范围内，村镇银行规模越来越大，记录随之刷新。截至2009年，浙江省平湖市工银村镇银行注册资本金高达2亿元，被称为规模最大的村镇银行；在2010年6月，在东莞市长安镇成立的一家村镇银行，注册资本金达到3亿元，刷新了“最大村镇银行”记录；2010年12月底，在河南省南阳市成立的村镇银行，注册资本金为5亿元，摘下了“最大村镇银行”的桂冠。

村镇银行注册资本金越来越大，规模也随之增大，可以给客户提供更大数额的贷款。法律规定，对于单一客户，村镇银行可以提供的贷款数额最大为注册资本金的十分之一，投入的注册资本金越多，越容易拉到当地规模大的企业客户，因为他们需要的资金更多。在不远的将来，很有可能会出现一些村镇银行，注册资本金超过了现有股份制商业银行的现象。

（二）我国村镇银行发展中存在的问题

（1）政府政策支持力度不足。从2006年我国银监会实施放宽农村银行业金融机构准入政策起，村镇银行作为服务于“三农”的新型金融机构，肩负着完善农村金融服务、支持农村经济发展的社会责任，应得到来自社会各界的支持，尤其是国家政策方面的大力倾斜。但国家在财政、货币及其他金融政策上支持力度远远不够，村镇银行在为“三农”服务上的积极性受到了限制。在财政税收政策支持方面，国家税务总局和财政部先后颁布了《财政部关于实行新型农村金融机构定向费用补贴的通知》等支农政策。该政策规定只有一户单笔贷款总额在不超过5万元的小额农户贷款才可适用减免税政策。但从村镇银行近几年发放农户贷款结构来看，5万元以下的占总贷款额的较少，而5万~20万元的占总贷款额的较多，因此财政优惠政策效果不明显。同时，村镇银行在营业税、所得税方面所缴纳的税率要远高于农村信用社缴纳的标准。村镇银行缴纳的营业税和企业所得税率分别为5%、25%，农信社为3%、12.5%。此外，农信社不仅在税收上享受着优惠政策，财政部还对农信社发放农业贷款进行了贴息，这也是村镇银行所没有的。在相关金融政策扶持方面。首先，中国银联的准入门槛偏高，只有缴纳入会费300万元才可办理银行卡业务，且对村镇银行缺乏差别化的支持政策，而村镇银行的注册资本才只有几百万元，致使绝大部分村镇银行的银行卡业务无法开办，影响了其经营。其次，由于只有小部分村镇银行获得了央行批复的行名行号可直接加入支付系统，村镇银行绝大多数尚未直接加入央行的支付结算体系，其支付结算业务只能通过已经接入央行的支付结算体系的主发起人或其他金融机构代理；同时也暂不能加入央行的征信系统，不能享受其所提供的各类产品服务。

（2）服务条件不足，业务品种单一。根据银监会下发的《村镇银行管理暂行规定》，村镇银行可经营业务较广泛。但就目前村镇银行的软硬件条件看，远不具备完成这些业务的水平。第一，有些村镇银行未接入人民银行的实时支付系统，资金清算只能依靠手工操作，汇划到账速度慢且易出错。第二，有些村镇银行尚未接入征信系统，这就制约了其发展信贷业务，也给其带来更大的风险。第三，村镇银行信息化建设滞后。与商业银行和农信社相比，村镇银行设备投入少、管理水平低、技术力量薄弱，这使许多业务无法开展。同时，村镇银行的服务对象是在乡镇的广大农村居民，所处乡镇的地理位置、自然环境、农村居民对金融行业的认知、对金融产品的需求和居民收入等因素都限制了村镇银行业务的开展。由于上述原因，吸收存款和发放贷款就是目前村镇银行办理最多的业务。

（3）村镇银行的知名度不高导致吸储困难。村镇银行与其他存款类金融机构一样，“存款是立行之本”，但村镇银行基础薄弱，与在农村已根深蒂固的农村信用社相比，认可度和知名度都很低，不少群众仍然以为村镇银行属于私人银行，怀疑其安全性，而不愿将资金存入村镇银行。加之，村镇银行业务单一、网点少、村镇银行之间没有联网等原因导致存取不方便，因而吸纳存款受到很大的影响。在这种情况下，即使村镇银行有较充足的资本金率，但因吸储困难，也会使村镇银行的可持续发展能力较弱，存在着生存危机。

（4）存贷比过高。存款和贷款之间的比例太高，这是当前村镇银行出现的普遍现象。出现这种现象的主要原因是村镇银行发放贷款很容易，但吸收存款比较困难。这既有办理汇兑结算业务不便利的因素，也有公众认知度不高的原因更有村镇银行数量少、分布分散、没有现代化的业务操作手段、对居民的吸引力不大的因素在内。

四、中山小榄村镇银行基本情况

（一）中山小榄村镇银行发展概况

中山小榄村镇银行成立于2008年12月26日，注册资本2.5亿元，是目前全国资本规模最大的也是广东省首家村镇银行。小榄村镇银行由2007年度华中地区城市商业银行竞争力第一名的九江银行股份有限公司出资6250万元作为主发起行（占25%的股份）；中山市城市建设投资集团有限公司、中山市小榄镇城镇建设发展总公司和其他七家法人股东分别出资2500万元或1250万元（各占村镇银行总股份的10%或5%，持有份额约占总股份的65%）而成立的。

小榄村镇银行定位于服务“三农”和中小企业。服务对象决定了该行服务方式必须是精耕细作，需要针对每一个客户个性化地设计授信方案，做到量体裁衣，因此提出了“丢掉望远镜，拿起显微镜”这样的经营理念。意思就是为小企业提供金融服务，不能好高骛远，也不能跟着感觉走，而要和小企业主、农民成为相知互助的朋友。

截至2009年3月末，小榄村镇银行资产总额49623万元，各项存款余额24822万元，各项贷款余额14780万元。3月末，小榄村镇银行中小企业贷款余额8200万元，占各项贷款余额55.54%；涉农贷款余额3684万元，占各项贷款余额24.92%，其中农户贷款余额290万元，农村社区贷款余额2350万元，农民投资办企业贷款余额1044万元；个人贷款余额为2896万元，占各项贷款余额19.5%，其中个人创业贷款余额2725万元，个人消费贷款余额171万元。

目前，小榄村行已经开设4家支行和1家营业部分支，并以间接代理人身份加入人民银行支付系统，有了自己的支票制版和费用全免的银行卡，金融服务基本功能比较健全。

（二）治理结构介绍

中山小榄村镇银行按国家规定实行“三会一层”的治理，即股东大会、董事会、监视会和经管层相互制衡的结构，图3展示了中山小榄村镇银行的治理框架。

治理结构强调九江银行作为小榄村行的发起人，保证村行能有效吸收母银行的有效资源（资金、管理模式、技术平台、品牌影响力等），并且吸收民营资本。由于小榄村镇银行的执行董事长1名以及高管经理层5名，支行行长与营销部经理直接由大股东委派，保证了高管人员的高水平搭建治理平台，同时由于精简的结构，保证了决策链条快速便捷，是有利于经营交易和开拓市场的制度安排。但是这样的治理结构也存在着不足。

首先，股权设置不利于“三层一会”的有效制衡。小榄村镇银行的大股东是九江银行占股25%，其余9个股东最高股份不超过10%，直接导致了小榄村镇银行虽然作为独立法人但其董事、监事、副行长以及高管的任命权由九江银行决定，并定期接受九江银行各项审计检查。股份设置以及人员安排可能导致该行实质成为母行的一个分支，形成维护母行经济效益的天然屏障。股权设置也不利于村行增资扩股扩大规模。虽然小榄村镇银行注册规模全国居首，但是随着机构规模和市场需求扩张，增资扩股势在必行。尤其是近年来严重高涨的存贷比，说明了银行资金缺位，存在着流动性风险。但是由于没有大股东制约机制，如增发股份、减持或退出等机制的硬性安排，村镇银行资金需求得不到有效解决，规模效应难以为继。

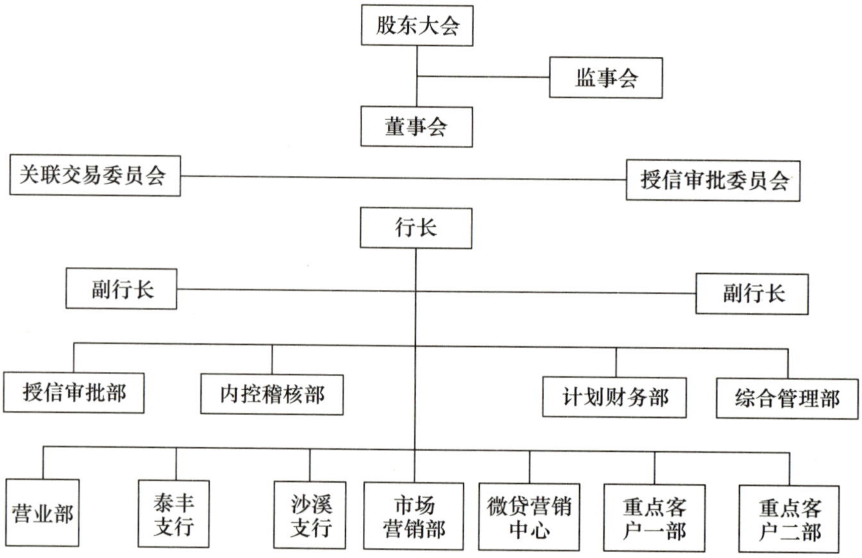

图3　小榄村镇银行公司治理结构

其次，经营过程中"三层一会"的功能有缺失。由于股权设置，股东大会、董事会和监事会很难发挥实效，主要表现为：监管职能过弱、职责混淆和下属委员会包括内控稽核委员会、授信审批委员会、关联交易委员会运作缺乏效率。监事会和董事会往往作"随境"选择，监督职责不能充分发挥；由于机构人员少，高管层往往身兼下属委员会如内控稽核委员会、授信审批委员会等重要职位，很容易导致职责交错重叠，委员会日常运行不够规范和深入，导致"权、责、利"失衡。简单举例，支行行长作为授信审批委员会的评定人员会更多地偏向自己单位的授信业务审批，而限制了其他支行的业务增长。

最后，小股东难以参与公司治理。由于银行从业人员有着硬性的资格要求，因此只有发起银行（九江银行）控制经营，不利于调动股东参与出谋划策积极性，不利于活跃民营资本。

（三）绩效分析

1. 财务绩效分析

（1）贷款客户以中小企业和农户为主，突出普惠金融。中山小榄村镇银行开业后就制定了扶持100户小企业客户、发展400户个人客户信贷计划，成为企业的"及时雨”。开业3个月存款超过2亿元、贷款超过1亿元。截至2009年3月6日，小榄村镇银行给予中小企业发放的贷款有6500万元；发放贷款规模最大的1笔为1200万元；给予农民发放的贷款有2350万元，主要是小榄镇西区经济联合社和小榄镇联丰经济联合社等农村经济体。小榄村镇银行在短时间内取得的存款余额和贷款余额，与一般村镇银行比是非常难得的，同时，小榄镇村镇银行提出“灵活贷款原则”，根据农民和农村中小企业的个性化特征设计有针对性的服务，有利于细分市场，提供多样化产品，推动金融服务的差异化发展。针对目前经济不景气的影响，实体经济受到损害，中小企业面对困难的非常时期，对企业融资实行基准利率，切实减轻企业负担。

（2）资产负债规模扩大迅速，银行发展速度快。自2008年中山小榄村镇银行成立起，银行资产规模不断扩大，2009～2012年，资产规模就从11.43亿元达到21.93亿元，增长率达到91.86%，另据数据显示，银行2013年总资产规模超过30亿元，总负债规模由8.94亿元达到19.06亿元，增长率达到113.2%，发展迅速，如图4所示。

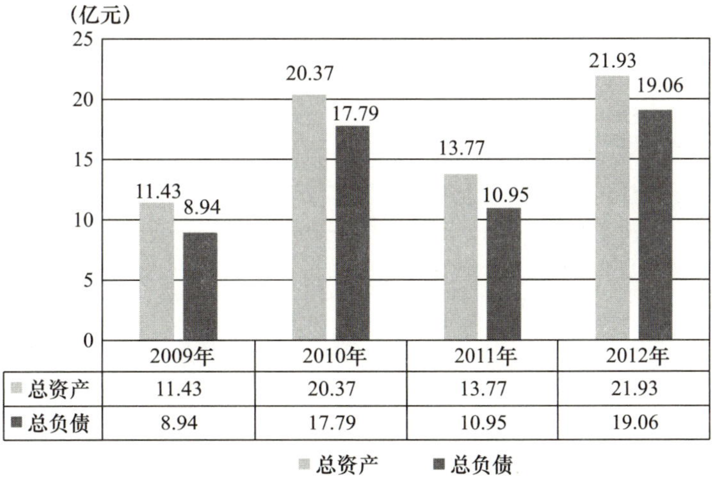

图4　2009～2012年小榄村镇银行资产负债情况

（3）收入以利息收入为主，经营效率不断提高，管理能力提升。2009～2012年，中山小榄村村镇银行收入中利息收入占比由99.29%提高到99.30%，占主导地位。资产利润率中间虽有波动，但总体是不断提升的，相比较而言，资本利润率提高得更加明显，由2009年的0.04%提高到2012年的10.37%（见图5），说明管理层的管理水平不断提升。

（4）存贷比例高，逾期贷款下降，风险防范意识强。2009～2012年，中山小榄村贷款余额由6.22亿元增加到12.194亿元，增速达到96.045%，存款余额由8.1695亿元增加到11.4202亿元，增速达到37.79%，存贷比很高，2009～2012年不断提升，均高于村镇银行要求的75%，并且逐年不断升高，在2012年达到1.07亿元，但同时也说明该银行存在流动性风险问题，其逾期贷款额出奇的低，2012年仅为1万元，说明小榄村镇银行风险控制能力超强，虽然逾期贷款额很低，但其贷款损失准备却不断提高，2012年达到1984万元，说明其风险防范意识很强。总之，小榄村镇银行的风控创新取得较好的财务绩效，但过高的贷款损失准备也降低了其收益。

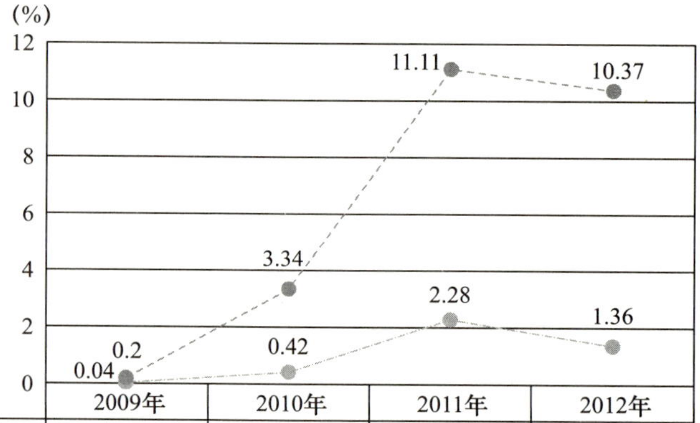

	2009年	2010年	2011年	2012年
总资产利润率	0.04	0.42	2.28	1.36
资本利润率	0.2	3.34	11.11	10.37

图5　2009~2012年小榄村镇银行资产利润率与资本利润率增长情况

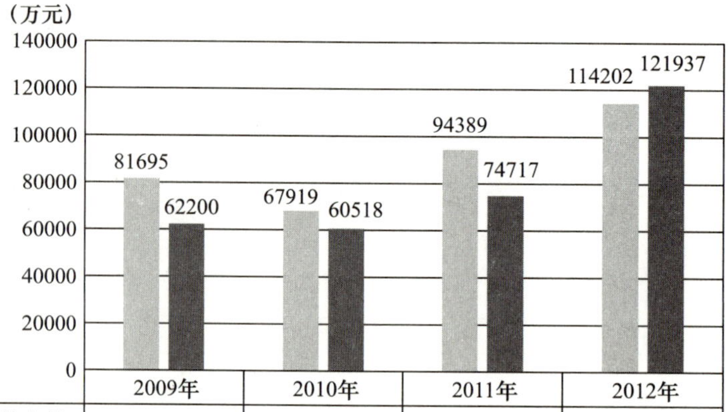

	2009年	2010年	2011年	2012年
吸收存款	81695	67919	94389	114202
发放贷款	62200	60518	74717	121937

图6　2009~2012年小榄村镇银行吸收存款与发放贷款情况

（5）经营成本高，效率低下。经营成本一般使用成本收入比来衡量，成本收入比率是银行营业费用与营业收入的比率，反映出银行每一单位的收入需要支出多少成本，该比率越高，说明银行单位收入的成本支出越高，银行获取收入的能力越低。因此，成本收入比率是衡量经营成本的重要指标。一般情况下，商业银行正常经营标准是该比例不超过45%，但是，中山小榄村镇银行在2009年却达到110.19%，营业成本远远大于营业收入，虽然2009~2012年，成本收入比例不断下降，由110.97%下降到60.14%，可仍然在45%之上，远没有达到健康经营的比例，如图7所示。

2. 创新绩效分析

（1）坚持错位产品，满足各层次需求。小榄村镇银行为种植业、养殖业的农户专门开发了“农家乐”“易得金”“三户联保”、农地贷等贷款品种，在社区建设、涉农贷款投放上给予全额保证和最优惠的利率价格，以支持社区发展经济。对无法提供合法抵押物的贷款，主要以担保公司担保或联保方式进行，最大限度地满足农户的贷款需求。为中小企业专门设计了“添新机”“存货抵押”“应收账款质押”“保兑仓”设备通和联保贷等授信品种，拓宽中小企业的融资途径。为个体工商户设计“微贷通”业务，具有“免抵押、专业、快捷”的特点，解决其融资难问题。小榄村镇银行对农户担保制度方面的创新也表现出色，除了一般的多户联保和在经济联社存入保证金等手段外，小榄村镇银行还创造性地与社区联合，使农户可以通过社区将自身自留地的使用权进行抵押，有效解决农民无物资抵押贷款的困境。小榄村镇银行通过多种措施与手段针对客户的特点创设不同的金融服务产品，满足各个层次农村经济发展的需求。

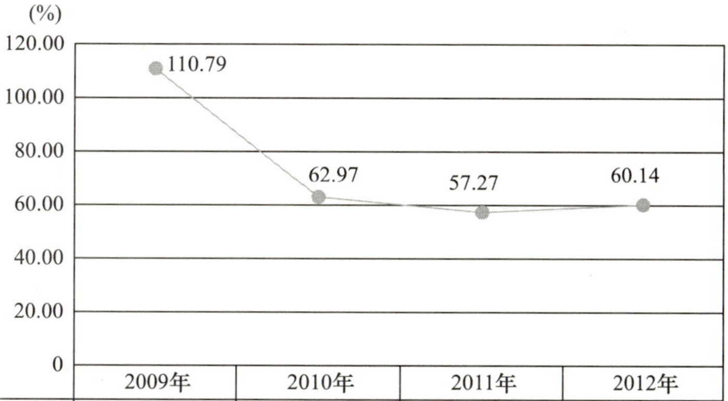

	2009年	2010年	2011年	2012年
成本收入比	110.79	62.97	57.27	60.14

图 7　成本收入比（2009 ~ 2012 年）

（2）高效率的评审体系，独特的信贷模式。中山小榄村镇银行对贷款企业的要求一般调查不超过 3 个工作日，项目贷款调查不超过 10 个工作日；一般审查不超过 3 个工作日，项目贷款审查不超过 7 个工作日；调查不仅时间短，并且有特色。第一是点对点个性化调查，信贷员调查企业，重点不看是否有抵押，而看老板的诚信度、纳税情况、水电用量、员工工资发放情况等，综合评定企业和经营者个人的信用。第二是一家企业一个政策，对于小企业来说就是看订单，看开工率，种植户主要看种植面积、销售情况，甚至是街边的大排档小老板，如果有贷款需要，只要有其他两个小老板做担保，也可以贷到款。第三是简单，审批只需经过信贷员和部门主管两级，评审、审批不超过 5 个工作日。其中，对于小额贷款，要求 3 天发放；对于大额贷款，从审批到发放也不会超过 10 天，从而真正为客户简化了审批流程，降低了融资成本。正是凭借以上三个方面，短短几个月就表现出强劲的市场活力。2014 年 1 ~9 月，累计发放贷款 89587 万元，其中，发放给中小企业贷款 27800 万元，占贷款总额的 31%，个人创业贷款 3872 万元，占贷款总额的 4.3%。如图 8 所示。

（3）利用科技，树立品牌。首先，中山小榄村镇银行利用小榄镇作为信息化工程示范点的契机，建立自己的专属网站和电子商务平台，拓展销售渠道。例如，通过驻点小榄的阿里巴巴平台、小榄五金产业基地网、小榄镇名优产业网等渠道与众多产业集群企业实现线上对接、展开合作。其次，利用中山小榄的公共传媒力量。加大电视新闻传媒、广告传媒的投入，树立小榄品牌形象。加大跟购物中心的银联卡合作活动，以业务服务态度获取广大民众的信任。最后，争取政府和社区帮助。小榄镇延伸到社区的完善管理模式，为企业的推介会提供了极大便利，小榄村镇银行抓住这一便利，让政府、农村中小企业、社区农户等各个阶层从推介会上了解村镇银行的性质、特点和服务，消除对村镇银行的认知偏差。另外，还可以定期租用小榄镇各社区“一站式”综合服务大厅，努力做好对“三农”贷款和个体经营户贷款以及存款服务的宣传。

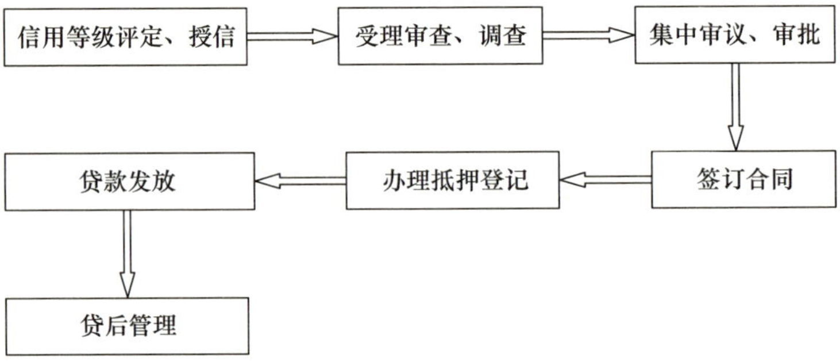

图8　中山小榄村镇银行贷款流程

五、小榄村镇银行发展问题

（一）业务品种单一，金融创新不足

根据《村镇银行暂行管理规定》，村镇银行可以办理银行的存、贷、汇以及各种中间业务，在满足所在县域内农户、农业和农村经济的发展需要后，还可以用富余的资金投放当地产业、购买涉农债券或向其他金融机构融资。然而，中山小榄村镇银行的实际情况却远非这么乐观。该村镇银行还没有开办信用卡业务，中间业务占比也很低，在2012年仅为0.31%（见表2）且呈下降趋势。虽然中国人民银行规定“符合条件的村镇银行可以按规定申请加入大额支付系统、小额支付系统和支票影像交换系统”，但由于这个“条件”至今未明确，小榄村镇银行尚无法以直联方式加入大小额支付系统，导致其客户无法在银行之间直接划账、全国支票不能结算，企业愿意到村镇银行存款的很少。小榄村镇银行开业到现在，当前仅仅开办了基本的存贷款业务，小额信用贷款业务、质押贷款业务和票据转贴现业务，还停留在传统的业务和产品上，没有实现金融产品的创新。对于农户教育、购置生活用品、房屋建设等消费类贷款的探索还较少，对电子银行、代理保险、代理发行、兑付、承销及买卖政府证券、金融信息咨询、个人理财等中间业务的开发较少，缺少具有农村特色的金融产品和服务，业务创新能力明显不

足，无法有效满足农户多元化的金融需求。

表2　2009～2012年小榄村镇银行利息收入与中间业务收入占比　　单位:%

年份	2009	2010	2011	2012
利息收入比	99.29	97.07	98.99	99.3
中间业务比	0.71	2.93	1.01	0.31

（二）受发起行控制较深，经营独立性不足

从股权设置看，虽然民间资金也占有一部分股权，但《村镇银行管理暂行规定》中明确规定，村镇银行的最大股东或唯一股东必须是银行业金融机构，并且最大银行业金融机构股东（发起行）持股比例不得低于村镇银行股本总额的20%。发起行对村镇银行占有绝对控股地位，致使村镇银行在成立初期相当于发起行的一个分支机构，人员管理、业务经营诸多方面都受到约束，自主经营权难以发挥。如某村镇银行，共34名员工，其中董事长、管理层等6人均是其发起行下派人员，导致该行高层人员无论是从思想上还是从业务发展上，均无法脱离商业银行的影子，每项贷款都要报发起行审批，无法适应当地经营环境。

（三）存贷结构不合理，流动性风险加剧

流动性风险反映在存贷款结构上。存贷比偏高将导致村镇银行流动性不稳定，主要由于村镇银行吸收存款难度较大：①村镇银行受到自身属性限制，《中国银监会关于加强村镇银行监管的意见意见》中阐述了其较强的区域性特征：“属地监管机构要加强对村镇银行的业务监管，督促村镇银行在核准的业务范围和经营区域内依法合规进行经营”，这给跨区域吸储、增加存款量带来了困难。②村镇银行还受到外部环境多重影响。首先，农民是农村金融服务群体当中的弱势群体，缺少闲置资金，村镇银行可吸收存款少；其次，农业农村经济风险高效益低，受自然条件和市场条件的影响，季节性明显，资金需求大；最后，村镇银行在农村金融市场中认可度普遍偏低。村镇银行开业初有不受存贷比指标约束，有5年缓冲期，但以上种种原因都会使存贷比高位运行，加剧村镇银行流动性风险。截至2012年末，中山小榄村镇银行存款余额11.42亿元，贷款余额12.19亿元，存贷比已超过100%。

此外，中山小榄村镇银行也面临公众存款不足、业务单一、网点少等缺憾带来的资金困境，吸存不足严重制约了贷款，影响公司的经营获利。随着该行规模不断壮大，股东存款占比由建行初期的80%降为目前的50%，但股东仍然是小榄村镇银行最大、最稳定的存款来源。另外，小榄村镇银行涉农贷款仅占贷款总额的14%，远远低于人民银行对支农再贷款的政策标准75%，因此，从国家获取资金补助的来源受限。

（四）市场定位与实际工作存在偏差，存在信贷风险

村镇银行以“服务三农、服务小微企业”为理念打造区域性银行。但从城乡布局看，在利润最大化的目标驱动下部分村镇银行市场定位存在偏差，出现“脱农化”“去

农化”倾向，即没有把关注重点放在“三农”上，虽身处乡镇却将工作重心偏向县城，且支行选择主城区等发展较好的区域作为经营场所，存贷款业务都以县城区域为中心，涉农贷款流向农业以外的产业或者银行所在村镇以外的地区。据2013年底数据显示，中山小榄村镇银行发放的涉农贷款仅仅占比13%，中小微企业贷款占比达到75.3%。村镇银行既背负支持“三农”、服务“三农”的责任，又必须自主经营、自负盈亏，内在矛盾和利益冲突必然会导致其市场定位有偏。

（五）专业人才匮乏，人力资源不足

村镇银行基于立足为“三农”服务的宗旨，大部分设立在地区偏远或经济不发达的落后地区，要想吸引优秀人才比较困难。虽然中山市作为珠三角核心城市，在地域方面没有存在弱势，但从中山小榄村村镇银行的员工构成上看，该村镇银行专业人才缺乏。据2013年4月数据显示，中山小榄村镇银行全行共有员工73人，其中，董事长（行长）和副行长各1人，支行行长4人，营业部经理1人（见图9）。其中，董事长是控股商业银行外派的管理人员，之前是从押运员做起的，而基层业务人员主要在当地招录，全部是刚走出校门的学生，有大部分比例员工仅有大专以下学历，研究生学历仅有1人，大部分缺乏系统的金融专业知识和技能。

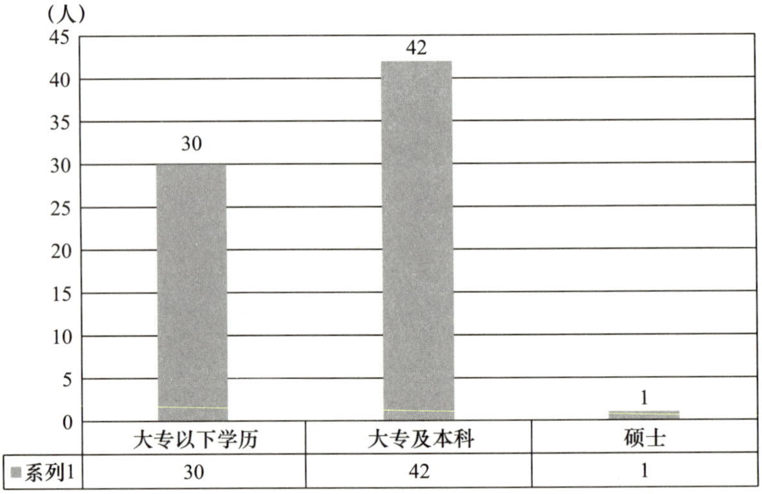

图9　2013年受教育人员

人员流动大，经营不稳定。人才流失主要表现在两个方面：①银行职员自动离职。出于工资水平和职位竞升的需求，一些有能力开拓优质客户资源的客户经理和具有较高管理水平的管理层提出离职，会导致客源流失和管理工作短暂的衔接不力；②大股东输入的管理人员难以长期稳定在村行工作，村镇银行的董事长、计财部经理等重要职位人员都由九江银行选拔委派，工作两三年后就调任离开，导致银行内部管理结构变化大，工作连续性较差。

（六）同业竞争力弱

在机构数目上，2013 年小榄村镇银行总共 5 家营业机构，要与像“四大行”规模宏大，又要与像广发、兴业、邮储、招商等 12 家共 65 个分支机构的银行同业竞争。1∶13的比例压力堪大，加上其他银行资金实力，且扎根当地多年，信誉良好，使得村镇银行这样的小银行处境十分尴尬。

在市场份额上，中山小榄村镇银行 2016 年存款余额 11.94 亿元，在小榄镇 12 家银行机构中排名第七，占小榄镇各项存款总额 300 亿元的 4%，市场份额很小。另外，保险公司和黄金交易公司等机构发展也慢慢开始挤占小榄金融市场，与“村行”形成市场差异竞争的格局。

贷款业务上，根据国家政策，小榄村镇银行目标客户群体是“三农”和中小企业。第一产业仅为小榄镇 220 亿元的 GDP 值贡献度为 0.3%，该村镇银行涉农贷款占比 14%，已经相当不错。面对风险较大的承包经营农业（花木、渔业、甘蔗等），支农业务拓展十分缓慢，为寻求盈利，小榄村行不得不将客户结构向中小企业倾斜。但是，在资金和利率、金融票据业务方面村镇银行都不占优势，难以与寻求发展转型而紧盯中小企业市场的大型商行相抗衡。另外，在业务品种、利率设置等方面，小榄村镇银行还得与“大信”和“德诚”两家小额担保公司之间展开竞争。因为利率设计更加灵活，小贷公司效益远远高于该行，股东回报率为均在 15% 以上，高出村镇银行的 6.7% 1 倍多。

（七）定位不清，重企轻农

小榄村镇银行从不讳言自己的服务对象是小榄当地的中小企业。2009 年 3 月末，小榄村镇银行中小企业贷款余额 8200 万元，占各项贷款余额 55.54%，农民投资办企业贷款余额 1044 万元，占各项贷款余额 7.07%。以上两项共占各项贷款余额 62.61%。而真正用在“三农”上的农户贷款余额 290 万元，占各项贷款余额 1.96%；据有关报道小榄镇的农业产值份额仅 0.3%，因此服务“三农”定位在小榄显得缺乏生存土壤。小榄镇政府甚至表示，为了扶持当地中小企业发展，小榄村镇银行不以“赚钱”为目的。作为一个银行，这显然是小榄镇政府强加于其上的。《村镇银行管理暂行规定》第 39 条明确规定“村镇银行域内农户、农业和农村经济发展的需要。确已满足当地农村资金需求的，其富余资金可投放当地其他产业、购买涉农债券或向其他金融机构融资”。由此可见，当初政策设计的初衷是在农村金融市场引入更多金融机构，从而促进竞争，让不能贷到款的农民贷到款，缓解农村信贷资金紧张。

六、小榄村镇银行可持续经营路径

（一）细分农村金融市场，开展错位竞争

村镇银行将市场定位于满足当地农户和农村中小企业的金融服务需求的“贷农贷

小”的“草根银行”后，应进一步通过市场细分和金融创新，提供个性化服务，与传统涉农金融机构展开错位竞争。首先，村镇银行应根据当地经济发展情况及农户和中小企业的金融需求状况，细分金融市场，本着弥补市场空档的原则，结合自身优势，大力挖掘与培育自己的优质客户群。其次，发挥村镇银行的“小法人”机制优势和多样化优势，开展农产贷款流程再造，缩短流程环节，促进农户贷款流程标准化、规范化，切实提高审批效率和服务效率，凸显村镇银行的竞争力。

（二）改革与创新金融产品，满足客户个性化的金融需求

首先是金融服务理念改革。引入孟加拉乡村银行的“信任哲学”理念，以农为友，深入农村地区，开展金融服务。村镇银行在开展信用审查时，除了审查财务数据外，应更关注借款人的性格特征、家庭构成、日常开销特征等个性化因素对还款能力的影响；在进行信贷审批时，要能更好地理解农户和农村中小企业在经营中可能遇到的困难，并为他们提供个性化的融资和咨询服务。

其次是量身定做金融产品和服务。利用本土优势，在调研基础上，在成本可算、风险可控前提下，推出与自身管理水平相适应、与“三农”和微小企业融资需求相匹配的金融产品和服务。如可根据农户资金需求特点简化借贷手续，提高借贷效率；采用按旬、按月等分期还款模式，降低农民一次性还款压力。

最后是探索新型担保机制，增加农村金融服务可得性。如农村住房抵押借款、大棚抵押贷款，或根据政策在流转土地使用产权、林权和海域使用权抵押融资方面先行先试，或可根据农户的信用额度和是否有抵押品来选择贷款的利率和期限，推行一次抵押、集中授信、余额控制、循环使用。

（三）强化内控管理，切实加大风险管理和风险防范力度

村镇银行能否实现稳健、可持续发展很大程度上取决于其内部控制与风险防范水平。在大力拓展业务的同时，村镇银行还发挥自身独特的管理体制，结合县域实际，健全存款、贷款和风险管理等制度体系，强化内部管理促合规，探索构建适应“三农”和中小企业特点的风险防范体系。以内部制度建设为首要，促进规范化管理上台阶。大力加强内控管理体系建设，制定完善涉及公司治理、信贷管理、风险防范、内控建设、业务发展、职工队伍建设等一系列内部管理制度和业务操作流程，不断强化业务操作规范和监督，切实提高内控管理的有效性。

（四）坚持服务“三农”的功能定位

组建村镇银行，让具有优势的金融机构把信贷支持延伸到村镇，吸收和引导民间资本，从而为农民、农业和农村经济提供更便利、更充分、更有效的金融服务。农村金融机构并不是缺少钱，而是没有按政策要求和市场规律解决好投向问题。组建村镇银行，就是要再造“供血”机制，由强势的投资方扶持弱势群体和弱质产业，进行直接补位，补现有农村金融机构未达之位。这个位置就在村镇。由于村镇银行目前的资金实力有限，它所要到达的准确位置主要在农户那里，形成一定规模之后，再逐步到达个体工商户、小微企业等服务群体。

（五）构建合理的股权结构

合理的股权结构是村镇银行高效运行的核心要素，也是完善村镇银行公司治理机制的关键因素。股权结构对村镇银行规范经营、持续稳定发展具有重要的引导和推动作用。鉴于各种股权结构的利弊，适度集中的股权结构是当前我国村镇银行的最优选择。具体而言，就村镇银行的投资主体来说，要尽可能地实现多元化，根据各地情况差异，政府、企业、银行、个人等，均可作为投资者入股村镇银行。当然，其中尤其要注意的一点是，鉴于以往政府投资地方商业银行的众多弊端，政府投资村镇银行必须是暂时性而且缓退性的，至少应同其他投资主体一视同仁。也就是说减少九江银行的持股比例，引入更多的中小投资者，建立法人治理结构，改变由九江银行直接任命小榄村镇银行管理高层的做法。

（六）加强经营管理，降低村镇银行信贷经营成本

村镇银行要加强经营管理工作，最大限度地降低信贷的经营管理成本，提高经营效益，才能保障实现可持续发展。

一是优化机构网点设置和人力资源配置，最大限度地发挥机构网点和信贷人员的服务效能。信贷人员要根据地理位置的远近，合理确定服务多少村组、多少农户，争取用最少的人员服务最多的区域和农户。由于村镇银行服务的主要对象——农户数量众多，面对的村组点多面广，在村镇银行网点工作人员较少的情况下，可以建立信息联络员制度，聘请信息员协助管理小额信贷。

二是规范信贷业务操作流程，提高办理贷款效率。应尽快建立一套系统、全面、完整、规范、实用性强的信贷业务操作流程，从做好信贷工作的贷前调查、严格贷中审查要点、签订小额信贷合同、柜台发放贷款、加强贷后管理、到期收回或遇到特殊情况展期处理等方面作出具体规定，系统性地开展信贷业务，规范信贷业务运行，提高信贷业务的规范化、标准化程度。

三是培养农户自觉还款的习惯。可以安排每个村确定每个月或每周有一个固定还款日，在这一天信贷员上门办理贷款的发放、本息回收工作，集中办理业务，使农户养成还款习惯。

（七）提高村镇银行社会认知度，拓宽资金来源渠道

地方政府和村镇银行要利用各种媒体和平台向当地社会公众加大宣传力度，介绍村镇银行的性质及其开展的相关业务，增进社会公众对村镇银行的了解，增强社会公众对村镇银行的信任感。中央银行也应加大对村镇银行的政策扶持力度，可以设立专项支农再贷款支持政策和额度，缓解村镇银行的资金压力。同时，可以通过村镇银行试点农村利率市场化改革，允许村镇银行的存款利率上浮浮动略高于其他金融机构，从而增强村镇银行在存款市场的竞争力。

七、村镇银行发展的政策性建议

我国村镇银行经历了近六年时间的发展，对我国广大农村地区的经济发展提供了有力支持，但是仍然存在制度不完善、公信力不足、人员素质不理想、政策扶持不到位等问题，亟须改革创新发展。

（一）推动制度改革和创新

（1）完善市场准入机制和退出机制。村镇银行是地区性金融机构，一般不跨地区经营，其注册资本和资产规模较小，村镇银行针对的是分散、小额、个性化的低端市场，服务对象是正在脱贫致富和勉强维持生计的农民。村镇银行的建立旨在解决农村金融供给不足的问题，但村镇银行在准入运行中存在不少问题。在对村镇银行的发起人或出资人进行规定时，要求至少有 1 家银行业金融机构，这个要求是有局限性的，会导致村镇银行的发起人选择面过窄，无法体现公平竞争、择优录取的原则，也无法让更多优质资金流入农村金融领域。因此，相关部门应出台政策放宽村镇银行发起人的限制条件，允许实力雄厚、财务状况良好的非银行金融机构和民营机构发起成立村镇银行。尤其是在金融服务严重缺失的地区，更应该进一步放宽发起人范围，允许企业和自然人作为发起人设立村镇银行。同时，建立和完善农村金融市场的退出机制，其目的是使出现问题并难以拯救的金融机构能够妥善退出市场，避免因个别金融机构风险而引起更大范围的波动，也保护了存款人的利益，特别是农民小额存款人的利益。建立退出机制也体现了市场竞争中优胜劣汰原则，有助于提高金融机构的风险意识和竞争意识，维护金融秩序稳定。

（2）加强内部控制制度建设。由于村镇银行成立时间较短，各项规章制度都不完善，大多数的村镇银行非银行股东都不具备金融专业知识，造成村镇银行缺乏专业人才和规范管理。因此，必须加强村镇银行的内部控制建设。一是实施审慎的会计制度，加强财务管理。同时尽快出台村镇银行基本业务会计准则，以更加规范的形式强化信息披露。二是严格岗位责任制，针对不同业务部门明确其工作任务和职责权限，可建立轮岗制度，对财务会计等重要岗位实行不定期人员轮换制度，并对责任进行细分，避免个别岗位权利过大。三是建立有效的激励约束机制，完善人才的选拔培训机制、绩效评价机制、薪酬管理机制和劳动保障机制等，可以通过严格的考试，对认真执行的部门和人员给予物质或精神奖励，相反，对违规者进行相应的行政或经济处罚。四是及时更新内控制度，因为内控制度具有时效性，随着时间的推移和业务的发展，一些规章制度已不符合村镇银行的发展需要，应该每隔一段时间，对内控制度进行一次修补和完善，保证与之发展相配套。

（3）建立内部稽核制度。村镇银行应该构建一个具有独立性的现代化稽核监督体系，对内部控制体系的有效性进行监督和评价，相当于对内部控制系统的再控制。首先，应在董事会下设立审计委员会，负责内部审计的组织领导，审计部门独立于其他业务部门，直接对董事会负责。其次，配备高素质的审计人员完成审计工作，并且要运用现代化的审计技术，借助外部审计，实现内外稽核相结合的方法促进审计部门更好地履行职责。

（4）建立健全风险防控制度。村镇银行的服务对象一般是农户和实力较弱的农村中小企业，一般而言，中低收入者以及中小企业的贷款抵押品往往较为匮乏，所以村镇银行在进行贷款时应对服务对象和贷款类别进行信贷风险评价。首先，要细分信贷资产类别，建立合理和具操作性的贷款细分标准，从而使村镇银行能够确定不同信贷资产的风险程度。其次，要完善数据库建设，村镇银行可以与专业化的社会评级机构合作，全面收集客户信息，建立客户财务状况信息和管理信息系统，可以涵盖客户的现金收入、房屋等固定资产、家禽家畜的数量、亲属关系等各方面的信息。最后，要根据客户的不同层次建立客户违约概率的测算方法，完善不同类型客户的风险评级系统。

（二）加大国家的政策支持

（1）建立政府引导的农户小额信贷担保基金。为化解村镇银行在贷款过程中面临的不确定性风险，政府应推进信用担保体系建设，农村政策性担保体系可以通过政府干预，可以有效降低金融信用担保风险。为了完善信用担保体系，应由政府引导建立农户小额信贷担保基金，但应避免过度行政干预。

（2）丰富贷款抵押形式。按照现行的法律制度对贷款规则的规定，农民难以找到有效的贷款抵押资产，这是造成贫困农民贷款难的重要原因。但我国农村集体土地、林地和宅基地等重要的经济资产具有很强的保值能力，适合作贷款抵押物。要实施农地抵押制度，必须设立开发农地抵押贷款业务的相应组织、机构及其配套中介，如产权交易市场等。此外，对于没有足够的不动产向银行抵押的农户和中小企业，可引入动产抵押形式，如农具、农作物、机器设备、家禽家畜等，均可以在抵押人继续利用其提供担保的动产进行占有、使用的情况下作为抵押。引入动产抵押，村镇银行便可以放心地向农户和农村中小企业放贷。

（3）完善信贷信息共享机制。村镇银行营运过程中出现的企业和个人信用信息不对称的问题，影响了村镇银行发展。为了降低交易成本，防范信贷风险，为村镇银行发展提供良好的外部环境，应着重从以下几个方面入手：一是完善信贷信息共享的法律法规，企业和个人的信息共享将直接涉及到公民隐私和企业商业秘密等方面的问题，应对信息共享的数据征集、现场核实、统计处理、商业传播等全过程做出规定。二是根据我国国情，应实行公共征信机构与私人征信机构相结合的组织模式，因为大量基于企业和个人基本特征和信用行为的材料都掌握在政府相关部门中，而私人征信机构所提供的信息则更具及时性和针对性。三是扩大信息收集渠道，充分利用工商注册、税收、法院等方面的政府信息，同时加强公共事业、行业组织和消费者个人信息的征集，从而完善信贷信息数据。

（4）加大政府资金支持力度。政府的资金支持对于村镇银行来说非常重要，我国农业生产力水平和农业经济的市场化程度都较低，农业的自我积累功能低下，且具有自然周期性，投资不能很快获得收益。因此，建立合理的利益补偿机制和制度，维护农村资金的完整性，调动投资主体的积极性非常必要。政府应该在资金支持和税收优惠、融资优惠方面给予村镇银行优惠，扶持弱小的村镇银行发展壮大，更好地服务社会大众。

（5）推进农村利率市场化改革。利率市场化是指政府逐步放松和取消对利率的直接管制，由资金供求双方自主确定利率，以达到资金优化配置的目的。农村金融市场资源的合理配置要求农村实行利率市场化改革，要善于借鉴利率市场化的国际经验和利率工具操作的经验，真正发挥利率杠杆作用，发挥政策引导作用，激励村镇银行在农村地区从事有效金融供给，开发能够将利率改革带来的增量资金用于支持农村发展，又能够防范利率风险的信贷产品，使村镇银行的资金运用与农村经济发展相适应。

（三）加强和完善外部金融监管

（1）完善村镇银行金融监管体系，建立独特的监管框架。我国村镇银行的内在脆弱性决定我国应加强对村镇银行的监管。借鉴发达国家的经验，构建与我国国情相适应的金融监管模式，建立专门监管体系对村镇银行业务进行分类管理，建立不同于一般商业银行的监管机制。明确各部门的监管职责，加强各机构的监管协作，制定整体监管方案。在具体实施当中，应该逐级分解监管目标，落实监管责任。可以成立监管工作领导小组，实行对村镇银行的分级管理和分层负责，坚持一级抓一级，形成各级监管部门负责人逐级负责的大监管格局。

（2）加强对村镇银行金融机构高级管理人员的监管。作为村镇银行的高级管理人员，肩负着引导村镇银行的发展战略和实现经营目标的重任，对村镇银行的发展起到至关重要的作用。所以应提升高级管理人员的素质，对高级管理人员进行定期和不定期的考核及谈话等，建立高管人员职业培训制度，加强对村镇银行高级管理人员的行为监管，对工作作风差、有违规行为的不称职高管，建议撤换。

（3）改进监管方法，提高监管技术水平。监管部门每年都要对村镇银行进行调查分类，结合实际、有针对性的进行监管，以确保目标完成。在具体操作中，监管行为要有计划性，要注意严格遵守监管程序，完善检查方法，把合规性检查和风险性检查结合起来，设立预警机制，对不同问题采取不同的监管手段，对未能遵循现场监管职责规定和未采取有效措施而造成不良影响的人员，要追究监管失职责任。

（四）改善运营机制，推进金融创新

（1）明确市场定位。村镇银行是在农村地区设立的主要为当地农民、农业和农村经济发展提供金融服务的银行业金融机构。因此，村镇银行应首先考虑农民群体和小微企业的贷款需要，然而部分村镇银行认为服务“三农”业务具有高风险和低收益，不利于自身盈利，而将目标放在贷款金额比较大的企业身上，这无疑偏离了村镇银行的市场定位。所以应进一步明确市场定位，与社区经济体形成“利益共同体”，一同成长。

（2）提高公信力。村镇银行的公信力没有得到认可，一个重要的原因是村镇银行在为农村服务方面还没有得到认可。村镇银行没有沉下去为“三农”服务，所提供的金融产品和服务还不能适应“三农”的需要。要提高村镇银行的公信力，就要努力改善自己的形象，通过信贷技术创新，为农民和农村中小企业提供切实可行的金融服务，通过优质服树立品牌才能被广大农民群众认可和接受。

（3）多渠道融资。村镇银行的资金头寸紧张，存款的增长速度和贷款的增长速度严

重不匹配。由于经济发展落后，社会闲散资金有限，致使村镇银行存款增长缓慢，人们对村镇银行的认识不深入，更愿意把钱存入国有银行，因此，新开办的村镇银行吸收存款相当困难。为改善这一现象，村镇银行要采取多渠道融资。一是动员股东将自己或公司的资金优先存入村镇银行，起到示范作用。二是充分利用股东的关系网，拉动存款。三是增加股东人数来扩大资金来源。四是引进国外资金，寻求国际扶贫基金会等组织的援助。

（4）创新产品和服务。作为一个微型金融体，只有发挥贴近客户的优势，开发个性化的金融产品，满足客户需求，才能赢得市场。一是主动加强与政府各部门的横向联系，了解当地农业产业发展的相关政策，结合当地的经济发展现状，开发适合农村经济和社会事业的金融产品。二是结合农村经济发展特征和农户的金融需求特点，满足金融市场多层次的金融需求，针对不同需求的农户和中小企业，开发相应的金融产品。三是设计适合农户的理财产品，农户是生产与生活的综合体，村镇银行应发挥自身在信息方面的优势，实现金融服务水平的提高和创新。四是村镇银行应掌握一定的金融工程技术，根据农民不同的个性要求提供专门的金融服务，提高和扩展农民的金融意识。

（五）培养金融创新人才

金融创新是一项技术性很强的金融活动，它所涉及的金融工程学的核心内容包括经济和金融理论、数学工具、计算机科学等，对人才的要求比较高。这就要求政府和农村金融机构树立人才意识，加强人才队伍建设，着力打造一支具备信贷业务开拓创新能力、熟悉农村金融市场的高素质人才队伍。同时，村镇银行要调整经营思路和理念，切实把金融产品和服务创新研发纳入到业务的整体规划中，增加科技投入，积极为业务创新提供平台。

八、案例使用说明

（一）教学目的与用途

（1）适用课程：农村金融、小微金融。

（2）适用对象：金融专业硕士、金融学术硕士。

（3）教学目的：本案例总结了小榄村镇银行绩效及发展问题建议分析，围绕小榄村镇银行绩效分析两大核心——财务绩效、创新绩效，进而引出我国村镇银行发展过程中遇到的问题及相应的政策性建议，为农村金融发展及金融机构进入中国农村小额信贷领域提供有益启示与借鉴。

（二）案例思考题与分析思路

（1）思考题：小榄村镇银行财务绩效高的原因。

分析思路：①贷款客户以中小企业和农户为主，突出普惠金融。②资产负债规模扩大迅速，银行发展速度快。③收入以利息收入为主，经营效率不断提高，管理能力提升。④存贷比例高，逾期贷款下降，风险防范意识强。

（2）思考题：小榄村镇银行创新绩效体现在哪些方面？

分析思路：①坚持错位产品，满足各层次需求。②高效率的评审体系，独特的信贷模式。③利用科技，树立品牌。

（三）理论依据

1. 不完全竞争理论

不完全竞争市场论的主体思想是“在发展中国家的金融市场中不存在完全竞争，提供贷款一方对借款一方的情况不能够充分了解，完全依靠市场机制发挥作用无法形成一个社会真正需要的金融市场。对于部分失效市场的补救，一些非市场化的因素诸如政府的适当介入、借款人组织化等有必要进入市场来进行弥补”。虽然农村地区的金融市场可能存在市场缺陷，需要政府和提供贷款的机构介入其中来弥补市场效应的不足，但必须认识到，任何形式的介入，如果能够发挥作用，有效解决市场本身缺陷带来的问题，前提必须是具有完善的体制结构。因此，非市场要素介入发展中国家农村金融市场，首先政府需要做到改革和加强农村金融机构，排除阻碍农村金融市场有效运行的障碍。这包括消除一些部门获得政府优惠贷款方面的垄断局面，随着国家政策的改革，补贴会进一步取消，优惠贷款将更多地转向小农户，这样在放开利率之后农村金融机构才能够完全补偿成本。外部资金对于金融机构的改革和发展是必不可少的，但是在改革方面政府和其他部门提供的资金应该先用于机构建设，培训管理人员以及完善内部会计审计和管理信息系统等，以便农村金融机构获得长远健康发展。

2. 利益相关者理论

利益相关者管理理论是弗里曼 1984 年在《战略管理：利益相关者管理的分析方法》中提出的，指的是经营管理者在进行企业的经营管理活动中会综合平衡各个方面利益相关者的利益。而传统意义上，企业经营管理遵循的都是股东利益至上的原则，利益相关者理论认为任何一个企业的发展壮大都离不开各个方面利益相关者的投入或参与，企业追求的是所有利益相关者的利益，而不仅仅是少数股东主体的利益。利益相关者不但包括企业的股东、债权人、雇员、消费者、供应商等交易伙伴，也包括政府部门、本地居民、本地社区、媒体、环保主义等，甚至包括自然环境、人类后代等受到企业经营活动直接或间接影响的客体。这些利益相关者与企业的生存和发展息息相关，这些约束主体之中有的为企业经营分担风险，有的会为企业经用活动付出成本，有的对企业进行着监督和制约，所以在企业进行决策时必须要考虑到这些主体的利益和约束。从这个角度上来讲，一个企业本质上是一种智力和专业化管理投资的制度安排，各个利益相关者的贡献和利益回应决定着这个企业的生存和发展，而非仅仅是股东所能决定。这种企业管理思想从理论方面阐述了企业管理和绩效评价的重心，为之后进行辅导绩效评价奠定了理论基础。

参考文献

[1] 朱海城．我国村镇银行发展中的问题与对策研究［［J］．经济研究导刊，2010 (23)：153－154.

[2] 张楠楠．我国村镇银行可持续发展研究［J］．安徽农业科学，2011

(10)：35.

［3］张效梅．村镇银行发展问题浅析［J］．调研世界，2010（3）：7－14.

［4］王明明．“错位”竞争显特色——广东中山小榄村镇银行发展纪实［J］．中国金融家，2009（12）：7－14.

［5］梁小冰．广东村镇银行发展现状与思考［J］．现代商业，2009（1）：7－14.

（撰稿人：李伟伟、张乐柱）

我国小额信贷模式实践的经验与困境：易县扶贫社案例

2011年，我国确定的农村贫困标准为年收入2300元，根据2014年国家统计局的统计监测公报数据，我国还有7017万现行标准下的贫困人口，距离2020年实现农村人口全部脱贫的目标仅剩6年，平均每年要实现约1170万贫困人口脱贫。而融资“瓶颈”一直被视为阻碍减贫目标实现的关键因素。农业生产具有脆弱性，农村贫困人口可抵押资产缺乏和还贷能力不足，造成政府信贷补贴贷款支持与正规金融机构谋求自身可持续发展的经营目标不一致，从而导致我国农村贫困人口难以得到正规金融机构的贷款。

由于穆罕默德·尤努斯从社会底层推动经济和社会发展，他和孟加拉国格莱珉银行获得2006年诺贝尔和平奖，表明人们对小额信贷模式给予广泛赞同与支持。孟加拉国格莱珉银行被广泛认为是当今世界运作最成功、规模最大、效益最好的小额贷款金融机构，为解决由融资难引发的贫困问题提供了具有普惠意义的渠道，成为发展普惠金融的经典范例，值得我国进行探讨分析与借鉴。1993年以前，我国的小额信贷项目仅作为国际援华项目中的一部分和一种特殊的信贷方式。直到1993年，中国社会科学院农村发展研究所在格莱珉银行信托投资公司和福特基金会的资金与技术支持下，河北易县组建了我国第一个由非政府组织操作的专业化小额信贷机构——易县信贷扶贫合作社，简称“扶贫社”。这是我国最早的完整意义上的小额信贷，标志着我国小额信贷模式的诞生（段然，2011）。

一、孟加拉国格莱珉银行小额信贷模式

孟加拉国是一个贫穷落后的农业国。1969～1970年，孟加拉国农业产值占国民生产总值的55.4%，总人口约为7600万人，其中，95%的人口生活在农村，直接从事农业和与农业有关的经济活动的人口，约占总人口的85%。其总面积为37528万英亩，耕地面积约占60%。按从事农业的人口平均。每人只有耕地0.37英亩（谢福苓，1979）。截至2004年底，孟加拉国人口总数为1.4亿人左右，其中，农村人口占75%、城市人口占25%，平均每平方公里916人，是世界上人口最稠密的国家之一。人均GDP到2003年才达到400美元，而且将近一半（49.8%）的人口生活在该国的贫困线以下，其中，34%的人口生活在赤贫线以下（低于4.6美元）。同时，该国人多地少且经常遭

受洪水灾害，进一步加重了其极度贫困的现实，成为世界上最贫穷的国家之一。孟加拉国人民生活的贫困凸显了小额信贷资金的重要性，高度集中的土地私有制度导致了农民的生存压力，决定了小额信贷资金的多用途性，而全国性的短缺经济则保证了小额信贷资金使用的收益性，三个宏观经济条件促成了该国格莱珉银行小额信贷的成功发展（李明贤和李学文，2008）。

（一）格莱珉银行的运行机制

小额信贷是指向被正规金融机构排除在外的低收入者提供小额度的、可持续的信贷等金融服务，目的是帮助低收入者设立或拓展微型企业，逐步摆脱贫困（李莹星，2015）。许多发展中国家为了缓解穷人融资难问题，将小额信贷作为重要的扶贫工具。格莱珉银行是一种非政府组织从事小额信贷的模式，经营机构本身实行商业化管理及市场化经营，作为最早创立的小额信贷组织，运行模式具有创新意义。在资金来源方面，格莱珉银行起初没有稳定的存款来源，主要依靠国际社会和国际农业发展银行和基金组织提供资金。1995 年以后，银行通过开发新的储蓄产品，GB 完全依靠自身市场化运作获得资金，停止接受新的捐赠和贷款，并开始进入稳定发展期。目前，银行贷款总额的将近 89% 来源于自有资金（约占 22%）和储蓄（约占 67%）。其中，自有资金的 93% 和储蓄存款的 56% 来自借款客户。资金运用方面，主要是分散的小额贷款。其发展主要经历第一代、第二代和现代三个时期。

1. 第一代信贷运作模式

（1）以贷款小组为中心的组织架构。第一，借款人的身份要求严格，即必须是穷人，家里拥有少于半英亩或家中拥有不超过等值于 1 英亩的土地财产。第二，以由 5 人组成的贷款小组作为贷款单位。小组成员自由组合，但成员之间不能有亲戚关系，且一个小组成员必须来自同一个村。小组成立前，银行工作人员对小组成员进行调查审核，进行约一个星期的培训，说明制度规定和成员、小组的职能。小组每周召开一次例会，全体成员必须参加。第三，以 6 ~ 8 个小组组成一个会员中心。中心设主任、副主任各 1 名，由所有成员选举产生，任期为 1 年，不能连任。主任的职责是负责管理中心，帮助解决任何单个小组无法独立解决的问题，并与银行指派到这个中心的经理密切合作。中心每周召开一次例会，参与会议的成员为各小组选出的代表，会议的主要内容为检查、监督贷款利用情况，回收还款，帮助难以按时还款的成员解决问题，同时确定新贷款的发放对象及具体额度。

（2）严格的贷款制度。贷款不需要任何抵押和外部担保，GB 主要依靠信任和激励政策来进行风险管理。贷款制度具体要求为：一是小组贷款采用“2 + 2 + 1”的贷款次序，即优先贷款给小组中最贫穷的两个人，如果在约定间内（一般为 6 周）这两个人能正常分期还款，则向另外两个人发放贷款，最后贷给小组长；二是小组成员之间要互相帮助和监督，对彼此的债务承担连带责任，如果有一个成员发生违约，则整个小组失去借款资格；三是按照贷款额的 5% 提取小组基金，作为小组风险备付金；四是每星期要和同属本中心的其他小组一起，召开一次“中心会议”，在银行工作人员的指导下，讨论每个成员的贷款计划和相关生产及还款安排，并监督执行。

（3）运行机制及相关规定。一是贷款偿付机制，包含的具体内容为：贷款期为 1

年；每周进行分期付款，不允许一次性提前还清贷款；从贷款一周后开始偿付；平均利率接近 20%；每周偿付数额是每周偿还贷款额的 2%，分 50 周偿付。由于客户风险和运营成本较高，格莱珉银行贷款利率比普通商业银行平均高 4 个百分点，平均息差达到近 10%。二是单笔贷款金额规定。尤努斯最初的小额信贷试验，每笔贷款金额不到 65 美分；1983 年前后，平均每笔贷款金额为 25 美元；从 2005 年的数据看，格莱珉银行当年发放贷款 3.8 亿美元，贷款笔数 362 万笔，平均每笔贷款金额约 105 美元。三是借款人购买银行股份的规定。借款人在获得第一笔贷款时，需要先以贷款金额的 1% 购买银行的一份股权，成为银行的股东，并在存款等业务上对格莱珉银行保持很高的忠诚度。四是生产性服务。格莱珉银行除了向穷人贷款外，还成立农业基金会、渔业基金会、纺织基金会、信托基金会、乡村基金会 5 个基金会，在每个县设立一个分会，负责向贷款户提供农业技术指导和产销服务，帮助农民发展生产。

2. 第二代信贷运作模式

1998 年，孟加拉国一半的国土遭受了特大洪灾，使得乡村银行的大量贷款无法收回，且贷款者参与每周中心会议的意愿大幅降低，因此乡村银行在年开始推出新的体制——综合体制（Generalized System），成为第二代乡村银行模式，并在 2002 年 8 月改制成功。

（1）贷款期限灵活化。在第一代信贷运作模式中，若借款人无法及时还款将会被取消贷款资格。这一方面不利于资金的回收，另一方面增加了借款人的还款压力，不利于保持贫困者对银行的忠诚度。而在新的体制下，贷款分为两种：基础贷款（Basic Loan）和灵活贷款（Flexible Loan）。灵活贷款允许不能及时还款的借款人延长还款期限，缩小每期还款金额，减轻其还贷压力，增强还款信心和意愿，从而减少银行的不良贷款率。但是在新一轮贷款资格审查时，会增加更严苛的限制性条款约束，以规范借款人的行为。

（2）贷款单位由小组变成个人。格莱珉银行不再要求小组提取 5% 的风险基金，同时取消了小组成员间的联保关系，取消“2+2+1”贷款次序安排，小组成员可同时获得贷款，小组被削弱为一个议事和相互监督的组织。

（3）借款人开设账户的规定。按照格莱珉银行的规定，借款人需要将贷款的 5% 作为强制储蓄，均分为两份，分别存入个人账户和特别账户，同时每周在个人账户中存入小额存款，资金可随时提取，但是存入特别账户的资金只能用于购买格莱珉银行股金，不能提取，但享受分红。所有借贷 8000 塔卡（约 138 美元）以上的客户，每个月都要在养老金账户中存入 50 塔卡，客户达到退休年龄后分期返还；格莱珉银行对储蓄资金按照高于市场的利率支付利息（农业银行国际业务部课题组，2007）。这些安排利于提高借款人的储蓄意识，提高财务积累，既为格莱珉银行创造资金来源，又降低借款人的财务风险。

（4）改革准备金制度。格莱珉银行坚持采用宽松的准备金政策，在第一代信贷模式下银行只对逾期 2 年以上的贷款提取 100% 准备金，而对于逾期未超过 1 年的，不计提准备金；第二代信贷运行模式将上述政策改为：对拖欠首次还款达到 10 周，或贷款逾期超过 6 个月的借款人，将其借款自动转为“灵活贷款”，并按欠款本息的 60% ~ 100% 计提准备金。

（5）奖惩机制。格莱珉银行制定了五个方面的星级达标规定，分别为小组成员 6 岁以上子女都上学，并完成 5 年教育，成员连续 5 年都超过了贫困线等，这些表彰规定突出了银行的社会责任。同时对连续 7 年保持 100% 还贷水平的客户将获得黄金客户身份，可以享受较高信贷额度等优惠。

3. 现代信贷模式

格莱珉银行利用利率市场化的标准进一步改进了小额信贷模式，根据成本等因素制定了合理的贷款利率水平，旨在使利息收入能够覆盖其运营成本及坏账损失。格莱珉银行制定了 4 种利率制度，分别为：创收目的的贷款利率为 10%（按单利计算）、住房贷款利率为 8%、学生贷款利率为 5%，艰难成员（乞丐）贷款免收利息即零利率。

21 世纪以后，孟加拉国小额信贷机构的金融产品和服务开始多元化发展，逐步进入微型金融领域（陈郁城，2016）。随着孟加拉国小额信贷机构业务范围不断扩大，机构开始扩张并尝试市场化运作，转型为专门提供普惠金融服务的微型金融机构。资金渠道的扩大，提高了机构抵御风险的能力，在议定程度上保证了普惠金融项目，在财务上实现可持续发展。

（二）格莱珉银行的发展绩效

格莱珉银行创立至今已历经 40 年左右，其对社会产生的影响深远，成为各国纷纷效仿的对象。一方面，格莱珉银行需要通过盈利来维持银行内部资金的运转，另一方面，需要兼顾普惠扶贫理念。在双重目标下，格莱珉银行的实际发展绩效可从经济绩效和社会绩效两方面进行分析。

1. 经济绩效

（1）提高孟加拉国的经济水平。孟加拉国乡村银行的小额信贷模式为原本经济落后的孟加拉国及其人民创造了脱贫致富的神话。截至 2015 年，格莱珉银行共向贫困农民发放近 57 亿美元的贷款，扶持农村贫困人口 768 万人开展生产性创收活动，覆盖 83566 个村，占孟加拉国全部村庄的一半以上，而这一阶段 GB 的累计还款率均在 98% 以上，从而使 GB 成为最有效和效益最好的农村扶贫项目。根据格莱珉信托（Grameen Trust）执行总裁拉提菲提供的统计数据，截至 2009 年，会员发展到 600 多万人，累计发放贷款 50 多亿美元。而且格莱珉银行在孟加拉国农村贫困人口脱贫方面发挥着巨大作用，其会员在以每年 5% 的速度脱贫（H. I. Latifee，2011）。更有研究表明格莱珉银行 2004～2006 年促进孟加拉国经济增长 1.10%～1.50%（Khandker，2009）。格莱珉银行的小额信贷及时满足贫困者的资金需求，帮助大量贫困者成功脱离饥荒窘迫的生活惨状，提高了孟加拉国的整体经济水平。

（2）促进多元化产业快速发展。格莱珉银行利用资源优势，向当地各个产业生产和社会领域进行扩张，包括养鱼业、纺织业、合作医疗及通信等领域。目前，格莱珉银行已经建立乡村银行渔业基金、乡村银行布料项目、乡村银行农业基金、合作医疗及乡村案民行电讯项目（汤敏和姚先斌，1996），并且通过雇用大量的农业科技创新人才，为这些产业快速发展注入了有活力的新鲜血液，促进多元化产业快速发展，均取得不错的表现，这能使穷人和格莱珉银行同时获得收益，实现合作共赢。

（3）提供大量的就业机会。孟加拉国面临着巨大的就业压力。虽然官方宣布失业率为 2.5%，但亚洲开发银行年度统计报告显示，孟加拉国实际失业率在 25% 以上。孟加拉国就业形势如此严峻的原因来自两个方面：一是从劳动力供应方面看，1.4 亿的人口基数加上 1.8% 的人口增长率，其每年新增劳动力 200 万人，劳动力供应过剩；二是从劳动力需求方面看，受国际经济大环境影响，孟加拉国内某些劳动力密集型产业，如制衣业、果蔬业、冷冻食品加工业等，产品出口大幅减少，不少工厂纷纷倒闭，造成劳动力需求极度萎缩。1998 ~ 2008 年，孟加拉国乡村银行整体呈扩张趋势，尤其是 2004 ~ 2008 年扩张速度尤为快速。格莱珉银行的营业网点不断地增加，所需劳动力增加，为孟加拉国提供了大量的就业机会，为知识型人才带来了福音。从表 1 可以看出，孟加拉国格莱珉银行在 2008 年覆盖 83566 个乡村，设立了 2539 个支行，雇用员工数为 24240 人。

表 1　1998 ~ 2008 年孟加拉国格莱珉银行机构网点和员工人数①

年份	1998	1999	2000	2001	2002	2003	2004	2005	2006	2007	2008
员工数	12850	12427	11028	11841	11709	11855	13049	16142	20885	25283	24242
乡村数	39045	39706	40225	40447	41636	43681	48472	59912	74462	80678	83566
支行数	1137	1149	1160	1173	1178	1195	1358	1736	2319	2481	2539

（4）增强农村穷人的信用意识。从 1995 年开始，孟加拉国格莱珉银行不再通过政府机构直接补贴或者国际机构捐赠的形式获取资金来源，而是实行市场化运营方式和商业化管理形式，促进资金流的循环高效利用。对于小额信贷机构发放的贷款，农民深知其与政府的扶贫款不同，需要按时分期偿还，还款金额记录与是否能续借的资格直接挂钩。这在无形之中形成一种激励机制，农民为了能继续获得格莱珉银行的贷款，维持生活改善的状态，自然进行自主筛选，会设法寻找与自己能力相符的而且可以获得利润的项目进行投资，这有利于农村经济的增长和产业结构的优化，同时，也在无形中培育了农民的信用观念和市场意识。

（5）实现格莱珉银行可持续发展。目前，在孟加拉国一年期定期存款利率平均水平在 4% 左右，而格莱珉银行的普通存款一年期利率为 8.5%，而养老金 GPS 账户 5 年期利息高达 10%，10 年期利息高达 12%。在格莱珉银行改革以后，开始对非会员吸收存款，凭借着高利率的优势，吸收了大量存款。表 2 显示，2001 ~ 2010 年格莱珉银行储蓄平均利率和贷款平均利率水平，数据对比表明格莱珉银行贷款利率保持商业利率水平，尽管没有民间高利贷水平那么高，但是相对来讲也不是很低，充足的资金及较高的商业利率水平可以覆盖格莱珉银行运作成本，保证不依赖其他捐赠机构而维持可持续经营（修立伟，2012）。

目前，格莱珉银行的贷款 100% 来自其存款，其中，56% 的存款来自成员。2008 年盈利为 1305 百万塔拉，2009 年盈利为 371.57 百万塔拉，乡村银行已经拥有 2562 个分支机构，覆盖 83458 个村庄，拥有 1253160 个组，7970616 个成员，累计发放贷款 8741.86 亿美元。基本上实现了目标群体以穷人为主、资金来源可以自己筹集、能够自负盈亏的可持续性发展的模式。

① 闫文静．中国农村小额信贷机构效益评价［D］．西南财经大学博士学位论文，2010.

表 2　2001～2010 年格莱珉银行储蓄平均利率与贷款平均利率对比①

年份	2001	2002	2003	2004	2005	2006	2007	2008	2009	2010
储蓄（%）	8.3	9.7	9.9	10	10.1	10.2	10.2	10.3	10.3	10.4
贷款（%）	19.6	18	18.5	18.9	19.3	19.3	19.2	19.3	19.2	19.3

注：贷款利率是基本贷款（20%）、房屋贷款（8%）、高等教育贷款（5%）和为贫困会员贷款（0%）利率的加权平均利率。储蓄利率是单一储蓄（8.5%）、各种到期 GPS 养老金账户利率和其他合同储蓄存款的平均利率。

2. 社会绩效

（1）改善农村妇女的社会地位。孟加拉国是一个保守的伊斯兰教国家，农村妇女深受传统思想束缚，其社会地位极其低下，而且只能做家庭劳动，不能从事商业活动。特别地，当地正规金融机构也存在严重的性别歧视现象，只将不足 1% 的金额贷给妇女。但在穆罕默德·尤努斯眼里，广大妇女以母爱为天职，以家庭为重，能更有效地使用贷款，最渴望得到经济援助，最有能力自力更生、谋求发展，所以在他所推行的小额贷款模式下，孟加拉国乡村银行主要的贷款对象是妇女。正因为这样，穆罕默德·尤努斯慢慢调整了银行的贷款策略并给予妇女优先贷款的权利。

现在，孟加拉国乡村银行的客户里，基本都是妇女。穆罕默德·尤努斯和他的银行，通过赋予妇女贷款优先权，促使妇女战胜传统文化对她们的束缚，从而改善她们的社会地位。

（2）满足农村穷人的融资需求。目前格莱珉银行已成为孟加拉国最大的乡村银行，其借款人数高达 650 万人，且为 7 万多个村庄提供信贷服务，其偿债率高达 98%。另外，每一位借款人都拥有格莱珉银行一份不可转让的股份，成员占据着这家银行 96% 的股份，余额由政府持有，这确实是一家为穷人服务的银行、是穷人自己的银行。截至 2010 年 5 月，格莱珉银行在孟加拉国 36000 个村镇中拥有 1092 个分支机构，为 300 多万人提供借贷，其中大部分为原来赤贫的妇女，年贷款额 5 亿美元，还款率为 98%，所有贷款均来自借款人与非借款人的储蓄。格莱珉银行保持持续的盈利能力，创造性地实现了对乞丐的贷款，让最贫困的人也能享受到金融服务。格莱珉银行小额信贷活动遍布世界各地，包括发达国家在内的上亿人口正从中受益（钱晓凤，2007）。其坚持不懈地推出针对贫困人群和弱势群体的小额信贷业务，为孟加拉国数百万借款者提供有效的金融服务，使最穷困的人群都能获得信贷支持，为改善孟加拉国贫困人群的福利做出了努力，大大缓解了国内出现的贫富差距大、两极分化严重的矛盾。

（3）提高农民的文化素质。孟加拉国格莱珉银行在小额信贷运行模式转变中，用激励机制取代让穷人深感压力的惩罚规定，制定了五个方面的星级达标规定，分别为小组成员 6 岁以上子女都上学，并完成 5 年教育，成员连续 5 年都超过了贫困线等，突出了格莱珉银行的社会责任。这份社会责任既能激励农民积极工作，在经济上突破贫困线；又能鼓励农民少生优生，着力培养孩子的质量而不是一味地为增加家庭劳动力而追求孩子数量，促进农村贫困者提高文化素质及进行思想革新（见表 3）。据汤敏和姚先斌（1996）统计发现，在格莱珉银行活跃的村子里，农民的节育率高达 17%，生育率

① 修立伟．格莱珉银行发展模式研究［D］．辽宁大学博士学位论文，2012.

显著下降，而且孩子受教育水平普遍提高。

表3　格莱珉银行小额信贷模式具体内容总结①

类别	内容
背景	①孟加拉国农村高利贷盛行 ②孟加拉国农业技术水平落后，主要依靠人力畜力，农药、化肥投入少，劳动生产率低 ③孟加拉国农村80%以上人口没有土地，依靠出卖劳动力和租种土地为生
性质	①向贫困户提供无抵押贷款 ②不以盈利为主要目标，转贷国内外扶贫资金 ③不仅向穷人提供金融服务，还开展各种生产技能培训 ④目标群体为贫困农民尤其是妇女
借贷模式	①第一代：成立借款人会员组织，分为会员、小组、中心三个层级；贷款不需要任何抵押和外部担保，GB主要依靠信任和激励政策来进行风险管理；贷款期限一般为一年，实行单利计息和分期等额还款制度；单笔贷款金额很小；要求借款人购买格莱珉银行的股份；向贷款户提供生产性指导服务，帮助农民脱贫 ②第二代：贷款期限灵活化；贷款单位由小组变成个人；每个借款人需要开设个人账户、特别账户和养老账户；改革准备金制度；对营业所和工作人员实行星级表彰制度；实行黄金客户成员制度 ③现代：利用利率市场化制定了4种利率制度；金融产品和服务开始多元化发展
经验与借鉴	贷款人独特的贷款模式和自治组织创造性地、有效地解决了贷款风险和市场不完善的问题： ①分期还款能缓解贫困农户的还款压力 ②建立贷款人自治小组、中心让穷人互助互保，自动把信誉不好的借款者排斥在外 ③应急基金成功克服了保险市场尚不完善的问题，降低资金借贷风险 ④把遥不可及的金融信贷服务延伸到穷乡僻壤的各家各户

二、GB模式在我国的实践：以易县扶贫合作社为例

易县是一个山区农业大县，拥有16万户、55.5万人口，其中农业人口44.7万人；耕地面积55.3万亩，人均耕地1.00亩。1986年易县被列为河北省重点贫困县，1994年被列为国家实施“八七”扶贫攻坚计划中的重点扶贫县。易县扶贫经济合作社位于河北省保定市，是于1993年10月在格莱珉银行、中国社科院农村发展研究所和美国福特基金的资助下成立的全国首家小额信贷项目扶贫试验单位，借鉴格莱珉银行模式，以“穷人经济学”和“企业社会”的理念为主导，创新中国扶贫资金商业化运作模式，以提供小额度的生产性贷款方式来帮助农民发展经济，实现资金的循环使用和回收。截至2012年10月，扶贫社已在县域内25个乡镇和285个行政村开展了农村小额信贷业务，其中贫困村110个，组建中心305个，小组4127个，引进资金562万元，拥有信贷资

① 段然．孟加拉国格莱珉银行模式对中国小额信贷发展的启示［D］．西南大学博士学位论文，2011.

金4168.3万元。自1994年运行以来，扶贫合作社累计投放小额信贷资金2.87亿元，贷款回收率连续保持在98.8%以上，直接带动农户增收5.71亿元，直接受益人口达9.1万人，其中妇女占比约为82%。[①]

（一）易县扶贫合作社的运行模式

易县扶贫合作社以格莱珉银行的小组联保模式为参照，根据当地的具体情况和客户需求对小额贷款模式的具体内容进行调整，为农村贫困人口提供贷款。如表4所示。

表4　易县扶贫合作社的运行具体内容

类别	具体内容
成员要求	一般贫困家庭的净资产不超过20000元，上一年家庭人均纯收入低于15000元，并且贷款对象主要为妇女
资金来源	1994~2000年，扶贫社资金主要来源于国外援助和社会捐助，2000年之后基本没有援助和捐赠资金注入
小组联保方式	贷款者以自愿申请为原则，先以5户贫困户（主要是妇女）组成一个小组，再由6~8个小组组成一个"中心"，通过选举产生小组长和中心主任，实行自我管理。每个小组的小额贷款额度为5000~50000元，贷款金额分期获得。在小组中，首轮只有2名组员能获得贷款，待这两个组员还款后另外两个组员才能得到贷款，在所有组员都正常还款后，小组长才能得到贷款，组员间相互监督和相互担保
管理特点	扶贫合作社对贷款者实行中心会议管理办法，要求客户每月参加一次中心会议，会议内容主要包括发放贷款、还款和收取储备金，同时进行项目经验交流和生产技能培训
其他	贷款执行的名义利率为8%，实际利率为16%，贷款周期为1年

资料来源：蔡志海．农村小额信贷发展现状、问题及出路——以河北易县扶贫经济合作社为例［J］．社会企业评论，2013（1）：203-221.

（二）易县扶贫合作社存在的问题分析

易县扶贫社借鉴孟加拉国格莱珉银行模式，在满足贫困农户的借贷需求及提高生产经营能力方面发挥了重要作用，但在扶贫社内部和外部仍存在一些亟待解决的问题。

（1）风险控制不严。从内部监管看，易县扶贫社的财务审计制度不完备，财会管理人员素养不高，会计核算的设备条件不足，财会管理专业化水平不高。从风险管理机制看，扶贫社设置了风险保证金制度，却没有解决贷款小组中出现的"垒大户"现象，即小组内的其他成员与组长存在亲属关系，一人使用小组的全部贷款，容易导致集体违约。而且，贫困农户的风险抵抗能力弱，资金的使用用途单一化会面临风险集中的问题。另外，由于扶贫社是社会团体，不是金融机构，不受当地人民银行监管，得不到制度性的外部监管。

（2）合法地位约束。尽管易县扶贫社成立经中国人民银行和国务院扶贫开发领导

① 段然．孟加拉国格莱珉银行模式对中国小额信贷发展的启示［D］．西南大学博士学位论文，2011.

小组办公室批准，其在相关的法律法规和制度政策方面的局限导致扶贫社的发展存在很多障碍因素。易县扶贫社是非营利性的社会团体，不是金融机构，不具备开展金融业务的条件。一旦贷款业务出现大量违约，扶贫社缺乏制度保障，只能自行承担责任。

（3）可持续发展能力不强。易县扶贫社从 2000 年开始几乎没有收到馈赠资金，加之只贷不存，信贷资金增长缓慢。同时，扶贫社的职工受教育水平普遍不高，在价值理念、业务技能和个人素养方面都难以契合新形势下社会环境和组织发展的要求。此外，易县扶贫社将目标客户确定为贫困农户，特别是妇女，而对资金使用投向没有明确的目标和经济效益核算，缺乏资金使用的效益评估机制，难以兼顾“扶贫”和“盈利”的双重目标以形成可持续发展的资金循环路径。

三、案例使用说明

（一）教学目的与用途

（1）适用课程：农村金融。

（2）适用对象：金融专业硕士，金融学术硕士。

（3）教学目的：以孟加拉国银行小额信贷模式为参照系，探索该模式在我国具体实践中获得的经济效益、社会效益以及出现的“制度约束”和“可持续发展难题”。具体目标分为以下三个方面：①孟加拉国银行小额信贷模式产生的根本原因是什么，主要为了解决怎样的社会问题或者经济问题？目标客户是什么？需要克服怎样的外部环境约束和内部的制度设计难题？该模式在全球范围内能带来怎样的影响？②我国在引进该模式时汲取了哪些优势经验以及取得了哪些成效？在借鉴孟加拉国小额信贷模式的过程中遭遇了哪些“水土不服”的现象？需要如何克服这些问题？③小额信贷模式的可持续发展需要兼顾“扶贫”和“盈利”双重目标，怎样的制度设计或者模式创新能够实现可持续发展？

（二）启发思考题

（1）阅读农村金融方面的文献，思考为什么要借鉴孟加拉国格莱珉银行小额贷款模式？

（2）阅读农村金融方面的文献，思考易县扶贫社与孟加拉国格莱珉银行的共同点和差异。

（三）理论依据与分析

1. 金融排斥理论

金融排斥是从金融机构以及社会群体两个角度综合考察社会群体不能享受金融服务的现象。判定金融排斥最流行的方法就是由 Kempson 和 Whyley（1999）提出的金融排斥的维度分析方法，最初金融排斥的研究角度仅在于地理可及性上，即地理排斥

(Physical Access Exclusion)，随着金融排斥原因研究的深入，Kempson 和 Whyley 提出从评估排斥（Assess Exclusion）、条件排斥（Condition Exclusion）、价格排斥（Price Exclusion）、营销排斥（Marketing Exclusion）、自我排斥（Self - Exclusion）五个方面研究金融排斥现象。

地理排斥又称为地理可及性，指金融机构与金融服务对象之间的距离对其享受金融服务的影响，其认为金融机构与社会群体之间的距离影响他们对金融产品的应用，从而导致金融排斥。评估排斥指金融机构为了控制自身的经营风险通过严格的评估程序限制了客户对金融服务的接近，包括评估程序所需时间过长，评估程序过于复杂，导致金融产品不能及时满足客户的需求而形成排斥。条件排斥指由于客户无法满足金融产品所附属的条件而造成金融排斥。价格排斥指由于一些人无法承担获取金融服务所需要支付的价格而被排斥在金融产品之外。这里把金融服务类比为商品，认为其价格越高需求量越低，过高的金融服务价格必然降低金融服务需求，从而将部分无法接受这一价格的群体排斥在金融体系之外，进而形成价格排斥。营销排斥指金融机构针对特定的金融市场或者营销群体采取一定的营销策略而造成金融排斥现象。金融机构之间的竞争要求他们加快金融产品创新，以一定的市场营销手段开拓系的金融市场，从而将无法满足营销条件的客户排斥在外。自我排斥时从客户自身角度寻找被排斥在外的原因，由于客户自身教育水平、认知能力、思想顾虑、生活习俗等限制，主动远离现代金融体系的现象。有限的教育水平和认知能力导致客户无法理解金融服务的过程及原理，进而主动放弃享受金融服务，产生自我排斥。自我排斥不仅产生于教育水平低、经济能力差的群体，在高教育水平、高收入群体中也会形成自我排斥，如出于风险的考虑，会主动放弃对某一类金融产品的投资（袁亮，2012）。

金融排斥是一个复杂的多维度概念，其判定不仅仅是某一单方面的测定，而是多个维度的综合。农村经济发展状况在多方面影响农村金融的发展，经济发展落后地区往往有着较差的金融运行环境，这就导致金融机构在入驻这些地区的时候将分支机构安设在距离其较远的地方，这就容易造成经济落后地区居民的地理金融排斥；农户在落后的经济地区往往收入有限，自身经济基础薄弱，农业特质性成本与风险、非生产性借贷从而导致贫困农户在享受金融服务过程中难以满足金融产品的附属条件以及营销策略，从而造成金融排斥；落后的经济还会导致农户认为自身无法满足金融产品享受条件，造成农户自我封闭的思想，形成主动的金融排斥。

2. 社会资本理论

科尔曼在《社会理论的基础》一书中用理性选择视角对社会资本的产生问题做了分析，其优点在于对经济学完全利己的个人主义假设做了修正，主张个体在实现自己的利益的同时还需要彰显个体的社会性。同时，社会资本理论家也从制度主义、文化主义的视角对社会资本理论做了精辟的阐述。如奥斯特罗姆主张非正式规范与正式制度的配合能够有效地促进合作，推进集体行动问题的解决。同时文化解释论认为信任根植于文化规范，并且在人们早期成长的社会化过程中产生，因而将信任地产生归结为文化规范的作用。朱天义（2014）采用系统主义的方法论，认为社会资本是按照构成社会网络的个体自我间的关系类型在社会网络中分配资源的过程系统，将社会资本的概念表述划分为微观、中观、宏观三个分析层次，其中微观层面的社会资本分析称之为嵌入自我的观点，描述的是个体自我如何通过社会关系网络调动社会资源；中观层次的社会资本分析命名为结构的观点，主要研究社会资本特定网络地结构化，阐述该网络中个体之间的关系类型，以及资源因其特殊结构而通过该网络流动的方式，要描述的是关系网络结构化的过程以及关系网络的分布的影响，而不是个体获取资源的潜力；宏观层面的社会资本分析置于特定的系统环境中，分析特定的社会资本网络包含在政治经济体系中的方式，以及包含在更大的文化或者规范体系中的方式，强调的是外在的政治经济体系对网络中的社会联系的性质的影响，对关系网络与结构的作用。

孟加拉国格莱珉银行小额信贷模式以小组为贷款单位，以小组内成员的相互监督形成激励机制，同时涉及微观、中观和宏观的社会资本内涵。在微观层面，小组内的个体需要根据个人的社会关系强弱、贷款需求和资金使用项目进行贷款金额申请以及定期参加中心会议。在中观层面，小组内的成员结构是一种潜在的关系网络结构，会影响小组的贷款金额以及还款率。在宏观层面，小组的贷款规则和管理方式要受到资金供给者的制度约束和技术变革等方面的影响，不断调整小组成员结构，以满足资金供给者设置的条件。

（四）建议课堂计划

本案例可以作为专门的案例讨论课来进行，如下是按照时间进度提供的课堂计划建议。整个案例课的课堂时间控制在 120 ~ 180 分钟。课前计划：提出启发思考题，请学生在课前完成查找文献、理论准备、案例阅读和初步思考。课中计划：课堂前言（10 ~ 15 分钟），简明扼要、明确主题；理论准备梳理（20 ~ 30 分钟）；案例回顾（10 ~ 15 分钟）；分组讨论（60 分钟），要求准备发言大纲，分 3 个小组，小组发言（每组 20 分钟），幻灯片辅助，控制在 60 分钟以内；引导全班进一步讨论，并进行知识梳理归纳总结（20 ~ 30 分钟）。注意提问的逻辑。课后计划：请学生上网搜索小额信贷模式的相关信息资料，采用报告形式写出类似的案例分析报告（1000 ~ 1500 字），给出新的更加具体的解决方案。

参考文献

[1] 谢福苓．孟加拉国经济发展情况［J］．南亚研究，1979（1）：52 - 59.

[2] 李明贤，李学文．孟加拉国小额信贷发展的宏观经济基础及中国小额信贷的发展［J］．农业经济问题，2008（9）：100 - 106，112.

[3] 李莹星．小额信贷能改善穷人福利吗？——微观影响评估研究综述［J］．农业经济问题，2015（10）：86 - 95，112.

[4] 农业银行国际业务部课题组．格莱珉：制度安排与运作模式［J］．农村金融研究，2007（10）：7 - 14.

[5] 陈郁城．普惠金融国内外发展现状及比较分析［J］．新经济，2016（11）：64 - 66.

[6] 汤敏，姚先斌．孟加拉国“乡村银行”的小额信贷扶贫模式［J］．改革，1996（4）：51 - 58，73.

[7] 修立伟．格莱珉银行发展模式研究［D］．辽宁大学博士学位论文，2012.

［8］钱晓凤．论孟加拉国乡村银行成功的原因及意义［D］．华东师范大学博士学位论文，2007.

［9］段然．孟加拉国格莱珉银行模式对中国小额信贷发展的启示［D］．西南大学博士学位论文，2011.

［10］袁亮．我国农村金融排斥研究［D］．湖南大学博士学位论文，2012.

［11］朱天义．社会资本理论及其在中国的适用性研究［D］．华中师范大学博士学位论文，2014.

（撰稿人：陈晓洁、张乐柱）

市场结构、民间互联性金融交易与帕累托改进

一、柬埔寨的民间互联性金融交易

柬埔寨是个稻米生产国和消费国，稻米的产值占农业产值的1/3，人民主食以稻米为主。20世纪90年代在城镇化、出口需求和经济自由化政策的刺激下，柬埔寨的稻米加工商和贸易商大量增加。一般来讲，单个稻米加工厂的正常运营需要有一个最低的稻米原料库存，否则加工设备就会因为闲置而浪费。众多的稻米加工商和贸易商客观上加剧了对上游的稻米原料的争夺。另外，当每个加工厂的加工设备都满负荷运营时，下游整个市场的稻米产品供给就可能超过需求，销售的压力降临到每个稻米加工厂。为在竞争中生存、获胜，稻米加工厂需要降低稻米产品的生产成本、提高稻米产品的质量、在价格低廉季节积聚更多的稻米原料。Mong Russei 和 Tmorkol 地区的稻米加工商面临的正是这种情况。Mong Russei 和 Tmorkol 地区所在的 Battambang 省是柬埔寨最大的稻米生产区，在2000年曾聚集全国一半的稻米加工厂。MongRussei 和 Tmorkol 地区的稻米原料生产量不能满足区内加工厂的需求。在一年中某些时段，区内一些稻米加工厂甚至缺乏稻米原料，不得不花费运输成本到其他省去购买。Mong Russei 和 Tmorkol 地区的部分稻米加工厂在国内销售产品，部分在国外销售产品。因为稻米加工商众多，国内稻米产品市场已经饱和。因为较高的生产成本和较低的质量，稻米加工商在国际市场上没有比较优势。因此，稻米加工厂在产品销售市场上面临的竞争也是很激烈的。

稻米加工商面临的困难能否通过稻米生产者来解决呢？例如，稻米生产者提供数量更多、质量更高、成本更低的稻米原料来加强稻米加工商的市场竞争力。稻米生产离不开水、土地、肥料、育种、劳动等自然和人工要素。Mong Russei 和 Tmorkol 地区属热带季风气候，每年的6~11月是雨季，12月至来年5月是旱季。6月、7月是水稻的播种季节，12月和来年的1月是收获季节。在缺乏良好的水利设施下，雨季易涝，旱季缺水，水稻生产风险大。水稻生产者一般都是自己育种，因为市场上出售的种子质量难以让人信任，一旦种植了劣种，则一年的产量就会出现问题，在收入水平低下的柬埔寨，这会影响到生产者家庭的生计。生产者自己育种固然可以避免劣种的风险，但也使水稻的产量和质量得不到提高。Mong Russei 和 Tmorkol 地区生产者的土地面积一般不大，通

过增加耕种面积来增加水稻产量不可行。土壤贫瘠，水稻单产严重依赖化肥。根据 Lemeilleur，Codron 和 Fares（2005）的调查，使用化肥能使水稻产量增加到原来的 3 倍，因此几乎所有的水稻生产者都愿意使用化肥。但化肥的使用量不足，因为稻米生产者无钱去购买。

贷款可以解决稻米生产者面临的部分困难，那么专业性的金融机构如银行是否愿意向稻米生产者贷款，促使后者放弃传统的农业生产技术，使用现代农业技术，提高水稻产量？在柬埔寨只有 15% 的农村人口可以得到正规金融的贷款。在 Mong Russei 和 Tmorkol 地区只有一家私人银行，借款人只有在担保品达到一定水平时才能得到贷款。实际上大多数稻米生产者不能从银行获得资金，银行贷款的对象常常是有资产的稻米加工厂和贸易商。银行不愿向稻米生产者贷款的原因是风险大。风险可能来自水涝或干旱等自然风险，坏年份的产量可能只有好年份的一半（见表 1）。自然风险的特点是区域化，常常是一个地区的所有稻米生产者遭受同一种自然风险。银行除非分散贷款客户，否则风险集中。风险可能来自稻米销售市场价格波动风险，MongRussei 和 Tmorkol 地区稻米销售市场价格取决于全国甚至邻国如泰国、越南等产量的影响。风险也可能来自稻米生产者隐瞒信息蓄意赖账等主观风险。当风险发生时，因为稻米生产者的土地面积小、没有明晰的土地产权、无其他可抵押的资产等因素，银行无法追回贷款。

表 1　Mong Russei 和 Tmorkol 地区的稻米产量

年份	Mong Russei		Tmorkol	
	产量（吨）	占全省产量（%）	产量（吨）	占全省产量（%）
1999/2000	61417	20.5	缺数据	缺数据
2000/2001	122491	44.5	55379	20
2002/2003	59350	18	94800	29

资料来源：Lemeilleur，Codron 和 Fares（2005），2001 ~ 2002 年数据缺失。

为了在市场竞争中生存、获胜，稻米加工厂不得不尽自己最大的可能帮助稻米生产者，特别是在提供资金方面。稻米加工厂可以采取和稻米生产者合二为一的方式，购买后者的土地，雇佣后者生产所需要的稻米，也可以采取分离的方式，向后者提供生产要素，获得所需要的稻米。前一种方式属一体化的企业方式，稻米加工商是雇主，稻米生产者成为雇员，后一种方式属互联性金融交易方式，稻米加工商和稻米生产者是独立的交易主体。在 20 世纪 90 年代中期，稻米加工厂曾经尝试了一体化的企业方式，但很快就失败了，原因有以下几个方面：①MongRussei 和 Tmorkol 地区的稻米加工商大多来自华人社区，在专业分工上偏重于经商，在稻米生产方面的知识比不上当地的稻米生产者，他们没有更多的时间和本领进行生产；②雇用农业工人生产会产生偷懒的道德风险，而家庭劳动中一般没有这种道德风险，一体化的企业生产方式效率下降；③土地面积小、分散，雇用工头来监督农业工人生产成本高，没有规模经济。

一体化的企业方式失败使得稻米加工厂转而采用互联性金融交易方式。稻米加工厂在产前、产中和产后向稻米生产者提供生产要素和服务，后者以稻米偿还。这个过程涉及金融、产品等两个以上的市场，合约安排一次完成。稻米加工厂从银行等专业化的金融机构获得资金，利用在要素、产品市场的比较优势，向稻米生产者提供优良品种、用于购买化肥和劳动等的资金、谷物脱壳、储存等。为了进一步密切与稻米生产者之间的联系，稻米加工厂甚至向后者提供消费贷款，帮助后者应付诸于生病、丧事等急需。稻米加工厂声称所提供的生产要素和服务不收利息或收很低的利息，但是因为互联性金融交易是在金融、产品等两个以上的市场上同时完成的，利息可能隐藏起来。稻米加工厂在和稻米生产者签订互联性金融交易合约时一般不规定稻米归还的数量，但会规定稻米生产者归还本金的时间，而这个时间通常是稻米收获季节，稻米的市场价格最低，稻米加工厂根据市场价格规定更低收购价格，通过本金和稻米的收购价格套算出稻米生产者应交的稻米数量，利息就隐藏稻米加工时的市场价格与稻米的收购价格以及应交的稻米数量之间。因为市场上还有其他的互联性金融交易者，稻米加工厂就不能随意确定收购价格，也要遵循市场行情（见表2）。稻米加工厂收取的隐性利息取决于稻米生产者提供的稻米数量、稻米生产者从其他途径获得资金的数量和价格、稻米生产者和稻米加工厂合作关系的时间长短、稻米加工厂从银行等专业化的金融机构获得资金的数量和价格等因素。

表2　2004年1月稻米市场价和互联性金融交易中的收购价　单位：千瑞尔/吨

稻米价格	稻米市场价	互联性金融交易中的稻米收购价		
		稻米加工厂	稻米收购商	放贷者
质量高品种	550～600	500～550	400～550	500
质量中等品种	520	400～450	350～400	350～400
质量低品种	380～480	300～350	300～350	300～350

资料来源：Lemeilleur，Codron 和 Fares（2005）。

当稻米加工商尽自己最大的可能在资金等方面帮助稻米生产者，稻米生产者是否回馈稻米加工商，即是否遵守互联性金融交易合约成为稻米加工商必须思考的问题，因为稻米加工商帮助稻米生产者在前，稻米生产者回馈稻米加工商在后，若稻米生产者不遵守互联性金融交易合约，则稻米加工商将遭受和专业性金融机构同样的风险。尽管合约规定在稻米生产者归还欠款前稻米归稻米加工商所有，但稻米容易被生产者盗收盗买，不是好的担保品。为防止这种情况出现，稻米加工商采取以下手段：①稻米加工商在贷前仔细地甄别生产者，对熟悉的客户发放贷款，对自然风险小的区域发放贷款；②设计恰当的互联性金融交易合约；③拒绝向赖账的稻米生产者提供生产要素和服务；④在稻米加工商之间传播赖账者的信息，使得后者被排除在稻米加工商集体之外；⑤对因自然风险等因素造成的非蓄意赖账展期，通过未来的盈利来弥补过去的损失等。在这些手段中设计恰当的互联性金融交易合约耗费的成本最小。合约条款设计因不同的稻米加工商和稻米生产者而异，但一般要遵守以下约束：①稻米生产者加入互联性金融交易合约时的效用高于不加入时的效用；②稻米生产者守约的效用高于减去转换成本后与另一资金提供者进行交易时的效用；③稻米生产者守约的效用高于赖账后自我融资的效用。

互联性金融交易是稻米加工商和生产者在不完全市场下选择的结果。对于稻米加工商而言，互联性金融交易可以帮助自己得到相对稳定的质优、量多、成本低的稻米，增强在稻米销售市场的竞争力。对于稻米生产者而言，互联性金融交易不仅可以帮助自己获得资金，采用现代农业技术，提高粮食产量，而且平滑消费波动风险。稻米加工商提供的消费贷款实际上起到保险的作用。因此互联性金融交易是帕累托改进。但是在MongRussei和Tmorkol地区互联性金融交易的分配偏向稻米加工商。在一个村庄往往只有一个或两个稻米加工商，因此容易产生垄断或合谋的结果。MongRussei和Tmorkol地区的稻米加工商之间形成一个联盟，这个联盟最初的目的是开拓出口市场，最终却形成稻米收购价格卡特尔。稻米生产者接受的稻米收购价格是统一的，非常地方化和互联性金融交易之外的少数大生产者接受的市场价格完全不同，这说明稻米收购价格与稻米市场价格之间的差价被稻米加工商获取。统一的地方化的稻米收购价格使稻米生产者偏离和自己有互联性金融交易加工商的动力消失，蓄意赖账将被整个联盟知晓并排斥，因此稻米生产者常常向同一个加工商出售稻米，并在互联性金融交易分配中处于不利位置。从一个较长时期看，稻米生产者每年遭遇风险的概率是随机的，某一年的损失会被另一年的盈利平滑掉。MongRussei和Tmorkol地区稻米生产者遭遇风险时，债务会被延期而不是在稻米生产者和加工者之间分摊掉。由于在互联性金融交易分配中处于一个不利位置，稻米生产者没有平滑掉债务，反而由于日积月累，遭遇债务陷阱。在Lemeilleur，Codron和Fares访谈的22位稻米生产者中就有3位处于这种情况。

互联性金融交易可以实现效率的帕累托改进，是否一定不能逃避不公平的分配？请看第2节巴基斯坦Sanghan地区的互联性金融交易。

二、巴基斯坦的民间互联性金融交易

Sanghar地区位于Indus河东岸的棉花—小麦带。Sanghar地区农历有两个主要季节：从5~10月的Kharif季节和从11月至来年4月的Rabi季节。Kharif是种植棉花的季节，Rabi是种植小麦的季节。棉花通常在4月、5月开始种植，经过3个月成长，棉花成熟。7月末或8月初开始摘棉花，摘棉次数一般为3~5次。摘完最后一次棉后，生产者就要平整土地，开始种植小麦。

棉花是巴基斯坦重要的经济作物，在出口创汇中具有重要地位。随着价格的自由化、出口贸易部门的私有化、一些出口管制和税收的取消，棉花的价格和产量比过去有了更大的提高，一些棉花生产者甚至牺牲部分或全部的小麦生产，将摘棉时间延长到Rabi季节。在这种环境下，巴基斯坦的棉花加工厂大量地增加了。Sanghar地区共有36家棉花加工厂，这些加工厂要么自己购买土地生产籽棉，要么从外部购买籽棉。如果生产籽棉，则会面临柬埔寨Mong Russei和Tmorkol地区稻米加工商购买土地生产水稻时面临的矛盾，于是加工厂选择从外部购买籽棉。如果购买籽棉，加工厂要么直接从棉花生产者处购买，要么从棉花贸易商处购买。出于规模经济的考虑，Sanghar地区棉花加工厂主要从大地主和贸易商处收购籽棉。Sanghar地区棉花贸易商有两种，一种是Kanthy，另一种是Padhy。Kanthy是小贸易商，常常在一年内部分时间经营棉花贸易，Padhy是大贸易商，常常在全年内经营棉花贸易。Sanghar地区棉花加工厂主要从Padhy

处收购籽棉。众多棉花加工厂造成对籽棉的渴求导致大量的 Padhy 产生，仅 Sanghar 城区就有 25 家 Padhy，周围农村 Padhy 更多。Padhy 从棉花生产者处收购籽棉。因为大地主的棉花已经直接出售给加工厂，能对 Padhy 供给棉花的生产者只有两种，一种是 Hari，另一种是 Zamindar。Hari 是耕种别人土地的佃农，Zamindar 是中小地主，为从将土地给 Hari 耕种并由工头监督的较大土地所有者到使用家庭劳动或少量 Hari 耕种的较小土地所有者不等。Padhy 主要从 Zamindar 收购籽棉，较少从 Hari 收购籽棉。Hari 的棉花生产投入和销售主要经由 Zamindar 完成，或者说 Zamindar 集合了自己以及众多 Hari 的生产投入和销售。

亚当·斯密曾指出分工是经济增长的源泉，因此 Zamindar 所需要的生产要素应由专业化要素所有者提供，如资金由银行等专业化的金融机构提供，种子、化肥等生产投入由专门的经销商提供，产品由专门的销售商销售。但在发展中国家农业生产者所需要的生产要素由专业化的要素所有者提供存在种种障碍，Sanghar 地区也不例外。籽棉的生产常常受到虫害或季节性洪涝灾害等因素的袭击。由于棉产品价格受国际市场制约，籽棉减产不能通过价格的上升来弥补，因此对籽棉提供贷款存在客观风险。籽棉产量不是一个好的担保品，籽棉的生产者常常隐瞒产量使得对其提供贷款存在蓄意赖账风险。当客观风险和蓄意赖账风险混在一起，难以区分时，银行等专业化的金融机构不知是宽恕还是制裁到期不还款者。如果借款者能提供其他合适的担保品，则专业化的金融机构不需要花费成本去鉴别客观风险和蓄意赖账风险，可以直接在市场上拍卖担保品，收回本息。但是借款者常常没有足够多的合适的担保品，比如 Zamindar 的土地不够多，土地产权不清晰等。即使担保品足够多且合适，一旦诉诸法庭，专业化的金融机构未必能全部收回本息或者打官司的成本太高以致得不偿失，因为发展中国家司法系统存在缺陷。因此众多的 Zamindar 特别是较少土地的 Zamindar 常常不能从银行等金融机构得到所需要的资金。即使得到资金，Zamindar 在将资金转换成生产投入如种子、化肥、农药等时也存在一些障碍。Sanghar 地区有许多专业化的农业生产要素经销商，要买到农业生产要素并不困难，但一些种子的质量、农药的效力都被专家质疑，化肥也缺斤短两等。因此不完善的农业生产要素市场常常也损害 zamindar。

资金、农业生产要素等专业化市场的种种障碍使得融其为一体的互联性金融交易者 Padhy 脱颖而出。贸易商有 Padhy 和 Kanthy 之分。Padhy 是大贸易商，能够从银行等金融机构获得资金，或者从棉花加工厂获得无利息的资金。棉花加工厂愿意向 Padhy 提供无息资金的原因是国际棉产品市场有利可图的价格，众多加工厂之间激烈的竞争，对使设备满负荷运转从而提高资本利用能力、增加利润率的籽棉原料的渴求以及 Padhy 可靠、量大的籽棉供给能力。相对于 Padhy 而言，Kanthy 是小贸易商，无论是从银行，还是从棉花加工厂处获得资金的能力就小得多，从而向 Zamindar 提供互联性金融的能力也小得多，因此互联性金融交易常常发生在 Padhy 和 Zamindar 之间而不是 Kanthy 和 Zamindar 之间。

Padhy 向 Zamindar 提供包括信贷、生产投入和销售等在内的一整套的服务。信贷常常是以种子、化肥、农药等实物形式提供，以 Zamindar 出售籽棉为偿还条件。从 Zamindar 角度看，互联性金融交易可以帮助 Zamindar 在金融市场交易成本过高甚至失灵的条件下减少寻找合适放款人的搜索成本，获得资金，可以帮助 Zamindar 克服种子、化肥、农药等农业生产要素市场的不完善，可以帮助 Zamindar 疏通产品销售市场。Padhy 不会像一些农业生产要素经销商那样蓄意向 Zamindar 提供质量不高的种子、农药，也不会在化肥上缺斤少两，因为如果 Padhy 蓄意损害 Zamindar，则 Zamindar 可以违约反击 Padhy。即使 Zamindar 不反击 Padhy，Padhy 也因为获得质次量少的籽棉而蒙受损失。Padhy 实际上承担了本应由 Zamindar 承担的甄别农业生产要素质量等方面的成本。因此对 Zamindar 而言，融资金、农业生产要素等专业化市场为一体的互联性金融交易能减少交易成本，增进效率，优于资金、农业生产要素等专业化市场分离时的交易，在合适的资金、生产要素以及产品价格下甚至是帕累托改进的。从 Padhy 角度看，以种子、化肥、农药等实物形式提供信贷可以帮助减少寻找合适借款人的搜索成本，保证贷出资金真正用于生产，避免被挪用，用籽棉来偿还本息可以保证 Padhy 获得稳定、量大的籽棉原料，最大化贸易利润。在 Zamindar 守约的情况下，互联性金融交易对 Padhy 将是一个帕累托改进。

互联性金融交易是不是帕累托改进要看其参与人的效用是否都得到帕累托改进。Padhy 效用的帕累托改进依赖于 Zamindar 守约，然而籽棉本身不是理想的担保品，因为在一定的条件下它很容易被 Zamindar 盗售。如何使 Zamindar 守约呢？Sanghar 地区的 Padhy 在选择 Zamindar 时使用多种方式，如 Padhy 只对与其有一年以上现金交易的 Zamindar 放出资金，要求有可信的第三方推荐、担保，调查 Zamindar 在市场或村庄中的负债或信誉状况等，但是最重要的机制还是声誉机制和驱除机制。很多 Padhy 来自联系紧密的社区，彼此之间经常交流借款人有关信誉方面的信息。Zamindar 一旦违约，不仅被 Padhy 停止供给资金，而且赖账名声很快被其他 Padhy 所知，整个 Padhy 群体中断与其资金往来。当 Zamindar 的收益依赖于资金时，Zamindar 的赖账损失就会非常高。声誉机制和驱除机制帮助 Padhy 选择 Zamindar，促使后者守约，从而帕累托改进 Padhy 效用。

Zamindar 效用的帕累托改进依赖于 Padhy 提供合适的资金、生产要素以及产品价格，然而低利率、低生产要素价格和高产品价格将损害 Padhy 利润，Padhy 是否会同意，或者在什么环境下会同意确定一个合适的价格帕累托改进 Zamindar 的效用呢？保留效用和谈判势力等将会影响合作剩余的分配。Sanghar 地区的棉花加工厂和 Padhy 非常多，交通便利，信息通畅。这使 Zamindar 可选择的机会多，和 Padhy 之间的信息基本对称，进而提高了 Zamindar 的保留效用和谈判势力，Padhy 难以通过资金、生产要素以及产品价格获得高于市场的不公平的利润。Sanghar 地区的 Padhy 在向 Zamindar 提供信贷时收取利息，每月 5% 左右，期限在一个季度即 6 个月左右。这个利息可以用于弥补 Padhy 在放款过程中支出的成本以及获得利润。Padhy 在放款过程中支出的成本包括以下几个方面：首先是资金成本。除了从棉花加工厂处获得无息资金外，Padhy 还可以从银行等正规金融和民间金融处获得资金，前者月利率为 1.5% ~2%，后者的月利率为 2% 左右。其次是甄别借款人和强制执行合约的成本。Padhy 一般对熟悉的、有长期商业关系的 Zamindar 放贷，甄别借款人的成本较小。声誉机制和驱除机制对蓄意赖账的 Zamindar 也是一个巨大的威胁，因此强制执行合约的成本较小。最后是违约成本和延期支付本息成本。Padhy 贷前对 Zamindar 的仔细甄别及事后强制执行合约不能完全消除违约成本和延期支付本息成本，特别是因为天气、虫害造成的客观风险。除去放款过程中支出的成本外，月息 5% 中剩下的是利润。因为存在众多的 Padhy，Padhy 想获得垄断利润是不可能的，有可能获得的是合谋带来的利润。Sanghar 地区的 Zamindar 通常是年复一年地从同一 Padhy 处获得信贷，但大多数接受访谈的 Zamindar 认为这是自愿选择的结果，如果他们得到不公平的对待，他们能够从其他 Padhy 处获得信贷。Padhy 不可能通过合谋获得垄断利息，能够获得的只能是一般的市场利润。

通常说的棉花产量，一般是指皮棉产量。籽棉加工成皮棉的比例是 10:3，即每 10 吨籽棉可加工成 3 吨皮棉。棉籽是棉花的种子，是棉花加工厂加工棉花时的副产品，可以做种子，也可以用来榨油。棉绒是从轧棉后的棉籽表皮上剥下的短纤维，是棉籽胚珠表皮细胞突起延伸加厚充实而成的单细胞纤维，主要成分为纤维素，可以做铺盖。

Padhy 还有其他机会获取不公平的收益，例如通过低生产要素价格和高产品价格。Sanghar 地区加入互联性金融交易的 Zamindar 接受的生产要素价格和产品价格和没有加入互联性金融交易的 Zamindar 接受的价格基本相同（见表 3），基本不存在 Padhy 通过低生产要素价格和高产品价格获取不公平收益的情况，这说明 Padhy 没有通过互联性金融交易盘剥 Zamindar。棉产品在卡拉奇的价格包含了成本和利润，Padhy 和棉花加工厂通过产品价格所获得的利润非常少，在棉产品最终价格中只占 2.5%，Zamindar 的成本和利润加总占卡拉奇棉产品最终价值的 80%，棉产品最终价格的主要利润为 Zamindar 所得，如表 4 所示。

表 3　互联性金融交易与非互联性金融交易生产要素价格和产品价格比较

平均价格	非互联性金融交易（样本 N=20）	互联性金融交易（样本 N=40）
棉花（卢比/40 千克）	874	865
尿素（卢比/50 千克）	326	329
双氨磷酸盐（卢比/50 千克）	547	546

注：棉农摘下的棉花叫籽棉，籽棉经加工后去掉棉籽的棉花叫皮棉，又叫棉绒。

资料来源：Smith 和 Stockbridge（1999）。

表 4　籽棉的销售价值

	籽棉价值（卢比/40 千克）	占卡拉奇价值百分比（%）
平均出厂价	835	79.6
到厂价	25	2.4
棉花称重成本	3	0.3
运输成本	6	0.6
装卸成本	3	0.3
代理店费用	5	0.5
Padhy 利润	8	0.8
加工费	89	8.5
加工成本	71	6.8
加工厂利润	18	1.7
销售税	79	7.5
轧棉厂到卡拉奇费用	21	2
增值	214	20.4
卡拉奇棉绒和棉籽价值	1049	100

资料来源：Smith 和 Stockbridge（1999）。

由于融资金、农业生产要素等专业化市场为一体的互联性金融交易能减少交易成本，因而优于资金、农业生产要素等市场分离时的交易。Padhy 通过合约设计、声誉机制和驱除机制等维护债权，因此获得帕累托改进。由于 Sanghar 地区完全竞争的籽棉收购市场，通畅的信息网络，互联性金融交易剩余分配没有偏向 Padhy，而是偏向 Zamindar，因此 Zamindar 得到帕累托改进。这说明互联性金融交易剩余分配并不必然偏向交易哪一方，而是依双方面临的环境而定。只要创造好适宜的环境，使用互联性金融交易为农业生产者服务是可行的。

三、广东温氏集团的民间互联性金融交易

温氏集团成立于 1983 年，坐落在广东省云浮市新兴县，是一家以养鸡等养殖业为主导，兼营食品加工、生物制药、粮食加工和贸易等跨行业、跨地区发展的大型畜牧业集团。它的产生及其与养鸡户之间的互联性金融交易是中国改革开放大潮的产物。

20 世纪 70 年代末中国吹起了改革开放的号角，农村家庭联产承包责任制焕发出来的威力使中国人民的温饱问题得到解决，人民对一日三餐的要求开始从吃得饱到吃得好，从粮食、蔬菜等植物蛋白到动物、瓜果等动植物蛋白转变。1983 年以后国家计划和市场对粮食需求增速放缓，农户余粮销售出现困难。除了大力发展流通业外，方向性的转变是延长粮食产业链条，通过深加工余粮，将粮食等植物蛋白转化为鸡、鸭、猪等动物蛋白来缓解生产供给和需求之间的矛盾。20 世纪 80 年代初中央政府连续出台了五个支持农业发展的“一号文件”，为多种所有制性质的企业在农村的兴起提供了制度上的保障。温氏集团正是在这种市场和体制转型背景下产生和发展起来的。

在鸡肉需求上升，鸡肉供给短缺的市场环境下，鸡肉供给主体不可避免地产生。鸡肉供给主体未必一定是像温氏集团这样的企业，农户也可以成为供给主体，但农户成为供给主体存在一定困难。养鸡业是简单劳动和复杂劳动，低附加值与高附加值并存的资本密集的高风险行业。一只成鸡需要经过育种、喂养、防疫等环节才能供给市场。像喂养、销售等属简单、低附加值劳动，文化不高的农户可以提供，像育种、饲料配方、疫苗等属复杂、高附加值劳动，没有长期知识积累不可能掌握其中的诀窍。农户能否从市场中购买育种、饲料配方、疫苗等呢？温氏集团的教训可以给出答案。温氏集团的创始人温北英从 20 世纪 60 年代就开始摸索养鸡技术，到 1983 年创办温氏集团的前身簕竹畜牧联营公司时已有近 20 年的经验。1984 年初公司从外地购进 8 万只刚孵出来的雏鸡，由于鸡苗来源复杂等多种原因，20 天后病的病，死的死，最后剩下 2.5 万只，死亡率达到 68.8%。农户即使避开鸡种、鸡疫等自然风险，仍要面对销售风险。1985 年温氏集团养了 1 万只鸡，但由于育肥后鸡不符合出口标准，外贸部门不收，弄得温北英要求员工都去卖鸡。在 20 世纪 90 年代，广东养鸡业崛起了“三温一古”——温北英的温氏集团、温木辉公司、温树汉养鸡集团和古章汉万益公司。在禽流感等冲击下，肉鸡价格下降，温木辉公司、温树汉养鸡集团和古章汉万益公司宣告破产。供不应求的鸡肉市场和高风险使农户在养鸡业门前徘徊不去。

农户的困境为温氏集团提供了机遇。温氏集团成立初期是新兴县簕竹乡一个集寓育种、喂养、防疫等环节于一体的养鸡场。在鸡肉市场供不应求的刺激下，扩大产能，填补市场空白成为温氏集团努力的方向。1986 年底，由于种鸡产量不断增加，养鸡的地方不够，温氏集团将目光投向鸡场旁边的砖窑厂，希望能得到砖窑厂的土地来养鸡。砖窑厂是榄根乡集体财产，乡负责人满足温氏集团的土地要求，但也要求温氏集团帮助乡集体办一个养鸡场。温氏集团提供种苗、饲料、药物、技术，乡集体鸡场饲养，鸡养大后由温氏集团销售，利润由两者总结算后商定。温氏集团在自繁自育自产自销的经营方式之外开始尝试互联性金融交易方式。

互联性金融交易方式是否优于自繁自育自产自销方式？在供不应求的鸡肉市场，为了抓住获利机遇，鸡肉供给主体需要扩大产能。育种、饲料配方、疫苗等技术研制属探索性的知识密集型劳动，其生产成本随产量增加而增加，但其研制成本不随产量变化而变化，属沉淀成本，远高于与此相关的生产成本，鸡肉供给主体需要扩大产能，摊低这种沉淀成本。产能扩大到一定程度可以使鸡肉供给主体影响市场价格，在与下游销售商分割利润时处于主动地位。但是扩大产能需要积聚生产要素。如果采用自繁自育自产自销的方式，则需要购买土地、劳动等，增雇人手监督劳动。鸡肉产量越大，这方面的成本就越大。如果采用互联性金融交易方式，则除仍需要把工资成本打进回收的成品鸡价格中外，不需要增加购买土地等，也不需要增雇人手监督劳动。因此互联性金融交易方式在节约土地、劳动管理等方面成本上要优于自繁自育自产自销方式。但互联性金融交易方式产生了自繁自育自产自销方式所没有的赖账成本。温氏集团提供种苗、饲料、药物、技术等给养鸡户，若养鸡户不守合约盗售成品鸡，则温氏集团必然亏损，因此必须设计一个可执行的合约减少乃至消除赖账成本。

温氏集团要求加入互联性金融交易方式的养鸡户提供、平整土地，自建鸡舍，至少饲养肉鸡 3000 只，每只鸡苗要支付 5 元保证金，承担死鸡、次鸡等生产风险。温氏集团按一定价格向养鸡户提供种苗、饲料、药物、技术等，暂不用现金支付，记在账上，肉鸡养大时收购成品鸡，从中扣除种苗、饲料、药物、技术等投入品及代销服务成本，余额支付给养鸡户。若养鸡户已支付完从温氏集团借入的投入品等成本，剩余成品鸡的处置权归养鸡户。温氏集团承担肉鸡市场价格波动风险，肉鸡市场价格高时返还部分盈利，下跌时按市场保护价收购成品鸡。温氏集团向养鸡户收取的投入品价格和向养鸡户收购肉鸡的价格是联动的，可以调整，总体上保证温氏集团和养鸡户五五分成纯利润。

表 5　温氏集团某养鸡公司每斤“广西土鸡一号”鸡的成本与售价

利润与成本项目	价值（元）
鸡苗成本	0. 6926
饲料成本	4. 1446
药品成本	0. 147
管理、销售等费用	0. 2108
成本合计	5. 195
养鸡专业户利润	0. 7143

续表

利润与成本项目	价值（元）
成本和养鸡专业户利润合计	5.9093
公司宣称的成品鸡收购价格	6.5128
公司市场销售平均价格	7.0808
公司每斤鸡利润	1.1715
公司每斤鸡利润率（%）	19.82

资料来源：罗必良，欧晓明（2010）。

这种合约安排能否抑制养鸡户赖账？当赖账的收益高于赖账成本时，赖账必然发生。表5提供了2007年温氏集团某养鸡公司每斤“广西土鸡一号”鸡的成本与售价，可以帮助回答这个问题。在温氏集团向养鸡户提供的投入品以及代销服务中每斤鸡包括鸡苗、饲料、药品成本以及管理、销售等费用，合计5.195元。每只鸡平均3斤，则每只鸡投入品等费用为15.585元。扣出5元保证金，每只鸡温氏集团向养鸡户提供10.585元贷款。假设养鸡户养了温氏集团规定的最小肉鸡量即3000只，则温氏集团向养鸡户提供了31755元贷款。养鸡户赖账的收益是31755元。温氏集团每斤鸡投入品和管理成本及支付给养鸡专业户利润合计5.9093元，但它宣称从养鸡户处收购的成本是6.5128元。最终温氏集团以7.0808元市场销售平均价格售出，因此每斤鸡获利1.1715元，每只鸡获利3.5145元，3000只鸡获利10543.5元。假设养鸡户也将成品鸡以温氏集团市场销售平均价格售出，则他获得无赖账时温氏集团获得的利润10543.5元。赖账后养鸡户总共额外获得31755+10543.5=42298.5元。按照温氏集团的规定，加入互联性金融交易方式的养鸡户要自建鸡舍，建1平方米鸡舍需要120元成本，能饲养10只鸡。3000只鸡需要300平方米，支出36000元成本。养鸡户赖账后温氏集团停供鸡苗、饲料、药品等投入品以及代销服务，鸡舍报废，若忽略折旧，则养鸡户损失36000元。养鸡户赖账后净收益是42298.5-36000=6298.5元。养鸡户每斤鸡的利润是0.7143元，每只鸡的利润是0.7143×3=2.1429元，3000只鸡的利润是2.1429×3000=6428.7元。养鸡户一年要养3批鸡，每批3个月，休整1个月。当他在第1批期间赖账时，则在第2、第3批共8个月的时间内他将损失获取利润6428.7×2=12857.4元的机会，扣除他在第1批期间赖账的收益6298.5元，第2、第3批共8个月的时间内他将净损失12857.4-6298.5=6658.5元。养鸡户可以在这8个月的时间里重新工作，获得收入。2007年云浮市农村居民年人均纯收入4825元[①]，8个月的人均纯收入为4825×2/3=3216.66元。按一户两个劳动力计算，养鸡户8个月的纯收入为3216.66×2=6433.3元。养鸡户赖账后8个月内将损失6658.5-6433.3=225.2元，而且由于失去养鸡工作，未来每年损失6428.7×3-4825×2=19286.1-9650=9636.1元的获利机会，养鸡户赖账得不偿失。温氏集团通过恰当的合约设计阻碍了赖账的发生，消除了赖账成本。

由于互联性金融交易方式占优自繁自育自产自销方式，温氏集团逐渐放弃后者，专攻育种、饲料配方、疫苗等知识密集、高附加值环节，外包出喂养、销售等知识含量

① 资料来源：《云浮统计年鉴》（2008）。

少、低附加值环节，实现向互联性金融交易方式转型。1986 年温氏集团上市肉鸡 5 万只，销售收入达 36 万元；2007 年上市肉鸡 5.3 亿只，销售收入达 85.8 亿元。在取得巨大成功的同时，温氏集团注重协调养鸡户利益：

表 6　养户人均利润与当地平均工资比较（1994 ~ 2006 年）

年份	养户人均利润（元）①	当地平均工资（元）②	③ = ②/①－1	国有单位工资（元）④	⑤ = ④/①－1	城镇集体单位工资（元）⑥	⑦ = ⑥/①－1
1994	4457	5174	0.161	5514	0.237	4584	0.028
1995	4500	5869	0.304	6515	0.448	5006	0.112
1996	7000	6311	－0.098	6776	－0.032	5253	－0.250
1997	7125	6527	－0.084	6993	－0.019	5270	－0.260
1998	7529	6682	－0.112	7168	－0.048	5202	－0.309
1999	8500	7292	－0.142	7683	－0.096	5811	－0.316
2000	8542	7835	－0.083	8382	－0.019	5780	－0.323
2001	8167	8870	0.086	9875	0.209	6395	－0.217
2002	8175	10136	0.240	11801	0.444	6622	－0.190
2003	8022	11521	0.436	13816	0.722	7533	－0.061
2004	9167	12626	0.377	15508	0.692	8586	－0.063
2005	10500	14303	0.362	18721	0.783	9172	－0.126
2006	11850	15154	0.279	19727	0.665	10780	－0.090

资料来源：罗必良，欧晓明（2010）。

第一，通过调整向养鸡户收取的投入品价格和向养鸡户收购肉鸡的价格使农户获得的收益超过其保留收益。表 6 对比了养鸡户与城镇居民工资收入之间的距离，养鸡户的收入在较长时间要高于城镇集体单位工资，在一些年份甚至高于当地城镇居民平均工资和国有单位工资。高收益使违约成本提高，保护温氏集团的利益，同时缩小了城乡居民之间的差距，达到帕累托社会效率改进。

第二，温氏集团充分发挥合作者分工比较优势，将生产风险交给养鸡户承担，凭借自己一般占有国内同类销售市场 10% 的份额，区域市场 25% 的份额，承担市场风险。1998 年初，受香港禽流感影响，温氏集团每天亏损 130 万元，但坚持给农户补贴；2004 年初禽流感再次爆发，温氏集团以 2.2 亿元的损失保障农户利益。这与柬埔寨和巴基斯坦案例中的农户承担主要风险完全不同。在风险大的年份，后者甚至会陷入债务陷阱中，而温氏案例中不会出现这种情况，交易者之间是协调、合作、友好的，而不是以邻为壑的。实际上温氏集团保护养鸡户也是保护自己，因为市场价格总是波动的，如果在价格低谷时避免养鸡户破产，则保住了自己的产能和对市场的影响力，当价格回升时过去的损失就弥补回来了，2004 年初禽流感造成的 2.2 亿元损失 3 个月后就弥补回来了。

第三，合作剩余分配照顾公平。在温氏集团和养鸡户产业分工中，温氏集团处在进入门槛高的高端环节，养鸡户处在进入门槛低的低端环节。温氏集团很容易找到养鸡户的替代者，而养鸡户不容易找到温氏集团的替代者。但是温氏集团在分配剩余时没有把养鸡户的收益推进到其保留效用上，而是拿出部分剩余给养鸡户。温氏集团分配合作剩余的思想是总体上保证和养鸡户五五分成纯利润，虽然在“广西土鸡一号”鸡的总利润中温氏集团占合作剩余的62.1%，养鸡户37.9%。

四、案例使用说明

（一）教学目的与用途

（1）适用课程：农村金融，金融产品设计。

（2）适用对象：金融专业硕士，金融学术硕士。

（3）教学目的：以民间互联性金融交易为研究对象，学习如何根据经济环境、市场环境和市场结构以及交易特性设计农村金融产品。具体目标分为以下三个方面：①民间互联性金融交易为什么会产生，它涉及哪些交易主体，面对什么样的经济环境、市场环境和市场结构，具有什么样的交易特性；②这种环境和结构以及特性对交易主体的行为会产生什么影响，交易主体如何应对，合作能达到帕累托最优吗；③如何设计合约分配合作剩余确保合作达成。

（二）启发思考题

（1）阅读农村金融方面的文献，思考为什么要讨论民间金融？

20世纪50年代初讷克斯提出“贫穷的恶性循环”理论，认为一个国家因为穷所以穷。如何摆脱“贫穷的恶性循环”？一个办法是从外部输入资本。当时认为有两种途径，一是通过金融市场，二是通过包括政府、非政府组织、外国援助等在内的非市场。金融市场包括正规金融市场和民间金融市场。在发展中国家的农村，正规金融市场是极其缺乏的，因为大多数发展中国家的前身是殖民地，殖民地商业性质的正规金融集中在港口、城镇和商业中心，是为殖民经济服务的，不愿意深入农村。民间金融被妖魔化为高利贷，使农民陷入“高利贷陷阱”，不能翻身。在这种情况下，要使得农民摆脱“贫穷的恶性循环”和“高利贷陷阱”就只能依靠政府、非政府组织、外国援助等在内的非市场。于是，20世纪50~60年代政府对农民的信贷补贴计划在全球范围内蓬勃开展起来。信贷补贴计划促进了大量资金流入农村，但一些问题也开始暴露出来。捐助人和政府廉价的信贷落入农村富人手里，真正的穷人没有得到多少廉价的资金；资金没有按照效率原则进行有效配置，政府在农村设立的正规金融机构大量亏损，离开捐助人和政府的支持就难以生存下去。既然政府干预的办法不灵，人们不得不返回市场。人们发现，民间金融在发展中国家农村仍然占主导地位，形式多种多样，不能将其等同于高利贷；民间金融利率也呈现多样性，既有高利率，也有零利率；即使是高利率，放贷者未必一定盘剥农民，获得垄断利润。民间金融在选择借款人、收回贷款、降低管理成本以及更好地适应农村金融需求方面有比正规金融更大的比较优势。民间金融的这种特点决定了它可以用来解决“贫穷的恶性循环”问题。

（2）阅读农村金融方面的文献，思考为什么要讨论民间互联性金融交易？

20 世纪 50 年代初期以来，农村金融遇到两个问题，一是农户得不到正规金融的信贷服务，二是尽管农户可以从民间金融处得到资金，但利率过高。短缺的资金和过高的利率或者过重的信贷负担被认为是贫穷的主要原因。利率为什么过高呢？一个认识是由于垄断。如何消除高利率？办法是加强竞争，于是从农村外输入资金的政府信贷补贴计划应运而生了。但是对高利率产生的原因还有另一种意见：放贷者的利率由资金的机会成本、管理成本、风险成本和垄断利润组成，管理成本和风险成本是高利率的主要原因。如果管理成本和风险成本是高利率的主要原因，则高利贷不代表盘剥、不公平，通过加强竞争来降低垄断利润的政府信贷补贴计划基础发生动摇。这不是政府信贷补贴计划受益者和支持者所能接受的，他们争辩说，即使从金融市场上看利率可能不高，是合理的，但如果把资金市场和产品市场联系起来，佃农实际支付的利率仍然是高的，仍然是垄断的结果。这种辩论一方面把资金、产品两个市场联系在一起，从而摆脱了以前孤立地研究农村金融市场状况，另一方面也说明单独研究农村金融市场将不能揭示农村金融本质，因此有必要讨论民间互联性金融交易。

（3）制作一个表格，分析柬埔寨、巴基斯坦和中国为什么会出现民间互联性金融交易？民间互联性金融交易涉及到哪些交易主体？柬埔寨、巴基斯坦和中国民间互联性金融交易各自面对什么样的经济环境、市场环境和市场结构？分别具有什么样的交易特性？

表 7　总结

国家	柬埔寨	巴基斯坦	中国
交易主体	稻米加工商和贸易商，稻米生产者	大贸易商 Padhy，中小地主 Zamindar	温氏集团，养鸡户
经济环境	属稻米生产国和消费国，经济自由化政策，城镇化和出口带来的需求增加	价格的自由化、出口贸易部门的私有化、部分出口管制和税收的取消，棉花的价格和产量有了更大的提高	制度上允许多种所有制性质的企业，农户余粮销售出现困难，食物需求从植物蛋白到动植物蛋白转变
生产环境	缺乏良好的水利设施，水稻生产风险大；土地面积一般不大，规模不经济；土壤贫瘠，水稻单产严重依赖化肥；生产技术知识空间分布不均衡；劳动信息空间分布不均衡	劳动信息空间分布不均衡，中等生产规模，籽棉生产风险大	养鸡业是简单劳动和复杂劳动，低附加值与高附加值并存的资本密集的高风险行业，要求规模经济
市场结构	稻米生产成本较高，质量较低，处在销售市场低端；稻米加工商和贸易商大量增加，稻米销售市场竞争激烈；种子质量难以让人信任，生产要素市场不完善；垄断的、不完全竞争的要素市场	棉产品价格受国际市场的制约，产品销售市场竞争激烈；种子的质量、农药的效力被质疑，化肥缺斤短两等，农业生产要素市场不完善	供不应求的鸡肉市场，销售存在风险，市场供求波动性大，市场供应的鸡苗等质量不能保证，农业生产要素市场不完善

续表

国家	柬埔寨	巴基斯坦	中国
交易特性	面临水涝或干旱等自然风险，自然风险具有区域化的特点，稻米销售市场价格波动风险，稻米生产者隐瞒信息蓄意赖账等主观风险，土地面积小、没有明晰的土地产权、无其他可抵押的资产等，稻米储存时间有一定限制；一年一次交易，频率低；稻米可常年自用，资产的专用性低	面临虫害或季节性的洪涝灾害等风险，籽棉产量不是一个好的担保品，没有足够多的其他合适的担保品，比如 Zamindar 的土地不够多，土地产权不清晰等，司法系统存在缺陷，诉诸法庭的成本高，存在蓄意赖账风险，籽棉可储存较长时间；摘棉次数一般为 3 ~ 5 次不等，交易频率客观上可达一次以上；籽棉主要用于销售，资产的专用性高	面对鸡种、鸡疫等自然风险，销售风险；一年要养 3 批鸡，交易频率每年 3 次；成鸡主要用于销售，资产的专用性高
出现原因	不完善的要素市场，正规金融市场缺陷，成本高昂的一体化企业方式，恰当的合约设计	不完善的农业生产要素市场，正规金融市场缺陷，成本高昂的一体化企业方式，恰当的合约设计	节约土地、劳动管理等方面成本，减少乃至消除赖账成本的合约

（4）柬埔寨、巴基斯坦和中国案例中经济环境、生产环境、市场结构以及交易特性对交易主体产生什么影响？各交易主体如何应对？他们的合作能达到帕累托最优吗？

在经济环境方面，经济制度变迁给稻米加工商和贸易商，籽棉大贸易商 Padhy，以及大型畜牧业温氏集团带来更大的自由度，市场需求增加使得他们要寻找更多价廉、质优、稳定可靠的稻米原料、籽棉以及生鸡。在土地、劳动市场的不完善环境下，一体化企业方式给稻米加工商和贸易商，籽棉大贸易商 Padhy，以及大型畜牧业温氏集团带来高昂的土地购买、劳动管理等成本，使他们不得不放弃自己生产，转而寻找更适宜的生产方式。生产风险大使得稻米生产户、籽棉种植户以及生鸡饲养户抵挡不住负面冲击，形成不了稳定的、有效的生产力，也迫使他们要寻找抵挡负面冲击的生产方式。这就构成了稻米加工商和贸易商与稻米生产户，籽棉大贸易商 Padhy 与籽棉种植户，以及大型畜牧业温氏集团与生鸡饲养户合作的基础。在市场结构方面，柬埔寨、巴基斯坦和中国案例既存在共性又存在差异。共性是三者的生产要素市场都不完善，在这个不完善的生产要素市场中，稻米加工商和贸易商相对于稻米生产户，籽棉大贸易商 Padhy 相对于籽棉种植户，以及大型畜牧业温氏集团相对于生鸡饲养户应对能力更强一些，处在一个相对比较优势地位，可以帮助后者克服生产要素市场的不完善，这就构成了前者和后者合作的又一个基础。三者的差异也是明显的。在柬埔寨案例中，稻米加工商和贸易商面临竞争激烈的稻米销售市场，并处在销售市场低端，他们只能获得平均利润。但当他们面对稻米生产户时，又形成一个合谋、寡头式地方化的稻米收购市场，因此在稻米生产户分割合作剩余时，稻米加工商和贸易商占据有利位置，稻米生产户的效用只能维持在保留效用位置。在巴基斯坦案例中，籽棉大贸易商 Padhy 面临竞争激烈的籽棉销售市场，是国际市场棉花价格的接受者，只能获得平均利润。在面对籽棉种植户时，因交通便利、信息通畅，不能把籽棉种植户的效用推进到保留效用位置，籽棉种植户在和籽棉大贸易商 Padhy 分割合作利润时要比柬埔寨案例中的稻米生产户分到更大比例的利润。在中国案例中，大型畜牧业温氏集团在生鸡销售市场中有一定的市场实力，不完全是市场价格的接受者，而是能影响市场价格，因此能获得高于平均利润率的利润，这个利润反过来使温氏集团有能力巩固和生鸡饲养户的合作。在分割合作剩余时，温氏集团更加照顾到生鸡饲养户的利益。虽然这种方式在短期内使温氏集团获取较少比例的利润，但从长期看巩固了和生鸡饲养户的联盟，保护了生产力，进而巩固在温氏集团在生鸡销售市场中的市场地位。在交易特性方面，柬埔寨、巴基斯坦和中国案例中的稻米生产户、籽棉种植户以及生鸡饲养户都面临自然风险、市场风险，但在交易频率和资产专用性方面存在差异。柬埔寨案例中，稻米交易一年一次，频率低，稻米可常年自用，资产的专用性低。巴基斯坦案例中，籽棉种植户交易籽棉客观上每年可达一次以上，籽棉主要用于销售，资产的专用性高。在中国案例中生鸡饲养户每年交易频率达到三次，生产的生鸡主要用于销售，资产的专用性高。风险、频率和资产专用性三个交易特性中，风险对稻米生产户、籽棉种植户以及生鸡饲养户影响最大，因此帮助他们规避减少风险成为合作的基础。总体来看，各交易主体的合作能达到帕累托最优，但利润分割上存在差异。

（5）什么是合约，包括哪些内容？柬埔寨、巴基斯坦和中国的案例中如何设计合约，分配合作剩余，确保合作达成。

合约是一个或一组承诺，法律对于合约的不履行给予救济，或者在一定意义上承认合约的履行为一种任务。承诺是以某种特定的方式作为或不作为的意思表示，是被转让的相对产权，规定了权利转让的条件和参与者之间的收入分配。承诺具体表现为合约的内容——合约条款。条款中的基本模式集合可以归纳为四种：合约持续时间，合约变量完备程度，激励机制即收益和风险的分担，合约实施程序即两人世界中的自动实施、三人以上世界的私人秩序以及法庭。

在柬埔寨案例中，稻米加工厂在产前、产中和产后向稻米生产者提供生产要素和服务，例如，向稻米生产者提供优良品种、用于购买化肥和劳动等的资金、谷物脱壳、储存等，后者以稻米偿还。稻米加工厂虽然名义上不收利息或收很低的利息，但是在和稻米生产者签订互联性金融交易合约时会规定稻米生产者归还本金的时间，而这个时间通常是稻米收获季节，稻米的市场价格最低，稻米加工厂根据市场价格规定更低收购价格，通过本金和稻米的收购价格套算出稻米生产者应交的稻米数量，利息就隐藏稻米加工时的市场价格与稻米的收购价格以及应交的稻米数量之间。因为市场上还有其他的互联性金融交易者，稻米加工厂也不能随意确定收购价格，需要遵循市场行情。为了让稻米生产者遵循合约，稻米加工商采取以下手段：①稻米加工商在贷前仔细地甄别生产者，对熟悉的客户发放贷款，对自然风险小的区域发放贷款；②拒绝向赖账的稻米生产者提供生产要素和服务；③在稻米加工商之间传播赖账者的信息，使得后者被排除在稻米加工商集体之外；④对因自然风险等因素造成的非蓄意赖账展期，通过未来的盈利来弥补过去的损失等。因为在一个村庄往往只有一个或两个稻米加工商，稻米生产者接受的稻米收购价格非常地方化，和互联性金融交易之外的少数大生产者接受的市场价格完全不同，这说明稻米收购价格与稻米市场价格之间的差价被稻米加工商获取，稻米生产者在互联性金融交易分配中处于一个不利位置。

在巴基斯坦案例中，大贸易商 Padhy 向中小地主 Zamindar 提供包括信贷、生产投入和销售等在内的一整套的服务。信贷常常是以种子、化肥、农药等实物形式提供，以

Zamindar 出售籽棉为偿还条件。Sanghar 地区的棉花加工厂和 Padhy 非常多，交通便利，信息通畅。这使 Zamindar 可选择的机会变多，和 Padhy 之间的信息基本对称，进而提高了 Zamindar 的保留效用和谈判势力，Padhy 难以通过资金、生产要素以及产品价格获得高于市场的不公平利润。Sanghar 地区的 Zamindar 通常是年复一年地从同一 Padhy 处获得信贷，如果得到不公平的对待，他们能够从其他 Padhy 处获得信贷。Padhy 和棉花加工厂通过产品价格所获得的利润非常少，在棉产品最终价格中只占 2.5%，Zamindar 的成本和利润加总占卡拉奇棉产品最终价值的 80%，棉产品最终价格的主要利润为 Zamindar 所得。因为 Zamindar 得到主要利润，因此减少了蓄意违约的可能性。另外，为了让 Zamindar 遵循合约，Padhy 也采取一些的手段：①以种子、化肥、农药等实物形式提供信贷可以保证贷出资金真正用于生产，避免被挪用；②Padhy 只对与其有一年以上的现金交易的 Zamindar 放出资金，要求有可信的第三方推荐、担保，调查 Zamindar 在市场或村庄中的负债或信誉状况等；③声誉机制和驱除机制。很多 Padhy 来自联系紧密的社区，彼此之间经常交流借款人有关信誉方面的信息。Zamindar 一旦违约，不仅被 Padhy 停止供给资金，而且赖账名声很快被其他 Padhy 所知，整个 Padhy 群体中断与其资金往来。

在中国案例中，温氏集团按一定价格向养鸡户提供种苗、饲料、药物、技术等，暂不用现金支付，记在账上，肉鸡养大时收购成品鸡，从中扣除种苗、饲料、药物、技术等投入品及代销服务成本，余额支付给养鸡户。若养鸡户已支付完从温氏集团借入的投入品等成本，剩余成品鸡的处置权归养鸡户。温氏集团承担肉鸡市场价格波动风险为了保证养鸡户履行合约，温氏集团采取以下手段：①温氏集团要求加入养鸡户提供、平整土地，自建鸡舍，至少饲养肉鸡 3000 只，每只鸡苗要支付 5 元保证金，承担死鸡、次鸡等生产风险；②通过调整向养鸡户收取的投入品价格和向养鸡户收购肉鸡的价格使农户获得的收益超过其保留收益；③温氏集团将生产风险交给养鸡户承担，自己承担市场风险，肉鸡市场价格高时向养鸡户返还部分盈利，下跌时按市场保护价向养鸡户收购成品鸡；④温氏集团向养鸡户收取的投入品价格和向养鸡户收购肉鸡的价格是联动的，可以调整，总体上保证温氏集团和养鸡户五五分成纯利润。

（6）柬埔寨、巴基斯坦和中国案例的共同之处在什么地方？差异在什么地方？什么因素导致差异的产生？

柬埔寨、巴基斯坦和中国案例的共同之处在于都克服了发展中国家农村不充分、不完善市场的缺陷，降低了交易成本，提高了整个社会的产量，实现了帕累托效率，不同之处在于互联性金融交易企业和农户的收益和风险分配存在差异。柬埔寨 Mong Russei 和 Tmor Kol 地区的稻米收购市场结构是垄断或寡头的，最大收益归互联性金融交易企业，农户承担包括生产和市场在内的主要风险，获得保留收益。巴基斯坦 Sanghan 地区籽棉收购市场是完全竞争的，农户承担包括生产和市场在内的主要风险，获得最大收益，互联性金融交易企业获得保留收益。中国广东温氏集团在肉鸡市场既有一定的垄断能力，又面临竞争，互联性金融交易企业承担市场风险，农户承担生产风险，收益在两者之间平均分配。这三种案例说明互联性金融交易是发展生产力的，但分配存在很大差异。相对而言，中国广东互联性金融交易充分利用了各方风险承担能力的比较优势，照顾到了各方的利益，交易主体之间的关系更加长远、稳定，生产力较少因分配不均而受损害。

（7）在分析柬埔寨、巴基斯坦和中国民间互联性金融交易时，分析方法有什么差异？

在分析柬埔寨和巴基斯坦民间互联性金融交易时，采用合作博弈分析方法。在分析中国民间互联性金融交易时，采用非合作博弈方式分析方法。合作博弈强调参与者之间的协议有完全约束力并且能够实施，最关注的是最终收益和风险的分割，而不是坚持合约条款，因为合约条款可以再协商。不使合作破裂，并形成有完全约束力且能实施的协议原因不在于合约条款，因为法律可能无法强制执行这些条款，而在于各谈判方可得到的使用其资源的可替代机会，各谈判方观察、监控对方行动的程度。只有获取经济收益的途径被掐断，协议才能真正发挥威力。因此，合作博弈最关注的是最终收益和风险的分割，而不是坚持合约条款，因为合约条款可以再协商。在中国案例中，温氏集团向养鸡户收取的投入品价格和向养鸡户收购肉鸡的价格是联动的，合同是可以再协商的。养鸡户签约时有资源投入的沉淀成本，因此合约有自我实施的机制。而在柬埔寨、巴基斯坦的案例中，需要甄别筛选机制和声誉机制以及驱除机制等，防止合约条款不履行。

（三）分析思路

行为人决策总是在环境约束下进行收益最大化的。在本案例中假设各行为人主观上追求收益最大化，即收益减成本最大到边际收益等于边际成本，环境约束包括经济环境、市场环境、市场结构以及交易特性。交易主体通过在约束环境下收益最大化进行合作，合作剩余通过合约条款分配。

（四）理论依据与分析

1. 新制度经济学

（1）交易成本与企业理论。交易成本理论认为，在企业之外，价格变动决定生产。在企业之内，企业家指挥生产。当企业扩大时，企业内部组织追加交易的成本可能会上升。当企业内部组织一笔额外交易的成本等于在公开市场上完成这笔交易所需的成本时，企业的扩张停止了，企业和市场的边界也就确定了。市场交易成本产生可从人的因素和环境因素两个方面来考察。从人的因素方面来看，人是有限理性的，还是机会主义的，会刻意隐瞒、扭曲信息损人利己。从环境因素方面来看，人们在交易时会面临不确定的环境、资产专用性和交易频率的影响。有限理性、机会主义、不确定性、资产专用性和交易频率等决定了交易成本进而现实世界中多样化的合同、组织等治理机制。

（2）相对产权与合约理论。交易成本是个人交换他们对于经济资产的所有权和确立他们的排他性权利的成本。交易从表面上看是资源的转移，但实际上是权利的让渡，因此产权清晰是交易的前提。从法律观点来看，财产实质上是一种占有关系，一组权利。从更广意义上看，产权不仅是个人拥有的受到法律保护的权利，而且还拥有受到由社会礼节、习惯和放逐法的力量所支持的传统或其他如自我执行式的非法律工具保障的权利，可以分为绝对产权和相对产权。绝对产权是针对所有其他人的权利，相对产权是赋予所有者能够施加于一个或多个特定人身上的权利，并且这种权利仅能对他们进行实施，包括合约性产权和法律上的强制义务。相对产权的确立与合约自由和承诺责任有关。承诺就是被转让的相对产权，规定了权利转让的条件和参与者之间的收入分配，具体表现为合约的内容——合约条款，条款中的基本模式集合可以归纳为四种：合约持续时间，合约变量完备程度，激励机制即收益和风险的分担，合约实施程序即两人世界中的自动实施、三人以上世界的私人秩序以及法庭。合约条款依赖于交换中法律体系、社会习惯和资产标的物的技术特性。合约法律框架越完备，社会管制和社会习俗联系越强，则订立合约所消耗的成本就越小。交换中资产标的物的技术特性与不确定性、资产专用性和交易频率等因素有关，它能影响合约的成本。合约的内容越丰富，相对产权就越能得到保障，但是因为所消耗的成本更大，合约的内容往往被缩减。合约条款的选择取决于条款的边际成本和边际收益，只有边际收益大于边际成本的条款才被纳入到合约的内容范围中。一些条款因为成本很高而被排除在合约之外，但这些被排除的维度往往成为发生争执的根源。合约存在多种形式，彼此之间存在着竞争，只有使成本最小化的合约安排才能存在下去。外部变量的变化，如法律结构、度量技术或生产过程等，能影响合约的均衡结构，经济组织内的各种变化既能从生产又能从分配上影响最终产出。

2. 信息经济学和机制设计理论

资源配置是决策的结果，决策需要信息。信息散布在自然、社会的各个角落，搜集它们需要成本。高昂的信息成本使得交易更加困难，一些从整体上看有效率的交易因为顾虑合作剩余可能被拥有私人信息的交易伙伴攫取而被迫中止。信息经济学特别关注由信息不对称带来的效率损失，将不拥有私人信息的交易者称为委托人，拥有私人信息的交易者称为代理人，在委托人—代理人的框架下建立逆向选择、道德风险、信号传递和信息甄别四类基本模型。信息经济学的目的不仅是揭示信息不对称对交易的负面影响，更是研究克服它的办法，由此产生了机制设计理论。激励机制设计本质上是，代理人的最优选择就是委托人的最优选择。一个有效的激励机制必须满足参与约束和激励相容约束。参与约束是代理人参与委托人的事业所得到的净剩余不应低于他不参与时的保留收益，这个保留收益由代理人面临的其他机会决定；激励相容约束是委托人所期望的代理人行动也是代理人最大化其收益的结果。在满足参与约束和激励相容约束下，委托人选择最大化自己收益的行动。合约条款设计、相对产权的让与为委托人的行动和代理人的行动成为现实提供可能，交易双方因此获得占优的效率、产权保护以及收益和风险的分担等。

3. 博弈论

信息经济学本身与博弈论有着密切的联系，后者是前者的方法论基础，能解释前者不能解释的经济现象。信息经济学从非对称信息的角度研究交易，博弈论则不仅分析非对称信息下的交易，还分析对称信息下的交易，不仅分析合作博弈，还分析非合作博弈。因此，尽管信息经济学关注最优的合约安排，博弈论关注最终的均衡结果，但仍可以将前者看作是博弈论下非合作博弈中的非对称信息博弈的应用。当长期合作收益大于不合作收益时，交易者可能会放弃以邻为壑的非合作博弈，走进照顾彼此利益的合作博弈空间。合作博弈和非合作博弈的区别在于前者强调的重点是参与者集体，后者是个人，前者参与者之间的协议有完全约束力并且能够实施，后者没有。不使集体破裂，并形成有完全约束力且能实施的协议原因不在于合约条款，因为法律可能无法强制执行这些条款，而在于各谈判方可得到的使用其资源的可替代机会，各谈判方观察、监控对方行动的程度。只有获取经济收益的途径被掐断，协议才能真正发挥威力。因此，合作博弈最关注的是最终收益和风险的分割，而不是坚持合约条款，因为合约条款可以再协商。

（五）关键要点

（1）关键点：影响民间互联性金融交易合约设计的因素，它们和交易主体相对产权的保护、合作剩余的分配之间的关联。

（2）关键知识点：市场交易成本产生的人为因素和客观环境因素。相对产权与合约理论，信息经济学和机制设计，合作博弈。

（3）能力点：用抽象的理论分析民间互联性金融交易，并把分析结果和理论对照，证实或推翻或发展理论。

（六）建议课堂计划

本案例可以作为专门的案例讨论课来进行，如下是按照时间进度提供的课堂计划建议。整个案例课的课堂时间控制在120～180分钟。

课前计划：提出启发思考题，请学生在课前完成查找文献、理论准备、案例阅读和初步思考。

课中计划：课堂前言（10～15分钟），简明扼要、明确主题；理论准备梳理（20～30分钟）；案例回顾（10～15分钟）；分组讨论（60分钟），要求准备发言大纲，分3个小组，小组发言（每组，20分钟），幻灯片辅助，控制在60分钟以内；引导全班进一步讨论，并进行知识梳理归纳总结（20～30分钟）。注意提问的逻辑。

课后计划：请学生上网搜索民间互联性金融交易的相关信息资料，尤其最新信息，采用报告形式写出类似的案例分析报告（1000～1500字），给出新的更加具体的解决方案。

（撰稿人：潘朝顺）

债权保护、廉价资金和垂直联结战略

柬埔寨、巴基斯坦和中国的实践说明互联性金融交易是有效率的，同时说明剩余分配是一定市场环境下的结果，只要创造好适宜的环境，就可以使用互联性金融交易为农户服务。但是如果互联性金融交易企业没有资金，互联性金融交易的效率和分配就无从谈起。互联性金融交易企业没有资金主要指互联性金融交易企业得不到在金融市场中占主导地位的银行等正规金融机构的信贷，即无法和银行等正规金融机构进行垂直联结。无法垂直联结的原因主要是后者担心前者赖账。另外垂直联结还存在互联性金融交易企业截留银行等正规金融机构留给农户的廉价资金。1984～1987 年菲律宾的垂直联结实践——国家农业生产力计划（National Agriculture Productivity Programe，NAPP）和 2006～2008 年中国广东省肇庆市德庆县农村信用社与农配公司的垂直联结实践则对此进行了有益的探索。

一、菲律宾的垂直联结实践——国家农业生产力计划

1984～1987 年菲律宾的 NAPP 是在金融自由化和经济金融危机背景下产生的。金融自由化起因于金融抑制，金融抑制在农村金融领域表现为农村信贷补贴计划。农业是菲律宾重要的部门，直到 20 世纪 80 年代中期它创造的产值仍达到菲律宾国民生产总值的 25%左右，提供的就业机会仍吸收菲律宾全国一半的就业人口。但是银行等正规金融对农业的信贷支持非常小，1966～1984 年银行对农业贷款占其总贷款的比例均值仅为 8.1%，而对非农业贷款高达 90.9%。为此，菲律宾政府使用信贷补贴计划引导资金流向农村。在 20 世纪 70 年代菲律宾政府用行政手段规定存贷款利率高限，下令银行将其净可贷资金的 25%投向农业部门，银行分支机构吸收储蓄的 75%以上留在所在地区，中央银行对农业生产资金实行优惠的再贴现利率，在农村广泛设置由政府控制的金融机构等。信贷补贴计划对于菲律宾的农业生产起到积极作用，因此在 20 世纪 70 年代末初步实现粮食自给。但是也存在副作用，主要是金融机构的效率低，真正的穷人没有得到资金。例如金融机构动员社会闲置资金的能力很差，33%的农业贷款来源于中央银行的再贴现；金融机构生存能力弱，20 世纪 50 年代末以来菲律宾成立了 1000 多家农村银行，到 80 年代不到 900 家存活下来，政府的非银行金融机构——农业信贷署曾有八百

家，留下坏账后于1982年破产，被菲律宾土地银行接管。信贷补贴计划存在的种种问题使得菲律宾在20世纪80年代实行的金融自由化政策也在农村展开来，例如1984年菲律宾完全取消了对存贷款利率高限的限制，由市场来决定利率水平；实行统一的再贴现利率；剥离中央银行承担的发展银行的功能，交由专门银行承担；取消对银行设立分支机构的限制，加强银行之间的竞争等。金融自由化使得农业信贷的数量和成本都受到很大冲击。

除了金融自由化外，20世纪80年代前期菲律宾处在经济金融危机之中。在20世纪70年代，尽管有1975年第一次石油危机的冲击，菲律宾仍安然度过，并取得较高的经济增长，但是积累了过高的负债率，为日后的金融困境埋下伏笔。1979年第二次石油危机爆发，国际经济衰退，国际金融市场利率提高。菲律宾出口收入和国际资本流入减少，国际收支差额加大，国际储备耗尽。受此影响，菲律宾实体经济衰退，通货膨胀加剧，利率大幅上升，资金短缺，财政赤字飙升。在这种环境下，政府对农村的投入减少了，国有的菲律宾国家银行和菲律宾发展银行实际上停止了对农村的信贷，过高的负债率和坏账、紧缩的金融政策以及取消对农业部门融资的硬性规定减少了银行对农业的投入，而利率上升增加了农村生产成本。从20世纪60年代开始菲律宾农业开展绿色革命，对种子、化肥等现代农业投入的依赖加深，从而更需要廉价的资金投入。政府、银行等正规金融机构资金投入数量的减少和价格的上升恶化了农业生产市场环境。

1983年菲律宾一些产粮区发生了长达8个月的干旱，粮食生产受到打击。为因应不利的农业生产条件和市场环境，1984年菲律宾政府开始实施NAPP，通过拨出资金，委托合适的机构，以优惠利率贷给粮食生产者来实现食物自给。鉴于农村银行不良的财务状况，菲律宾政府不得不增加其他机构，如包括销售商、粮食加工厂、生产投入供应商等在内的民间金融，商业银行等作为对粮食生产者发放贷款的管道，从而形成资金支持农村的垂直联结方式。NAPP包括强化稻米生产计划、玉米扩展计划、国家块根农作物计划等12个特殊商品计划，对这些计划进行资金支持的方案有三种（Esguerra，1987）。

第一种方案是国家粮食局援助方案。农业粮食部和国家粮食农业委员会设立周转基金，贷给国家粮食局，国家粮食局通过其下属的批发商店和收购站，以农业生产投入品和收成保险费形式向粮食生产者发放和收回贷款。只有持有国家粮食局发放的存折并在国家粮食局下属批发商店和收购站服务范围的粮食生产者才能得到贷款，农业粮食部的专家对借款的粮食生产者提供技术帮助。借款的粮食生产者需要和国家粮食局签订合同，后者在保护价下直接购买前者的产品，并提供烘干、储存、运输等便利。

第二种方案是银行系统援助方案。中央银行核定合格的农村银行和商业银行，农业粮食部和国家粮食农业委员会以特别定期存款方式对合格的农村银行和商业银行提供资金，农村银行和商业银行根据农户计划和预算发放贷款，农户和粮食收购者签订销售协议。粮食收购者可能是国家粮食局，也可能是私营商。若是国家粮食局，则应在收购粮食时帮助银行收回贷款本息并汇给银行，或者银行派人到国家粮食局下属的收购站现场向农户收取贷款本息。若是私营商，则该私营商应是得到奎丹担保基金委员会特许的奎丹私营商。银行在发放贷款时增加一个附加条件，要求贷款者将粮食出售给特定的奎丹私营商。奎丹私营商在收购粮食时帮助银行收回贷款本息，银行则保证在粮食收获季节向前者发放一定的贷款，帮助前者获得粮食产品。农业粮食部的专家仍对借款的粮食生产者提供技术帮助。

第三种方案是最终用户或投入品供给商援助方案。最终用户是购买农户产品进行深加工的个人或企业，投入品供给商是销售种子、化肥、农药给农户的企业。中央银行核定合格的农村银行和商业银行，农业粮食部和国家粮食农业委员会以特别定期存款方式对合格的农村银行和商业银行提供资金，最终用户或投入品供给商向农村银行或商业银行提出贷款申请，获得资金，并贷给农户。最终用户或投入品供给商对银行的唯一责任是收回贷款本息，不管他从农户手里收回本息与否。最终用户或投入品供给商与农户之间的合约存在多种形式。比如从银行得到资金的最终用户为投入品供给商提供预付款，投入品供给商对农户贷款，或者最终用户直接从投入品供给商处购买投入品提供给农户，农户与最终用户签订销售合同并在收获季节以不低于政府规定的最低价格供给产品，贷款本息从中扣除。从银行得到资金的投入品供给商直接对农户提供投入品贷款，或者对中间商或配送中心提供投入品贷款，中间商或配送中心对农户提供投入品贷款并监督投入品的使用，农户和最终用户签订销售合同并在收获季节以不低于政府规定的最低价格供给产品，最终用户将贷款本息还给投入品供给商。农业粮食部的专家仍对借款的粮食生产者提供技术帮助。

除了提供三种融资方案外，NAPP 还对合约价格、期限等条款做出限定。在国家粮食局或银行系统援助方案中，国家粮食局或银行获得资金的价格是年利率 3%。在最终用户或投入品供给商援助方案中，最终用户或投入品供给商获得资金的价格是年利率 6%，其中 3% 的差额是最终用户或投入品供给商对银行的支付。在上述三种方案中，农户获得资金的价格是 15%。依据不同粮食的生产周期农户贷款的期限是 150 ~ 240 天，银行或非银行金融机构在此基础上延长 10 天，即 160 ~ 250 天。对逾期贷款将征收包括资金成本在内的惩罚性年利率 42%。

NAPP 是不稳定经济环境下的产物，其主要目标是保障当时菲律宾的粮食安全，但它是信贷而不是政府无偿转移支付，因此贷款回收应是 NAPP 题中之义。从菲律宾国家粮食农业委员会披露的强化稻米生产计划、玉米扩展计划、国家块根农作物计划 1986 年 10 月贷款发放和回收情况来看，还款率是比较理想的（见表 1）。这三个计划总共发放了 893028 百万比索贷款，通过国家粮食局援助方案占 66%，通过银行系统援助方案占 18%，通过最终用户或投入品供给商援助方案占 16%。三个计划加总的还款率为 93%，其中，强化稻米生产计划的还款率为 91%，玉米扩展计划的还款率为 94%，国家块根农作物计划的还款率为 83%，国家粮食局援助方案的还款率为 90%，银行系统援助方案的还款率为 95%，最终用户或投入品供给商援助方案的还款率为 92%。

表 1　三种融资方案贷款金额和还款率比较　　单位：百万比索，%

		国家粮食局援助方案	银行系统援助方案	最终用户或投入品供给商援助方案	总计
强化稻米生产计划	发放贷款	395000	107472	46776	549248
	到期贷款	57945	76847	36025	170817
	收回贷款	4923	73915	3225	156063
	还款率	86	96	89	91

续表

		国家粮食局援助方案	银行系统援助方案	最终用户或投入品供给商援助方案	总计
玉米扩展计划	发放贷款	193200	53191	78328	324719
	到期贷款	38486	51611	60931	151028
	收回贷款	36485	48636	57073	142195
	还款率	95	94	94	94
国家块根农作物计划	发放贷款		1390	6601	7991
	到期贷款		1390	1418	2808
	收回贷款		814	1520	2334
	还款率		59	107	83
总计	发放贷款	591950	162053	139025	893028
	到期贷款	96431	129848	98374	324653
	收回贷款	86409	123365	90818	300592
	还款率	90	95	92	93

资料来源：Esguerra（1987）。

推究还款率高的原因有以下几点：

第一，效率提高。NAPP 涉及充当资金提供者的政府，充当导管的主体和农业生产者。政府可以直接向农业生产者提供资金，却选择迂回的垂直联结方式向农业生产者提供资金。垂直联结方式利用了金融市场、生产要素市场（包括技术市场）和产品市场，正规金融与民间金融，国有资本和私人资本，发挥了不同市场、交易主体和资本的比较优势，节约交易成本，分散或消除风险。效率提高为吸引多种主体参与到农业生产中来提供了可能性。

第二，提供能为各交易主体接受的分配方案。NAPP 涉及政府向导管主体提供资金，导管主体向农业生产者提供资金两个环节。政府向导管主体提供资金时仔细选择了导管主体，导管主体是信誉度高的国家粮食局、银行，国家粮食局、银行选择的次级导管主体要么是自己的下属机构，要么是经过奎丹担保基金委员会特许的奎丹私营商等，可信赖是选择导管的重要因素，能预防不为交易另一方接受的败德行为。NAPP 在通货膨涨加剧、利率上升的经济金融危机中规定对粮食生产者索取的利率不超过 15%，生产投入和产出价格受到保护价的支持，保护了粮食生产者的利益。对国家粮食局、银行等导管只收取 3% 的利息成本，即留下 12% 的利率空间供其消化放款成本和索取收益。对于更次级的最终用户或投入品供给商等民间金融导管收取 6% 的利息成本，即留下 9% 的利率空间供其消化放款成本和索取收益。越靠近农业生产者，预留的利率空间就越大。照顾导管主体的利益，削弱赖账动机。同时政府明确、强化其与导管主体之间的债权债务关系。不管国家粮食局、银行是否收回其向次级导管主体或粮食生产者的贷款，它必须归还政府贷款。根据不同粮食的生产周期确定贷款期限，对于逾期贷款征收惩罚性利率，确保贷款的及时回笼。对导管主体债权债务的硬约束迫使其审慎选择次级导管主体和粮食生产者，只有被其了解、信任的粮食生产者才能成为其放贷对象，从而保证资源配置的合理性。

第三，注重合约设计的弹性。NAPP 设计三种融资方案，除了国家粮食局援助方案没有涉及银行等正规金融外，其余两种都借用了银行等正规金融。国家粮食局、银行要么利用民间金融发放贷款，要么利用其收回贷款，要么利用其既发放又收回贷款。表 1 显示出不同计划中不同融资方案的还款率不一样，这是因为不同计划的交易特点不一样，合约设计要随之改变。多种合约设计为交易者提供了选择余地，使金融产品更有弹性地适应交易特点，从而减少成本，实现效率和分配的统一。

二、广东德庆垂直联结案例

德庆县位于广东省中部偏西西江中游北岸，是一个“八山一水一分田”的典型山区农业县。2009 年第一产业生产总值 126034 万元，占全县生产总值的 24.86%，农业人口 299762 人，占全县总人口的 80%①。德庆县大部分地处北回归线以南，属亚热带季风气候，光热、雨量、气候、土地等都非常适合柑橘生长，因此早在唐朝就有柑橘的种植。德庆县政府根据自身资源禀赋的比较优势，积极发展柑橘产业，使贡柑、沙糖橘这两种传统果品从原产地小宗水果上升为全国的名牌产品，先后获得“中华名果”“广东省名牌产品”“广东省著名商标”“中国柑王”和“中国橘王”等美誉，德庆县也获得“中国贡柑之乡”“中国柑橘之乡”“中国柑橘产业十强县”和“中国果菜无公害十强县”等称号，确立了德庆和德庆贡柑、砂糖橘在全国柑橘产业的领先地位。德庆县政府每年都组织种果大户和销售大户到全国各地考察市场，与当地果商建立销售合作关系，并请各地果商到县内开展供销洽谈活动。目前，德庆县已在全国 100 多个大中城市建立了几百个销售网点。同时，县信息中心还将外地果品流通公司、本地种果大户和果业公司的供求信息上网，方便产销双方沟通联系。知名品牌和扩大的销售网络使柑橘每斤价格由过去的 1 元多提高到 2 元多，上升了 2 倍。为解决果农技术困难，德庆县建立农科服务推广机构和信息网络，完善县镇村农技人员队伍，开展测土配方施肥、柑橘提纯复壮、病虫害测报防治等科技创新活动和果农技术培训。通过与省、市农科院校建立长期合作关系，制定贡柑生产技术规程和砂糖橘标准化种植规程，推广柑橘标准化种植技术。技术进步使贡柑、砂糖橘平均亩产由过去两三千斤提高至五六千斤，最高产的贡柑亩产达 1.6 万斤，砂糖橘亩产近 3 万斤，每亩收入平均超万元，高的甚至达到 6 万多元（谭培安，2007）。为了杜绝农资市场上的损农行为，保障农资质量，德庆县按照“政府引导、农民入股、企业经营、市场运作、政府监管”模式，由德庆县柑橘协会发动柑橘生产销售的龙头企业德庆县仙罗果业有限公司（以下简称仙罗公司）和果农会员入股，成立具有股份合作制性质的农资配送公司——德庆县柑橘协会农业配送公司（以下简称农配公司），以集团采购方式直接从有信誉的厂家购进肥料农药，加上运费和较低的经营费用，以相对较低的价格卖给农民。在市场、技术、生产投入等激励下，

① 资料来源：《肇庆统计年鉴》（2010）。

德庆县柑橘产业蓬勃地发展起来，柑橘种植面积已由2006年的10万亩发展到2010年的28万亩，柑橘收入占农民人均年纯收入50.8%[①]。

随着柑橘种植规模的不断扩大，果农对资金的需求量也越来越大，自有资金不能满足生产需要。德庆贡柑、沙糖橘生产周期一般在2~3年，在此期间，果树的管理每年每亩大约需要4000~5000元的费用（方刚，漆志恒，曹晖，2006）。如果果园面积为5亩，则果农每年需要2万~2.5万元，2年共需4万~5万元，3年共需6万~7.5万元。2006年德庆农民人均纯收入5253元[②]，一户两个劳动力加总的年纯收入为10506元，最多只能满足2.5亩果园的需要。在资金不足的情况下，果农要么维持低生产，错失市场机会，要么从金融市场借钱。果农可以向亲戚、朋友、邻里等或专业放贷者等民间融资。但是因为柑橘销售市场扩大，价格上升，80%农户都从事柑橘种植，因此亲戚、朋友、邻里等也没有闲杂资金。专业放贷者要么贷完资金，要么利率太高，以致借款人有陷入债务陷阱之虞。在向亲戚、朋友、邻里等或专业放贷者等融资困难的情况下，果农可以向正规金融借贷。20世纪90年代中期以后，正规金融纷纷收缩在县域的网点，德庆县主要正规金融是农信社。农信社对农户发放的贷款有农户小额信用贷款和农户联保贷款两种[③]。小额信用贷款有优秀、较好、一般、较差四个等级，等级越高，得到的贷款额度越大。达到优秀等级的农户除无不良债信记录等条件外，还必须满足自有资产在8万元以上、经营规模在8万元以上、家庭年纯收入在3万元以上、自有资金占生产所需资金的50%以上等条件。这个条件实际上将许多果农排斥在农信社大门之外。即使达到这个条件，能得到的最高贷款额度原则上不超过3万元，还是不能满足果农生产需要。农户联保贷款要求贷款农户找到5~10户借款人为其担保者，但是一些收入稳定又无贷款需求的农户不愿意为需要贷款的农户提供担保，通过农户联保贷款也存在困难。而放松贷款条件，农信社的风险就会增加。

最初果农通过向农配公司赊账购买化肥农药，未来以柑橘偿还进行融资，但是随着赊账金额的增加，农配公司也没有多余的资金满足果农需求，打破金融约束势之所需。在德庆县政府的引导、协调下，经与农配公司协商，2006年4月德庆县农村信用合作社联合社出台《德庆县农村信用社扶持种植柑橘类担保贷款操作暂行办法》，对贷款额度高于2万元、低于15万元而自己又没有能力提供有效财产抵押的农户，经农配公司担保，发放种植柑橘类贷款，具体的程序如下：

农配公司在农信社开立基本账户，存放担保资金100万元，另提供有效抵押担保物200万元，共300万元，农村信用社按1∶5的比例提供1500万元贷款额度。需要贷款的柑橘种植户以自有果场或当年收获的果品为担保品向柑橘协会提出贷款担保申请，柑橘协会审核后向农配公司出具初审意见，农配公司审核同意后核定担保额度提供担保，信用社审核农配公司贷款担保书和柑橘种植户资质同意对柑橘种植户发放贷款后，农信社与柑橘种植户、农配公司、仙罗公司签订担保贷款协议。柑橘种植户在农信社开立个人结算账户，此账户是种植户的存款账户，又是其贷款及销售资金的结算账户。农配公司

① 资料来源：谭培安（2007）及2011年德庆政府工作报告《2010年工作和“十一五”发展回顾》。

② 资料来源：《肇庆统计年鉴》（2010）。

③ 资料来源：《德庆县农村信用社农户贷款操作规程》。

在农信社开立一个基本账户。农信社将资金划到种植户的存款账户，随即绝大部分资金从种植户的存款账户划到农配公司在农信社的基本账户，用于支付向农配公司购买肥料、农药等货款，小部分资金仍留在种植户的存款账户上自行支配。在柑橘种植季节，农配公司向农户提供肥料、农药等生产投入品。在柑橘收获季节，农户按市场价格优先向仙罗公司出售柑橘，仙罗公司支付货款给种植户，货款必须存放在种植户在农信社的存款账户上，种植户偿还农信社贷款本息，并向农配公司支付服务费率。当种植户还清农信社贷款本息和农配公司服务费率后，方可自行出售余下柑橘。

柑橘类贷款要求种植户自筹资金不低于项目资金50%的，诚实守信，无不良贷款记录，有经营管理能力，并且是农信社的存款客户。贷款额度在2万~15万元，期限一般在一年以内，最长不超过三年。农信社社员贷款半年期（含六个月）利率为5.0325‰，半年以上至一年期（含一年）利率为5.3625‰，一年期以上至三年期（含三年）利率为5.5275‰；非农信社社员半年期（含六个月）利率为5.9475‰，半年以上至一年（含一年）利率为6.3375‰，一年期以上至三年期（含三年）利率为6.5325‰。如借款人到期不能归还，则由农配公司代其归还贷款本息。当农配公司担保的贷款（本金）逾期率达3%时，农信社停止发放该类贷款。

自2006年4月至2008年6月末，德庆农信社累计向柑橘种植户发放由农配公司担保的贷款289万元，获得贷款利息收入6万元，收息率一直保持100%①。高收息率的原因在于农信社采取了通过农配公司对种植户贷款这种垂直联结方式。从种植户、农配公司和农信社三方签订的合约看，尽管农信社对种植户的资质进行甄别并用合约条款进行防范，但如果种植户不还贷款，农信社对种植户仍没有有效办法，既不能拿走种植户的柑橘，也不能拿走他的果场。实际上农信社已放弃了对种植户违约追溯，因为这样做的成本太高，因此农信社名义上对农户贷款，实质上主要是对农配公司贷款，因为资金是封闭运行的，90%的资金在信贷社发放后随即被转移到农配公司在信用社的基本账户中，种植户能动用的只是余下的10%资金。农信社放贷的前提是对借款人的信任，种植户能得到信任吗？不能。若能，农信社没有必要经过农配公司向种植户贷款。农信社信任的借款人是农配公司，因为农配公司有300万元的担保品。既然农信社真正的放款对象是农配公司，为什么不直接对农配公司贷款，由后者再贷向种植户？若如此，这笔资金如何运用就无种植户的发言权了。经过种植户账户到农配公司在信用社的基本账户，则这笔资金在形式上表现为种植户的预付款，与预付款相对应的投入品必须返回种植户，从而制约农配公司挪用资金。

从表面上看，农配公司是种植户贷款的担保者，但它实际上是种植户的互联性金融交易者。农配公司以自己的担保品获得农信社贷出的资金，用此资金购买投入品提供给种植户，并在柑橘收获季节获得柑橘，完成本金和利息（农信社贷款利率+服务费）的回收。农配公司愿意充当农信社和种植户之间垂直联结媒介的原因是它的大股东仙罗公司想得到柑橘，它的小股东德庆县柑橘协会想为它的会员谋取资金。随着德庆柑橘业的发展，柑橘业下游的加工厂、销售商也在增加，德庆县有一定规模的下游厂商至少有30家，对柑橘需求的竞争激烈。为了保证柑橘的供应，仙罗公司使用互联性金融交易

---

① 资料来源：德庆农信社。

这一手段就显得必要了。农配公司靠什么保证自己对种植户的债权呢？靠的是合约设计、对种植户的了解以及金融链和产业链的结合。第一，贷款的种植户需要支付沉淀成本。农信社在审查种植户资质时需要种植户自筹资金不低于项目资金的50%，农配公司25%的股份是德庆县柑橘协会会员提供的，因此，如果一个项目需要100元资金，则100×（50%+50%×25%）=62.5元是种植户自己的，项目必须认真经营，因为损失固然他人要承担，但主要是自己承担。第二，贷款对象是柑橘协会会员，与协会之间的信息相对对称。资金是封闭运行的，种植户得到的是化肥、农药等投入品，增加了种植户转移资金用途的成本。第三，种植户获得农配公司贷款担保时是以自有果场或当年收获的果品作为反担保品的，果品固然可以通过盗售部分转移，自有果场是转移不走的。第四，金融链和产业链的结合。农配公司是投入品、技术和产品销售等业务集于企业一身，每年通过聘请专家、派出技术员等形式为种植户提供技术服务，降低种植户生产风险和成本。农配公司以集团采购方式直接从有信誉的厂家购进肥料农药，提供的投入品质量可靠，价格低廉。农配公司不会蓄意提供假冒伪劣投入品，因为这会遭到种植户赖账的反制；农配公司每天在德庆县电视台和县农业信息网公布当天农资价格，拉低德庆农资市场整体价格10%左右。农配公司提供担保的贷款实际利率较低，为农信社贷款利率+年担保费3%。以一年期贷款为例，2007年德庆民间借贷年利率为15%~20%，甚至超过国家法律许可达到30%（傅强，2007），而农配公司为信用社社员提供担保的贷款实际利率为（12×5.3625‰+3%）=9.435%，为非社员提供担保的贷款实际利率为（12×6.3375‰+3%）=10.605%，低于民间借贷相应期限利率。信守与农信社和农配公司之间的合约，保持金融链和产业链的通畅成为种植户的最优选择。

三、案例使用说明

（一）教学目的与用途

（1）适用课程：农村金融，金融产品设计。

（2）适用对象：金融专业硕士，金融学术硕士。

（3）教学目的：以垂直联结为研究对象，学习如何根据经济环境、市场环境和市场结构以及交易特性设计农村金融产品。具体目标分为以下三个方面：

1）垂直联结为什么会产生，它涉及哪些交易主体，面对什么样的经济环境、市场环境和市场结构，具有什么样的交易特性；

2）这种环境和结构以及特性对垂直联结主体的行为会产生什么影响，交易主体如何应对，合作能否达到帕累托最优；

3）如何设计垂直联结合约，分配合作剩余，确保合作达成。

（二）启发思考题

（1）阅读农村金融方面的文献，思考为什么要讨论垂直联结？它反映正规金融和非正规金融各有什么样的优劣势？

世界上大多数发展中国家曾有过沦为殖民地半殖民地的经历，因此经济呈现出传统农业与现代工业并存的“二元经济结构”特征。这种“二元经济结构”特征延伸到农村金融中就表现为“二元金融结构”——传统的民间金融与现代的正规金融并存于农村金融。在传统社会向现代社会过渡的发展中国家，民间金融最初被认为是落后、剥削的代名词，正规金融的任务之一是驱除民间金融。但是经过20世纪50~60年代世界范围内的信贷补贴计划的实践，民间金融在农村金融中不但没有出局，反而正规金融有逐渐出局的危险。这种情况迫使人们不得不重新思考民间金融与正规金融之间的关系及其各自比较优势，得出的结论是：民间金融与正规金融之间可以像以前一样地竞争，但也可以互补共生。互补共生是人们对民间金融与正规金融之间关系的新认识。那么如何互补共生呢？一种办法是正规金融雇佣熟悉当地情况的乡村代理人，让后者帮助正规金融搜寻借款人的信息、追索债权。但是由于和正规金融的利益不能完全一致，代理人有可能偷懒，甚至采取不利于正规金融的败德行为。为了防止这种情况的发生，正规金融必须花费成本监督代理人，或者给予代理人足够的激励，而这要么增加正规金融的成本，减少正规金融的利润，要么将正规金融的成本转嫁给借款人，减少借款人的利润。因此雇佣乡村代理人有其局限性。另一种办法是，正规金融向贸易商等民间金融放贷，后者再向农户提供资金的垂直联结方式。垂直联结方式中的民间金融与乡村代理人的不同之处在于前者和正规金融之间存在债权债务关系，后者和正规金融之间不存在债权债务关系，而只是一种代理关系，前者承担的责任和受到的约束比后者要大得多。提出垂直联结方式的依据是垂直联结具有效率性——民间金融中介在信息搜寻、用款监督和债权保全等方面较正规金融有比较优势，正规金融在资金成本、信贷规模等方面有比较优势，两者的联合是一种优势互补，因此受到人们的推崇。

（2）制作一个表格，分析菲律宾和中国为什么会出现垂直联结实践？垂直联结涉及哪些交易主体？菲律宾和中国垂直联结实践各自面对什么样的经济环境、市场环境和市场结构？分别具有什么样的交易特性？

表2　总结

	菲律宾	中国
交易主体	农业粮食部和国家粮食农业委员会，国家粮食局、农村银行和商业银行、粮食收购者（国家粮食局，奎丹私营商）、最终用户或投入品供给商，粮食生产者	农村信用社，农资配送公司，柑橘协会，果农，仙罗公司
经济环境	金融自由化和经济金融危机。现代农业对投入的依赖加深，需要廉价的资金投入，但政府对农村的投入减少，国家粮食安全受到威胁	柑橘市场扩大，需求增加，种植面积增加，对资金的需求量也越来越大，政府在市场、信息、技术等方面支持力度大
市场结构	信贷补贴计划存在很大的副作用，负债率和坏账过高，正规金融对农业的信贷支持非常小，资金供给昂贵且短缺，出现卖方垄断	正规金融纷纷收缩在县域的网点，资金供给昂贵且短缺，出现卖方垄断，信贷风险大
交易特性	风险高，实物资产不易转换成金融资产偿债	风险高，实物资产不易转换成金融资产偿债
出现原因	政府主导，效率提高，分配照顾各方利益，注重合约设计的弹性	政府大力支持，采取市场化运作方式，设计恰当的合约

（3）菲律宾和中国的案例中经济环境、市场结构以及交易特性对交易主体产生什么影响？各交易主体如何应对？他们的合作能达到帕累托最优吗？

在菲律宾案例中，菲律宾正面临着金融自由化和经济金融危机，粮食生产受到打击。为了缓解进而消除粮食安全威胁，需要加大对现代农业的投入。但是农村金融市场不发达，正规金融对农业信贷支持非常小，资金供给昂贵且短缺，出现卖方垄断。正规金融对农业信贷支持非常小的原因是农村金融市场固有的缺陷，主要是风险大，金融机构的坏账率过高，难以生存下去。在这种情况下，为了保障当时菲律宾的粮食安全，同时减少坏账率，菲律宾采用垂直联结的手段实施了 NAPP，充分利用了金融市场、生产要素市场（包括技术市场）和产品市场，正规金融与民间金融，国有资本和私人资本，发挥了不同市场、交易主体和资本的比较优势，节约交易成本，分散或消除风险。从实施的结果看，菲律宾的粮食安全威胁消除了，资金回收率高，各级导管的利润得到保障，农户获得资金的成本较低，实现农业粮食部和国家粮食农业委员会，国家粮食局、农村银行和商业银行、粮食收购者（国家粮食局，奎丹私营商）、最终用户或投入品供给商，粮食生产者多方共赢。

在中国案例中，德庆县具有种植柑橘得天独厚的自然条件，德庆县政府因势利导，充分发挥自身资源禀赋的比较优势，积极发展柑橘产业。德庆县政府引导成立德庆县柑橘协会农业配送公司，以集团采购方式直接从有信誉的厂家购进肥料农药，以相对较低的价格卖给农民，从而保证生产要素质量，降低生产要素成本。建立农科服务推广机构和信息网络，完善农技人员队伍，开展科技创新和果农技术培训活动，大力推广柑橘标准化种植技术。在全国大中城市建立了几百个销售网点，将外地果品流通公司、本地种果大户和果业公司的供求信息上网，建立销售渠道，扩大市场品牌。在技术、生产投入、市场等激励下，柑橘产业的生产风险、市场风险下降，成本降低，收益增加，呈现出蓬勃发展的局面。柑橘产业的发展增加了对资金的需求，但德庆农村金融市场不发达。非正规金融供给量不能满足需求，且昂贵。正规金融出于控制风险的动机，纷纷收缩在县域的网点，留在德庆的正规金融主要是农信社，从而形成垄断的市场格局。农信社的农户小额信用贷款和农户联保贷款将许多果农排斥在农信社大门之外，即使不排斥，也不能满足果农生产需要，因此德庆客观上需要金融产品创新，打破束缚果农发展的资金瓶颈。德庆克服果农资金瓶颈的主要做法是：①恰当的合约设计，建立果农贷款自我偿还机制；②通过金融链和产业链的结合，将垂直联结和互联性金融交易连在一起；③建立政府、农信社、企业和果农四个主体联动的机制，发挥各自比较优势，节约交易成本，分散或消除风险。从实施的结果看，自 2006 年 4 月至 2008 年 6 月末，德庆农信社累计向柑橘种植户发放由农配公司担保的贷款 289 万元，获得贷款利息收入 6 万元，收息率一直保持 100%，果农贷款的利率低于民间借贷相应期限的利率。农信社资金增值，风险规避，果农获得廉价资金，抓住市场机遇，企业获得稳定的商品供应，政府实现解决农户就业，发展当地经济的目的，各方取得共赢。

（4）菲律宾和中国的案例中如何设计合约，分配合作剩余，确保合作达成。

在菲律宾的案例中，政府向导管主体提供资金时仔细选择了导管主体。导管主体是信誉度高的国家粮食局、银行。国家粮食局、银行选择的次级导管主体要么是自己的下属机构，要么是经过奎丹担保基金委员会特许的奎丹私营商等，预防败德行为。在通货膨胀加剧、利率上升的经济金融危机中规定对粮食生产者索取的利率不超过15%，生产投入和产出价格受到保护价的支持，保护了粮食生产者的利益。对国家粮食局、银行等导管只收取3%的利息成本，即留下12%的利率空间供其消化放款成本和索取收益。对于更次级的最终用户或投入品供给商等民间金融导管收取6%的利息成本，即留下9%的利率空间供其消化放款成本和索取收益。同时政府明确、强化其与导管主体之间的债权债务关系。不管国家粮食局、银行是否收回其向次级导管主体或粮食生产者的贷款，它们必须归还政府贷款。根据不同粮食的生产周期确定贷款期限，对于逾期贷款征收惩罚性的利率，确保贷款的及时回笼。注重合约设计的弹性，设计三种融资方案，除了国家粮食局援助方案没有涉及银行等正规金融外，其余两种都借用了银行等正规金融。国家粮食局、银行要么利用民间金融发放贷款，要么利用其收回贷款，要么利用其既发放又收回贷款。多种合约设计为交易者提供了选择余地，使金融产品更有弹性地适应交易特点，从而减少成本，实现效率和分配的统一。

在中国的案例中，柑橘类贷款要求种植户自筹资金不低于项目资金的50%，诚实守信，无不良贷款记录，有经营管理能力，并且是农信社的存款客户。农配公司在农信社开立基本账户，提供有效抵押担保物300万元，农村信用社按1∶5的比例提供1500万元贷款额度。需要贷款的柑橘种植户以自有果场或当年收获的果品为担保品向柑橘协会提出贷款担保申请，柑橘协会审核后向农配公司出具初审意见，农配公司审核同意后核定担保额度提供担保，信用社审核农配公司贷款担保书和柑橘种植户资质同意对柑橘种植户发放贷款后，农信社与柑橘种植户、农配公司、仙罗公司签订担保贷款协议。农信社将资金划到种植户的存款账户，随即绝大部分资金从种植户的存款账户划到农配公司在农信社的基本账户，用于支付向农配公司购买肥料、农药等货款，小部分资金仍留在种植户的存款账户上自行支配。在柑橘种植季节，农配公司向农户提供肥料、农药等生产投入品。在柑橘收获季节，农户按市场价格优先向仙罗公司出售柑橘，仙罗公司支付货款给种植户，货款必须存放在种植户在农信社的存款账户上，种植户偿还农信社贷款本息，并向农配公司支付服务费率。当种植户还清农信社贷款本息和农配公司服务费率后，方可自行出售余下柑橘。如借款人到期不能归还，则由农配公司代其归还贷款本息。当农配公司担保的贷款（本金）逾期率达3%时，农信社停止发放该类贷款。

农配公司靠合约设计、对种植户的了解以及金融链和产业链的结合保证自己对种植户的债权。例如，贷款的种植户需要支付沉淀成本。贷款对象是柑橘协会会员，与协会之间的信息相对对称。资金是封闭运行的，种植户得到的是化肥、农药等投入品，增加了种植户转移资金用途的成本。种植户获得农配公司贷款担保时是以自有果场或当年收获的果品作为反担保品的，果品固然可以通过盗售部分转移，自有果场是转移不走的。将金融链和产业链结合在一起，当贷款偿还，金融链通畅时，产业链也保持通畅，当不偿还贷款，金融链中断时，产业链也中断，从而对赖账者形成威慑力。

（5）菲律宾和中国案例的共同之处在什么地方？差异在什么地方？什么因素导致这种差异？

菲律宾和中国案例的共同之处在于双方都是垂直联结，解决农户资金困难问题，但也存在很多差异。①菲律宾的案例中，政府直接出资，委托一些导管对农户发放资金，政府是垂直联结中的交易方，垂直联结中出现的损失被强制转移到导管身上；中国的案例中，政府是交易方的搭桥者、撮合者，不是垂直联结中的交易方，不会在垂直联结中有直接的损失，垂直联结中出现的损失被农资配送公司的担保金吸收，最终摊在入股的仙罗公司和果农会员身上。②菲律宾的垂直联结实践持续性短，粮食安全威胁一旦缓解，政府直接出资的意愿就会消减。中国的垂直联结实践持续性长，农村信用社、农资配送公司、柑橘协会、果农、仙罗公司都要持续逐利。另外，从整体上看，在市场经济环境下，政府能提供的资金相对于银行能提供的资金要少。③菲律宾的 NAPP 实践说明在恰当的安排下垂直联结可以保证银行等正规金融机构的资金安全，但是通过导管主体流向粮食生产者的资金有多少，是否有偏离目标的资金？从理论上看，可能有资金从导管主体和次级导管主体流向政府不希望的行业，NAPP 的实践没有提供堵住这一漏洞的数据和经验。中国的垂直联结实践则证明在政府的引导下垂直联结不仅可以提高生产效率，保证银行等正规金融机构的资金安全，吸引银行等正规金融机构参与垂直联结中来，而且还进一步证明可以通过设计适宜的合约，无成本或低成本地保证互联性金融交易企业将资金用于与农户的互联性金融交易中。市场发育程度、经济发展阶段、政府的财力和治理经验等方面的因素导致菲律宾和中国案例的差异。特别是政府的财力和治理经验因素起很大作用。中国案例中的地方政府，没有菲律宾案例中的中央政府那样的财力，只能自己去培育市场、利用市场来解决农户融资困难。同时治理的区域相对较小，复杂程度要低，涉及的方方面面因素要少，解决农户融资困难也要容易一些。

（三）分析思路

行为人决策总是在环境约束下进行收益最大化的。在本案例中假设各行为人主观上追求收益最大化，即收益减成本最大到边际收益等于边际成本，环境约束包括经济环境、市场环境、市场结构以及交易特性。交易主体通过在约束环境下收益最大化进行合作，合作剩余通过合约条款分配。

（四）理论依据与分析

1. 新制度经济学

（1）交易成本与企业理论。交易成本理论认为，在企业之外，价格变动决定生产。在企业之内，企业家指挥生产。当企业扩大时，企业内部组织追加交易的成本可能会上升。当企业内部组织一笔额外交易的成本等于在公开市场上完成这笔交易所需的成本时，企业的扩张停止了，企业和市场的边界也就确定了。市场交易成本产生可从人的因素和环境因素两个方面考察。从人的因素方面看，人是有限理性的，还是机会主义的，会刻意隐瞒、扭曲信息损人利己。从环境因素方面来看，人们在交易时会面临不确定的环境、资产专用性和交易频率的影响。有限理性、机会主义、不确定性、资产专用性和交易频率等决定了交易成本进而现实世界中多样化的合同、组织等治理机制。

（2）相对产权与合约理论。交易成本是个人交换他们对于经济资产的所有权和确立他们的排他性权利的成本。交易从表面上看是资源的转移，但实际上是权利的让渡，因此产权清晰是交易的前提。从法律观点来看，财产实质上是一种占有关系，一组权利。从更广意义上看，产权不仅是个人拥有的受到法律保护的权利，而且还拥有受到由社会礼节、习惯和放逐法的力量所支持的传统或其他如自我执行式的非法律工具保障的权利，可以分为绝对产权和相对产权。绝对产权是针对所有其他人的权利，相对产权是赋予所有者能够施加于一个或多个特定人身上的权利，并且这种权利仅能对他们实施，包括合约性产权和法律上的强制义务。相对产权的确立与合约自由和承诺责任有关。承诺就是被转让的相对产权，规定了权利转让的条件和参与者之间的收入分配，具体表现为合约的内容——合约条款，可以归纳为四种：合约持续时间，合约变量完备程度，激励机制即收益和风险的分担。合约条款依赖于交换中法律体系、社会习惯和资产标的物的技术特性。合约法律框架越完备，社会管制和社会习俗联系越强，则订立合约所消耗的成本就越小。交换中资产标的物的技术特性与不确定性、资产专用性和交易频率等因素有关，它能影响合约的成本。合约的内容越丰富，相对产权就越能得到保障，但是因为所消耗的成本更大，合约的内容往往被缩减。合约条款的选择取决于条款的边际成本和边际收益，只有边际收益大于边际成本的条款才被纳入到合约的内容范围中。一些条款因为成本很高而被排除在合约之外，但这些被排除的维度往往成为发生争执的根源。合约存在多种形式，彼此之间存在着竞争，只有使成本最小化的合约安排才能存在下去。外部变量的变化，如法律结构、度量技术或生产过程等，能影响合约的均衡结构，经济组织内的各种变化既能从生产又能从分配上影响最终产出。

2. 信息经济学和机制设计理论

资源配置是决策的结果，决策需要信息。信息散布在自然、社会的各个角落，搜集它们需要成本。高昂的信息成本使得交易更加困难，一些从整体上看有效率的交易因为顾虑合作剩余可能被拥有私人信息的交易伙伴攫取而被迫中止。信息经济学特别关注由信息不对称带来的效率损失，将不拥有私人信息的交易者称为委托人，拥有私人信息的交易者称为代理人，在委托人—代理人的框架下建立逆向选择、道德风险、信号传递和信息甄别四类基本模型。信息经济学的目的不仅是揭示信息不对称对交易的负面影响，更是研究克服它的办法，由此产生了机制设计理论。激励机制设计本质上是，代理人的最优选择就是委托人的最优选择。一个有效的激励机制必须满足参与约束和激励相容约束。参与约束是代理人参与委托人的事业所得到的净剩余不应低于他不参与时的保留收益，这个保留收益由代理人面临的其他机会决定；激励相容约束是委托人所期望的代理人行动也是代理人最大化其收益的结果。在满足参与约束和激励相容约束下，委托人选择最大化自己收益的行动。合约条款设计、相对产权的让与为委托人的行动和代理人的行动成为现实提供可能，交易双方因此获得占优的效率、产权保护以及收益和风险的分担等。

3. 博弈论

信息经济学本身与博弈论有着密切的联系，后者是前者的方法论基础，能解释前者不能解释的经济现象。信息经济学从非对称信息的角度研究交易，博弈论则不仅分析非对称信息下的交易，还分析对称信息下的交易，不仅分析合作博弈，还分析非合作博弈。因此，尽管信息经济学关注最优的合约安排，博弈论关注最终的均衡结果，但仍可以将前者看成是博弈论下非合作博弈中的非对称信息博弈的应用。当长期合作收益大于不合作收益时，交易者可能会放弃以邻为壑的非合作博弈，走进照顾彼此利益的合作博弈空间。合作博弈和非合作博弈的区别在于前者强调的重点是参与者集体，后者是个人，前者参与者之间的协议有完全约束力并且能够实施，后者没有。不使集体破裂，并形成有完全约束力且能实施的协议原因不在于合约条款，因为法律可能无法强制执行这些条款，而在于各谈判方可得到的使用其资源的可替代机会，各谈判方观察、监控对方行动的程度。只有获取经济收益的途径被掐断，协议才能真正发挥威力。因此，合作博弈最关注的是最终收益和风险的分割，而不是坚持合约条款，因为合约条款可以再协商。

（五）关键要点

（1）关键点：影响垂直联结合约设计的因素，它们和交易主体相对产权的保护、合作剩余的分配之间的关联。

（2）关键知识点：市场交易成本产生的人为因素和环境因素。相对产权与合约理论，信息经济学和机制设计，合作博弈。

（3）能力点：用抽象的理论分析垂直联结合约，并把分析结果和理论对照，证实或推翻或发展理论。

（六）建议课堂计划

本案例可以作为专门的案例讨论课来进行，如下是按照时间进度提供的课堂计划建议，仅供参考。整个案例课的课堂时间控制在120~180分钟。

课前计划：提出启发思考题，请学生在课前完成查找文献、理论准备、案例阅读和初步思考。

课中计划：课堂前言（10~15分钟），简单扼要、明确主题；理论准备梳理（20~30分钟）；案例回顾（10~15分钟）；分组讨论（60分钟），要求准备发言大纲，分2个小组，小组发言（每组，30分钟），幻灯片辅助，控制在60分钟内；引导全班进一步讨论，并进行知识梳理归纳总结（20~30分钟）。注意提问的逻辑。

课后计划：请学生上网搜索垂直联结的相关信息资料，尤其最新信息，采用报告形式写出类似的案例分析报告（1000~1500字），给出新的更加具体的解决方案。

（撰稿人：潘朝顺）

农村小额信贷模式创新：中和农信下属连南县农户自立服务社案例

信贷市场对于农村地区（尤其是发展中国家）的经济发展与社会进步具有重要意义。一方面，技术相对落后的农业生产者，须通过资本借贷才能实现技术创新，改变落后的生产状态；另一方面，生活困难的贫困农户，须通过资本借贷才能平滑消费，实现波动的收入流和稳定的消费支出之间的有效平衡。然而，信贷市场在农村地区的形成与发展，却存在诸多困难。比如，放贷机构对农户贷款用途的监督成本较高；农户可能存在策略性赖账的意愿；自然条件与市场的不稳定性降低农户还款的可能性等。因而，在相对落后地区，正规农村信贷市场失灵成为一种常态，以高利率、低额度、信贷配给为特征的非正规信贷在这类区域显得更加活跃。

如此背景下，中和农信项目管理有限公司下属的连南县农户自立服务社却以独特的“小组联保 + 妇女借款 + 整贷零还”形式，成功扎根广东省农村的小额信贷市场。对此，本研究将以连南县农户自立服务社为切入点，分析中和农信项目管理有限公司“小组联保 + 妇女借款 + 整贷零还”成功的内在机理，提炼出具有理论价值和实践意义的农村小额信贷的可行模式。

一、背景概述：中和农信项目管理有限公司及其小额信贷业务

中和农信项目管理有限公司是由中国扶贫基金会和世界银行发起成立的，公司成立的初衷是为有需要资金但却无法从金融机构获得贷款的贫困者提供小额信贷服务。

1996 年，国务院扶贫办组织实施的“世界银行贷款秦巴山区扶贫项目”，正是中和农信项目管理有限公司小额信贷业务的前身。2001 年，国务院扶贫开发领导小组办公室批准同意中国扶贫基金会作为小额信贷扶贫项目试点单位，基金会成立小额信贷部负责世行贷款项目的实施，并逐步将小额信贷项目推广至更多的贫困地区。2008 年 11 月，为了进一步利用市场化手段和社会资源进而为贫困者提供更多的信贷机会，中国扶贫基金会小额信贷部借助世界银行集团国际金融公司（IFC）的技术，由一个公益项目转型为一家社会企业——中和农信项目管理有限公司（以下简称中和农信）。2010 年起，中和农信通过融资方式进行资金筹集，其中国际金融公司、红杉资本等知名机构均

注资中和农信，截至 2015 年底注册资本为 4.2 亿元。

截至 2016 年底，中和农信小额信贷项目在全国已覆盖 18 个省份的 235 个县市，累计发放贷款 166 万笔，累计放款金额 192 亿元，30 天以上风险贷款率为 0.77%，超过 400 万贫困人口直接受益。

二、连南农户自立服务社小额信贷：中和农信模式

（一）中和农信小额信贷模式

在中和农信指导下，连南县农户自立服务社的主要服务对象是被传统金融机构拒之门外的贫困群体，他们由于贫困而缺乏有效抵押物，相应的违约风险也较大。为了保证服务的持续性，中和农信社摒弃了金融机构以资产作为条件设计信贷门槛的传统做法。中和农信针对该群体固有特征进行了信贷模式创新，以还款能力与还款意愿作为放贷条件设计信贷门槛，形成了符合农村社会现状的无抵押贷款模式，并普遍采取整贷零还的还款模式，以减轻贫困借贷者的还款压力。中和农信的信贷模式主要有两类：个人贷款模式和小组贷款模式。中和农信主要推行小组贷款模式，该模式的贷款额占总贷款额的 80% 以上。小组贷款模式是在孟加拉国格莱珉小额信贷模式基础上进行本土化创新后形成的，3～5 户（90% 以上为女性客户）联保形成 1 个小组，起步阶段贷款上限控制在 1 万元。

总结而言，中和农信的小额信贷模式有三大特点：小组联保、妇女借贷和整贷零还。第一，从借贷模式看，中和农信鼓励小组贷款，组内成员形成相互联保，小组成员也因此而免交抵押物；第二，从放款对象看，中和农信倾向贷款给贫困家庭的妇女；第三，从还款方式看，中和农信提倡整贷零还，借款者一次性获得借款额，从借款的第三个月开始逐月还本付息。

（二）小组联保及其成功原因

小组联保能够充分利用组间成员的信息，实现如下两大优势：第一，小组的形成其实是积极的选择性匹配过程。一般情况下，小组成员都是同村的个体，他们相互之间非常了解，所以他们会优先选择可信任的、赖账意愿较低、还款意愿较强的个体进行组队。因为中和农信的小组联保条款中明确规定：当小组中有成员出现赖账，其他小组成员须代之还款。在此条件限制下，借款人都会进行积极的选择性匹配，否则他们承担的责任就会加大。第二，小组成员之间形成相互监督。小组形成并完成贷款后，成员之间会自觉地形成相互监督与帮助的联结机制，因为每个成员都担心组内出现个别成员赖账的情况，因而他们存有较大的激励监督组内其他成员的行为。

上述两大优势，一方面能够帮助放贷者（连南县农户自立服务社）更好地锁定优质客户以及限制客户及时还款；另一方面也大大降低了放贷的信息搜寻和监督合约履行的交易成本，提高连南县农户自立服务社信贷的效率与效益。

（三）妇女借贷及其成功原因

中和农信的妇女借贷，主要是指放款对象为20~65周岁已婚妇女，这样的制度安排具有如下优势：第一，充分利用妇女谨慎勤俭讲信用等个人特点。一般情况下：部分男性农户具有抽烟、喝酒等恶习，生活开支较大，而女性农户则更加勤俭节约；男性农户相对粗心，女性农户在金钱使用方面显得更加谨慎；男性农户的信用程度相对低于女性农户。因而，中和农信将放款对象设定为女性农户，是提高客户质量的一种制度安排。第二，充分利用女性农户的家庭观念约束其贷款用途。男女之间的天性差异将导致：女性农户一般是基于整个家庭发展的角度而做出如何使用贷款的决策；男性则是基于个人角度而做出如何使用贷款的决策。因而，如果是男性农户获得贷款，可能将贷款用于日常的抽烟、喝酒等开支，如果是女性农户获得贷款，用于扩大生产、技术创新等有利于家庭发展活动的可能性则更高。

上述两大优势，既能够筛选出相对优质的借款人，又能够约束贷款用途，进而提高还款的可能性。

（四）整贷零还及其成功原因

中和农信是以整贷零还形式在农村地区开展小额信贷工作的，其具体形式是：以12个月为贷款期限，获得贷款后的2个月是宽限期，农户无须还款，第3~12个月为还款期，每月以等额本息形式还款。整贷零还之所以适用于农村地区的小额信贷，主要有以下三方面原因：第一，该模式下，连南县农户自立服务社的放贷员可与客户保持联系，及时掌握客户信息，降低赖账风险。由于客户每月还款都必须联系信贷员，信贷员可借此机会了解借款农户的近况，及时掌握一手信息，降低农户赖账不还款的风险。第二，该模式能够保持客户压力，培养还款意识。由于农户从第三个月开始，每月都必须还款，并且每月还款金额相对较小，既能提高他们还款的可能性，又有助于培养他们的还款意识和习惯。第三，该模式还有助于连南县农户自立服务社减少坏账的金额。此种模式下，农户一般是在持续还款数期后才会出现赖账的情况，对于刚刚获得贷款的农户，其资金相对充足，还款意愿和可能性都比较高，因而初期赖账的可能性比较低。可见，整贷零还能够在一定程度上为连南县农户自立服务社减少经济损失。

三、中和农信小额信贷模式的制度创新方向

就连南县农户自立服务社的实践看，其以中和农信“小组联保+妇女借款+整贷零还”为核心的小额信贷模式在广东农村取得了一定绩效，具有较强的借鉴意义。然而，我们在分析其成功原因时，也必须看到该模式的缺陷与不足，方能推动中国农村小额信贷工作的进一步发展。

本研究认为，“小组联保”是连南县农户自立服务社的中和农信小额信贷模式成功的关键，但也隐含着集体赖账的风险：一个成员的赖账可能引发其他组员一起赖账。因

为当某一小组成员遇到真正的金融困难而不得不赖账时，其他成员将陷入道德困境：或者为赖账的农户承担还款责任，增加自身的还款额度；或者与赖账农户一样，选择不还款。对于自身财富积累有限的农户来说，巨大的还款压力可能迫使他们做出集体赖账的决策。因而，连南县农户自立服务社必须在制度安排上考虑如何防止或者降低集体赖账发生的可能性，否则该风险随时可能变成现实。

四、案例使用说明

（一）教学目的与用途

（1）适用课程：农村金融、小微金融。

（2）适用对象：金融专业硕士、金融学术硕士。

（3）教学目的：本案例总结了连南县农户自立服务社的中和农信小额信贷成功模式，围绕中和农信小额信贷业务的三大核心——小组联保、妇女借款和整贷零还，充分分析了这三大核心要素在广东农村能够成功的主要原因。为农村金融发展及金融机构进入中国农村小额信贷领域提供有益启示与借鉴。

（二）案例思考题与分析思路

（1）思考题：小组联保的好处？

分析思路：①小组的形成其实是积极的选择性匹配过程。②小组成员之间形成相互监督。

其他思路：①信贷员以小组为单位管理客户，提升管理效率。②一次贷款客户越多，产品传播范围越大，营销推广越有利。

（2）思考题：借款对象规定为妇女的好处？

分析思路：①充分利用妇女谨慎勤俭讲信用等个人特点。②充分利用女性农户的家庭观念约束其贷款用途。

其他思路：①提高妇女社会地位与参与意识。②妇女不外出，可按时还款。

（3）思考题：整贷零还的好处？

分析思路：①信贷员可与客户保持联系。②保持客户压力，培养还款意识。③有助于减少坏账的金额。

其他思路：客户可以平衡开支，养成理财习惯。

（三）理论依据

1. 交易费用理论

虽然交易费用概念得到广泛应用，但至今还没有一个公认而权威的定义。Ronald Coase 虽早在 1937 年的经典论文《企业的性质》中就提出了“交易费用”这一革命性的概念，但从来没有给出一个严格的定义。他将交易费用解释为“利用价格机制的成本”，并认为人类借助于“市场”组织经济生活、配置经济资源虽然卓有成效，但利用市场机制同样是有代价的，即客观上存在着市场交易费用（Coase，Ronald，1937），其至少包括以下三个方面：①相对价格的搜寻成本。这由信息的不对称性，交易价格信息并非是既定的并为当事人所掌握（注：完全竞争理论），现实市场交易价格具有不确定性、未知性，交易的双方必须付出代价将其转化为已知，包括获得和处理市场信息的费用，搜集有关价格分布、产品质量和劳动投入、寻找潜在的买者和卖者、了解他们的行为和所处环境的费用，这是交易准备阶段的费用。②谈判和签约的费用。这里主要包括解决纠纷冲突所需的讨价还价，签订和履行合约，甚至诉诸法律所花费的成本，这主要是交易活动进行时所发生的费用。③其他方面的不利因素。主要是对未来的不确定性和风险预测困难等因素而引起的费用，如如果用长期合约替代一系列短期合约，虽然能够节省较多短期合同的费用，但是长期的不确定性也会带来费用。威廉姆森（1985）则把交易成本规定为经济系统运转所需要的代价和费用，他将交易费用区分为“事前”和“事后”交易费用，其中，“事前”交易费用是指草拟合同，就合同内容进行谈判以及确保合同得以履行所付出的成本，而“事后”交易费用主要包括由交易行为偏离合作方向而带来的双方不适应成本、讨价还价成本、为解决合同纠纷而建立的治理结构费用、为保证各种承诺得以兑现所付出的成本。张五常（1999）认为，交易费用包括所有不可能存在于没有产权、没有交易、没有任何一种经济组织的鲁滨逊的孤岛经济中的费用。他认为，这样宽泛地界定交易费用是因为常常无法将各种不同的费用区别开来，交易费用被看作是一系列制度费用，其中包括信息费用、谈判费用、起草和实施合约的费用、界定和实施产权的费用，监督管理的费用和改变制度安排的费用。简而言之，包括一切不直接发生在物质生产过程中的费用。马修斯则指出交易费用是一种机会成本，很多行为会导致交易费用的出现。这些行为包括：①寻找价格，潜在买者和卖者及有关他们的环境和信息；②为弄清买者和卖者实际地位而进行的谈判；③订立合约；④对合约对方的监督；⑤对方违约后寻求赔偿；⑥保护产权不受侵犯。此外，诺斯（1994）将交易费用定义为衡量所交换物品的价值属性的成本、保护权利的成本亦即监察与实施合约的成本组成；巴泽尔将交易费用定义为与转让、获取和保护产权有关的成本；埃格特森的定义是“个人交换他们对于经济资产的所有权和确立他们的排他性权利的费用”；阿罗（1969）在定义交易费用时指出，交易费用是“经济制度运作的成本”。

2. 搭便车理论

所谓“搭便车现象”是指某种事情产生了正外部性，所谓外部性是指经济主体（包括厂商或个人）的经济活动对他人和社会造成的非市场化的影响。分为正外部性和负外部性。正外部性是某个经济行为个体的活动使他人或社会受益，而受益者无须花费代价，负外部性是某个经济行为个体的活动使他人或社会受损，而造成外部不经济的人却没有为此承担成本。比如说某工厂为生产产品而排放了污水，这就污染了河流从而影响到周围人的身体健康，而周围人与这个工厂没有经济上的来往，同时这个工厂又不给周围人经济赔偿，这种情况就叫作负外部性。又比如一个人在院子里点烟花给自己欣赏，但放烟花的同时不但给他带来了快乐也给他周围在看烟花的人带来了快乐，而周围的这些人却不需要为此付出成本，这就产生了正外部性，又叫搭便车，即周围的人搭了这个人放烟花的“便车”。

（四）案例拓展讨论

（1）讨论：为什么中和农信模式将贷款控制在较小的额度？

分析思路：①瞄准目标客户。②激励客户遵守规则就会得到更大额度的贷款。③风险控制的考虑。

（2）讨论：为什么中和农信模式将贷款期限规定为 12 个月，不能更加灵活？

分析思路：①充分考虑了农户的生产周期和贷款习惯。②单一便于管理，降低成本，控制风险。

附件 中和农信小额信贷项目介绍[1]

中和农信项目管理有限公司是目前中国最大的专注农村草根金融服务的社会企业，截至2016年底，中和农信小额信贷项目在全国已覆盖18个省份的235个县市，累计发放贷款166万笔、192亿元，30天以上风险贷款率为0.77%，超过400万贫困人口直接受益。

一、应运而生 探索前行

中和农信是由中国扶贫基金会和世界银行发起成立，旨在通过方便快捷的小额信贷服务，帮助有劳动能力和创业激情而贷款无门的中低收入群体通过自身努力摆脱贫困的社会企业。

中和农信的小额信贷业务源自于国务院扶贫办于1996年实施的“世界银行贷款秦巴山区扶贫项目”。2001年，国务院扶贫开发领导小组办公室批准同意中国扶贫基金会作为小额信贷扶贫项目试点单位，并接管世行贷款扶贫项目中的小额信贷子项目。此后，基金会成立小额信贷部负责世行贷款项目的实施，并逐步将小额信贷项目推广至更多的贫困地区。2008年11月，中国扶贫基金会小额信贷部在世界银行集团国际金融公司（IFC）的技术援助下，由一个公益项目转型为一家社会企业——中和农信项目管理有限公司，旨在利用市场化的资源和手段解决更多贫困农户的贷款需求。2010年，国际金融公司、红杉资本等知名机构注资中和农信，此后，中和农信还进行了几轮增资，2015年底注册资本为4.2亿元。2010年，中国人民银行征信中心同意将中国扶贫基金会接入个人征信系统，并要求“视同地方性金融机构对待”。2012年6月14日，中国银监会在《关于对中国扶贫基金会中和农信小额信贷项目有关问题的回函》中指出：“去年，我会对包括中国扶贫基金会中和农信公司在内的小额信贷机构进行了调研，我会认为，中和农信开展的小额信贷项目主要服务于农村贫困人口和灾区群众，且覆盖面广，为农村经济发展发挥了积极作用。我会将支持中国扶贫基金会中和农信小额贷款项目继续为‘三农’提供信贷服务，解决低收入、欠发达地区金融服务。为此，我会赞成为中国扶贫基金会中和农信项目管理公司资本金结汇用于小额贷款试点项目。”中和农信主要锁定特困片区县、国家或省级扶贫开发重点县，绝大多数客户是建档立卡的贫困户或刚刚越过扶贫线需要继续巩固提高的低收入家庭，平均单笔贷款仅1万多元，具有草根金融的明显特征。

二、高层关注 支持创新

中和农信小额信贷项目在前进中得到党和国家多位领导人的关怀和关注。2008年1月，时任国务院总理温家宝与布朗首相出席中国扶贫基金会小额信贷项目与渣打银行合作签字仪式。2011年10月17日和2012年10月17日，时任国务院副总理回良玉在京

① 中和农信项目管理有限公司提供。

分别为中国扶贫基金会颁发扶贫小额信贷项目奖、出席中国扶贫基金会与国家开发银行北京分行的10亿元微小额贷款合作协议签约仪式。

中共十八大以后，以习近平总书记为核心的党中央对中和农信小额信贷项目更加关心和支持。为更好地贯彻落实十八大精神，在全面建设小康社会进程中发挥应有作用，中国扶贫基金会会长段应碧于2013年10月分别致信中央有关领导同志，汇报小额信贷项目的进展情况，提出了做好今后工作的打算和建议。随后，中共中央政治局委员、国务院副总理汪洋，中共中央政治局委员、国务院副总理马凯分别做出批示，指出，小额信贷瞄准农户的做法值得肯定，贷款实施中的探索也富有成果，要求有关部门给予指导和支持。2015年3月20日，按照国务院领导的要求，国务院办公厅召集农业部、人民银行、审计署、银监会、扶贫办、开发银行有关负责同志参加的会议，专题研究中国扶贫基金会小额信贷有关问题。会议认为，基金会小额信贷项目对扶持贫困农户发展产业，促进就业增收发挥了一定作用，有关方面应从实际出发，按照“在发展中规范、在规范中发展”的原则，支持其创新发展。会议还就解决中和农信小额信贷项目的合法性问题、利率问题，提出了支持和完善意见。对这次会议形成的文件，国务院总理、两位副总理，国务院秘书长分别签批肯定，成为中和农信小额信贷发展史上的重要里程碑。2008年9月，全国人大财经委副主任（中国人民银行原副行长）吴晓灵到河北怀安考察中和农信小额信贷项目，给予高度评价。2010～2015年，财政部、国家税务总局几次发出通知，明确对中和农信项目管理有限公司和中国扶贫基金会举办的农户自立服务社（中心）以及中和农信独资成立的小额贷款公司从事农户小额贷款取得的利息收入，实行税收优惠政策。

三、地方政府　热心合作

不少省、市、自治区政府和有关领导对中和农信的探索实践给予了肯定和支持。小额信贷兴辽东。辽宁省没有国定扶贫县。为了发挥省级扶贫资金四两拨千斤的作用，他们解放思想，较早引进了小额信贷项目，在20多个县建立了分支机构，有效解决了贫困群体贷款难问题。内蒙古自治区政府与中和农信签订合作实施小额信贷项目战略协议，已在50多个旗县设立分支机构。还在全国省一级率先成立了内蒙古中和农信农村小额贷款有限责任公司。海南、重庆相继成立中和农信网络小额贷款省级机构，可面向全国放款，使多年困扰中和农信的“资质”问题逐步得到解决。甘肃省委主要领导亲临现场考察，对中和农信项目充分肯定，并写入省委1号文件加以推广。甘肃省扶贫办与中和农信签署了覆盖58个县的项目合作协议。河北省有40个国定扶贫县，20多个省定扶贫县。前些年，为解决资金不足问题，省政府领导曾经探索推行“周转畜”“周转棚”的扶贫办法，意在扩大扶贫资金的覆盖范围，提高帮扶效益，但在实践中遇到不少实际问题，特别是对刚退出的家庭，缺乏相应支持政策。当了解到中和农信试点项目的制度设计以后，省委省政府领导明确指出，小额信贷比“周转畜”“周转棚”便于操作，损失率低，是更为科学的扶贫形式，要求有关部门支持发展这个项目。从2006年在怀安县合作建起第一个分支机构起，到2016年底河北已建起62个分支机构，其中56个是贫困县。去年实现当年放款22.85亿元，累计放款63亿元，当年大于30天的风险贷款率仅为0.29%。

2016年12月，蚂蚁金服战略投资中和农信，成为继中国扶贫基金会之后的第二大股东。中和农信的融资问题基本解决。为此，中和农信在各地设立分支机构，不需再由各地资金配套；机构覆盖不再只限于贫困县，逐步扩展到区域内的其他“三农”大县，实现区域连片发展。

四、客户受益　多方点赞

中和农信的服务群体是难以从传统金融机构获得服务的客户，他们很难提供合格的抵押品，风险相对要大。针对这类群体的特征，中和农信在信贷模式的设计上，理念是不看农户现在的资产情况，而重点考察他们的还款能力与还款意愿。因此，突破了传统金融机构的思维模式，开发了适合农村社会的无抵押贷款模式，并普遍采用整贷零还的还款模式，有效减轻了农户的还款压力。中和农信的信贷模式主要分为两大类，个贷模式和小组模式。其中，小组模式占总贷款余额的八成以上，其借鉴了孟加拉国的格莱珉小额信贷模式，并进行了本土化创新，无须抵押，3～5户联保形成一组，起步阶段额度在1万元以内，90%以上是女客户。信贷员不抽一支烟，不喝一杯酒，一个电话服务上门。个贷产品目标锁定农村个体经营者，一人担保，无须抵押。

贷得到，贷得值，贷得爽，是农民客户选择金融产品的“三要素”。一些学者或政府官员，谈到中和农信项目，首先关注利率高低，希望利率越低越好，没有考虑贫困群体贷到贷不到的问题，没有考虑机构可持续发展的问题。而农民客户在生产生活急需资金时，首先要考虑能否“贷得到”。在中和农信的客户中，70%原来没有在其他金融机构贷款的历史，他们想贷款，却被一些正规金融机构以各种条件排斥在大门之外。中和农信的产品，满足了他们的需求。在中和农信贷款1万元，年内偿还本金11250元，比有些金融机构的利率偏高，这是中和农信筹资和运行成本所致。但是，不少客户认为这在他们能够得到的金融产品中还是比较划算的，并且没有另外不明不白的开支，手续简便，不让客户跑腿。只要有合适的项目，算总账有赚头，他们就乐于使用。中和农信在提供贷款的同时，还提供多种形式的免费增值服务，全面提升客户的综合发展能力。比如每笔贷款产品均会为客户提供免费保险服务，发生意外后会帮助客户渡过难关；为客户提供农业技术培训，提高客户增收能力；对客户进行金融、法律知识培训，提高农户的金融知识水平，建立防范风险的意识。信贷行为是市场行为，有利于强化客户的诚信意识、竞争意识、投入产出意识，激发劳动热情和学习进取精神。通过使用小额信贷，有大批中和农信的客户摆脱了贫困，改善了家境，他们感到比接受救助过日子更有体面和尊严。

中和农信依靠其深耕农村20年的实践与经验，已逐步打造成为国内领先、国际一流的小额信贷管理机构，提供的金融服务也从单一的小额信贷、逐步发展出理财、互助保障计划等多维度产品，并正在着手构建小额汇兑等更为多元化的小微金融服务体系，让农民足不出户，就可享受到方便快捷的全方位金融服务。因扶贫效果显著，“中和农信小额信贷”项目受到了国家相关部门的多项表彰，2011年，该项目荣获国务院扶贫办颁发的扶贫创新奖；2012年，荣获中国银行业协会和花旗银行共同颁发的最佳创新发展奖；2015年12月，在中国小额信贷联盟峰会上，总经理刘冬文被授予“中国小额信贷杰出贡献奖”；2016年，中和农信获得中国慈展会上唯一一家“金牌社企”认证；

在中关村互联网金融论坛暨第四届普惠金融论坛上，获得 2016 年度中国普惠金融最具竞争力企业。

在国际小额信贷领域，2015 年国际知名小额信贷评级机构——沛丰评级（PLANET RATING），对中和农信进行专业评级，结果显示其经营管理水平为 B +，居国际同行的前 20% 水平。此外，中和农信也受到了国际普惠金融领域知名人士的关注与高度评价。荷兰王后马克西玛在以联合国秘书长普惠金融特别代表身份访华期间，专程赴中和农信河北涞水项目区走访，考察小额信贷的发展情况；诺贝尔和平奖获得者穆罕默德·尤努斯教授、荷兰前首相维姆·科克等国际友人也对中和农信进行了深度考察并与公司员工座谈，给予了高度评价。

发端于山水间的草根金融——中和农信小额信贷项目正在扬帆远航，将为广大贫困群众和中低收入群体带来更多实实在在的利益，助力小康目标的圆满实现。

（撰稿人：蔡键）

保险市场失灵与农业企业风险困境：盟德晟农业科技公司案例

作为传统农业大国，如何实现农业转型升级是现阶段我国经济社会发展的关键。实现传统农业向现代农业发展，必须打破小农分散经营的格局，实现规模化经营。对此，国家出台了一系列的惠农支农政策，以期在改善农民生活生产条件的基础上，培育一批稳定的规模农业生产者。

随着我国农业规模化经营政策的推进实施和农业产业化发展，农业科技、资金等生产要素投入不断增加，规模化与集约化经营成为现代农业发展的总趋势，农业领域涌现出一批以规模化和集约化经营为特点的农业企业。由于农业独有的特性，伴随规模化趋势而来的是不容忽视的风险传导和放大，农业企业面临的农业风险问题也越来越突出。风险的集中和扩大意味着农业企业承受巨大经济损失的概率增加，农业规模化发展的未来收益对农业企业的吸引力可能因此而降低，严重影响和制约农业企业的生产积极性。因此，客观上就需要建立一种能够转移农业规模化经营风险、分摊降低经济损失的风险管理机制，现代农业保险就恰恰具备这一功能。农业保险作为金融支持的重要一环能够保障农业的发展，促进农业生产的灾后重建，为农业规模化经营的成功实施保驾护航。因此农业企业具有强烈的农业保险需求，农业保险成为农业规模化经营的保障诉求。但由于种种原因，长期以来我国农业保险市场都处于“供给不足”的失灵状态。作为一种基础性制度，农业保险的缺位必然会严重制约农业企业的生存与发展。

基于此，本研究将在理论分析的基础上以盟德晟农业科技发展有限公司为例，对农业企业经营风险的出现及其原因、保险市场失灵对农业规模化经营的影响机理做出解释。另外，本研究也将为相关部门发展完善农业保险市场提供依据。

一、盟德晟农业科技发展有限公司概况

20 世纪末期，广东省韶关市曲江区盟德晟农业科技发展有限公司开始进入蔬菜批发产业，胡萝卜和淮山是该公司在蔬菜批发领域的核心产品。为推动蔬菜批发业务的进一步发展，公司首先设立了广州分公司，主要业务为蔬菜批发销售；随后在 2011 年，公司又成立曲江祥和蔬菜示范基地，负责蔬菜生产、加工、冷藏等业务。随着经营时间不断增长，公司经营蔬菜批发销售业务的经验以及规模逐年增大，公司既看到经营蔬菜

批发业务的利润空间，同时也意识到该业务的经营难度。一方面，经验与技术的积累，促使公司不断降低生产和经营成本，利润空间逐年增大；另一方面，规模与市场竞争的增大，导致公司须不断寻找新的合适的供货商、供货基地，并保证市场供应不受价格波动的影响，承受的自然风险与市场风险逐年增大。

为了保证供货及时且能符合市场需求，2011 年公司开始组建生产基地。在曲江区政府和当地村委会的帮助下，公司以每亩土地500 元左右的租金从当地农户流转 1000 多亩土地进行蔬菜基地建设。流转过程合法合规，公司分别与农户签订合同，合同中明确土地租期为17 年（截至第二轮土地承包期结束）。公司在完成土地租赁的同时，还通过雇用当地村委干部担任基地中层管理人员，雇用当地农户作为基地临时性、季节性生产工人，从而解决了基地劳动力短缺问题。除此之外，2011 年公司投入400 万元进行基地建设，为基地添置了灌溉、农业机械等大型固定资产，完成了排涝等基础设施修建，进行了土壤改良、土地平整等生产条件改善。通过租赁土地、雇用农民、生产性投资等措施，公司实现了蔬菜生产、冷储、包装和销售的全产业链经营，建立起纵向一体化产业链。

2012 年，被寄予厚望的基地并没有为公司带来高额的利润回报，基地产量并未有新的突破，但成本却出现了新高，公司利润空间受基地影响而有所收缩。鉴于此情况，公司第二年（2013 年）进行战略调整，在村委会的支持下，开始尝试引导周边农户进行胡萝卜种植，利用基地的示范作用带动农户，以形成规模产业链。公司按照程序，与有意向的农户分别签订了合约，以保障双方利益。合约主要内容包括：第一，公司向农户提供各类农资产品，包括种子、化肥、农药等；第二，农户按照公司的技术要求进行种植，投入品价格在公司收购农产品时抵扣；第三，保障农产品价格，合约规定胡萝卜价格以上年价格为基础，最高可按照当年市场行情上浮 0.2 元/斤；第四，农产品交付时间以春秋两季胡萝卜成熟上市时间为准。

基地的建设与基地示范带动功能的构建，本应为盟德晟农业科技发展有限公司创造出一定的利润，但事与愿违，2013 年公司不仅没有因此而获益，还因为农业风险而陷入新的危机。

二、农业企业的经营风险及其原因剖析

（一）盟德晟农业科技发展有限公司的难题

2013 年上半年，公司和基地所在地区——曲江的自然条件比较差。其中，恶劣的气候诱发了多种病虫害，导致基地及其带动的农户普遍面临减产难题。据公司统计，2013 年恶劣的自然条件导致的减产比例高达 70% ~80%。严重的自然灾害促使农户放弃采收胡萝卜，因为采收成本可能高于采收农产品的价值，由此也导致大部分农户不愿意向公司支付投入品的费用，因为农户普遍认为公司应该为他们承担自然灾害所带来的风险成本。最终公司也只能听之任之。

2013 年下半年，自然条件开始好转，但公司却遇到新的问题。第一，部分农户没有按照契约种植胡萝卜。按照公司与农户签订的契约：公司继续向农户提供农药、种子、化肥等农资，农户领取农资后用于生产胡萝卜。然而，有部分农户在领取农资后没有种植胡萝卜，而是将农资用于其他农产品种植。第二，部分农户没有按照契约价格交易胡萝卜。上半年的胡萝卜减产，导致秋季胡萝卜市场价格上涨到 1.5 元/斤，公司按照契约中“上浮 0.2 元/斤”的规定，以 1.2 元/斤的价格向农户收购胡萝卜。然而，只有部分农户愿意接受 1.2 元/斤的价格，最终交付的数量非常少。随着上市胡萝卜数量的不断增加，其市场价格又重新跌至 1 元/斤。此时，部分仍有胡萝卜未出售的农户则要求公司按照契约以 1.2 元/斤的价格回收胡萝卜。公司提出，契约规定“收购价格为 1 元/斤，市场行情好时才将价格上调，调幅不超过 0.2 元/斤”，因而拒绝以 1.2 元/斤回收胡萝卜。农户得知后，开始扰乱基地的正常工作，无奈之下，公司最终以 1.1 元/斤的价格收购农户全部胡萝卜。

（二）原因剖析：风险导致公司遭遇困难

2013 年，盟德晟农业科技发展有限公司出现了一系列问题，这些问题正是该公司面临各类风险的体现：自然风险、市场风险和社会风险。规模化和“公司 + 农户”的经营方式创新，导致农业经营主体面临的传统风险趋于集中，并衍生出新的风险。

1. 集中传统农业风险：自然风险和市场风险

“不利的天气条件诱发严重的病虫害，导致胡萝卜严重减产”，这正是自然风险的体现。农业是受自然条件影响较大的产业，涝灾、旱灾、风灾、洪灾、雹灾、火灾、病虫害、鼠害等自然灾害严重影响到农业生产效率和收益。由于农业基础薄弱，抗御自然灾害能力较差，我国农业目前还属于“靠天吃饭”的产业，面临着巨大的自然风险。以 2015 年为例，由于自然灾害导致的农作物受灾面积 21769.8 千公顷，其中绝收 2232.7 千公顷，直接经济损失 2704.1 亿元。

“上半年的胡萝卜减产，导致秋季胡萝卜市场价格上涨到 1.5 元/斤；随着上市胡萝卜数量的不断增加，其市场价格又重新跌至 1 元/斤”，这正是市场风险的体现。农业经营面临的市场风险主要表现为农产品的市场价格波动。就目前的农业市场来看，农产品的市场风险主要是由以下几个方面造成的：第一，农业生产周期长及农产品市场信息不对称导致的“蛛网现象”，农产品产量和价格偏离均衡状态，价格波动增加市场风险；第二，农业结构性过剩导致的“谷贱伤农”；第三，农业相关产业链不完善，难以实现农产品增值；第四，国外农产品的冲击（潘洪刚，王礼力，2008；王川，2009；祖德明，2012）。

盟德晟农业科技发展有限公司通过土地流转实现的规模化经营导致自然风险和市场风险集中与规模化。小农散户经营时，每个农业经营主体都会面临不同程度的自然风险和市场风险。土地流转将散户的土地集中交给盟德晟农业科技发展有限公司经营，相应地风险也会全部转移，从而导致传统的农业风险趋向集中。

2. 衍生新的风险：社会风险

“胡萝卜价格上涨时，只有部分农户履约；胡萝卜价格下跌后，农户要求公司以约定的高价回收”，这正是社会风险的体现。公司通过带动农户种植同类产品而实现规模化经营，会衍生纠纷与违约的社会风险，因为公司与农户之间的关系是依靠契约维持的，契约关系的产生必然伴随纠纷与违约风险。纠纷指契约签订前后公司与农户之间的纠纷，主要是由农产品价格波动引起的。当市面上农产品价格上涨时，农民如果履行契约就无法享受到农产品价格上升带来的收益增加，这时就有可能出现不遵守契约精神而违约不将农产品卖给公司的情况，从而造成公司的利益受损；反之，当农产品价格下降时，农民的积极性提高，但公司则由于收益下降而降低对产品的需求，导致契约难以维持。由此可知，"公司＋农户"的经营模式创新往往会伴随着违约风险的产生。

三、保险市场失灵与公司发展困境

（一）公司的保险需求

由凯恩斯对需求的定义可知，需求方市场的形成需要满足两个条件——"愿意"和"能够"。这对农业保险市场也同样适用，农业企业已经同时具备农业保险的购买意愿和购买能力。第一，农业企业规模化经营会集中和放大传统农业风险，并且衍生出新的风险，这使得农业企业有寻求一种途径或制度去规避这些风险的动机。其中，农业保险就是抵御农业风险的重要途径，农业企业愿意通过购买农业保险抵御风险减少损失。第二，规模化和集约化经营促进了农业现代化发展，也在一定程度上提高了农业生产主体的收入水平，这为农业企业的保费支付提供了保障。可见，规模化经营刺激了农业企业的保费支付意愿，并提高企业的保费支付能力，使农业企业"愿意且能够"参保农业险，形成强烈的农业保险需求。

（二）保险市场失灵

由于农业的特殊性，农业保险市场一直处于失灵状态，其原因主要包括以下几点：第一，农业系统性风险。农业系统性风险主要表现为区域性同类气候，如大面积的洪涝、飓风、干旱、冰雹等。Miranda 和 Glauber（1997）利用统计模型计算发现：农业保险人的赔款支出加权平均变异系数为 84%，而一般保险人的则仅为 8.6%。也就是说，农业保险供给者所面临的系统性风险是一般保险人的 10 倍左右，这使保险的成本过高，可能导致承保方难以承受而最终退出市场。第二，信息不对称。信息不对称导致的问题就是道德风险和逆向选择。农业保险供给者将会面临高监督成本和高赔付损失的两难选择，导致经营成本提高，破坏保险筹集资金的功能，这时承保方就会选择减少农险产品的供给，或者直接放弃农业保险供给业务。第三，农业保险展业困难。由于我国农业生产的地域广阔且分散，农业保险工作很难开展，一旦发生损失，勘灾定损又存在较大难度（冯文丽，2004）。

（三）公司发展困境

规模化经营和联结农户进行生产的模式，有助于提高盟德晟农业科技发展有限公司的经营效益，同时也将导致公司面临较大的自然风险、市场风险与社会风险。此时，如能通过保险市场进行风险转嫁，将大大降低公司的不确定性。然而，中国农业保险市场长期处于失灵状态，保险供给与需求难以有效匹配，使得公司的风险转嫁途径受阻。

盟德晟农业科技发展有限公司的负责人在接受调研时明确指出，“做农业种植，蔬菜等经济作物的风险最大，水稻等粮食作物的风险最小”。在这种高风险的背景下，负责人表示保险具有重要意义。但他同时也指出，“目前的蔬菜保险，是为保险公司而设置的保险，并不是为种植者而设置的保险”。对此，他进一步解释说，“尽管国家有补贴，但是当受险时，保险公司并不是按实际造成的经济损失来进行赔付，而是根据保险公司收到的保费来进行赔付”。由此也就造成了不受险时，保险公司赚钱；当受险了，保险公司也不会亏钱，购买保险的种植者只能获得较小额度的赔付。

由此可见，农业的高风险性与保险公司的经济理性，促使农业保险的供给并不能有效匹配需求——市场供需错位。对于盟德晟农业科技发展有限公司而言，保险只是理论上的风险规避途径，没有实际意义。因而，他们的发展困境也无法通过保险的方式解决。

四、进一步思考：保险市场失灵是农业经营创新的瓶颈

农业企业是在中国农业小规模经营的现状下发展起来的新型农业经营主体之一，“公司＋农户”是在中国农业经营效益低下的背景下发展起来的农业创新经营模式。新型经营主体的经营模式创新，一定程度上提高了农业经营的效率与效益，但却加大了农业生产者所面临的风险。与此同时，农业特性下的农业保险市场长期失灵又导致农业生产者的风险转嫁途径受阻，不利于新型农业经营主体的发展。可见，农业保险市场的失灵状态，将导致规模化经营过程中各种风险无法转嫁，当风险不能较好地分散和规避时，规模化生产的新型经营主体会面临较大不确定性，这将在一定程度上限制农业生产者的积极性，农业经营主体与经营模式创新会因此受到制约和限制。

五、案例使用说明

（一）教学目的与用途

（1）适用课程：农村金融、小微金融。

（2）适用对象：金融专业硕士、金融学术硕士。

（3）教学目的：本案例总结盟德晟农业科技发展有限公司的发展历程和发展困境，围绕该公司进行规模化经营和“公司＋农户”的经营创新模式，充分分析了该模式下农业风险聚集以及公司无法转嫁风险的原因。为中国农业经营模式创新指出新的瓶颈与

未来发展需要进一步思考的难题。

（二）案例思考题与分析思路

（1）思考题：规模化经营和“公司＋农户”的经营创新模式有何好处？

分析思路：①形成规模经济，提高农业产出效益。②充分带动农户，降低雇工成本。

其他思路：与当地农户维持关系，避免当地农户的蓄意破坏。

（2）思考题：规模化经营和“公司＋农户”的经营创新模式为何会提高农业风险？

分析思路：①集中传统农业风险：自然风险和市场风险。②衍生新风险：社会风险。

（3）思考题：农村的保险市场为什么长期处于失灵状态？

分析思路：①农业特性导致自然风险和市场风险加大。②保险公司的逐利性促使他们不愿意低价提供保险。

（三）理论依据

1. 农业的特殊风险性

农业的特殊风险性，指由于农业风险单位（即一次风险事故所造成的损失范围）发生频率高、概率大，造成的损失规模大且难以分散，同时具有伴生性和明显的区域性，严重阻碍农业发展，因此必须建立一个长期有效的农业风险分散机制来分散和转移农业风险。这种特殊风险是由于农业特性造成的，并且会随着农业经营规模的扩大而被传导集中和进一步放大。

2. 信息不对称理论

信息不对称理论中的两个核心问题，即逆向选择和道德风险。农业经营规模化的过程中，无论是土地规模化涉及的土地流转，还是社会化服务规模化涉及的服务外包，都在一定程度上牵扯到了契约。伴随契约的出现，必然会有机会主义行为的产生。机会主义（或者说投机）假设是指人具有随机应变、投机取巧为自己谋取最大利益的行为倾向，包括事前机会主义行为（逆向选择）与事后机会主义行为（道德风险）。机会主义行为必然会给农业经营带来新的风险，这与土地转入方和转出方、社会化服务出包方和承包方之间的信息不对称息息相关。另外，农业保险也存在严重的信息不对称问题，从而导致了农险市场的失灵。

3. 亚当·斯密分工理论

斯密说：“劳动生产力上最大的增进，工人及运用劳动时所表现的更大的熟练技巧和判断力，似乎都是分工的结果。”这是从经济学维度第一次提出了分工与劳动率之间的关系。基于斯密的理论，随着农业机械化的推进，农业的社会化服务也不断细分。正如斯密在《国富论》中指出的，农业不能像制造业那样采取完全分工的制度。由于农业地域的分散性、农业作业难以标准化等因素，农业的分工必然会带来监督难题，由此也将衍生社会风险。

（四）案例拓展讨论

（1）讨论：一般企业规避风险的途径有哪些？

分析思路：①购买保险——市场手段。②自我保险——有充足的资金以平滑风险冲击。

（2）讨论：保险市场失灵对未来农业发展有何限制？

分析思路：①不利于规模化经营（自然风险与市场风险）。②不利于各类农业契约的签订与执行（社会风险）。

（撰稿人：蔡键、苏柳方）

金融危机案例汇编

一、金融危机案例介绍

（一）郁金香事件

郁金香（学名：Tulipa gesnerian），百合科郁金香属的草本植物，是土耳其、哈萨克斯坦、荷兰等国的国花，郁金香有药用作用；其花卉刚劲挺拔，叶色素雅秀丽，荷花似的花朵端庄动人，惹人喜爱，在欧美视为胜利和美好的象征，因此更具观赏作用。

郁金香于16世纪中叶首次踏上西欧大陆。此时的欧洲属于一个充满炫耀、猎奇和好大喜功的时代。花园和鲜花是贵族和商人们奢华生活的一部分。实际上，无论任何时代，社会中的上等阶层总是渴望得到地位的标志，现代社会可能是法拉利跑车、游艇和私人飞机；而那时，豪宅、花园和鲜花，特别是异国情调的郁金香，则是他们向往的目标。

由于郁金香传入欧洲的时间还较为短暂，因此数量不多。随着时间的流逝，欧洲人对她的热爱更是有增无减。拥有一株郁金香，已成为财富与地位的标志，更象征着主人的尊贵和时尚。郁金香所带来的巨大利润迅速吸引住人们的眼球。在那些日子里，荷兰几乎所有的家庭都建起了花圃，用来种植郁金香。贵族、市民、农民、工人、海员、马车夫、女仆甚至清洁工，大家都摇身一变，成了栽培郁金香的行家里手。

与所有的投机泡沫一样，参与的人们最初都赚到了钱。由于标的物的价钱节节上升，你只需要低买高卖，买高卖更高。得了甜头后，大家信心大增，倾家荡产地把更多的钱投入郁金香的买卖，希望赚取更多的金钱。原本旁观的人看到挣钱这么容易，也受不了诱惑，加入到疯狂抢购的队伍中来。这以后，不仅珍贵品种，几乎所有郁金香的价格都飞涨起来。与此同时，大量热钱也从德国、法国等地涌进荷兰，加入炒作的行列。

1636年，郁金香的价格已经涨到了骇人听闻的水平。以一种稀有品种“永远的奥古斯都”为例，这种郁金香在1623年时的价格为1000荷兰盾，1636年便已涨到5500荷兰盾。1637年2月，一枚“永远的奥古斯都”的售价曾高达6700荷兰盾。这一价钱，足以买下阿姆斯特丹运河边的一幢豪宅，或者购买27吨奶酪！相对于这种顶级郁金香来说，普通郁金香的涨幅更是“疯狂”。1637年1月，1.5磅重的普普通通的“维特克鲁嫩”球茎，市价还仅为64荷兰盾，但到2月5日就达了1668荷兰盾。别忘了，当时荷兰人的平均年收入只有150荷兰盾。

为了更方便地进行交易，荷兰人发挥出其创新精神。他们特别制定了一系列规范，规定出郁金香的计量单位为波里兹，这是比厘还小的重量单位。同时，人们在阿姆斯特丹的证券交易所内开设了固定的交易市场。随后，在鹿特丹、莱顿等城市也开设了固定的郁金香交易场所。在这股狂热到达巅峰时，也就是1636～1637年的那个寒冬，颇具创新意识的荷兰人居然还首创出先进的现代金融交易工具——期货。人们不仅买卖已收获的郁金香球茎，还提前买卖1637年将要收获的球茎。球茎在实际进行货物交割之前不需要实际支付货款，这进一步加剧了郁金香的投机。由于刚刚形成的期货市场没有明确的规则，对买卖双方都没有什么具体约束，使得商人们有可能在期货市场上翻云覆雨，买空卖空，这更使得已经被“吹”得很大的郁金香泡沫，在短时间内迅速膨胀。

终于，极度的泡沫膨胀不堪重负了。1637年2月4日，郁金香泡沫崩溃的一天不期而至。谁也不知道在这一天里究竟发生了什么，总之，就在这一天，人们对郁金香的信心全盘崩溃了。也许除了说这是泡沫膨胀到极点后的必然结果之外，就再也找不到更好的理由了。

一时间，卖方的大量抛售，使得市场陷入了恐慌状态。这时的郁金香简直成了烫手的山芋，无人再敢接手。球茎的价格也犹如断崖上滚落的巨石，一泻千里，暴跌不止。荷兰政府发出声明，认为郁金香球茎价格无理由下跌，劝告市民停止抛售，并试图以合同价格的10%来了结所有的合同，但这些努力毫无用处。一星期后，郁金香的价格平均已经下跌了90%，那些普通品种的郁金香更是几乎一文不值，甚至不如一个洋葱的售价。人们纷纷涌向法院，希望能够借助法律的力量，兑现合同，挽回损失。很快，法庭就淹没在郁金香的官司之中。几乎是在一夜之间，不知有多少人成为一文不名的穷光蛋，富有的商人变成了乞丐，一些大贵族也陷入无法挽救的破产境地。

事态出现了失控的局面，政府不得不出面解决。但他们面对这样棘手的问题也束手无策，最终所有的“苦果”只能由投机者自己咽下。1637年4月27日，荷兰政府决定终止所有合同，禁止投机式的郁金香交易。这场惊天动地的郁金香泡沫终于尘埃落定。

郁金香事件的发生，不仅沉重打击了举世闻名的阿姆斯特丹交易所，更使荷兰全国的经济陷入一片混乱。荷兰经济的繁荣仅昙花一现，从此逐渐走向衰落。郁金香事件给荷兰造成了恶劣影响，使荷兰陷入了长期的经济大萧条。17世纪后半期，荷兰在欧洲的地位受到英国有力的挑战，欧洲繁荣的中心随即移向英吉利海峡彼岸。郁金香依然是郁金香，荷兰却从此由世界头号帝国的宝座上跌落下来，从此一蹶不振。“郁金香现象”成了经济活动特别是股票市场上投机造成股价暴涨暴跌的代名词，与密西西比泡沫事件、南海泡沫事件并称欧洲早期的三大经济泡沫，永远载入世界经济发展史。

“博傻理论”是对“郁金香事件”最好的解释：在郁金香市场中，人们完全不管郁金香的真实价值而愿意不断花高价购买，是因为他们预期会有一个更大的笨蛋会花更高的价格从他们那儿将郁金香买走。当人们由于趋利本性而热衷于追求比本质性的基本价值更高的东西，就会形成一种市场上常见的投机性需求，它能导致股票或商品、不动产、债券等标的物的价格快速上升，这个经济现象，就是经济学家们常说的“泡沫”。而当标的物“行情好”的时候，人们趋之若鹜，蜂拥而上；一旦形势逆转，又唯恐逃得不快，最终造成泡沫破灭。这正是市场大涨大跌的原因。

在荷兰“郁金香事件”中，郁金香犹如股票一样起着投机风潮标志符号作用，荷兰人的市场行为与现今的股票市场行为无异。证券市场风险的四大特性（高风险性、放大性、传导性和可控性）一一体现。需要警惕的是，历史不乏此类投机事件的重演。而虽有如此多的经验教训，但人们似乎总是无法从贪婪之中摆脱出来。以某种载体进行的投机炒作与人性的弱点（风险的不确定性与博弈心理对应）有关，套用2002年诺贝尔经济学奖获得者的行为主义经济学理论则可表述为“人类经济行为的非理性”。

（二）南海泡沫事件

南海泡沫事件发生之前，英、法等欧洲国家因财政困难而不得不连续数年靠发行债券度日；而连续的借贷与债券发行，又使债券价格不断下降，甚至导致政局不稳。

1711年，经过议院批准，伦敦有名的商人哈利·耶尔创建了一家名为“南海”（指现在的秘鲁和墨西哥湾）的公司。南海公司成立之初，认购了总价值近1000万英镑的政府债券，成为英国国债最大的债权人。政府为了支付每年约60万英镑的利息（政府债券年利率6%），对南海公司经营的酒、醋、印度货、缫丝、烟草、鲸鳍和其他一些商品实行了永久退税政策，并许可他们享有南海贸易的垄断权。

当时的英国，几乎人人都知道秘鲁和墨西哥的地下埋藏着巨量的金银矿藏，只要英国的商船到达那里，数以万计的“金砖银锭”就会源源不断地运回国内。这时，关于西班牙正要放弃智利和秘鲁海岸的四个港口的说法也不胫而走，这更增强了人们的信心，使得南海公司的股票价格节节攀升。然而，令可怜的普通民众始料未及的是，这不过是南海公司的“噱头”。真实的情况是，当时的欧洲强国西班牙已垄断了欧洲与南美的海上贸易通道与贸易基础设施，英国政府给南海公司开出的不过是一张空头支票。英国、西班牙两国政府的协议上白纸黑字地写着：英国商船要使用西班牙在南美的港口设施，需要向西班牙缴纳25%的利润，其余75%加征5%的税，唯一免税的是贩运奴隶，但只能运往墨西哥、秘鲁或智利。由此可见，南海公司的南美贸易垄断权并不能够给公司带来多大的利益。

1720年1月，南海公司向英国政府提出利用发行股票的方法以减缓国债的压力，并在与英格兰银行的竞争中获胜。为了迅速筹集还债资金，不堪重负的英国政府做出了一个大胆决定：把南海公司的股票卖给公众。1720年3月，议会通过南海法案，规定年金持有者可以将其投资换成南海公司的股票。对债券持有人来说，这种股票迅速上涨的前景加上股息的支付将比旧的年金更具吸引力，转换将会有好处。对国家来说，一则可甩掉债务，二则不违背原先对债权人的承诺。结果，年金持有者蜂拥而来，半年之内就有80%的年金和85%的其他一些政府有息证券转换成南海公司的股票。1720年1月初，南海公司的股票价格指数为128点；到7月初，已达950点。当时，欧洲其他一些地方也出现股票投机、股票价格猛涨局面，整个西欧好像都陷入了股票投机的狂热之中。在这场投机热潮中，南海股票始终是热门货。西欧的经济泡沫开始破裂时，许多人极力抛售其他国家的股票，将回收的钱再向伦敦转移，这使南海公司的股票价格更加上扬。

失去理性的狂热使南海公司的股价迅速飙升。当时的英国正处在第一次工业革命的前夕，大量的民间企业同样需要筹集资本，当人们看到南海这种泡沫起来后十分赚钱，民间纷纷组织公司，并开始背着政府偷偷地发行股票。但股票供给的增加致使股价迅速下跌。这就损害了南海公司的利益。南海公司为了与民间企业争夺有限的社会资源，他们开始大规模地活动：游说国会，利用与政府之间的特殊关系去说服议会，并加之于贿赂手段买通议员。最终，议会在1720年6月通过了《反金融诈骗和投机法》，禁止民间组织公司。《反金融诈骗和投机法》被民间俗称为“泡沫法”。这实际上是一种讽刺，它的意思是说，“泡沫法”认定了民间股票是泡沫，政府用这部法律去打击民间股票的发行，但同时却助长了南海泡沫的形成。“泡沫法”之下，南海公司的股价又被进一步推高。

当人们争先恐后地购买股票时，当时的政府成员，即最早的内幕交易者，在股价越涨越高的时候卖掉了所持有的股票。内幕人士与政府官员的大举抛售，使得南海公司的股价一落千丈。1720年，南海公司的股价从8月31日的775英镑一路下跌，到10月1日，只剩下290英镑，“南海泡沫”终于破灭。1720年底，政府对南海公司资产进行清理，发现其实际资本已所剩无几。高价买进南海公司股票的普通投资者遭受了巨大损失，英国再没人敢问津股票。股灾沉重地打击了英国的经济，接着是英国股市的百年沉寂，100年间，英国没有发行过一张股票，从而为发达的英国股市历史留下一段耐人寻味的空白。

造成南海气泡的原因是复杂的，人们从南海气泡中得到的启示是沉重的，也是多样的：

（1）金融创新是柄“双刃剑”，既可以促进金融市场的繁荣，也可以放大金融市场风险。南海泡沫事件实际上缘于金融工具创新，它试图通过用债券兑换股票的方式化解国家债务危机。这种创新工具如果运用得当，可以减缓政府兑付债券的压力和拓宽企业的融资渠道；但是，如果运用不当，企业没有确定的发展前景和业绩支撑，就会形成泡沫。

（2）金融监管也是一柄“双刃剑”，使用不当，就会在泼出脏水时连“孩子”一起泼出去。1720年6月，英国政府为抑制股市投机颁布“泡沫法”，其用意是好的，但由于操之过急，缺乏相应的配套措施，却产生了相反的效果。“泡沫法”的颁布减少了市场上股票的发行量，因而推高了南海公司的股价，反而使南海泡沫进一步膨胀。“泡沫法”推高了泡沫，这不能不说是一种讽刺。

（3）股市操纵是股灾形成的充分必要条件，从这个意义上讲，股灾都是“人造的”。内幕交易、操纵市场、提供和散布虚假信息、买空卖空、恶性透支等，不仅在早期股市上屡见不鲜，在现代股市上也时有发生，它导致了世界上多次重大股灾的爆发。进一步讲，政府也可能成为内幕交易的参与者之一，往往有动力为违法者牟利并取得收益。

（4）股灾之前，爆发了股市投资狂潮，股价飞涨，普通民众纷纷加入股市投机大军，这几乎成为其后历次股灾的前奏。无论南海泡沫事件，还是往后的多次股灾事件，都清楚明白地反映了这一现象，不理智的普通股民往往成为股市高位接盘的“韭菜”，任投机者宰割。政府应当加强对股民的教育，改善投资者结构，保持市场的理性与稳定性。

（5）不懂总结、因噎废食，对一个国家、一个民族来说，造成的负面影响都是巨大的。南海泡沫事件之后，英国股市迎来了百年沉寂，100 年间英国没有发行过一张股票，浪费了促进国民经济迅速发展的工具；这也为 100 多年后美国全面超过英国埋下了伏笔。

（三）美国 1929 年金融大危机

20 世纪 20 年代是美国经济的持续繁荣时期，这一时期美国的工业利润和国家财富不断增加，也带动了国内金融资本的空前活跃。同时，对于美国民众来说，随着可支配收入的增多和贷款的便捷性，他们也在寻求新的方式能让自己变得更加富有。当时美国股市新发行证券中，债券几乎占据了全部，这满足了那些不愿冒高风险、谨慎投资者的需求。当美国民众对证券越来越熟悉的时候，更多的投资者（包括散户和机构投资者）开始被股票潜在的收益所吸引。而多种技术的发明，如“汽车无线装置、各种电器、石化产品”等更为投资者提供了广阔的前景，人们纷纷转而购买股票。数百万的普通百姓怀着发财的梦想开始投入到股市当中，股市的规模变得越来越大，越来越复杂。20 年代证券发行量的猛增和股价的大幅上涨就是证券市场对经济繁荣的明显回应。

股市将要转势的信号出现在 1929 年 3 月末。“一种莫名的恐惧心理笼罩着华尔街”，纽约证券交易所股指下挫，一些投机热门股价格均有所下跌，股票的换手数也远高于以往的记录，但此时的市场看起来仍然健康，人们的投资热情也没有减弱。随着大型投资信托公司的增加，股市还在不断扩容，股指进一步攀升。1929 年 9 月 3 日，纽约股票交易所创造了一个历史新高，道琼斯工业平均指数达到了 381. 17 点。这个高度是此后 25 年之内再也没有见到过的。

9 月 5 日，一位叫鲁杰·巴布森的统计学家在美国全国企业家大会上预言：“崩溃早晚会来，并且会很可怕……工厂将会倒闭，工人将会失业……结果是一场严重的萧条。”或许是预言起的作用，几个小时内，纽约股票交易所的股价下跌了 10 点。为安定人心，胡佛总统公开发表讲话，宣称美国经济从总体上看是健康的，从而引起股市行情再次上升，而且其上升幅度比任何时候都大。整个 9 月，股价时起时落，局势异常。

9 月 26 日，在世界金融地位中非常重要的英格兰银行为了制止英国的黄金外流和保护英镑在国际汇兑中的地位，将再贴现率和银行利率提高到了 6. 5%，致使原来流入美国的资金为了追逐更高的利息而回流伦敦。资金大量流失的影响立刻显现出来，纽约股票市场开始出现波动，股价间歇性下跌。9 月 30 日，英国又从纽约股票市场撤回几亿美元巨额资金，使得美国股市的股价下跌的幅度和速度远超出以往水平。随后的两个星期，美国股票市场有了局部的回调和走稳，欧洲的投资者便趁此时机悄无声息地将手中的美国股票清仓。10 月初，一些得到消息并嗅觉灵敏的美国国内大投资者已经开始撤离市场，可由于这些人出售所持股票时相当谨慎且比较保密，股市的下跌起初还显得较为缓和。不知情的普通股民们对未来股市还是持乐观心理，信心并没有一下消失。

10 月 15 日开始，市场出现抛售现象。10 月 24 日，星期四，史称 1929 年股市大恐慌的第一天，也被称作“黑色星期四”。当日上午 10：00，股市立即出现了空前强烈的股票抛售浪潮，交易开始仅仅 30 分钟，相当于以往一日交易额的股票便被抛出，各种平均指数急剧下降，所有股价全面下落。恐慌性的抛售在 10 月 28 日星期一再次开始，道琼斯工业平均指数和各大股指再次惨跌。当天的股票交易又放出巨量900余万股，而且损失更为严重。10月29日，“黑色星期二”接踵而至，这是纽约证券交易所问世以来最具灾难性的一天，这一天汇集了在这之前所有糟糕交易日的全部特征。开盘仅半个小时，股价几乎是垂直下跌，如同滚雪球一样，一泻千里。巨大的卖压一波接着一波，许多股票重复出现只有卖单，而根本没有买家接盘的状况。最终，纽约证券交易所这一天的交易量创下了天文数字般的“1600万股”。到了周二晚上，美国股票的总市值比周一开盘时减少了22%，当天的凌厉跌势将股市以往12个月所实现的累计涨幅全部抹光。

股票市场的大崩溃一直持续到1933年初。根据道·琼斯指数的统计，从1929年10月至1933年1月，30种工业股票的平均价格从每股365美元下降到63美元；20种公用事业股票的平均价格从142美元下降到28美元；20种铁路股票的平均价格从180美元下降到28美元。到1933年7月，美国股票市场上的股票价值只相当于1929年9月的1/6。

1929年美国证券市场的崩溃拉开了美国金融危机的帷幕。据统计，1931～1932年，美国银行倒闭达5096家。1933年春，美国又爆发了信用危机的新浪潮，存款大量提取，银行资金周转不灵，发生挤兑风潮，造成约4000家银行倒闭，资金大量外逃，联邦储备银行黄金储备锐减，于是美国不得不放弃金本位，美元迅速贬值。

同时，这场金融危机迅速波及到其他经济领域，发展成一次空前的经济危机，给美国经济带来极其沉重的打击。1929年，美国的工业生产下降了46%；如果按月份资料计算，从危机前的最高点（1929年5月）到危机的最低点（1932年7月），美国的工业生产下降了56%，退回到1905年的水平。危机遍及工业各部门，工业生产连续下降3年之久。危机期间美国13万家企业倒闭，上千万工人被赶出工厂，失业人数在1933年达到1283万人，占美国劳动力总数的1/4。与此同时，工人的实际工资下降约1/4。对外贸易和资本输出也受到严重打击。危机期间进出口总值减少70%。资本输出一落千丈，1928年美国发行的外国有价证券是13亿美元，1931年下降到2.5亿美元，1933年仅160万美元，资本输出几乎停止。

这场金融危机，加上之后不期而至的“大萧条”，对美国的打击是巨大的、灾难性的，也导致了“罗斯福新政”实施，市场放任自由成为过去，政府开始大规模干预市场，最终成功地将美国从“大萧条”中解救出来。金融危机带来我们的启示：

（1）过度投机与投机泡沫会对金融业造成巨大的破坏。由于股票属于交易成本较低，且供给量在一定时期内很难增加的行业，因此非常容易产生投机行为。适度的投机是市场经济进一步发展所需要的，但当任何事物超过一定限度以后，总会走向其对立面。投机过度也会误导生产，伤害投资，对经济造成十分严重的危害。事实上，对1929年秋天及以后发生事情的任何解释都必然会提到投机造成股市暴涨和随后又导致崩盘的负面作用。牛市里，人们对形势的认识与经济的实际情况严重脱节，人人都在做着发财的美梦，没有人相信股市会下跌；但股价是不可能永远上涨的，灾难性的时刻终将会来临。

（2）市场不是万能的，不能只靠“看不见的手”维持。20世纪20年代的纽约股票交易所已然成为世界上最大、最具影响力的交易场所，但从制度上讲，它和1817年刚刚正式成立时相比几乎没有什么区别。纽约股票交易所在内部管理方面并没有与时俱进。由于政府极少监管，市场实行很大程度的自治，市场本身就成为了法律。纽约股票交易所只由其会员进行管理，它仍然“像一个私人俱乐部一样，只是为了满足那些占据了交易所席位的会员们的利益”，而并没有过多地考虑广大股民的利益，既不公平也不透明，并且存在着诸多上市公司治理失灵现象，内幕交易和非法操纵股价行为屡见不鲜。自由放任的经济政策对20年代美国经济社会的发展起了一定的促进作用，但随着生产社会化的提高，其负面作用也逐渐表现出来。反映在当时的证券市场上，即是政府对证券市场缺乏必要的调控，任由股市大涨大跌而视其为经济规律的自然作用，对金融机构及金融活动的控制之间缺乏平衡机制，对一些不规范的交易行为坐视不理，以及缺乏证券立法和一个适当的证券监管机构来防止证券市场的过度投机风潮。这些都直接造成了金融危机的发生。

（四）墨西哥金融危机

在1994年12月墨西哥金融危机爆发以前，墨西哥在人们心目中是一个勇于改革并取得了巨大成就的国家。“二战”后的50年间，墨西哥通过奉行积极的进口替代发展政策，逐渐建立了工业化的国民经济体系，被国际经济学界称为新兴工业国的大国发展模式。1992年，墨西哥人均国民生产总值就达到3030美元，是拉美国家中仅次于巴西的第二大国。鉴于其经济改革所取得的成就，墨西哥一向被称作经济改革“样板”和投资“热点”。1993年10月，《华尔街日报》在纽约举办的第二届美洲会议，曾邀请墨西哥财政部长塞拉发表演说。几乎所有参加会议的大公司首席执行官、银行家、投资者和记者，都为塞拉描述的墨西哥政府取得的改革成就及NAFTA（《北美自由贸易协定》）将带给墨西哥的美好前景感到欢欣鼓舞。然而，就是在这种形势下，墨西哥却突发了一场金融危机，不仅造成本国金融市场严重混乱，国家财政濒临崩溃，而且波及邻近国家，震撼了全球金融界。

事件的导火索来自于美元加息。1994年2月4日，美联储将联邦基金利率提高了25个基点（由3%提高至3.25%）。此举一出，引起了世界各国的加息风潮。此后几个月间，美联储4次提高官方利率；至11月底，利率升至5.5%。利率的提高对墨西哥金融市场带来了很大压力，因为短期资本很可能为寻求高利率而抽逃。

与此同时，墨西哥国内的政治矛盾不断加深，部门间和地区间经济发展不平衡不断加剧，失业人数不断增加，贫困问题得不到妥善解决，贫富差距不断扩大，拥有9000万人口的墨西哥竟然有4000万的贫困人口。1994年政治矛盾充分暴露：1月，墨西哥的恰帕斯州发生了农民武装暴动；3月，制度革命党（当时执政党）总统候选人遇刺身亡；9月底，革命制度党总书记遇刺身亡，国内局势日趋紧张；12月19日，恰帕斯州再度发生暴乱。

上述国际国内事件对墨西哥的影响在金融市场上逐渐显示出来。1994年9~10月墨西哥股票市场价格指数不断下滑，到12月初，下跌压力加剧；12月1~16日，半个月时间里，股指下跌了9%。由于墨西哥实行的是钉住美元的汇率制度，新比索对美元的比价长期限定在3~3.5比索兑1美元的狭窄范围内，汇率波动幅度由一个固定下限和浮动上限组成，上限允许每日增加0.0004新比索。墨西哥国际国内的紧张情况导致比索的贬值压力不断增大。进入12月，新比索的美元汇价一直迫近政府干预的上限，比索贬值的压力已经逐渐超出了政府干预能力。在这种情况下，金融危机终于爆发。

1994 年 12 月 20 日，财政部长塞拉在与工商界和劳工组织的领导人紧急磋商后，突然宣布比索对美元汇率的浮动范围将被扩大到 15%，这意味着比索将被贬值。尽管财政部长塞拉表示，比索汇率浮动幅度的这一变动是为了使货币当局在管理比索的币值时拥有更多的灵活性，但塞迪略政府未曾预料的不良后果终于不期而至。12 月 20 日，汇率从最初的 3.47 比索兑换 1 美元跌至 3.925 比索兑换 1 美元，狂跌 13%；21 日再跌 15.3%。20～22 日，短短的三天时间，墨西哥比索兑换美元的汇价就暴跌了 42.17%，这在现代金融史上是极其罕见的。伴随比索贬值，金融市场的投机活动进一步加剧，外国投资者大量撤走资金，墨西哥外汇储备在 20～21 日两天锐减近 40 亿美元，墨西哥整个金融市场一片混乱。到 12 月 22 日，外汇储备几近枯竭，降到了少于一个月进口额的水平。政府金融当局与由企业、工会、农民代表组成的“福利、稳定和发展契约”委员会进行紧急磋商，宣布政府决定取消干预，实行新比索汇价自由浮动，由市场供求决定汇率，直至其趋于稳定。同时，墨政府要求企业和工会支持冻结商品和劳务价格 60 天，以便稳定民心和消除混乱。

但是，市场信心依旧不振，比索贬值局面一再失控，暴跌进一步挫伤了投资者的信心，促使他们纷纷从证券交易市场撤资。墨西哥吸收的外资，有 70% 左右是投机性的短期证券投资。资本外流对于墨西哥股市如同釜底抽薪，墨西哥股市应声下跌。12 月 30 日，墨西哥 IPC 指数下跌 6.26%；1995 年 1 月 10 日更是狂跌 11%，被称为“黑色星期二”。到 3 月 3 日，墨西哥股市 IW 指数已跌至 1500 点。比 1994 年金融危机前最高点 2881.17 点相比，已累计下跌 47.94%，股市下跌幅度超过了比索贬值的幅度。

事后看来，造成墨西哥金融危机既有国内的经济结构因素又有国外的热钱因素，既有政治动荡的原因又有经济体制不完善的原因，它带给后人的启示也是多方面的：

（1）政局稳定是经济发展的重要前提。1994 年初，由于社会贫富悬殊问题，导致墨西哥恰帕斯州农民发起武装暴动，年中围绕总统大选和州长选举各政党内部及政党之间展开了激烈争斗，年底新政党上台不久重新爆发战争致使该州乃至全国持续动荡，人民不满情绪增加，社会矛盾不断上升。墨西哥政局的不稳，造成社会动荡，使投资者对其政治，经济形势的信心下降，纷纷抛售比索，抢购美元。

（2）应选择一种适当的汇率制度。在全球化时代，由于国民经济与国际经济的联系越来越密切，而汇率是这一联系的“纽带”。因此，选择合适的汇率制度，实施恰当的汇率政策，已成为经济开放条件下决策者必须要考虑的重要课题。北美自由贸易协议签订之初，墨政府本应使比索贬值而没有进行适时贬值，使其失去货币政策调整的时机。北美自由贸易协议失效后，当时的政府仍迟迟没有采取比索贬值的措施，原因在于政府担心通货膨胀的上升会引起老百姓的不满，使执政党难以顺利换届，从而再次错过调整金融政策的良机，给这场危机埋下祸根。不仅如此，政府还继续虚耗外汇储备，支撑下行中的比索。新政府上台后，为避免国际投资外流的加剧，重树国际上对墨的投资信心，被迫决定比索兑美元汇率自由浮动，但为时已晚，金融危机已然不期而至。

（3）过分依赖外资将造成资金的不稳定性，并导致经济增长的脆弱性。一国经济的发展应注重增强自筹资金、自我发展的能力，以减轻外资对本国经济的负面影响。20

世纪90年代初，墨西哥顺利从海外市场以债券、股票等形式筹集到大量海外短期游资，这种投资虽然较易获得，短期内对一国经济发展有一定益处，但风险大，期限短，很难形成长期建设投资，一旦出现投资信心问题，游资的不稳定性必然会导致资金大量外逃，造成资金周转的困难。在当今信息革命和金融日益全球化的今天，资金只需数秒便能从一国转移至另一国进行套利，流动迅速，破坏力加剧，更需防范。

（4）连年逆差、经济结构失衡会导致市场风险不断累积。前墨西哥政府在1988年执政之后，取消了外汇管制，实行进口开放政策，致使资本货物和原料的进口猛增，消费品和奢侈品的进口也大量上升，贸易逆差开始逐年增大，1991年贸易逆差突破110亿美元，1992年和1993年则分别为250亿美元和230亿美元，1994年甚至达到280亿美元。贸易逆差占国内生产总值的比例达到8%左右，而进口占国内生产总值的比例也从1987年的9.4%上升到1994年的31%。这种状况导致墨政府不得不动用外汇储备支付巨额的进口贸易赤字，使其外汇储备急剧减少，直至被迫将比索大幅贬值，触发了金融危机的爆发。此外，在墨西哥的经济改革中，经济结构并没有发生根本性转变，不合理的经济结构造成第一产业长期处于停滞甚至倒退状态，第二产业除出口加工业发展较快外，其余均发展较慢，而第三产业却快速发展。大额的贸易逆差，不断减少的外汇储备，加上不合理的经济结构，使墨西哥金融市场风险不断累积，稍有风吹草动即爆发危机。

（五）国际商业信贷银行危机

国际商业信贷银行（BCCI）洗钱案在20世纪90年代曾被称为“美国历史上最骇人听闻的一桩洗钱案”，也是“世界金融史上最大的诈骗案”。实际上，鼎鼎大名的巴拿马诺列加将军、美国总统布什家族、哥伦比亚的麦德林卡特尔贩毒集团，甚至英国中央银行等国际知名人士和机构都与BCCI有着千丝万缕的联系。

事件的主人公——BCCI于20世纪60年代由巴基斯坦的银行家阿迦·哈桑·阿贝迪创立，主要股东包括阿布扎比的王室家族和美洲银行。BCCI的注册地在卢森堡和开曼群岛，经营总部在伦敦，并在世界多地拥有大量业务。经过20多年的发展，BCCI的业务扩张至全球70多个国家和地区，是一家名副其实的大型跨国银行。截至1990年，BCCI已经在全球拥有100万客户，报表显示的资产约200亿美元。BCCI一度成为亚洲经济发展的一个成功范例。

实际上，BCCI在那些具有宽松的银行监管规则和税制自由，尤其是制定有严格银行保密法和严格公司保密法的国家建立起了一个弥天大网，几乎成了国际贩毒走私及黑社会组织的洗钱天堂。BCCI用在开曼群岛的海外分行开设的秘密账户盗窃银行资金，让近乎一半的银行资产失踪。BCCI帮助一些国家的既得利益集团转移所侵吞的国家资产；如该银行的高级主管利用离岸金融中心之便，为哥伦比亚犯罪集团洗钱，金额高达3200万美元，发现后被罚款1500万美元，BCCI因此得名“可卡因银行”。BCCI还为恐怖组织提供援助，恐怖组织在世界范围内进行恐怖活动需要巨额资金支持，而这些资金的转移就是通过银行洗钱完成的。如基地组织领导人本·拉登的父亲是BCCI的股东，本·拉登在该行设有数个账户，而本·拉登的金融网同BCCI通过非法操作建立的网络相对应。据美国媒体报道，即使BCCI已经倒闭，其组织机构和各种人际网络仍在为拉登恐怖组织的洗钱活动发挥作用。“9·11”事件后，美国情报机构在追查恐怖资金来源时发现，BCCI 还曾从事洗钱、财务诈骗、秘密军火交易、资助恐怖主义等犯罪活动。

由于 BCCI 为全球犯罪活动提供银行支持而不断开设分支机构的扩展速度过快，资金流明显出现亏空。1986 年，董事长阿贝迪从员工退休养老基金中窃取 1.5 亿美元来弥补资金平衡表的亏空。BCCI 的日常运作开始出现问题。

BCCI 的日常商业活动，本应该由其注册地卢森堡严格监管，但因离岸金融中心的特点，卢森堡的金融监管机构无法完成监管使命。这使得 BCCI 的犯罪活动不受任何政府的监管长达 15 年之久。直到 1987 年，卢森堡金融协会同另外 7 国达成一项协议，对 BCCI 实行联合监管，才使该银行的活动受到了监督。

即使如此，这个多国联合监管机构也未能成功地跟踪 BCCI 活动。当银行从事国际银行业务能够轻而易举地将业务从一国转移到另一国时，信息不对称现象严重，这使得政府对国际银行业的监管更加困难。监管机构可以仔细检查本国银行的国内业务，但却难以密切监视本国银行在其他国家开展的业务活动，比如对于本国银行的国外附属机构，监管机构难以监督其活动。另外，监管组织也很难监控外国银行在本国开设的分支机构。

正是因为这种原因，直到 1988 年，BCCI 的一些欺诈活动才在美国司法部的介入下逐渐被发现。1988 年，美国司法部在美国海关、国税局、毒品管制局和联邦调查局合作之下开展了现金追踪行动。美国海关总署的一名秘密特工罗伯特·马祖尔，伪装成一名富有的商人进行卧底，精心布下重重诱饵，暗中调查麦德林贩毒卡特尔洗钱案，并与参与洗钱的 BCCI 的银行家们密切往来。他们的整个行动共获得了 1200 多盘秘密录制的谈话录音带和将近 400 个小时的录像带。通过这些确凿的证据，美国司法部得以对几名 BCCI 的银行家和其他数十人起诉，并于 1991 年将其定罪。

1990 年 3 月，英国情报机关向英格兰银行董事会出示了强有力证据，表明 BCCI 的客户拥有多个可疑账户。1990 年 11 月，英格兰银行董事会收到一份报告，报告是根据从阿贝迪的得力助手、BCCI 的经理斯沃勒·纳克维那里搜出的一份私人档案写出的，里面详尽提供了通过 BCCI 进行巨额诈骗的证据。1991 年 1 月，英格兰银行董事会得知 BCCI 的未入账存款累计约有 6 亿美元。1991 年 3 月 4 日，英格兰银行董事会授权普赖斯·沃特豪斯独立会计师事务所对 BCCI 进行审计。1991 年 7 月，审计工作结束，英格兰银行随即下令关闭 BCCI。其他 69 个国家的银行监管者紧随其后。发狂的储户们涌向各地的 BCCI，徒劳地尝试取出存款。BCCI 的官司如潮而至。在中国香港，BCCI 的小储户们很快就得到了全额偿付，因为 BCCI 的中国香港分行拥有充足的资产和很好的流动性。而在孟加拉国和其他一些国家，则由政府介入，补偿小储户的损失。

多年过去，这个官司仍未了结，一些国家的储户仍在等待赔偿。事情的真相是，BCCI 隐瞒了巨额亏损，并且早就开始用新储户的存款归还旧储户存款。BCCI 从事了几十年的犯罪活动，倒闭时亏欠 8 万名储户 100 多亿美元。该银行的储户损失惨重，有些人甚至损失了终生积蓄，血本无归。BCCI 也成了“骗子和罪犯银行”的代称。

正是对金融监管的放松导致了 BCCI 洗钱案的发生。BCCI 洗钱案给各国政府敲响警钟，使监管组织明白对金融机构监管不能只是写在法律书上的几行字，应该是在现实中得以严格执行的工作，是不断与时俱进、适应金融全球化的工作。

（1）政府应当加强对金融机构的审计。对金融机构的外部审计是信息披露、金融监管的重要环节之一，政府应当严控这一关卡，负责外部审计的会计事务所应该坚守底线，不能因为自身的利益关系而置普通投资者的利益于不顾，从而埋下金融危机的祸根。1987 年之前，有两家外部审计公司共同负责 BCCI 的外部审计，这样使 BCCI 隐瞒事实较为容易。后来 BCCI 的经营活动引起英格兰银行的注意，英格兰银行要求 BCCI 从 1987 年开始只由普华国际会计公司（Price Waterhouse）一家外部审计公司负责。虽然英国这次关闭 BCCI 的决定是根据普华国际会计公司的报告做出的，但其职业道德却遭到了批评。据称这家会计公司曾多次私下告诉 BCCI 其贷款和管理方面有很大漏洞和差距，但仍然为其财务报告开了绿灯。

（2）政府应当加强金融监管力度。英格兰银行对于 BCCI 的欺诈行为早有所闻，但苦于证据不足，未能及时采取行动，甚至一直将 BCCI 列入地方政府存贷银行的名单。卢森堡管理当局曾公开承认对 BCCI 的欺诈行为无能为力，因为 BCCI 的公司组织结构与其他主要国际银行有所不同。尽管 BCCI 的控股公司和其主要的一家银行分行都在卢森堡，但无论控股公司还是这家分行都不在卢森堡经营银行业务，所以卢森堡的金融当局无法对 BCCI 集团进行全面的监管。这都给 BCCI 从事违法行为提供了便利。

（3）各国政府应当通力合作，加强跨国银行的监管。BCCI 的业务受 60 多个国家中央银行和管理当局管理，然而任何一个管理当局都不了解 BCCI 的全貌，加之各国的管理条例松紧不一，如卢森堡和开曼群岛对外资银行管理甚松，也使 BCCI 可利用漏洞从事大规模的欺诈活动。在经济全球化、金融全球化的今天，如何协调各国对跨国银行的监督管理是国际银行业面临的问题。

（六）里昂信贷银行风波

里昂银行成立于 1863 年，1982 年法国政府持有该银行 55% 的普通股和 76% 的股权，至 1993 年底，该行资产总额为 3388 亿美元，资本总额 104 亿美元，按资产排名为法国最大也是欧洲最大的银行，世界排名第九位，按资本排名在全球银行业列第十九位。庞大的里昂银行，肩负着“成为占据欧洲金融市场主导地位的‘龙头银行’之一”的使命，这也决定了它日后的命运。

1945 年，第二次世界大战结束后，里昂信贷银行国有化。1973 年，法国政府通过立法，允许国有银行的雇员持有银行的股票。1982 年，法国执政党——社会党将国内的大银行全部国有化，目的在于引导银行的业务方向，帮助确定和执行一项新的、更具干预性的工业和货币政策。里昂信贷银行于 1973 年卖给雇员的股票再度国有化，重新受到政府的控制。

1988 年，法国政府任命哈伯尔担任里昂信贷银行总裁。上任后，哈伯尔明确表示他的目标是将里昂信贷银行从一个国家控制的法国银行转变成高效率的全欧洲一体化银行。他认为，里昂信贷银行资本雄厚，国内市场大，有广泛的欧洲同业网络，能够击败来自各方面的竞争对手，有能力成为占据欧洲金融市场主导地位的“龙头银行”之一。他提出一个非常大胆的策略，目标是通过进攻性的“工业政策”扶植本国的支柱行业，增强国际竞争能力，里昂信贷银行成为法国政府实施“工业政策”的工具。他提出三个具体目标：①里昂信贷银行成为巨型银行，储蓄存款额占欧共体15国全部储蓄存款总额的1%～2%；②里昂信贷银行成为非常欧洲化的银行；③里昂信贷银行通过巨额贷款、与大企业建立投资银行业务关系等途径，对公司金融业务客户实施有效的控制，有效影响企业的财务和经营策略，引导企业扩大经营规模和提高利润率。哈伯尔的目标及策略对里昂信贷银行唯一的股东——法国政府具有极大吸引力，法国政府向里昂银行注入大量资金，支持该行收购其他国家的金融机构。

哈伯尔开始系统地实施其“宏伟计划”。1992年底，里昂信贷银行在欧共体各国的分支机构比1988年增加了3倍，大约一半的利润来自于国外分支机构。里昂信贷银行持有法国工业企业的股份从1988年9月100亿法郎增加到1996年初450亿法郎；里昂信贷银行持有法国关键企业的巨额股票，所以它有能力影响这些企业的经营策略和财务活动。里昂信贷银行还运用政府的资金支持，发放大量海外贷款，或使用融资兼并、直接经营等形式进行跨国扩张。

实施该计划的结果是里昂信贷银行的各项商业指标不断下降。首先是不良贷款大幅度增加。1990年，里昂信贷银行动用13亿美元资助意大利投资商帕拉蒂购入米高梅电影公司，1992年初接手米高梅电影公司并先后投入10亿美元，然而收效甚微。1991年，马克斯韦尔集团破产，里昂信贷银行的坏账至少3亿美元。由于不良贷款大幅度提高，呆账准备金从1991年的42亿法郎提高到1992年的96亿法郎。其次是净利润持续下降。1990年，里昂信贷银行的净利润达37亿法郎，1991年底，净利润下降到31.6亿法郎；由于利息收入的不断下降，各种成本的不断上升，1992年9月，里昂信贷银行宣布上半年总利润下降92%，只有1.19亿法郎，而上年同期是16亿法郎。最后是资本充足率不足。随着规模的不断增长，里昂信贷银行的资本充足率不断下降。作为国有银行，法国政府不允许里昂信贷银行独立地增加资本金，必须由政府或者其他国有企业注入。1992年末，里昂信贷银行大约28%的资本金是国有企业持有的股份。国有企业和国有银行之间相互持股，已将其命运紧密地联系在一起，当这些企业遇到困难时，将得到国有银行强有力的支持和帮助。

终于，1995年3月15日，法国工商企业部长宣布，里昂信贷银行账务中出现了高达500亿法国法郎（约100.6亿美元）的“黑洞”，即该行呆坏账的规模。1993年该行已亏损69亿法郎；1994年亏损额高达120亿法郎，成为历年来法国银行业亏损额的最高纪录。出事时，里昂银行的负债额达1000亿法郎，约合200亿美元，这一负债额是巴林银行负债额的25倍。此事一出立即引起国际金融界的震动，被称为欧洲有史以来银行业最严重的地震。

巨亏披露之后，作为一家国有银行，法国政府不得不多次拨款对其进行救助。截至1999年，经过四年多的整顿，里昂信贷资产重组初见成效。从披露的财务报表看，其总资本充足率达到10.04%，剔除少数权益后的平均总资产回报从0.001%提高到0.08%。法国政府对里昂信贷的援助总额可能达到1470亿法郎，法国人均至少1700法郎。对单一银行实施如此规模的救助在欧盟历史上是绝无先例的，但与其他国家整个或部分银行体系再生所花费的成本相比，花费毕竟还是可观的。

里昂信贷银行是国有银行，国有属性明显，造成它承担过多的行政职责，所有者缺位，权力过分集中等诸多不足；里昂信贷银行又是法国国内数一数二的银行，体系庞大，肩负着法国政府、法国人民的殷切希望。这些特征都决定了它日后的命运。当然，还有其他一些外部因素影响了里昂信贷银行的命运。里昂信贷银行的经历对全球商业银行日后的发展有着深刻启示。

（1）银行独立性受损给银行发展带来负面影响。在法国政府导向型市场经济模式下，政府常常利用信贷、转移支付、政府采购等手段刺激经济，并从优惠贷款、市场准入角度等向不同的企业倾斜。里昂信贷银行作为国有银行，必须严格执行政府的行政性指令。一方面，通过融资、新型金融工具等途径实行跨行业、跨国界扩张，形成跻身于全球前列的金融集团；另一方面，以低息贷款、无息贷款为国内亏损、资不抵债的企业发行债券方式提供资金支持。其结果是，境外高额兼并和境内低利信贷，共同构成了里昂银行的1000亿法郎坏账的主体。

（2）银行应加强内部监管措施。一家现代化的企业应有相对应的内部监管措施。其一，内部应有有效的权力制衡机制；最高决策权过分集中在个人手中时，会导致“一荣俱荣，一损俱损”，丧失否定错误决策的能力。其二，母公司应加强对子公司的监管机制；由于银行会对子公司提供大量贷款，在子公司经营陷入瘫痪时，母行便陷入不利处境，监控子公司的业务动向，可以有效减少道德风险的发生。

（3）企业的经营理念中加强风险防范意识。对当时的里昂信贷银行而言，没有不能做的业务，没有不能做业务的地方。这种情况下，一方面忽视主营业务，对利润造成不利影响；另一方面并购非传统行业、实施激进的扩张战略，使经营风险失控。此外，由于对风险的不合理预估，把大量的信贷资金投向房地产业；随着房地产价格的下跌，坏账大量增加，招致巨额亏损。

（4）留意经济周期波动带来的影响。从1989年下半年起，法国陷入了新一轮经济危机之中；1990～1991年，欧洲经济开始衰退。此时，欧共体各国大银行迅速缩减业务规模，最大限度地避免经济衰退对银行的不利影响。相反，里昂信贷银行却逆市而上，宣布坚持实施既定计划，发放了许多有巨大风险的贷款项目，这些贷款项目中大部分贷款日后成为不良贷款，给银行带来沉重打击。

（5）有效控制金融自由化政策带来的风险。20世纪70年代以来，欧美发达国家和部分发展中国家实行金融自由化政策，逐步放松了对银行业的管制，以推动本国金融市场向国际化、一体化方向发展。传统的商业银行也因此朝着经营国际化、操作电脑化、交易电子化、融资方式证券化、银行业务表外化、金融工具多样化等方向发展。金融自由化给银行业带来更大的不确定性及系统风险，稍有不慎就会陷入困境。

（七）美国垃圾债券与德雷赛尔事件

1946年，米尔肯出生于美国加州一个中产阶级家庭；他从小就对数字特别感兴趣，心算能力惊人。1968年，米尔肯从加州大学伯克利分校商业管理专业毕业，随后进入著名的费城大学沃顿商学院学习并于1970年以全优成绩获得学位，毕业后加入费城的德雷赛尔投资公司担任分析师。

还在上学的时候，米尔肯就注意到一个现象：传统的华尔街投资者在选择贷款或投资对象时，只看中那些过去业绩优良的蓝筹企业，而往往忽视那些目前收益不好、但具有巨大潜力的公司。然而，他通过对历史数据的研究发现，一个多样化的长期低级别债券组合，不仅会带来更高的回报，而且同可比的蓝筹股组合相比，并没有太高的风险。垃圾债券的信用等级越低，违约后投资者得到的回报越高。聪明的米尔肯发现了一个潜力巨大的利润机会。1971 年，他说服德雷赛尔投资公司，成立了高收益债券买卖部，自任主管，时年 25 岁。米尔肯拉开了金融工具创新史的重要一幕。

所谓垃圾债券，是指债券评级级别低于投资级（BBB 或 Baa）的债券。垃圾债券最早起源于美国，在 20 世纪 20 年代就已存在。但 70 年代前，美国投资银行不发行垃圾债券，都是现有债券被信用评级公司调降级形成的。由于这种债券的信用受到怀疑，问津者较少；70 年代初，其交易量还不到 20 亿美元。20 世纪 70 年代时期，美国正经历痛苦的滞胀时期，通货膨胀率和失业率不断攀升，信用严重紧缩，许多基金公司的高回报债券都被债券评级机构降低了信用等级，沦为垃圾债券。在投资者眼中，投资这种低等级、高收益的垃圾债券的风险很大，有可能血本无归。因此，许多基金公司都急于将手中的垃圾债券出手，但整个华尔街无人敢接手，而迈克尔·米尔肯却逆市大胆接下这些债券。

1975 年，米尔肯管理的债券买卖部从成立初占公司总利润的 35%，升到接近 100%。他主导下的垃圾债券市场初露端倪。1977 年，米尔肯成为市场上垃圾债券的垄断者，他控制的垃圾债券市场的份额超过了 25%。《华尔街日报》的文章认为，他是这个领域唯一真正具有创新精神的金融家，而不仅仅是投机者；他是努力提高这个市场流动性的唯一做市商。他从无人接触的垃圾债券中淘到黄金，影响了美国的证券金融业发展的历史，以致他在华尔街的地位一度举足轻重、无人能及。

20 世纪 70 年代末期，由于垃圾债券的数量有限，已经无法满足众多投资者的购买欲望。而这一时期美国的金融市场也逐渐稳定下来，垃圾债券的巨大获利空间不复存在。米尔肯继续探索垃圾债券的潜能：与其坐等那些发行债券的公司信誉滑坡，信用降级，不如自己去找一些正在发展的公司；若放债给它们，它们的信用同那些高收益债券的公司差不多，但因处在发展阶段，债券质量比那种效益下滑、拼命减亏的公司债券好得多。

经过这样一种理性分析后，一项新的投资思路逐渐形成：创建高收益债券包销市场。米尔肯把替新兴公司，甚至是高风险公司包销高回报债券看成是在资本市场上融资的一条有效途径。而华尔街对这个市场一直敬而远之。所以，可以说是米尔肯一个人独自创造了这个市场。也可以说，美国 80 年代以来高新技术的发展，也许没有任何人的贡献能超过米尔肯。正是他解决了高风险技术公司的融资问题。如美国微波通讯公司（MCI）和有线电视网（CNN）之所以能成为当今美国家喻户晓的大公司，均得益于米尔肯通过垃圾债券的包销所实现的资金筹措。

20 世纪 80 年代开始，米尔肯对垃圾债券的操作开始转向兼并与收购。借债来兼并企业虽然不是米尔肯的发明，但是他提供的垃圾债券对企业兼并热潮起了巨大的推动作用：企业可以不费什么力气就筹集到所需的兼并资金。此时，米尔肯在金融界的影响也如日中天。只要米尔肯所在的德雷塞尔公司为客户发一封信，声明“有高度信心”为收购企业提供必需的债券融资，就没有一家在上市公司能逃过被收购的命运。因此，不愿被收购的公司管理人员对米尔肯“有高度信心”的信无一不胆战心惊。1984 年 12 月，米尔肯策划了使他名声大振的“皮根斯袭击海湾石油公司”的标购事件。标购虽因海湾公司转头与标准石油公司合并而未获成功，却证明了米尔肯有在数天内筹集数十亿、甚至上百亿美元的能力。

正所谓树大招风，加上米尔肯的年收入超过了证券交易委员会的预算，米尔肯理所当然地受到执法者的关注。而执法者们要在米尔肯每年几千亿美元的交易中找到一点漏洞，是再容易不过的事情。1986 年 5 月，当局逮捕了米尔肯手下一位投资银行家，指控其涉嫌内幕交易；1986 年 11 月，米尔肯接到了传票。1989 年 3 月，米尔肯及其弟弟因有关证券欺诈的 98 条罪状而被起诉。经过漫长的官司折磨，1990 年 4 月 20 日，米尔肯服罪，同意检察官提出的没有先例的六项罪名（掩盖股票头寸、帮助委托人逃税、掩藏会计记录等）的指控，而这些罪名没有一项是与内部交易、操纵股价以及受贿有关。米尔肯被判处 10 年监禁，赔偿和罚款 11 亿美元（其中，罚款 2 亿美元，民事赔偿金额为 5 亿美元，向政府补纳税款 4 亿美元），并禁止他再从事证券业。

虽然米尔肯被关入监狱，但他的理论未被金融界抛弃。垃圾债券作为一种金融工具已被广泛接受，成为中小企业筹措资金的重要途径，也是收购企业的重要手段。在美国金融界的同行眼中，米尔肯是一个目光远大的人，一个实干家，一个敢想敢干的天才。甚至他的敌人也不得不承认这样一个不能抹杀的事实：他开发了一些了不起的金融产品。他使许多公司明白：只赢不输是可能的，拥有这些金融产品就能赚大钱。现在再来讨论这样一个垃圾债券大王是否是清白的，或许已经没有什么意义。但是他对于证券金融业发展的贡献是无法磨灭的。人们习惯于把这个时代称为“金融革命”的年代，而迈克尔·米尔肯无疑是开创这个“金融革命”时代的旗手之一。

米尔肯的传奇经历告诉我们，无论在什么样的投资环境下，一直沿用传统方法来评估投资风险和收益就意味着墨守成规，意味着无法在市场中独领风骚。重新认识经济的发展趋势和金融市场的价值所在，通过创新给世界开创一个全新的未知领域，也给自己带来无穷的机会。这个世界需要创新。

（八）中国香港“八七”股灾与银行风潮

20 世纪 80 年代，香港多家银行倒闭或者被政府接管。1982 年，谢利源金铺因业务问题倒闭；1983 年，恒隆银行因多家财务公司倒闭遭大量挤兑，流动性不足，被香港政府接管；新鸿基银行被中东的阿拉伯银行收购；1985 年，海外信托银行因多家金融机构倒闭、“支票轮”事件等原因被港府接管；嘉华银行受香港银行业危机影响，被中信集团收购；1986 年，永安银行被恒生银行收购；康年银行被港府接管；友联银行因流动资金严重短缺，被港府接管，随后被招商局收购。

股票市场则是危机四伏。1984～1986 年，因美国经济表现强劲，作为“经济晴雨表”的美国股市反复劲升，带动全球股市不断攀升；而中国香港股市处于盘整期，涨幅不大。1986 年 3 月 27 日收市后，香港、远东、金银及九龙四家证券交易所宣布停业，共同组成联合交易所，并于 4 月 2 日开业，自此成为香港唯一认同的证券交易所，大大改变了外国投资者对香港股市的印象。1986 年 9 月 22 日，香港联交所正式被接纳为国际证券交易所联合会会员，加强了中国香港股市在世界股市的地位，香港恒生指数从联交所成立之初的 1625 点升到年底的 2568 点的新高点。1987 年中英谈判结束，确定香港的政治前途为“一国两制”“保持资本主义制度 50 年不变”的方针策略后，香港股市蓬勃发展，恒生指数冲上历史新高峰。1987 年 10 月 1 日，恒生指数最高曾升上 3968 点，最后以 3949.73 点收盘。股民们纷纷摩拳擦掌，准备攀上 4000 点新高峰。但是，一方面，由于外围股市经济形势不明朗，加上过去一段时间反复升市中超买现象严重，香港股市负荷过重；另一方面，美国股市的超级大户采用电脑分析，在分析结果的指示下，控制股市的超级大户竞相抛售，或以空沽封盘，空头们又乘机兴风作浪，最终引起过热的美国股市出现崩溃性大跌，带动世界股市全面惨跌。

1987 年 10 月 19 日，星期一，“黑色风暴”悄然来临。受美股上个交易日（10 月 16 日星期五）下跌 108 点的影响，港股一开市即出现抛售浪潮，沽盘排山倒海，价位接连下跳，许多股票牌下只见卖家未见买主。10 时 15 分（开市后 15 分钟），恒生指数已跌去 120 点，中午收市时报跌 260 点。由于跌势来得突然，股民们措手不及，交相询问到底发生了什么事。而电台、电视大肆渲染，恐惧像瘟疫一样在股民中蔓延开来。下午开市，恒生指数再度下挫 160 点，股民怨声载道，市场仿佛失去信心。同时，期货市场也是惨不忍睹，连续两度出现跌停板。当天晚上，纽约市场传来噩耗，道·琼斯指数狂泻 508 点，创下美国股市一百多年来单日最大跌幅。鉴于外围股市崩溃，联交所李福兆主席的主持下召开紧急会议，以改善交收情况和稳定市场情绪为由，宣布从 10 月 20 日起停市四天。香港期货交易所随之也做出了同样的决定。停市的目的，本来是为了避免出现恐慌性抛售、市场混乱，乃至失去秩序、会员流动资金出现问题和银行挤提等现象的发生。但当事人万万没有想到，此举后来竟成了联交所管理层遭人诟病的主要证据。

1987 年 10 月 26 日，联交所重新开市第一天，尽管开市时间比往常晚了一个小时，但开盘后，全部股票便一泻如注。开盘 15 分钟，恒指下挫 650 点；开盘 45 分钟，大市更跌去 900 点。午后，股市继续下滑。最终，恒生指数全日共下跌 1120.70 点，跌幅 33%，创下单日最大跌幅。期货市场更是四度跌停板，下跌 1544 点，跌幅 44%。香港股市和期市均濒临崩溃的边缘。

为了挽狂澜于既倒，香港各界展开了声势浩大的股市救亡行动。10 月 26 日，香港政府联合各大银行和机构，再次向期货保证公司提供 20 亿港元贷款（此款后来并未使用）。同时，收购合并委员会豁免对部分上市公司全面收购的限制，鼓励大股东回购股份。香港银行业公会则连续两次下调最优惠利率（从 8.5 厘降至 6.5 厘）。10 月 27 日，香港股市急速反弹 154 点。然而好景不长，受停市打击，海外基金对港股投资缺乏信心，救市行为不足以抗衡海外基金的不断抛售，股市继续下行，直到年底才逐步回扬。

1987 年 10 月 28 日，联交所委任霍礼义为高级行政总裁。11 月 16 日，港府成立了以戴维森为首的 6 人证券业检讨委员会，就香港证券业监管机构及联合交易所与期货交易所的组织、管理和运作进行检讨。经过与海内外多家财经机构接触及审阅有关建议书后，该委员会于 1988 年 6 月 2 日完成了厚达 443 页的《证券业检讨委员会报告书》，也称《戴维森报告书》，就香港证券业的组织、管理、运作和监督，提出了许多严厉的批评和建议。这份报告书随后成为香港证券市场改革重组的蓝图典范，被证券界誉为“圣经”。

可以看出，20 世纪 80 年代香港“八七”股灾与银行业倒闭风潮，皆因当时香港的金融风险不断累积所导致的。各家银行倒闭或者被政府接管的原因各不相同，但除了大环境、“多米诺骨牌效应”等外，更为重要的是银行管理层的监守自盗、管理松懈或者激进扩张。而香港“八七”股灾，除了因受到外围股市的拖累而出现下跌行情，香港股市本身亦存在着股市投机之风盛行、证券交易所制度不完善、金融监管缺失、自由开放市场下热钱涌入等问题，值得我们反思。

（1）谨防股市的投机之风。1987 年前后，恒生指数升势凌厉，股市泡沫渐渐形成。除实力蓝筹股外，二、三线股也暴升数倍，甚至有些连年亏损的小股也连升数倍。暴利的诱惑使得大批中小散户头脑发热，盲目跟风。历史上，股市的投资行为被投机行为所取代的情况屡见不鲜，也屡屡引起股市的崩溃。股市的投机行为破坏股票交易的优化资源配置功能，加剧了股市的不稳定性，并且会引发股民参与到股市投机中来，最终导致股市崩盘，影响社会稳定。

（2）完善证券交易所制度建设。1987 年的香港联交所被一撮人视作私人会所，而非为会员、投资者和证券发行者服务的公用事业机构。此外，联交所交收制度尚不健全，24 小时的交收制度难以完全执行，给投资者造成了大量抛售股票的机会，加剧了股市的下跌。期货市场方面，由于组建时间较短，管理制度并不健全，按金制度和平仓制度都不够完善。在期市大跌的情况下，经纪公司为补交按金而大量抛售用以套戮的股票，致使港股进一步大跌。金融市场是风险程度极高的市场，金融机构自身的制度建设若是不够完善，会造成市场失灵，影响市场的稳定，损害大部分投资者利益，甚至酿成金融危机。金融机构的制度建设必须伴随着经济的不断发展而完善。

（3）对金融机构的监管是必不可少的。1987 年股灾发生时，负责监察整个金融行业的证券事务监察委员会和商品交易事务监察委员会缺乏方向感，负责两个监察委员会行政工作的办事处因资源缺乏而软弱无力，掣肘甚多，未能达到独立及有效监察的目标，为日后股灾的爆发埋下祸根。证券监管机构应有一定程度的独立性，便于充分发挥其监管职能，并以确保市场健全运作和保障投资者利益为职责，切实履行职责，化解市场风险。

（4）关注股市国际资金的流入。据不完全统计，1987 年前三季度，香港联交所上的企业通过上市、配股、供股等方式共筹集资金 400 多亿港元，超出过去九年的集资总额。由于香港股市是一个自由开放的市场，不对任何投资者做投资限制，世界各地的投资者都可以通过合法途径投资港股，因此当时香港股市上大量资金来源于国际市场游资。当海外基金对港股投资缺乏信心时，纷纷抛售港股，大量资金被抽离股市，加速股价下跌。作为一种金融资本，国际资金流入股市在一定程度上有利于金融资源的合理配置，及时发现股市上的漏洞，促进股市的长远发展；同时，国际资金也会推高股市的价格指数、助涨股市的投机之风，并增加股市的危机风险。

（九）巴林事件

英国巴林银行（Barings Group）成立于 1762 年，是英国伦敦城内历史悠久、名声显赫的商人银行集团，一度位列世界第六大银行。巴林银行的业务专长是企业融资和投资管理，业务网络点主要在亚洲及拉美新兴国家和地区。20 世纪 90 年代之后，国际金融业动荡，众多银行收入减少，巴林银行却经营稳健，1994 年税前利润高达 1.5 亿美元。1995 年 2 月 26 日，巴林银行因其新加坡分行交易员里森违规从事衍生工具业务而遭受巨额损失，无力继续经营而宣布破产。一个有着233年经营史和良好业绩的老牌商业银行在全球金融界消失。这个事实令人感到惋惜，但其过程却是值得学习的。

尼克·里森1989年开始到巴林银行工作。由于业绩突出，1992年里森被巴林银行管理层派往新加坡建立期货部，并任总经理，拥有雇用交易员和后台清算人员的权利。不久，里森建立了一个秘密账户“88888”，并多次用来隐藏员工的操作失误和未经授权的交易，从而使大量的交易损失未在账户上得到反映，而是进入秘密账户。为尽快填补秘密账户上的损失，里森开始进行巨额衍生金融交易投机行为。从1994年12月起，里森陆续买进价值为70亿美元的日经255股票指数期货及期权，并在日本债券和短期利率合同期货市场上做了涉及200亿美元的空头投机。

然而，意想不到的阪神大地震使得日经指数不升反跌，且一跌再跌。1995年1月，日经指数下降到18500点以下，里森面临着日经指数每下跌一点就损失200万美元的危机。为促使指数期货价格回升，理森拼命购买在大阪证交所和新加坡证交所的期货合同，幻想以此博得的收益来弥补先前的亏损。但是，日经指数仍继续下跌。2月23日，里森意识到在这轮高风险的交易中自己已回天乏术，于是带上老婆逃离新加坡。2月24日，巴林银行的损失高达10多亿美元，已经超过该行8.6亿美元的资产和储备。同日，英国中央银行——英格兰银行行长埃迪·乔治召集伦敦金融界巨头共商挽救办法。但是，由于巴林银行存在大量未平仓合约，无法确定其最终损失额究竟为多大，各银行都不愿出头收购。2月26日晚，英格兰银行宣布对巴林银行进行清算。世界老牌商业银行之一的巴林银行就此终结。

巴林银行破产的消息震惊了整个国际金融界，联动的全球金融市场一路下滑。2月27日，伦敦股市金融时报100种指数下跌至3000点以下；在日本，由于市场对巴林银行大量未对冲日经期货合约的担心，导致市场出现恐慌性抛售，日经平均股价暴跌至16666.83日元，为日经平均股价自1994年以来的最低价，日经期货指数高峰时曾下跌1000点；道·琼斯指数当天也下降29个百分点；欧洲外汇市场开市后，英镑遭遇疯狂抛售，迅速跌穿2.3000马克的重要支撑位，为近两年来的最低位；亚洲外汇市场一开市，英镑兑马克比价便由上周五收盘的2.3339跌为2.3030。全球金融市场陷入了动荡之中。

巴林银行破产后，英国监管当局进行了全面深入的调查，并于1995年7月18日形成了一份300余页的研究报告《巴林银行倒闭的教训》，对改善跨国银行的内部控制，提高其风险防范能力提出了具体建议和要求。该报告指出，巴林银行的失败，不是由于业务的复杂，而主要是由于很多人没有恰当地履行其职责。巴林银行的倒闭，是由于里森未经授权从事灾难性交易造成的，这些交易由于管理和最基本的内部控制失效而未被发现。不同层次的管理层在许多方面都存在失误，他们未能建立一个恰当的内部控制系统以实施所有风险和经营的受托责任，并在很长时间内未能充分注意大量的警示。无论是外部审计师还是监管者均未能注意里森未经授权的交易。

出于对金钱的追求，对名声的向往，对失败的厌恶，里森在利用金融衍生工具弥补前期亏损这条路上越走越远，并最终导致无法收场。而市场监管当局、公司内部监管机制等的监管缺位，在巴林银行破产事件中也有着不可推卸的责任，值得我们深思。

（1）对衍生工具发展的思考。巴林银行破产的直接原因是操作衍生工具不当，这促使原来对衍生工具就意见不一的世界各国重新掀起对发展衍生工具的全面反思。

金融衍生工具（Derivative Products），是指从利率或债券、外汇或汇率以及股票或股价指数等现货市场产品所衍生出来的金融商品，其形式包括远期交易、期货、选择权以及针对利率或汇率变化的调换等，是近年来国际金融市场上发展相当迅速的金融投资工具。金融衍生工具的初衷是作对冲或套利之用，借此减低或转移风险；但是近年来其投机性越来越大。由于衍生工具属于表外业务，不论买入或沽空，都不会影响投资者本身的资产负债，而且从事衍生工具投资的保证金相当低（平均大约为10%），手续费相对便宜，所以不少金融机构和企业卷入了这种“以小博大”的高风险投资之中，投资资金以万亿美元计。世界各国对于发展金融衍生工具历来就是毁誉参半。

（2）金融机构应加强内部风险监管。巴林银行破产虽然直接导源于炒作衍生工具的失败，但国际金融界普遍认为，衍生工具本身并无罪，有罪的是巴林银行内部风险制度不健全。巴林集团竟然因为一个分行的交易员的炒作失败而导致整个集团破产，这完全是内部风险监管不力而咎由自取。

不管巴林银行破产是否如巴林集团所说涉嫌欺诈和阴谋，但巴林集团的内部风险管理不健全却是明摆的：①风险权限不明。巴林事件的主角里森作为一个分行职员，竟然有权决定持有四万张日经期货合约，合约涉及庞大的资金，但却未能引起巴林集团的重视。②风险制衡制度不健全。里森作为巴林银行新加坡分行的行政主管，又兼买卖员与交收员于一身，这明显违反国际期货交易的一般惯例，说明巴林银行内部的风险制衡存在很大的漏洞。③风险预警系统不灵。1992 年 3 月时，巴林期货（新加坡）总经理就已向巴林集团总部提到新加坡分部的负责制度有问题，需要进行检讨，并指出该分部的架构不合理，可能最终导致集团损失大部分现金，打击客户信心；1994 年 8 月完成的会计师报告中又再次提到新加坡分部的权力过分集中在里森身上，容易导致错误或讹骗被掩饰的情况；1995 年巴林银行破产前，市场上便有消息称其在新加坡的分部持有大量的日经 225 指数期货合约，部分日资银行在数周前就劝其客户抛空。这一系列的警告和市场传言，却并未引起巴林集团的警惕，说明巴林集团内部的风险预警系统是多么无力。

（3）市场监管当局应履行其职责。巴林银行破产后，虽然新加坡金管局和新加坡国际金融交易所坚持认为，这完全是巴林集团内部监管不力造成的；新加坡财长胡赐道也维护新加坡国际金融交易所，认为该交易所一直认为巴林期货的未平仓合约是替该集团在其他交易所的投资进行套利，因此没有及早向巴林提出警告和采取行动。但是，一家拥有 233 年历史的银行集团葬身于新加坡这一铁的事实，使不少分析家认为，巴林银行破产，新加坡金融管理当局难辞其咎。因此，巴林银行破产后，许多国家或地区纷纷采取对策，强化风险意识和加强风险管理，特别是对跨国银行国外分行的有效监管方面，确立了母国与东道国之间关于跨国银行监管的责任划分和责任最低标准等风险管理措施。

（十）90 年代日本金融危机

20 世纪 50 年代，日本建立了一套独具日本特色的金融制度，主要表现为日本政府、银行与企业之间牢固的“铁三角关系”，包括以下特点：第一，间接金融占主导地位。所谓间接金融，即企业资金的筹措主要通过民间金融部门而不是通过金融市场进行。这主要和日本“战后”一穷二白，从废墟上立国的国情有关。第二，政府干预金融市场。战后日本的金融体制是政府主导型而不是市场主导型。长期以来，日本大藏省在财政、金融方面的权利过分集中，行使着金融行政职能。在资金短缺、证券市场发展落后、金融机构弱小的条件下，为迅速恢复经济，确保经济发展所需的资金，日本建立了政府严密控制下的金融体制，使银行在经营上受到政府高度管制的同时亦受到相当严密的保护。第三，主力银行体制。这是日本银企关系的核心制度安排。战后日本企业自有资本率极低，证券市场发展滞后，企业资金的主要来源是依赖从银行的贷款。在长期的业务往来中，绝大部分企业都拥有了自己的主要交易银行，即主力银行。银企关系除了体现为银行与企业之间的存贷款关系，还包括银行与企业的相互持股关系，这在一定程度上保证了企业经营权的稳定和银行业务量的稳定，但它排斥市场经济中股东的积极作用，也排斥市场对企业的监督。

日本独特的金融制度，不同于欧美的金融体系，实际上是用政府部分地替代市场，干预国内经济运行，加快向工业化经济转变。这套体系维持了50年之久，对日本经济的高速增长做出了贡献；20世纪80年代中期之后，日本逐渐发展成为世界金融业的“巨人”，国际贷款额增长速度居世界首位，并于1985年成为全球最大的债权国和资金供应国。但是泡沫经济崩溃之后，日本银行不良债权不断增加，巨额呆账对日本金融体系构成严重威胁，众多银行和金融机构面临生存危机，甚至破产倒闭，引发一场影响深远的金融危机。这套金融制度在日本经济腾飞的历史过程中曾起到过积极作用，但在20世纪90年代已明显不再适应变化了的经济形势，造成了政府在经济生活中的过度干预和保护、政策失误、监管不力、政经勾结、腐败丛生；银行体系运作效率低下、不透明；企业靠过度负债盲目追求低效率的规模的扩张。随着泡沫经济的破灭，金融业受到极大的冲击，固化的金融制度引发了金融危机。

（1）金融机构产生大量不良债权。股价、地价的暴跌，不仅使金融机构在经济过热时期的投资收益受损，而且使得那些以股票、不动产为抵押发放的贷款也无法收回，形成银行的不良债权。其中尤以通过住宅金融专门公司发放的贷款为最。由于住宅金融专门公司不能吸收存款，其运营资金的绝大部分要依赖其他银行贷款。当房地产价格回落，通过住宅公司转手发放的一些大银行和中小金融机构的资金就成为难以回收的呆账。1997年适逢东南亚金融危机爆发时期，如果再加上日本各大金融机构在东南亚地区的投资中因金融危机而产生的不良债权，实际不良债权可能还要多得多。

（2）金融机构面临破产潮。“二战”结束后至90年代初，日本金融业很少有破产发生，曾在世界银行界创下了“银行不倒神话”。泡沫崩溃后，在巨额不良债权压力下，一些金融机构不堪重负，相继破产倒闭。从1991年东洋信用金库出现经营问题开始，到1995年一年内先后发生了东京协和信用组合、安全信用组合、宇宙财务公司、木津信用组合和兵库银行等金融机构的挤兑风潮和倒闭事件，这种情况对日本金融业造成了巨大震荡。1997年，金融机构破产之风不减，先有北海道拓殖银行倒闭，后有具有百年历史、曾是日本最大证券公司——山一证券破产。1998年，长期信用银行被收归国有，成为日本第一家因为破产而依法实行国有化的银行，在日本金融体系瓦解过程中具有象征性意义。破产之风以不可阻挡之势冲击着日本的金融体系。

（3）日本银行业国际地位下降。在1996年穆迪投资服务公司对日本50家金融机构的评级中，没有一家银行达到A级标准，只有一家地方银行获得B级，平均水平为D级。这与20世纪80年代中后期日本金融机构的资信等级相去甚远，同时也对东京国际金融中心地位构成了威胁，甚至出现金融空洞化现象，造成东京金融市场上市的外国企业从1990年的125家减少到1997年的67家。而日本金融机构在国际金融市场上筹资成本中的风险溢价率大大提高，筹资成本上升，筹资难度加大。

面对国内金融业的困境，大藏省开始对金融业进行改革，以度过危机，恢复日本在金融领域的地位。其实早在80年代，受美国金融改革的影响，日本也采取了相应的“金融自由化”举措，如1980年修改了《外汇及外贸管理法》，1984年大藏省发表了《关于金融自由化及日元国际化的现状与展望》。但直到1992年《金融改革法》颁布，金融自由化才开始正式实施。1996年11月，桥本首相提出了对经济的全面改革，核心就是放松管制，推动自由化。1997年，大藏省公布《金融体制改革规划方案》，遵循“自由”“公正”“全球化”三原则，被称为“金融大爆炸”。

每一次金融危机的爆发都有其时代背景。1985年“广场协议”之后，日元急剧升值，并伴随着资产价格的迅速膨胀和经济结构的较快调整。20世纪90年代初，日本资产泡沫破裂，经济增长戛然而止，后遗症不断显现。金融行业里，僵化的金融体制跟不上时代发展，金融监管的缺失导致金融风险的不断积累，最终酿成金融危机。

（1）政府主导型金融体制虽可“集中力量办大事”，但容易诱发投机。日本的政府主导型金融体制是经济赶超时代的产物，最初是有效的。但是随着工业化的完成，日本国内外经济环境发生了很大变化，一个突出的特征就是企业法人部门资金短缺的状况得到了根本扭转，这就使得为实现资源有效分配而形成的政府主导型金融体制已无存在的必要，从提高效率出发，需要实现从政府主导型向市场主导型转变。持续僵化的金融体制，政府的过度参与，最终降低了整个金融体系的效率，降低了金融机构的风险防范能力，降低了银行的竞争能力和创新能力，加大了银行的道德风险，导致资金过度流向虚拟经济，为金融危机的爆发埋下祸根。

（2）主力银行体制具有一定的时代性。日本的主力银行体制在战后日本经济高速增长时期，对实现有限资金的最佳利用，推动经济增长发挥了积极作用。然而，随着经济的发展，特别是在推行金融自由化后，建立在以间接金融为主和企业资金短缺基础上的主力银行体制作用不断弱化。特别是对财务状况较好的大企业而言，主力银行对其作用仅限于持有企业股份，为企业发行债券提供服务以及结算账户管理等方面。而且，为了从这类大企业获得稳定可观的服务收费，各银行为争当企业主银行的竞争也十分激烈；因而，银行对企业的经营活动基本上不具有控制和监督的能力。泡沫经济破灭后，又成为银行和企业长期走不出困境的重要原因之一。

（3）不健全的金融监管体系难以防范和化解风险。日本传统的金融监管模式主要是由大藏省出面，通过实施严格的事前管制来保护所有市场参与者，保持金融体系稳定。但这种金融监管体系的事后保护性措施却极度匮乏，没有建立信息披露制度，存款保险制度也没有发挥实质作用。在高速增长时期，由于企业效益一直很好，银行贷给企业的资金成为呆账、坏账的比较少，加上严格的限制竞争性管制措施，很少出现因经营不善导致债权问题而需要重建的，所以没有健全性措施和事后安全措施也无妨。但推进金融自由化后，日本当局大举放松管制之余，依然没有相应完善健全性措施和事后安全机制，这等同于将金融业恢复到了没有管制的原始状态，为日后的金融动荡埋下了隐患。

（十一）中国台湾信用社挤兑风潮

20世纪80年代以前，台湾地区金融业大多以公营为主，结构单一、监管甚严。随着台湾地区经济起飞，传统金融体制越来越不适应经济发展的需要。为调整宏观经济因为大幅出超所带来的失衡现象以及适应世界经济自由化潮流，台湾地区采取了一系列经济金融自由化的改革措施。从1980年11月台湾“中央银行”公布《银行利率调整要点》开始，台湾地区开始了大幅度的金融自由化改革，包括利率自由化、放宽外汇管制、逐渐开放资本账户、放宽新金融机构的设立及增加金融机构的自主性。

在台湾地区金融自由化过程中，意义最为深远的当属1990年开放民营商业银行设立的限制。从1991年12月30日台湾第一家新民营银行万通银行率先开业，至1993年4月25日安泰银行正式揭幕，台湾地方政府先后批准了16家民营银行全面进入金融市场，极大地促进了银行业务的自由竞争，提高了银行业的服务效率及服务品质。但除少数几家外，新设立的民营银行多数经营状况不佳，资本回报率极低、逾放比偏高、股价直落，最终被市场所淘汰。

2007年1月5日，台湾力霸集团旗下的“中国力霸”和“嘉食化”两家公司在没有任何预警的情况下，突然对外公告遭遇严重财务危机，向法院申请公司重组。由此引发了其关联企业——台湾中华商业银行出现存款挤兑，导致了严重挤兑风波。1月5日，该银行即被提走近200亿元新台币；至1月7日，到该银行提款的民众仍络绎不绝；三日共计挤兑430亿新台币。力霸集团旗下另一家金融企业“力华票券”，5日也出现10亿元新台币资金缺口无法轧平，面临倒闭危机。

力霸事件发生后，力霸集团的经营危机扩散到其所有利害关系人，包括上游的供应商、下游客户、内部员工、外部股东及债权人。以“中国力霸”及“嘉食化”两家公司逾400亿元的负债金额看，受创最深的当数债权人。不过债权人都属于有专业研判能力的法人，且本身有承担风险的能力，因此最无辜且深受其害的当数庞大的散户投资者。台湾“金管会”5日晚间宣布存保接管后，中华商业银行账上原本100多亿元新台币的“股东权益”被清零，5万多名小股东的投资因此付诸东流。

台湾当局深恐力霸事件在台湾引发连锁效应，并扩散到其他银行及金融机构，从而变成一场金融风暴。为此，台湾“财政部”“金管会”和“中央银行”的三位主管联名发表紧急声明，向民众做信心喊话：中华商业银行已由当局接管，各种存款金额不论大小由国库全额担保。当局的几大基金，如劳保基金、劳退基金、中华邮政储金等，准备了300亿元新台币待命。但群众仍不买账。1月8日是台湾中华商业银行被接管后的第一个营业日，虽已由民营银行转型为官营银行，但一早各分行仍涌进大批提款人潮提领现金或办理解约，当日挤兑金额逾120亿元新台币。

受力霸集团财务危机、中华商业银行挤兑风潮等利空冲击，台湾股市连续走低，尤以高价电子股及金融股为首。中华商业银行股价跌停板，力霸集团其他子公司的股票，包括强调已与力霸划清界限切割的东森也全都跌停板，一些和力霸有债权关系的机构，如兆丰金控、合作金库等金融股也都下跌，股民哀鸿遍野。在外有美股回跌，内有力霸冲击的影响，台北股市当天下跌98.86点，收7736.71点。

中华商业银行挤兑风潮反映出，台湾政商关系复杂，金融机构与企业之间不当财务关系严重。许多民营金融机构后面都是由大财团或大家族所控制，与其所属企业经常进行不当勾结，转移资产，非法借贷，扩张信用，甚至以各种方式进行房地产、股市等投机活动，造成金融机构的呆坏账问题一直无法得到有效解决。以中华商业银行为例，2006年9月，力霸营运已极为困难，却斥资7000万元新台币向关系人买进亚太固网股票；11月底前，力霸和嘉食化的股价和成交量一直都还疲弱不振，但12月起却出现连续5、6次涨停板，并有大量的股票转手，大股东把持股全部转给投资人；12月19日力霸和嘉食化召开董事会，决定申请重整，却拖了五天才公开披露信息，而力霸集团实际负责人王又曾反倒在重整的隔天就离开台湾；同时，这两年来，力霸集团将旗下的企业纷纷分拆，凡是赚钱的都分拆出去，由其家族继续经营，赔钱的则留归力霸，由小股东承受苦果，最后则由当局出面收拾烂摊子。凡此种种，都证明力霸集团不仅有疑似掏空、背信等弊端，更可能触犯“银行法”“证交法”、商业会计准则等。如此，一旦遇到风吹草动，就会引发挤兑事件或金融风暴。20世纪90年代中期以来，台湾地区先后发生“国际金融票券案”“彰化银行挤兑案”及几十家基层金融机构挤兑事件便是证明。

金融自由化带来了金融创新，实现了经济增长，但也加剧了金融系统的脆弱性，并可能在一定程度上促使经济衰退。如果只有金融自由化，而没有相应的金融监管、金融风险控制的进步，类似台湾信用社挤兑事件必然还会再次发生。

（1）中小金融机构具有先天的脆弱性。20世纪90年代以来，台湾地区开放民营商业银行设立限制，并加快金融机构业务开放速度，使金融机构数量迅速增加。由于市场准入门槛降低，新成立的金融机构在公司治理结构、业务模式、监督管理等方面经验不足，加上新金融机构设立时监管当局主要关注新银行设立的形式条件，而未严格审查其所有权与经营权分离的承诺程度、风险控制以及人员招募与培训等方面，导致新银行业务扩展呈无序状态，经营业绩每况愈下。

（2）多元化监管体系尚未真正形成监管合力，导致监管真空。台湾“金管会”在组织设计上采用部门性分工监管，即内部仍分为银行局、证期局及保险局；但台湾金融行政管理权仍然分散在“财政部”“中央银行”和“中央存款保险公司”三大机构中。金融监管机构内部、金融监管机构与金融行政管理部门之间在信息传递和共同监管方面还未形成合力。监管部门机构内部信息传递不通畅，监管机构无法有效地对整体风险做出评估和监督，增加了从事内线交易、操纵集团成员之间交易及价格转移的机会。

（3）金融机构风险控制与金融业风险管理水平滞后。台湾当局关于金融风险管理的法规没有与时俱进，无法适应新的情况。此外，“金管会”成立后，相关部门业务范围发生变化，各金融监管部门的职能权责发生变化，而法律法规却未能及时修改完善，以致无法全面整合监管资源以形成真正有效的监管模式。

（4）金融重建基金增大道德风险。金融重建基金的目的是协助贷款质量不良的银行抵消呆账，以提高资本充足率或是进行整并，达到改善银行整体经营水平的目的。但基金的设立同时也增大道德风险。从企业贷款者的角度来看，当金融重建基金成立后贷款人会因更高的诱因去借更多资金，而且还贷意愿会进一步降低；从银行角度来看，有了金融重建基金以后会肆无忌惮地大量放款，而不必太在意放款品质；金融监管部门在金融重建基金成立以后，也会有意无意放松对企业与银行的金融检查，反而增大了银行发生经营风险的概率。因此，金融监管机构应强化和引导对金融机构的内外部监管，防止其依赖金融安全网，盲目提高经营能力无视改进自身内部结构以降低内部风险。

（十二）英国西敏士银行巨亏

继巴林银行的崩溃、华宝集团投资业务的出售之后，英国国民西敏士银行从事衍生金融产品失误损失 5000 万英镑，给英国的投资银行造成巨大冲击。

英国国民西敏士银行是 1968 年由国民地方银行和西敏士银行两家银行合并而成的。国民地方银行成立于 1833 年，原名是英格兰地方银行，1918 年改名为英格兰国民地方和联合银行。西敏士银行成立于 1836 年，原名是伦敦西敏士银行，1909 年与伦敦郡银行合并，后又兼并了马尔斯特、诺丁汉、史迪威尔等银行。国民西敏士银行直接拥有或控制的子公司达 50 多家，遍及北美、东亚、中东、欧洲、大洋洲的 40 多个国家和地区。这是一家股份上市的私营银行，主营业务分为国内部、国际部和负责证券投资融资的综合业务部三大块。根据英国银行家协会 1997 年初公布的资料，国民西敏士银行共有 1920 个支行、分行和营业部，吸收存款 1138 亿英镑，客户 750 万个。《银行家》杂志公布了国民西敏士银行 1996 年的营业数据：资产 1853.36 亿英镑，利息收入 37.14 亿英镑，非利息收入 34.97 亿英镑，成本 49.36 亿英镑，提取坏账准备金 6.13 亿英镑，税前利润 17.22 亿英镑，雇员 6.9 万人，其中英国本土 4.7 万人。与 1986 年相比，国民西敏士银行的资产、利润均翻了一番多，这主要得益于英国金融改革和多元化、跨国化发展战略。

1997 年 2 月 28 日，国民西敏士银行在伦敦股市收市后发表声明：由于该行市场部一位高级经理监管不力，致使该部在从事利率期货交易中错误定价，造成高达 5000 万英镑（折合 8140 万美元）的巨额亏损。这笔亏损实际发生在 1996 年某一段时间，巨额亏损的直接责任者帕普伊斯已于 1996 年 12 月离职。两个月后，会计师事务所对国民西敏士银行的子公司金融市场集团（以下简称 NWM）进行审计。审计报告公布后，NWM 的总裁、51 岁的欧文被迫辞职。国民西敏士银行又追究了一批管理者的责任。随后，NWM 欧洲期权交易部经理、亚洲债券交易主任、财务经理、办公室主管等人先后辞职。

在 1997 年中期报告公布之前，国民西敏士银行向伦敦证券交易所和证券投资委员会提交了改组整顿方案，包括：第一，出售法国、荷兰、奥地利零售机构，停止大洋洲的债券交易的业务，精简东亚证券人员。第二，确定核心业务。根据重组方案，NWM 将以全球股票、债券、咨询代理为主，原来的国库券业务已于 1997 年 8 月单列，由新成立的国民西敏士银行公债贸易集团承担。亚历山大爵士指出，国民西敏士银行还将关闭 170 个分行，削减雇员 1 万人左右，整个重组调整的成本将达 10 亿英镑，包括辞退补偿金等。第三，起用一批跨国经营人才。1996 年 10 月，国民西敏士银行聘原汇丰控股公司的迪尔奇担任财务总监。他随即对 NWM 和欧文提出批评，建议重新审视国民西敏士银行发展规划。在他的提议下，NWM 启用了一批外国专家，如格林威治的 K. 克鲁格担任 NWM 的总裁，S. 哈利斯担任公债贸易集团总裁。第四，加强内部控制。过去国民西敏士银行对低级职员要求较高，但对高级职员和高级管理人员的管理不严。根据审计报告建议，国民西敏士银行将修改员工守则，详细规定经理、总监、总裁的连带责任和处罚办法，并对其定期进行道德与行为准则的内部纪律审查。第五，停发本年度的奖金、花红。NWM 雇员尚未颁发的 800 万英镑年终花红，停止发放，以冲销期权交易中的亏损黑洞。同时，国民西敏士银行将从欧文等人离职补偿金中扣除按业绩计算的一部分金额。

西敏士银行期权交易的损失本身就是令英伦三岛同行震惊的教训。事后，会计师事务所的审计证明，尽管有人造假账，虚报利润，但没有发现从中有谋私敛财行为，表明亏损的原因是期权交易的高风险和管理控制中的失衡。因此，其教训值得引以为戒。

（1）家庭善意式管理是失误之源。欧文以宗教教义为宗旨，立志在 NWM 创造“家庭式文化氛围”，大家都是兄弟姐妹，相互信任，友好共处，结果害人害己。他充分信任手下的经理和专职交易员，要求他们忠诚、自信，大胆地开拓业务，反对银行内部的交叉多重内审制度和对低级雇员的定期品德审核。正因为管理松懈，才使长达两年之久的亏损由小到大，成为 NWM 不堪承担的包袱。

（2）风险性产品更应加强会计控制。期权合同交易是衍生金融系列产品之一。由于最终交割、兑现上的延时性，只有时间才是判断指数起伏、交易输赢的唯一准则，客观上造成难于检验、风险较大、易受交易员个人判断力影响等特征。对此，英国证券界主张从三个方面控制：严格会计纪律；开发风险投资软件系统和期权合同交易管理软件；与客户共同承担风险责任。

（3）转轨的目标应切合实际。国民西敏士银行的目标是“名列全球十大投资银行之一”，欧文只不过是这一目标的忠实执行者。但与英国一些投资银行一样，NWM 在英伦三岛业绩不凡，而在国外则难有起色。以兼并融资为例，NWM 每年在英伦三岛承接 50 多项业务，兼并金额在 50 亿 ~ 80 亿英镑，超过北美、亚太、欧洲大陆的业务之和。同时，NWM 占用了母公司 60% 的自有资本金，但却没能创造出同比例的效益。1992 年以前，NWM 长年亏损，人们认为是投资银行的经营特点：起步成本高，只有达到一定的规模效益才有可能获利。此后虽年年获利，但仅是零售业务部门的 1/3 到 1/2。1997 年上半年，冲销期权交易亏损后，NWM 的营业利润仅为 3800 万英镑（1996 年同期达 2.19 亿英镑），仅及零售业务的一个零头。

（4）政府监管不可替代。英国证券市场监管法规已经多次修改、增补，相比之下，管理成本比美国低，市场开放度和效率不比美国差。但 1991 ~ 1996 年，伦敦证交所向贸易与工业部移交立案的违规事件 75 起，而重罪调查处向法院起诉的证券犯罪多达 341 起。可见，尽管法制完善，主管机构发达，但证券犯罪依然居高不下。对此，英格兰银行、证券投资委员会已修改交易规则，严格追究高级管理人员，包括总裁、董事长的连带责任和内部审计监督责任。随着监管法规的进一步完善，金融机构的管理水平也有望得到提高，这对防范金融风潮应该会有帮助。

（十三）奥兰治事件

奥兰治县位于美国加利福尼亚州的南部，是美国最富庶的地区之一，人口约 240 万人，著名的迪士尼乐园就处于该县境内。为了增加财政收入，弥补财政支出的不足，奥兰治县以通过发行市政债券筹集的巨额资金，再加上县公共机构和乡政府的行政基金、退休金及公积金等创建了县财政投资基金。1994 年，该基金规模已达 74 亿美元。

基金管理人罗伯特·西纯是奥兰治县一位资深的财政员，通过竞选已经连任该县司库长达 24 年之久。西纯管理的基金，其投资绩效一直居加利福尼亚州同类基金前列，投资年收益率高达 9%，比加州州政府基金高出 50%。仅从 1988～1994 年的 7 年间，他的投资基金就增长近 8 倍。

20 世纪 70 年代晚期以来，从投资基金获得的收入在奥兰治县政府财政收入中占的比重越来越大，导致了对基金投资规则的放松。除了奥兰治县政府本身，该县的其他经济实体，如奥兰治县城的阿纳海姆和欧文、其他本地的政府行政和服务机构等，都被该基金高额的投资回报率吸引进来。这些投资者把税收和其他来源的收入投入基金，希望在把这些资金投向重要的公共服务之前能够增值。该基金带来的超额投资回报在 20 世纪 90 年代早期特别受追捧：当地的政治环境反对提高税收，因此当地政府财政压力越来越大。该县有几家经济实体甚至开始借钱来增加他们在基金中的投资份额（据一些知情人士透露几年来赚得的巨额回报累计超过数亿美元，在一定程度上弥补了最终造成的损失）。

参与基金的这些实体机构投资者几乎没有哪家关心西纯是怎么操作的，也没有客观地分析他获得超额回报所承担的风险。当这些投资者得知奥兰治县政府自身在该投资基金中占有很大份额时更加放心。但是，对西纯作为奥兰治县财务官的工作负有主要监督责任的监事会却缺少对复杂金融知识的了解。奥兰治县也没有围绕西纯做好一些基本工作，如制定严格的投资政策、风险控制、定期且详细地向上汇报和独立客观的监督。使建立投资基金的目的从当初的管理资金变成了赚取利润，这也意味着该基金开始承担更多风险。

该投资基金的资产构成主要有两大部分：一是投资于美国财政部和其他政府机构的债券。这些债券并非衍生金融产品。其期限大部分在 5 年或 5 年以下。购买这些债券的资金起初是来源于市政债券发行的收入，但西纯为了增加更多的投资收益，就采取了“短借长用”策略，即不断以所购债券作为抵押向银行借入短期借款，从而进行下一轮投资，使其用 74 亿美元基金构造出了上百亿美元的债券投资组合。这种组合在长期债券利率高于短期借款利率情况下，利用杠杆能够获取巨额盈利。二是投资于各种所谓的组合债券。组合债券是衍生金融产品的一种新形式，通常是由一些与政府有关的机构负责发行，然后由一些投资银行根据投资者的不同需要进行裁剪之后，再出售给投资者。据悉，该基金在金融衍生产品投资组合上的投资高达 80 亿美元。

投资工具的复杂性，组合的环式结构，加上西纯有限的财务报告都使外部评论家很难理解或证明他到底在承担多大风险。但最后结果表明：这一投资基金把原本用于重大公共服务建设的短期闲置资金投向了具有很大风险和杠杆投资特点的中期金融投资工具。

上述投资组合能够获利的前提是市场利率趋于下降，长期利率高于短期利率，并且长、短期利率差不变甚至能够扩大。但从 1993 年第四季度开始，美国经济出乎意料地强劲增长，美联储自 1994 年 2 月起 6 次提高短期利率，将短期贷款利率从年初的 3% 推至年末的 5.5%。经济的强劲增长，也促发了人们对通货膨胀率上升的预期，使投资者不愿在中长期资本市场投资，从而造成了美国中期债券利率的急跌。到 1994 年 11 月，奥兰治县的这一投资基金随着与利率相挂钩的中期债券价值的下跌逐渐陷入危机，市场利率的上升也使基金持有的固定利率债券及逆向债券的价格下跌，造成基金出现巨额的账面亏损。

1994 年 12 月 1 日，奥兰治县公开了 74 亿美元的财政基金面临约 15 亿美元账面亏损的事实，约占其价值的 20%。12 月 6 日，奥兰治县监事会在进行法律咨询后宣布破产，这一举动能够阻止投资者再从这一基金中抽回资金。1995 年 1 月 19 日，重组完成后奥兰治县的财政风暴终于过去了，最终的损失也确定在 16.9 亿美元。这一事件使得奥兰治县发行的市政债券无法赎回，数百家参与投资的单位蒙受了大量的损失。

大萧条之后，美国的县级破产案将近 500 件，但奥兰治县破产涉及的金额比以往破产的县大得多，亏损额高达 16.9 亿美元，是美国有史以来金额最大的县级地方政府破产案。财政基金既有普通基金所共有的市场风险，又有自身的非市场风险，其留给人们的反思是巨大的。

（1）金融衍生产品有利亦有弊。华尔街推出的金融衍生产品，旨在为大公司减少金融风险，即规避因汇率、利率、股票价格以及商品价格变动而导致的风险。如果企业建立了正确的避险观念，为规避风险，大胆并妥善使用金融衍生产品，是可以达到兼顾避险且获得额外收益的效果的。据世界银行的研究表明，期货、期权、利率互换等金融衍生产品有助于减轻商品价格剧烈起伏所造成的负面影响。但金融衍生工具也被用于投资或投机。如果企业将金融衍生工具用于投资或投机，并采用杠杆操作金融衍生产品，成功的话是可以获得高额利润，但一旦失利则损失惨重。奥兰治县破产案中，西纯将奥兰治县财政基金的 1/3 用于购买利率风险高的金融衍生产品，当市场利率的走向与其当初购买时预期方向相背离时，其投资不可避免地出现巨额亏损，这就是金融衍生产品本身的风险所在。

（2）杠杆操作风险大。奥兰治县财政基金以其高回报率为同业所称道，但西纯的高度投机性也同样远近闻名。西纯采用以借入短期资金投资于中长期债券及利率敏感性强的金融衍生产品的投资策略，导致了风险的急剧集中。在过去利率相对稳定并可预期的环境下，这种做法给奥兰治县财政基金带来了巨额盈利；但在利率发生非预期波动时，就把财政基金及县政府推到了不得不申请破产保护的境地。

（3）财政基金缺乏有效监管。与私人基金不同，财政基金几乎不受联邦有关法规的管制。市政债券无须到联邦证券与交易委员会注册，及其对资金的使用，也没有特别要求；在日常运作中，财政基金不需要每日核算和公布基金份额的价格。据悉，对于奥兰治县财政基金的运作情况，西纯每年仅报告一次，事发之前的最后一份报告是西纯于 1994 年 9 月 26 日提交的。基金运作缺乏监管，导致了风险的不断叠加。

（十四）东南亚金融危机

20 世纪 80 年代到 90 年代中期，亚洲经济飞速发展，其中东南亚国家年平均增长率都在 6% 以上，创造了举世瞩目的经济奇迹。世界各国纷纷看好亚洲，以至于认为 21 世纪是“亚洲的世纪”。正当人们处于无限憧憬之中时，1997 年 7 月东南亚爆发了金融危机，给亚洲经济发展前景投下了阴影。

1. 案例介绍

东南亚金融危机起源于泰国。20世纪80年代初期，泰国工业化加快，1985～1995年其GDP年平均增长率接近10%，经济增长主要依靠劳动密集型初级产品的出口。在经济繁荣的刺激下，泰国从1989年就开始进行金融自由化改革，全部经常项目和部分资本项目下的外汇管制都被分阶段解除，同时利率完全放开，商业银行业务范围扩大。但1996年以后，泰国经济出现萧条现象。虽然泰国政府采取种种措施振兴经济，但始终没有取得预期效果。随着经济的衰退，泰国银行的呆、坏账激增，金融业运作困难。同时，90年代，特别是1996年之后，泰国经常项目逆差迅速扩大，导致泰铢汇率被人为高估，泰央行选择入市干预，硬性维持固定汇率，致使国际投机资本有机可乘。从1997年初起，投机资本开始多次冲击泰铢；5月8日，又一次对泰铢发起更大冲击，几天内使泰铢贬值5%。为了拯救泰铢，泰央行不惜血本，在一周内拿出100亿美元稳定泰铢，同时大幅提高利率以增加投机者购买泰铢短期合同的成本。在马来西亚、新加坡、中国香港等国家和地区的联手援助下，泰国暂时防止了泰铢贬值，但却为此付出了50亿美元储备的代价，使外汇储备大大减少。经过此事，人们对泰铢丧失信心，外国投资者大规模撤资，进一步动摇了泰铢的地位。泰铢贬值之势已不可避免。

1997年7月2日，泰国被迫宣布放弃自1984年以来一直实施的固定汇率制度安排，改行有管理的浮动汇率制度。当日泰铢汇率狂跌20%。这标志着泰国货币危机全面爆发，也拉开了东南亚金融危机的序幕。

和泰国具有相同经济问题的菲律宾、印度尼西亚和马来西亚等国迅速受到泰铢贬值的巨大冲击。7月11日，菲律宾首先步泰国后尘，宣布允许比索在更大范围内与美元兑换，比索当天贬值11.5%，利率一夜之间猛升到25%；印度尼西亚则宣布印尼盾汇率的波幅由8%扩大到12%；7月18日，一向稳健的新加坡元跌至30个月以来的最低点1.4683新元兑换1美元；8月14日，印度尼西亚宣布汇率自由浮动，当天印尼盾再次贬值5%；8月16日，马来西亚林吉特暴跌了6%，跌至24年来的最低点。东南亚外汇市场的震荡，使投资者信心大受打击，外资大量撤离，东南亚股市也因此低迷。泰国货币危机由此逐步发展成为更为广泛的东南亚金融危机。

为了帮助东南亚国家早日摆脱危机，国际社会伸出了援助之手。7月在上海召开了东亚和太平洋地区中央银行行长会议，8月又在东京举行了由国际货币基金组织（IMF）主持的有关对泰国提供经济援助的会议。相关会议之后，IMF等国际组织，以及包括中国和中国香港在内的一些亚太国家和地区共同承诺向泰国提供172亿美元的经济援助。面对泰国银行高达1万亿泰铢的呆账以及900亿美元的外债，国际社会的172亿美元贷款援助显然不能从根本上挽救泰国的金融危机，但至少增强了泰国人民以及国际社会战胜金融危机的信心。

继泰国等东盟国家金融风波之后，中国台湾掀起金融危机第二波。10月17日，台湾地区货币当局在经济状况良好，经济项目盈余，外汇储备充足，有能力维护新台币稳定的情况下，突然主动放弃了对外汇市场的干预。当日，新台币贬值0.98元，达到1美元兑换29.5元新台币，创下近十年来的新低，相应地当天台湾股市下跌165.55点。新台币主动贬值，从经济上讲是竞争性贬值，从政治上讲是别有用心的政治预谋，它不仅进一步动摇了投资者对东南亚的信心，加剧了东南亚金融市场的混乱，并且在心理上进一步孤立了中国香港，使得投机者再次将目光转向中国香港。为了维持港元联系汇率制，维护中国香港及整个东南亚地区的稳定，中国香港政府和金融管理局一方面动用外汇储备在外汇市场进行积极干预，另一方面只得提高银行间市场短期利率。10 月 23 日，同业隔夜拆借利率一度由 7% 上升至 300%，港元兑美元汇价也一度升至联系汇率制实施 14 年来最高水平（7.6150）。而香港股市在汇价和银行短期利率高企的影响下，受投机沽售力量冲击大幅滑落。从 10 月 20 日起，香港股市连续 4 个交易日大幅下滑，恒生指数前后共计跌去 3000 点。到 10 月 26 日，东南亚国家和地区的股市跌幅已达 30% 以上。由于东南亚与日本、美国和欧盟有紧密的经贸合作关系，东南亚金融动荡对日美欧的对外贸易、投资、经济形势造成了一定影响。而中国香港股市的深幅下跌再次挫伤了全球投者的信心，加上市场对美联储加息的担忧，27 日，全球股市同时发生大幅下跌，各主要股票指数日跌幅少则 2%，高的竟达 15%，其中纽约道琼斯指数暴泻了 554.26 点，创下历史上最大的日跌点数。全球股市在经历了这次激烈调整之后，由于人们对世界经济形势仍然看好，许多股市在大跌之后都有回升现象，亚洲市场也一度呈现出向好趋势。

11 月下旬，韩国金融市场再起风波，形成金融危机第三波。自 1997 年初起，韩国许多大财团先后陷入了破产倒闭困境，经济受到极大的冲击，加上东南亚金融动荡的影响，韩国经济负增长跌至多年来的最低点。进入 11 月，韩国金融形势继续急剧恶化，股市持续低迷，韩圆汇价创新低。11 月 17 日，由于政府金融改革法案未获通过，韩圆兑美元比价突破 1000∶1 大关，股票综合指数跌至 500 点以下。11 月 20 日，韩国中央银行决定将韩元汇率浮动范围由 2.25% 扩大到 10%，于是开市半小时韩元就狂跌 10%，创下 1139 韩元兑 1 美元的新低。至 11 月底，韩元兑美元的汇价下跌 30%，韩国股市跌幅也超过 20%。与此同时，日本金融危机也进一步加深。1997 年以来，证券公司违规交易事件迭出，日本四大证券公司相继爆出行贿黑社会丑闻。11 月，又连续发生了日本第 10 大银行——北海道拓殖银行和日本第四大证券公司——山一证券公司倒闭事件，日元兑美元由此跌破 1 美元兑换 130 日元大关，较年初贬值 17.03%。由于日本经济基础良好，外汇储备充裕，不会像泰国、韩国那样全面爆发严重的经济金融危机，但是，日本金融体系存在的种种问题却因此再次引起了世人的注意。

进入 1998 年，亚洲汇市和股市连连走低，全球金融市场依旧跌宕不已，形成金融危机第四波。1 月 5 日，泰国汇率首次跌破 50 铢兑 1 美元大关，创历史最低纪录，也是泰国自 1997 年 7 月宣布实行浮动汇率制以来，泰铢汇率跌幅最大的一天；韩元则由 1997 年最后一个交易日 1695 韩元兑 1 美元的水平再次探低到 1780 韩元兑 1 美元；印尼盾与美元的汇价也下跌 11.6%。1 月 6 日，菲律宾比索兑美元汇率首次一度跌破 45 比索兑 1 美元大关，日跌幅达 6%。1 月 7 日，日元对美元的比价跌至 134.8 日元，创下近 6 年来的最低点，日经指数也跌破 15000 点大关。1 月 9 日，道琼斯指数急挫 222.2 点，跌幅达 2.85%，欧洲主要股市纷纷告跌。1 月 12 日亚洲股市再次出现较大跌幅，其中新加坡和中国香港跌幅最大，分别下跌了 104.51 点和 773.58 点，跌幅为 8.88% 和 8.70%，泰国股市、汇市也再创历史新低。直到 2 月初，东南亚金融危机恶化的势头才初步被遏制。

2. 危机原因分析

东南亚出现金融危机，表面上看是国际投机者冲击的结果，但深究起来，它是长期存在的经济结构矛盾引发的，表现在以下三个方面：

（1）经济结构失衡是东南亚金融危机的经济基础。东南亚国家在经济高速增长过程中积累许多矛盾，经济结构长期失衡，成为爆发危机的直接基础。首先，投资结构失衡，泡沫经济膨胀。在经济高速增长条件下，由于政府宏观调节失当，大量投资者投资于房地产，导致严重的泡沫经济，一旦泡沫破灭，积累的矛盾必将立刻爆发。其次，出口增长受阻，贸易逆差不断增加。东南亚国家贸易结构相对单一，极易受国际市场波动的影响。20 世纪 90 年代中期以后，随着新兴市场国家经济发展水平提高，其货币也不断升值，由此带来经济发展劳动力成本开始上升；出口导向战略国家之间相互挤压，仅靠资源的廉价优势难以保持竞争力。而一旦出口出现问题，经常项目的赤字就会不断扩大，国际收支平衡被打破。最后，外债规模过度，债务结构不合理。巨额的贸易逆差和过热的经济发展，使泰国经济不得不过分依赖于引进外资。1996 年，泰国的外债总额高达 900 亿美元，占其国内生产总值的近 40% 和国内信贷总额的 32% 左右。不仅如此，外债的结构也不合理：高利的商业性外债占比大（达 78%），而低利的官方及国际金融机构外债少；流动性过强的短期外债太多（高达 300 亿 ~500 亿美元）；外资的投向不合理，大量集中在房地产和证券市场；据统计，私人部门引进的外债的大部分和直接投资的三分之一被用于房地产。因此，一有风吹草动，外资必然抽身外逃，冲击汇市，甚至危及整个金融体系。

（2）经济政策的失误是东南亚金融危机的直接诱因：第一，对经济过程中潜在的危机因素缺乏足够的重视。从 1996 年开始，东南亚经济已经暴露出许多问题，如贸易赤字加大、房地产积压、经济增长率锐减等。1997 年初以来，国际货币基金组织多次就泰国的巨额贸易赤字、外资过量流入和银行业风险等提请当局注意。但是所有这些均没有受到重视，从而失去了及时调整经济、避免出现危机的良机。第二，长期坚持与美元挂钩的联系汇率制。实际上就是固定汇率制，如泰国货币铢与美元的汇率 14 年来一直保持在 25∶1 的水平。这种汇率制度在东南亚经济发展中起过积极作用。但由于各种货币必须跟着美元变动而变动，因此随着美元的不断升值使东南亚各国货币也相应趋升，引起东南亚出口产品竞争力大幅度下降，给已出现较大贸易赤字的东南亚经济火上浇油。为了维护固定汇率，中央银行必须投入大量外汇，从而使外汇储备大幅度减少。花巨额外汇维持固定汇率，保持各国币值人为高估，不仅阻碍了出口增长，给国际投资商留下缺口，而且会在央行无力继续维持时猛然实行浮动汇率而给经济体系带来巨大震荡。第三，在实行联系汇率制时，过早地开放了资本账户。自 1977 年以来，泰国的经常项目一直存在赤字，政府当局采取的对策不是使货币贬值刺激出口，而是扩大资本项目的盈余来加以弥补。1992 年，泰国政府取消了资本市场的限制，向外资全面开放。而为了维持泰铢钉住美元的联系汇率制，泰国央行不得不长期实行高利率政策。这样，外国的大量游资为了追逐高利，通过开放的资本账户而不断涌入。这虽然为弥补国际收支缺口发挥了一定作用，但同时也种下了祸根。一方面，长期的高利率不利于恢复已增长缓慢的经济；另一方面，庞大的短期游资的进入潜伏着巨大的金融风险。第四，金融监管失当，信贷结构失衡。东南亚国家的金融监管政策严重失误，导致金融机构的信贷投向出现重大偏差，过多地集中到了房地产领域，不仅为泡沫经济推波助澜，而且也成为重要的受害者。据统计，泰国、新加坡、马来西亚、印度尼西亚的银行，对房地产业的贷款占其贷款总额的比重分别是30%、33%、30%和20%。

（3）国际投机资本的人为冲击是东南亚金融危机的导火索。目前，一个全球性的资本市场已经形成。1997年，每天全球的外汇交易额达1.2万亿美元，全年则约300万亿美元；而全球贸易总额仅为6万亿美元，前者为后者50倍。每天1.2万亿美元的交易中，只有一少部分用于贸易结算和投资交易，其余绝大部分都属于投机买卖。这些高度投机性的资本（或叫游资）在全球范围内乱窜，专门寻找一些金融体系或国内经济有问题的国家作为冲击对象。国际炒家正是感到了泰铢贬值的趋势，并以“先行者”的姿态使这种趋势成为了现实。正是在国际投机资本的全面冲击下，隐藏在泰国经济结构内部的严重矛盾，终于以金融危机的形式爆发出来，并迅速波及整个东南亚。

3. *危机带来的启示*

（1）谨慎选择资本市场开放时机，警惕国际游资的投机活动。发展中国家为了筹集资金，往往在条件准备不充分的情况下，贸然开放本国的资本项目。虽然国外资金可以帮助发展中国家缓解国内资金需求缺口，但如果运用不当，当发展中国家经济暂时出现困难时，这些资金就会大量流出，使该国面临对外支付困难，造成货币贬值，出现金融动荡。

（2）加强对金融机构的监管力度，防范金融风险。东南亚金融危机暴露了这些国家的中央银行对金融机构贷款监管不力的问题。由于监管不力致使金融机构的信贷扩大在相当长的一段时期高于存款增长，金融机构的呆账率大幅上升，可致对外资过度需求，带来利率上升，打击本国经济。因此应加强对金融机构监管力度。

（3）及时调整产业和经济结构，寻找新的经济增长点。东南亚国家在出口竞争力下降和产品市场萎缩情况下，没有及时调整产业和经济结构，确立吸纳投资资金的热点产业，致使从传统产业游离出来的大量资金涌向股票市场和房地产市场，从而形成泡沫经济现象。也就是说，当传统产业生产能力已经过剩，无法再容纳新的投资时，如果不及时寻找出新的经济增长点以吸纳游离资金，必然会出现与东南亚国家一样的经济泡沫化现象。

（4）加强对投资的宏观指导，防止资金过度投向房地产和证券市场。楼市和股市的发展容易产生过热现象，并演变为泡沫。应注意引导资金流向，政府的政策手段和市场上的资金应更多地用于现有上市公司的健康发展以及资本市场的稳健运行。在减低股市的过热方面，政府应避免采用金融抑制政策，让银行储蓄有合理的利率水平。

（十五）美国次贷危机

2007年2月，美国次级贷款危机开始引起人们的普遍关注；到2007年8月已经升级成席卷全球金融市场的风暴。众多房地产金融机构和对冲基金纷纷申请破产或停止赎回，投资银行和商业银行普遍发出盈利预警，全球主要股市指数应声而跌，发达经济体的金融市场普遍出现了信心缺失导致的信贷紧缩，实体经济也开始受到侵袭。次贷危机在震荡中蔓延和扩散，全世界都在感受着这场危机所带来的寒流。

1. 案例介绍

20 世纪 90 年代以来，在信息技术革命的推动下，美国经济经历了“二战”后前所未有的高速增长，美国资本市场空前繁荣。2001 年，随着网络泡沫的破裂，美国经济面临衰退的危险。此后，美联储为促进经济增长和就业，采取了极具扩张性的货币政策，连续 14 次降低再贴现利率，13 次降低联储基金利率。到 2003 年 6 月 25 日，联邦基金利率降至 1%，创 45 年来最低水平。低利率政策极大地刺激了房地产业的发展，使之成为拉动美国经济增长的主要因素。为了让更多的人能够买得起房，有关机构不断放宽放贷标准，开发新兴的抵押贷款产品，包括无本金贷款、选择性可调整利率贷款和无首付抵押贷款等，造成许多人盲目借贷。由于优质抵押贷款市场门槛太高，大量信用程度较差或偿还能力较弱而被银行拒绝提供优质抵押贷款的购房人纷纷转向这些新兴的抵押贷款产品，即次级贷款。该类贷款对信用要求程度不高，但利率通常要比优质抵押贷款高 2% ~3%。

对房地产市场大量的投资刺激了房价上涨。2001 ~2005 年，美国的房价平均翻了一番，房地产投资泡沫已然产生。在房地产价格不断攀升的情况下，一切都是美好的：对于房地产金融机构而言，发放次级贷款可以获得更高的贷款利率，即使发生违约，金融机构也可以通过拍卖抵押房地产回笼贷款本息；证券化可以使银行把风险转移给第三方，因而金融机构并不会因借款人违约而遭受损失。但自 2005 年以后，美联储在资产泡沫逐渐明显、通货膨胀压力加大的情况下连续 17 次加息，两年之内将联储基金利率从 1% 提高到了 5.25%。随着利率的不断提高，美国的房地产市场终于开始逐步降温，一些地方的房价甚至开始下跌。然而在次级抵押贷款市场上，购房者的热情仍未冷却；2001 年，美国次级抵押贷款占全部住房抵押贷款不足 5%，2006 年跃升至 20%。

随着房地产价格出现下跌趋势，一方面，那些通过浮动利率贷款购房的次级按揭贷款人心理预期和偿付能力下降，进而出现大量违约，而其违约风险通过次级按揭贷款衍生产品迅速放大，动摇了市场信心，最后引发了大面积的次级贷款信用危机；另一方面，金融机构即使拍卖抵押的房产也难以得到本金的全额偿付，一些放贷机构因此出现巨额亏损，进而引发以其为基础资产的证券化产品——次级债的违约风波。

一场因次级抵押贷款机构破产、投资基金被迫关闭、股市剧烈震荡引起的风暴终于在 2007 年 4 月爆发，并席卷了美国、欧盟、日本等世界主要金融市场。

2. 危机原因分析

（1）房地产抵押贷款二级市场上金融衍生产品的滥用。美国住房抵押贷款二级市场被房利美（Federal National Mortgage Association，联邦国民抵押协会）、吉利美（Government National Mortgage Association，美国政府全国抵押贷款协会）以及房地美（Freddie Mac，NYSE：FRE，联邦住宅贷款抵押公司）三大专业融资机构所控制，占有市场高达 90% 的份额。他们将缺乏流动性而未来现金流可以预测的房地产抵押贷款进行资产证券化，在二级市场上发行，形成可流通的债券。而在资产证券化流转过程中，又产生新型的金融衍生产品。

1）房屋按揭抵押支持证券（Mortgage Backed Security，MBS）是一种新型债券，是贷款银行等金融机构为了促进抵押贷款的资金流通，通过资产重组等方式将其持有的抵押贷款债权合法地转让给专业融资机构，专业融资机构获得该资产的所有权，并在信用评级增强和保险基础上开发债券产品。

2）资产支持证券（Asset - Backed Security，ABS）是另一种新型债券，是以其他资产为支持的证券，基本上其支付来源于资产本身的现金净收入。因此资产的本金回收时间和是否违约直接关系到了资产支持证券的风险。

3）债务抵押担保证券（Collateralized Debt Obligation，CDO）是一种新兴的投资组合，是以抵押债务的信用为基础，基于各种资产证券化技术，对债券、贷款等资产进行结构性重组，重新分割投资回报和风险，以满足不同投资者需要的创新性衍生证券产品。CDO 的资产组合里包括 ABS、MBS、垃圾债券、新兴市场债券、银行贷款等固定收益资产，并且汇集成新资产池；在通过信用增强模式，获得较高信用评级后出售给养老基金、保险资金、投资银行等。CDO 的风险极高，在此基础上又衍生出信用违约互换（Credit Default Swap，CDS）、合成抵押债务债券（Synthetic CDO，简称合成 CDO）等。

4）次级房屋贷款债券价格综合指数（ABX 指数）作为次级房贷市场的“晴雨表”，其指数随次级贷款证券资产风险升高而下降。对冲基金等也可以直接就 ABX 指数下赌注，与 ABX 指数相关的衍生工具的交易也是在柜面私下交易的。

住房抵押贷款二级市场上，美国次级债券的形成和发展源于次级抵押贷款经过资产证券化（形成 MBS、ABS）和再证券化（包括 CDO、CDS 和 ABX 指数的创设），形成了以次级抵押贷款为基础，巨大的“次贷”信用衍生产品泡沫市场。这种证券化金融创新工具具有极大金融风险，主要在于制度设计时出现漏洞。资产证券化的目的在于防范由于抵押贷款机构破产时出现的风险，但是在其运行过程中并没有实现资产池的“真实出售”，反而淡化了贷款银行对借款人信用风险的防范意识，使一级市场的信用风险通过证券化，从贷款银行分散到了二级市场。多次证券化和衍生金融工具的运用，使得层层衍生的次级抵押贷款支持证券化产品在很大程度上已经脱离了实体经济，次级贷款的原始信用风险得到无限放大，使房地产次级贷款由行业信用风险转移为次级债务清偿风险和经济衰退风险。

（2）美国住房市场的过度繁荣。次贷危机之前，美国房地产市场出现了一个长达 6 年的繁荣期。这使得人们对于房地产市场存在一个过分高估的积极心理，认为只要买房就一定可以升值，而且升值空间一定大于贷款利率。而金融机构也借着此次房地产市场的繁荣为购房者提供轻松的抵押贷款，甚至鼓励那些没有固定收入、还贷风险很高的人也贷款买房。

当物价水平不断攀升时，为抑制通货膨胀，美联储不得不连续 17 次提高利率，联邦基准利率上升至 5.25% 的高点。随着美联储的不断加息，美国房价开始出现下跌，炒房者们的持有成本升高，开始大量抛售手中的住房套现，致使房价不断下挫，市场恐慌加剧，并形成房价会继续下跌的预期；而那些用于自住的贷款购房者们，由于利息增加、房价下跌，原来通过抵押再融资还贷的设想破灭。越来越多的次级抵押贷款者不堪重负，无力还贷，导致大量的逾期违约现象出现。而银行收回房子后，由于市场低迷，无法出售，导致银行坏账越来越多，最后不堪重负，宣布破产。

（3）美国金融市场本身存在问题。美国的金融市场本身存在着极大的问题。第一，大量的流动性过剩。美国自 21 世纪初以来经济增长情况较好，广义货币与 GDP 之比不断上升，加上长期低利率政策导致了流动性过剩。而次级贷款产品的高收益，尤其是衍生品的设计，降低了金融中介机构风险，并增大了市场的流动性。第二，贷款门槛过低。次级抵押贷款的贷款人为收入较低、不具备良好信用记录的借款者。美国金融机构鼓励这些人贷款买房，当经济环境发生变动时，借款人极可能集中发生拖欠行为，造成次级抵押贷款市场的系统性风险。第三，市场信息的不对称。次级抵押贷款衍生品的设计者从自身利益出发，特意低估产品的风险或片面强调其高收益；而次贷衍生品的购买者难以了解复杂的衍生品设计过程，设计者和购买者之间存在着严重的信息不对称。而作为第三方的评级机构，未能识别次贷衍生品蕴藏的较大风险，给予这些产品较高评级，进一步加剧了这种信息不对称。在雷曼兄弟公司宣布申请破产保护之前，人们完全没有意识到危机即将到来；直到房利美和房地美宣布申请破产保护，人们仍然不知道到底有多少次级抵押贷款发放出来，金融机构的金融衍生品究竟包含了怎样的金融产品，有多少金融机构购买了这些金融衍生品，会有多大的风险等。如此多的信息不对称导致了这次危机的突然爆发和人们的毫无防备，使得危机的严重后果迅速蔓延到全球。

（4）政府监管不力。金融创新是一把“双刃剑”，它在增加社会财富的同时也会带来社会危害。次级抵押贷款作为一种新兴的金融衍生产品，法律约束和监管机制的缺失导致金融机构过度开发金融衍生产品，次级抵押贷款市场非良性发展，市场风险不断积聚。另外，金融市场中永远存在着金融系统、监管部门和投资者之间的三方博弈。对于金融系统和投资者来说，追求利润的最大化是其生存之道，但是一旦逾越合理的界限就会变得贪婪。监管部门的职责就是要划出这条界限并守住它。然而，在这场危机中，政府监管部门并没有当好这个“守夜人”。美国政府对于金融市场长期处于监管不力的状态，导致各大金融机构在出现坏账问题以后想到的不是报告危机、解决问题，而是隐瞒消息、私下解决，最终导致危机的爆发。

3. 危机带来的启示

（1）对金融创新的启示。此次美国次贷危机的持续扩散和蔓延中，资产证券化和金融衍生品等金融创新无疑成为这场危机中最为各方关注的焦点。正是金融创新加剧了金融风险的传染性和冲击力，使风险出现了世界性的“共振”现象，造成世界范围内难以计量的损失。从金融层面来看，金融衍生品的快速发展及滥用，使风险承担者的风险分散化；但是在全球化的金融市场中，由于对金融创新的监管滞后、对其风险评估不足，以及商业银行资产证券化过程中银行与证券行业关系的更加密切，都加大了风险的传染性和冲击力。

金融创新是一把“双刃剑”，我们不能因资产证券化和金融衍生品使次贷危机的负面影响不断地放大和扩散而因噎废食，停下金融创新的脚步。从金融创新的过程来看，金融创新有效地提高了市场的运作效率，提高了资源配置能力；如果运用得当，将有效地实现风险的分散和转移，增强抗风险的能力。我们应充分理解金融创新的内在结构、风险构成及其传导、扩散机制，理性对待金融衍生品。

（2）对房地产抵押贷款市场的启示。美国次贷危机很重要的一个原因是，当房地产价格上涨时，银行让大量无偿还能力的客户获得了贷款，选择性地忽视房价逆转时可能产生的违约风险，从而为次贷危机埋下了祸根。因此，金融机构在发放住房抵押贷款时，应加强风险控制，认真考察借款人的还款能力和还款意愿，降低违约概率，同时寻求除住房以外的抵押物或担保，降低违约损失率，从而为房地产市场证券化提供坚实的保障。同时，房价的快速上涨往往会掩盖大量的信用风险和操作风险，使银行陷入疯狂；而如果在房价的快速上升成为单边预期的基础上，金融机构进行资产证券化尝试，将使大量的银行风险转嫁给社会，对金融稳定乃至社会稳定造成隐患。因此，房地产市场应避免楼市的“非理性繁荣”，这也是住房抵押贷款证券化健康运行的必要基础。

（3）央行的货币政策制定需考虑多方面影响。纵观次贷危机的爆发，美联储的货币政策扮演了重要的角色：长期的低利率政策刺激了经济增长，为房地产泡沫埋下了隐患；为应对通货膨胀而短时间内大幅提高利率，则没有充分考虑到经济可承受性。中央银行在制定货币政策时，必须协调运用各种货币政策工具，全面考虑利率政策、汇率政策调整对国内经济的影响，尽最大可能避免经济发生大的波动。

（4）对金融监管的启示。金融市场运行存在天然缺陷和系统性风险，因此政府有义务、有责任通过宏观调控措施来完善风险提示机制，对相应的金融活动进行监管。次贷危机再一次警示我们，金融风险无时无处不在，风险管理始终是金融监管的核心，监管机构要时刻站在市场身边。

现代金融的发展，要求金融创新，要求金融业务多元化，以提高盈利能力和抗风险能力，而这无疑加大了金融监管难度。应转变监管理念，调整监管定位。金融市场监管以功能监管为主，具体负责市场运行规则的制定、市场准入和市场日常监管由相应的市场监管部门负责，避免出现多重监管或监管盲区。此外，应完善信息披露和信用评级制度，制定信息披露标准，并对信息披露进行监督，对信息披露不真实、不及时、不充分的行为予以惩处。

经济全球化带来了金融自由化、金融活动国际化。在为世界经济带来活力的同时，也会导致世界金融体系的风险性加大。所以应加强对外国金融机构的监管，在金融机构市场准入方面，应以金融机构的母国对该金融机构有无足够的监控手段、能否获取其经营信息、能否对该金融机构实施检查、审计等作为市场准入条件。以双边、多边条约等方式建立金融机构母国、东道国协调监管机制，做好市场日常监管工作。

二、金融危机案例的理论分析

（一）金融危机分类

根据 IMF 在《世界经济展望 1998》中的分类，金融危机大致可以分为以下四大类：①货币危机（Currency Crises）。当某种货币的汇率受到投机性袭击时，该货币出现持续性贬值，或迫使当局扩大外汇储备，大幅度地提高利率。②银行业危机（Banking Crises）。银行不能如期偿付债务，或迫使政府出面，提供大规模援助，以避免违约现象的发生；一家银行的危机发展到一定程度，可能波及其他银行，从而引起整个银行系统的危机。③外债危机（Foreign Debt Crises）。一国国内的支付系统严重混乱，不能按期偿付所欠外债，不管是主权债，还是私人债等。④系统性金融危机（Systematic Financial Crises）。可以称为“全面金融危机”，是指主要的金融领域都出现严重混乱，如货币危机、银行业危机、外债危机的同时或相继发生。一般来讲，货币危机与银行业危机是金融危机的两种主要形态，二者可能单独发生，也可能同时出现在一次金融危机中，并且相互联系、互为因果。银行业危机构成现代金融危机的一个重要特征。实际生活中，金融危机越来越表现为多种危机的混合形式，难以严格区分为某一类，并且在不同类型之间相互转化。

（二）金融危机传导机制

从历次金融危机的爆发及传播可以看出，随着经济全球化、金融全球化的深入，各国之间经济依存度不断提高，金融危机的爆发已然不是一国或一地区的事情，它会通过一定的传导机制迅速向外扩散，导致全球经济受到不同程度的影响。

1. 季风效应的传导机制

季风效应是指一国对一次经济冲击所做的调整，可能迫使与之有紧密联系的国家采取类似的政策，包括因工业化国家经济政策的变化以及主要商品价格的变化等全球性原因，导致新兴市场经济体的资本流进流出或货币危机。季风效应的传导渠道包括：

（1）产业联动型传导。尽管世界各国的产业结构不同，但大致都倾向于采取措施鼓励出口，增强本国产品的国际竞争力，从而使得全球范围内的出口产业生产能力急剧扩大；各国经济因出口产业紧密联系在一起，一国发生的金融危机通过产业联动效应传导到其他国家。

（2）结构性震荡的联动效应。某些国家在产业结构方面与危机发生国十分相似，产业的碰撞使这些国家也出现了结构失衡状态，从而引发国际资本对这些国家的资本和货币市场进行类似的投机性冲击或规避性撤离，导致这些国家也出现严重的金融动荡。

（3）政策冲击。在金融全球化背景下，各国经济政策的外溢效应越来越明显，一国经济政策的变动会对世界经济均衡状态造成冲击。

2. 贸易溢出效应的传导机制

贸易溢出效应是指，由于一国遭受投机性冲击造成的货币危机恶化了另一个（或几个）与其贸易关系密切国家的宏观基本面，从而可能导致另一个（或几个）国家亦遭受投机性冲击。贸易溢出效应主要是通过价格效应和收入效应实现；即一国货币危机造成的货币贬值一方面提高了其相对于贸易伙伴国的出口价格竞争力，另一方面通过影响国内经济（国民收入减少）而减少了向其贸易伙伴国的进口。贸易溢出效应的传导渠道：一是贸易伙伴型传导；发生金融危机的国家国内经济萎缩，外汇减少，从而导致对进口商品的需求减少。二是产业联动型传导。

3. 金融溢出效应的传导机制

金融溢出效应是指，一个国家遭受投机性冲击造成的货币危机可能造成其市场流动性不足，这就迫使金融中介清算其在其他市场上的资产，从而通过国际资本流动渠道导致另一个与其有密切金融关系的市场流动性不足，引发另一个国家大规模的资本抽逃行为。金融溢出效应的传导机制包括：

（1）共同贷款者传导。某跨国银行可能会向多个国家和地区提供贷款。这些国家和地区在经济平稳发展时，相互相安无事；但是若其中一国发生金融危机而导致该银行无法从危机发生国收回贷款时，为了达到资本金充足率和保证金的要求，或调整资产负债的需要，该贷款银行可能会通过收回其他国家的贷款来防止和减轻损失，恢复资产和资本的比率。如果该国没有足够的外汇储备，就很难应付国际资本大规模流出所造成的冲击，在这一过程中有可能导致危机的传染。

（2）关联银行传导。在金融自由化和经济全球化的今天，各国银行之间的关系是相互联系、相互依存的。当某些国家或地区的银行由于预期错误、经营不善或其他突发原因造成流动性困难时，其他拥有超额流动储备的银行可以通过同业拆借市场调剂头寸，消除挤兑风险。但从总量上看，如果市场上流动资本总供给相对流动资本总需求的缺口较大，在“溢出效应”作用下，各地区、各国家银行之间加速对相互存款的提取，从而将引起整个市场的短期流动资金紧张，加速了危机的蔓延。

（3）资本市场传导。现阶段资本市场交易额已远远超过全球贸易额，导致资本市场的风险极其巨大，爆发金融危机时其传导速度也是极快的。当投资者在一国证券市场上遭受了大量资本损失时，或投资者的预期发生改变，抑或是一国资产收益受到国际投机者的冲击而发生改变时，全球资本市场都会发生资本流动，使金融危机加速扩散。

4. 净传染效应的传导机制

净传染效应是指，金融危机的传导无法从宏观基本面的基础变量来解释。即两个国家间经济联系薄弱，一个国家的危机并没有恶化另一个国家的经济基础；但是，由于一个国家的金融危机导致投资者重新评价其他类似国家的经济基础（即使这些国家的经济基础并没有恶化），投资者对其他类似国家的心理预期变化和信心危机导致投资者意愿的改变，这种非接触性传导称为净传染效应。

（三）政府与市场的角色

对金融危机的救助行为实际上是一种政府行为，因此，政府是否对金融危机进行救助，实际上也体现了政府与市场的关系。政府是否应当干预经济一直是主流经济学争论的问题，这也构成了金融危机时政府救助、金融危机后政府监管等的理论基础。纵观主流经济学的发展，理论界对政府与市场的关系从反对干预—主张干预—减少干预—适度干预，呈现出反复争论、逐步融合的态势。

1. 基于古典经济学的政府宏观调控理论

古典经济学关于“政府与市场的关系”的核心观点是，政府是市场的“守夜人”。1776年，亚当·斯密出版《国富论》，提出了著名的“看不见的手”。古典经济学派认为，每一个从事经济活动的人都是利己的，但自由市场机制（即“看不见的手”）能够把这种“利己”行为同他人利益和社会利益相协调，以实现资源的最佳配置。因此，政府不应该直接介入和干预经济运行。这种思潮之下，政府不干预市场，放任市场自由发展，在金融监管方面也是一片空白。

2. 基于凯恩斯主义的政府宏观调控理论

1929~1933年美国凯恩斯主义学派开始兴起，并在“罗斯福新政”中得到完美展现。凯恩斯在《就业、利息和货币通论》中提出了有效需求理论和国家干预经济的主张，他认为政府必须采取积极的财政政策，增加公共开支，刺激消费，增加投资，通过政府干预来弥补有效需求的不足，实现充分就业。凯恩斯强调了政府这只“看得见的手”在经济中的重要作用，为金融危机时政府救助奠定了理论基础。而在金融监管方面，政府的金融监管思想发生根本性转变，从主张自由竞争，转向限制金融业过度竞争，保障金融业稳健经营。

3. 基于新自由主义的政府宏观调控理论

20世纪六七十年代，西方各主要资本主义国家先后出现“经济停滞＋通货膨胀”的“滞胀”危机，凯恩斯主义对此束手无策。这给西方经济学理论带来巨大冲击。以货币主义、供给学派、理性预期学派为代表的新自由主义经济学派先后兴起；新自由主义的核心思想是对政府失灵的批判，他们将“滞胀”的原因归结为国家干预过度、政府开支过大、人们的理性预期导致政府政策失灵等，并主张复兴古典经济学的自由放任传统，重塑“看不见的手”。以美国里根总统为首的西方资本主义大国纷纷选择新自由主义经济学，使新自由主义成为那一时期发达国家实行经济政策的重要理论依据，也从另一个角度进一步丰富了金融危机时政府救助的理论基础。而以后的10多年时间里，西方国家的金融监管进入放松管制时期。

4. 基于新凯恩斯主义的政府宏观调控理论

20世纪八九十年代，东欧、亚洲、拉美等国家和地区遭受新一轮的金融危机，经济自由化理论在实践上引发了种种问题，遭到了人们的普遍质疑。由此，凯恩斯主义的干预思想重新抬头。新凯恩斯主义坚持政府干预经济的政策取向与传统凯恩斯主义并无差异，其主要贡献在于，在吸取20世纪80年代以来一些宏观经济实践经验教训基础上，为传统凯恩斯主义的宏观经济政策补充微观理论基础，同时吸收了理性预期学派的一些合理的理论和政策主张，发展了国家干预经济的理论，更加强调市场机制的作用，使得国家干预经济政策体系发展到了一个新水平。随后，世界各国进入严格监管时代；不过此时的监管更注重对信息披露的规范，而非对金融机构经营活动的行政限制。

从主流经济学看，每一次理论的新发展都是因为实践对理论的质疑甚至颠覆。主流经济理论历经百年的反复争论，在政府干预经济方面，学术界或多或少地得到共识，即市场确实存在信息不对称的特性，存在“市场失灵”，需要政府进行干预。而对政府干预的争论主要集中于政府干预边界。在具体实践中，各国政府在经济发展中并没有单独依靠某一理论，他们既反对完全放任，也反对过度干预，而是把凯恩斯主义、货币主义、理性预期理论等思想结合起来，由此得到了对金融日常行为、金融监管、金融危机时的救助等政府决策的理论支撑，使得经济得以不断繁荣发展。

（四）历次金融危机的启示

1. 正确对待金融创新与金融衍生工具的使用

从历次金融危机中，能够看出金融衍生工具在金融危机中所起的负面作用。金融衍生工具的初衷是作对冲或套利之用，借此减低或转移风险；亦可通过规避有关部门的监管，拓宽金融机构的业务范围。但是近年来，金融衍生工具的投机性越来越大，加大了金融监管和货币控制难度，对社会经济发展造成了一定的负面影响。案例中，无论是作为衍生工具雏形出现的郁金香，还是因为衍生工具而陷入危机的巴林银行与西敏士银行，或是因衍生工具而爆发金融危机的奥兰治事件与美国次级贷款危机，都充分暴露出金融创新失误引发的严重后果，是需要深入汲取的教训。进行金融创新，发展金融衍生工具，必须把握合理的节奏，依托坚实的金融体系，既注重提高金融机构的综合竞争力，加强金融产品的定价主导权，同时更要注重金融风险的防范。仅仅满足于技术层面的工具创新，而忽视社会性的整体风险，会加大引起金融危机发生的可能性。

2. 金融机构要切实落实内部监管

金融行业是一个高风险行业。据国际货币基金组织的统计，自 1930 年以来，约有 130 多个国家（约占国际货币基金组织成员国的 75%）的银行业都经历过严重危机；可见金融行业的风险之高，金融危机发生的频率之频繁，在其他行业都是极少见的。金融机构发生金融危机，除不可控的外部因素之外，更多的还是由其内部因素造成的。无论是员工的中饱私囊、经营策略的冒进、对待金融衍生工具的态度，还是决策者的独断专行等，都会对金融机构的正常经营产生影响。案例中提及的里昂信贷银行风波、巴林银行倒闭等，都是由于金融机构内部监管的缺失而造成的。因此，金融机构应健全内部监管体系，完善内部控制制度，建立健全风险预警系统，提高机构内部监管人员的责任意识，有效降低金融机构的内部风险。

3. 市场监管当局应当更好地履行职责

由于人都是“有限理性”的，因此要单靠金融机构的内部监管，是难以有效防范金融危机发生的。从经济学角度来说，“看不见的手”是有缺陷的，即存在市场失灵现象，需要借助政府力量，通过法令、政策和各种监管措施，从市场外部对金融市场主体及其行为进行必要的管制，以弥补市场失灵。案例中，几乎所有的金融危机都有政府监管不当的原因，这更进一步说明了政府监管对金融业发展的保护作用。政府应加强金融监管力度，切实履行职责。按照《巴塞尔协议Ⅲ》的要求，审慎监管，作为金融监管的一项基本原则，是指为了维护金融系统的安全稳定，以指标监管、内部控制等作为运营条件，以风险高低作为筛选标准的一种监管理念与做法。宏观审慎监管和微观审慎监管作为审慎监管的两大支柱，二者相对应。政府应当用好手中的权力，积极落实好宏观审慎监管和微观审慎监管，维持好金融市场的秩序，将风险控制在最小。

4. 正确使用金融杠杆

美国 1929 年金融大危机、墨西哥金融危机和美国次级贷款危机等案例，都是由于过高的杠杆率或过于短期集中的杠杆率而诱发了金融危机；危机发生之后，在市场压力下，金融机构被迫开始去杠杆，强化了资产价格下行的压力，导致资本下降和信贷萎缩，去杠杆化进一步加剧，再度引起资产价格下行、资本下降和信贷萎缩，形成一个循环。因此，无论是国家或地区，金融机构，还是普通投资者，都应该增强风险意识，在自己的能力范围之内，适当地使用金融杠杆，而不是盲目地利用金融杠杆，承担过多的金融风险。

5. 产业结构的不合理性会诱发金融危机

一国的资源可能会有意或无意地集中于某一个产业。资源过于集中时，往往会导致该产业出现过热，国家的产业结构不合理，积累一定的金融风险；当出现风吹草动，或者外部因素，导致资源的迅速抽离时，会导致金融危机发生，对经济造成巨大冲击。回顾近百年来发生的多起金融危机会发现，金融危机背后往往是由于产业结构的不合理导致经济增长乏力，进而诱发金融危机。如日本金融危机和美国次级贷款危机就是因为资源过度集中于房地产部门，导致实体经济外迁造成本国产业空心化；又如东南亚金融危机则是由于东南亚国家将资源过度集中在外贸部门，在遭遇一定冲击之后就会崩溃，进而引发金融危机。政府应当吸取教训，改善产业结构，增强抵御风险的能力。

6. 政府应当提高宏观调控能力

政府作为公共部门，也是国民生活的第一部门，负有政治职能、经济职能、社会职能和文化职能等多项职能。经济职能上，政府的主要职能包括市场监管、宏观调控、提供公共产品和服务。因此，提高政府的宏观调控能力，使政府做出正确的经济政策，关乎金融危机是否会发生，发生之后是否能得到妥善解决。英国政府轻信南海公司、颁布《反金融诈骗和投机法》导致南海泡沫的发生；日本政府签订《广场协议》，加之实施的一系列经济政策吹大了日本经济的泡沫，最终导致日本金融危机；东南亚金融危机则是由于各国政府对经济局势的过分乐观、盲目实现资本自由化和漠视不合理的金融结构导致的。政府在金融危机之后的作为也会影响其经济复苏的速度。各国政府应提高宏观调控能力，制定适合本国的经济政策，如汇率制度、货币政策、贸易政策等，并在必要时刻进行适当调整，增强危机预警及风险处罚能力。

7. 各国政府应当加强国际合作

随着经济全球化，金融机构跨国经营的趋势越来越明显，再加上广泛的金融创新、国际资本的快速流动和世界范围内的规避监管等因素，使得国际金融市场起伏不定，国际金融体系的风险程度大大增加，爆发大范围金融危机的可能性不断上升。

现实社会中，跨国金融机构国外分行的经营失误、金融危机的跨国传导等现象屡见不鲜；如，国际商业信贷银行利用国外分支机构洗黑钱，巴林银行新加坡分行投资失策直接导致巴林银行的破产，东南亚金融危机中各国由于“雁形模式”导致金融风险迅速传播，美国次级贷款危机也对全球经济造成重大影响。因此，各国政府应该加大金融合作力度，尤其是信息合作，协调各国之间的政策，协同加强对国际资本的监控，母国和东道国应当共同做好对跨国金融机构的监管；并加强与国际货币基金组织、世界银行和巴塞尔银行委员会等国际金融组织的合作，防止大范围金融危机的爆发。

（五）总结

金融是现代经济的核心，而金融行业又是一个风险性极高的行业，稍有不慎便会引发金融危机。然而，频发的金融危机并没有打击人们继续发展金融的决心。倒闭或被接管的金融机构，如国际商业信贷银行、里昂信贷银行、巴林银行和西敏士银行等，都用自身惨痛的经历给后人上了一课，告诉后来的金融机构管理者应该如何使用各种金融工具，回避怎样的陷阱，汲取失败的经验，以实现更好经营。而爆发大规模金融危机的国家或地区，从历次金融危机之中汲取经验，走出危机之后迎来更好的发展。墨西哥在金融危机之后励精图治，接受金融救助的同时不断完善自身的金融体系建设；东南亚各国在金融危机之后修正汇率，重新取得出口优势，加快经济恢复；美国曾遭受多次金融危机，但在历次危机之后，美国不断完善自身制度建设，从而使得其金融体系始终领先于世界各国。我们应当在危机之中不断汲取经验，从错误之中不断学习，完善自身制度，提高抵抗金融危机的能力。

三、案例使用说明

（一）教学目的与用途

（1）适用课程：农村金融、小微金融。

（2）适用对象：金融专业硕士、金融学术硕士。

（3）教学目的：本案例介绍了以东南亚金融危机、美国次贷危机等为代表的15个金融危机案例，分析总结了金融危机的类别，金融危机的传导机制，以及政府与市场在金融危机中扮演的角色和采取救助的手段，并总结了从历次金融危机中得到的启示，以期更好地预防和应对金融危机。

（二）案例思考题与分析思路

（1）思考题：金融危机理论中对于金融危机的分类及其分类的原因？

分析思路：①依据金融危机成因的不同，将金融危机分成了四类。②金融危机成因的不同所带来的影响和后续发展不同。

其他思路：①同一类金融危机中，不同的金融危机处理方式的不同所带来的差异。②不同类金融危机之中是否存在一定的联系。

（2）思考题：应对金融危机时，政府与市场在金融危机中所扮演的角色，及其对危机处理的影响？

分析思路：①不同时代背景下，主流经济学思想对于政府的影响。②不同的角色扮演，所带来的金融危机解决的效率和效果。

其他思路：①金融危机发生前后，政府角色的转变，以及所带来的影响。②政府与市场的界限如何划分，是否能够完全区分。

（3）思考题：历次金融危机的比较，及所得到的启示。

分析思路：①横向比较，比较历次金融危机的时代背景、成因、应对金融危机的理论基础和应对机制等。②纵向比较，比较历次金融危机所暴露的社会发展的新问题，及其解决方案中潜在的对于下次金融危机带来的驱动因素。

其他思路：历次金融危机所带来的启示是否存在共通之处。

（三）理论依据

1. 货币危机理论

第一代货币危机模型从一国经济的基本面解释了货币危机的根源在于经济内部均衡和外部均衡的冲突，如果一国外汇储备不够充足，财政赤字的持续货币化会导致固定汇率制度的崩溃并最终引发货币危机。当宏观经济状况不断恶化时，危机的发生是合理的而且是不可避免的。它比较成功地解释了20世纪70~80年代的拉美货币危机。

第二代货币危机模型认为一国政府在制定经济政策时存在多重目标，经济政策的多重目标导致了多重均衡。因而政府既有捍卫汇率稳定的动机，也有放弃汇率稳定的动机。在外汇市场上有中央银行和广大的市场投资者，双方根据对方的行为和掌握的对方的信息，不断修正自己的行为选择，这种修正又影响着对方的下一次修正，形成了一种自促成，当公众的预期和信心的偏差不断累积使得维持稳定汇率的成本大于放弃稳定汇率的成本时，中央银行就会选择放弃，从而导致货币危机的发生。第二代货币危机理论较好地解释了 1992 年英镑危机，当时英国政府面临着提高就业与维持稳定汇率的两难选择，结果放弃了有浮动的固定汇率制。

第三代货币危机模型是由麦金农和克鲁格曼首先提出的，该模型强调了第一、第二代模型所忽视的一个重要现象：在发展中国家，普遍存在着道德风险问题。普遍的道德风险归因于政府对企业和金融机构的隐性担保，以及政府同这些企业和机构的裙带关系，从而导致了在经济发展过程中的投资膨胀和不谨慎，大量资金流向股票和房地产市场，形成了金融过度（Financial Excess），导致了经济泡沫。当泡沫破裂或行将破裂所致的资金外逃，将引发货币危机。

第四代货币危机模型是在已有的三代成熟的货币危机模型上建立起来的。该理论认为，如果本国企业部门的外债水平越高，“资产负债表效应”越大，经济出现危机的可能性就越大。其理论逻辑是：企业持有大量外债导致国外的债权人会悲观地看待这个国家的经济，减少对该国企业的贷款，使其本币贬值，企业的财富下降，从而能申请到的贷款下降，全社会投资规模下降，经济陷入萧条。第四代危机模型目前尚不成熟，有待进一步完善。

2. 银行业危机理论

弗里德曼（Friedman）的货币政策失误论认为，因为货币需求函数的相对稳定性，货币供求失衡的根本原因在于货币政策的失误。并且，这种失误（如突然的通货紧缩）可以使一些轻微的局部的金融问题，通过加剧银行恐慌演变为剧烈的全面的金融动荡。

金融不稳定假说将市场上的借款者分为三类：第一类是“套期保值”型借款者（Hedge - financed Unit）。这类借款者的预期收入不仅在总量上超过债务额，而且在每一时期内，其现金流入都大于到期债务本息。第二类是“投机型”借款者（Speculative - financed Unit）。这类借款者的预期收入在总量上超过债务额，但在借款后的前一段时期内，其现金流入小于到期债务本息，而在这段时期后的每一时期内，其现金流入大于到期债务本息。第三类是“蓬齐”型借款者（Ponzi Unit）这类借款者在每一时期内，其现金流入都小于到期债务本息，只在最后一期，其收入才足以偿还所有债务本息，因而他们不断地借新债还旧债，把“后加入者的入伙费充作先来者的投资收益”，以致债务累计越来越多，潜伏的危机越来越大。

在一个经济周期开始时，大多数借款者属于“套期保值”型借款者，当经济从扩张转向收缩时，借款者的盈利能力缩小，逐渐转变成“投机型”借款者和“蓬齐”型借款者，金融风险增大。因而金融体系具有内在的不稳定性，经济发展周期和经济危机不是由外来冲击或是失败性宏观经济政策导致的，而是经济自身发展的必经之路。

银行体系关键论的核心思想是，银行体系在金融危机中起着关键作用。在企业过度负债的经济状态下，经济、金融扩张中积累起来的风险增大并显露出来，银行可能遭受损失，所以银行为了控制风险，必然提高利率减少贷款。银行的这种行为会使企业投资减少，或引起企业破产，从而直接影响经济发展，或者使企业被迫出售资产以清偿债务，造成资产价格急剧下降。这种状况会引起极大的连锁反应，震动也极强烈，使本来已经脆弱的金融体系崩溃更快。托宾认为，在债务—通货紧缩的条件下，“债务人财富的边际支出倾向往往高于债权人”，因为在通货紧缩—货币升值的状况下，债务人不仅出售的资产贬值，而且拥有的资产也贬值。在债务人预期物价继续走低的情况下，变卖资产还债的倾向必然提前。

“金融恐慌”理论认为，银行体系脆弱性主要源于存款者对流动性要求的不确定性以及银行的资产较之负债缺乏流动性之间的矛盾，银行的重要功能是将存款人的不具流动性的资产转化为流动性的资产，以短贷长，实现资产增值。在正常情况下，依据大数定理，所有存款者不会在同一时间取款。但当经济中发生某些突发事件（如银行破产或经济丑闻），就会发生银行挤兑。

“道德风险”理论（Moral Hazard）认为，由于存款保险制度的存在，以及政府和金融监管部门在关键时候扮演“最后贷款人”的角色。一方面，会使银行产生道德风险，从事具有更高风险的投资，增加了存款人受损害的可能性；另一方面，存款者也会不对银行实施监督。世界银行和IMF对65个国家在1981～1994年发生的银行危机做的计量测试也表明，在设有存款保险制度的国家，发生危机的概率要高于没有设立存款保险制度的国家。

3. 外债危机理论

“债务—通货紧缩”理论（欧文·费雪）的核心思想是：企业在经济上升时期为追逐利润“过度负债”，当经济陷入衰退时，企业盈利能力减弱，逐渐丧失清偿能力，引起连锁反应，导致货币紧缩，形成恶性循环，金融危机就此爆发。其传导机制是：企业为清偿债务廉价销售商品—企业存款减少、货币流通速度降低—总体物价水平下降—企业净值减少、债务负担加重、盈利能力下降—企业破产、工人失业—人们丧失信心、悲观情绪弥漫—人们追求更多的货币储藏、积蓄—名义利率下降、实际利率上升—资金盈余者不愿贷出、资金短缺者不愿借入—通货紧缩。

资产价格下降理论的核心思想在于，由于债务人的过度负债，在银行不愿提供贷款或减少贷款的情况下，被迫降价出售资产，就会造成资产价格的急剧下降。由此产生两方面的效应，一是资产负债率提高，二是使债务人拥有的财富减少，两者都削弱了债务人的负债承受力，增加了其债务负担。债务欠得越多，资产降价变卖就越多，资产降价变卖越多，资产就越贬值，债务负担就越重。

（四）案例拓展讨论

讨论：为什么经历过多次金融危机之后，金融危机还是屡见不鲜？

分析思路：①资本主义社会的特性。②贪欲的存在。

（撰稿人：李伟鑫、张乐柱）

“8·16”光大证券乌龙指事件

2013 年 8 月 16 日 11：05，光大证券在进行 ETF 申赎套利交易时，因程序错误，其所使用的策略交易系统以 234 亿元巨量申购 180ETF 成份股，实际成交达 72.7 亿元，引起沪深 300、上证综指等大盘指数和多只权重股短时间大幅波动。这一事件是我国资本市场建立以来首次发生的一起因交易软件缺陷引发的极端个别事件，对证券期货市场造成的负面影响很大。

一、光大证券乌龙指事件经过

2013 年 8 月 16 日 11：05，多只权重股瞬间出现巨额买单。大批权重股瞬间被一两个大单拉升之后，又跟着涌现出大批巨额买单，带动了整个股指和其他股票的上涨，以致多达 59 只权重股瞬间封涨停。指数的第一波拉升主要发生在 11：05～11：08，然后出现阶段性回落。

2013 年 8 月 16 日 11：15 起，上证指数开始第二波拉升，这一次最高摸到 2198 点，在 11：30 收盘时收于 2149 点。

2013 年 8 月 16 日 11：59 左右，光大证券董事会秘书梅键在对事件情况和原因并不了解的情况下，轻率地向记者否认市场上“光大证券自营盘 70 亿元乌龙指”的传闻，误导信息在 12：47 发布并被各大门户网站转载。

2013 年 8 月 16 日 13：00，光大证券公告称因重要事项未公告，临时停牌。

2013 年 8 月 16 日 14：23 左右，光大证券发布公告，承认套利系统出现问题，公司正在进行相关核查和处置工作。

二、光大证券乌龙指事件原因分析

（一）乌龙指事件触发直接原因

触发原因是系统缺陷。策略投资部使用的套利策略系统出现了问题，该系统包含订单生成系统和订单执行系统两个部分。核查中发现，订单执行系统针对高频交易在市价委托时，对可用资金额度未能进行有效校验控制，而订单生成系统存在的缺陷，会导致特定情况下生成预期外的订单。

由于订单生成系统存在的缺陷，导致在 11：05：08 之后的 2 秒内，瞬间重复生成 26082 笔预期外的市价委托订单；由于订单执行系统存在的缺陷，上述预期外的巨量市价委托订单被直接发送至交易所。

问题出自系统的订单重下功能，具体错误是 11：02，第三次 180ETF 套利下单，交易员发现有 24 个个股申报不成功，就想使用“重下”的新功能，于是程序员在旁边指导着操作了一番，没想到这个功能没实盘验证过，程序把买入 24 个成分股，写成了买入 24 组 180ETF 成分股，结果生成巨量订单。

（二）乌龙指事件深层次原因

光大证券内控缺失、管理混乱，自营业务套利系统存在的技术设计缺陷导致异常交易发生。经查，光大证券策略投资部自营业务使用的策略交易系统，包括订单生成系统和订单执行系统两个部分，均存在严重的程序设计错误。其中，订单生成系统中 ETF 套利模块的“重下”功能（用于未成交股票的重新申报），在设计时错误地将“买入个股函数”写成“买入 ETF 一篮子股票函数”。订单执行系统错误地将市价委托订单的股票买入价格默认为“0”，系统对市价委托订单是否超出账户授信额度不能进行正确校验。

由于光大证券的策略投资部长期没有纳入公司的风控体系，技术系统和交易控制缺乏有效管理。订单生成系统中 ETF 套利模块的设计由策略投资部交易员提出需求，程序员一人开发和测试。策略交易系统于 2013 年 6～7 月开发完成，7 月 29 日实盘运行，至 8 月 16 日发生异常时实际运行不足 15 个交易日。由于“重下”功能从未实盘启用，严重的程序错误未被发现。

2013 年 8 月 16 日上午，交易员进行了三组 180ETF 申赎套利，前两组顺利完成。11：02，交易员发起第三组交易。11：05：08，交易员想尝试使用“重下”功能对第三组交易涉及的 171 只权重股票买入订单中未能成交的 24 只股票进行自动补单，便向程序员请教，程序员在交易员的电脑上演示并按下“重下”按钮，存在严重错误的程序被启动，补单买入 24 只股票被执行为“买入 24 组 ETF 一篮子股票”，并报送至订单执行系统。

错误生成的订单中先后有 234 亿元订单陆续通过校验进入上交所系统等待成交。直到先成交订单的成交结果返回到订单执行系统、账户资金余额实时校验显示为负时，订单执行系统的账户可用资金额度校验才发挥作用。

进入上交所系统的 234 亿元市价委托订单中，有 72.7 亿元实际成交。其余 161.3 亿元订单被上交所交易系统根据预先设定的“最优五档即时成交剩余撤销”的规则自动取消。

三、对违法行为的认定

光大证券异常交易事件虽然是因证券经营机构交易系统设计缺陷导致的，但是，这一事件暴露了光大证券在内部控制、风险管理、合规经营等方面存在很大问题。事件发生后，光大证券及其事件相关人员在考虑对冲风险、调剂头寸，降低可能产生的结算风险时，采取了错误的处理方案，构成内幕交易、信息误导、违反证券公司内控管理规定等多项违法违规行为。

光大证券异常交易事件不仅对光大证券自身的经营和财务有重要影响，而且直接影响了证券市场的正常秩序和造成了股票价格的大幅波动，影响了投资者对权重股票、ETF和股指期货的投资决策，属于《证券法》第75条、《期货交易管理条例》第82条规定的证券、期货市场内幕信息。14：22公告前，光大证券知悉市场异动的真正原因，公众投资者并不知情。在此情况下，光大证券本应戒绝交易，待内幕信息公开以后再合理避险。光大证券在内幕信息依法披露前即着手反向交易，明显违反了公平交易的原则。据此，中国证监会依法认定，光大证券在8月16日13：00（公司高管层决策后）至14：22转换并卖出50ETF、180ETF基金以及卖空IF1309、IF1312股指期货合约，构成《证券法》第202条和《期货交易管理条例》第70条所述的内幕交易行为。徐浩明是直接负责的主管人员，杨赤忠、沈诗光、杨剑波是其他直接责任人员。

事发当时，光大证券董事会秘书梅键对市场大幅波动的原因并不知情。但是，梅键身为上市公司履行信息披露义务的直接负责人员，又是证券公司的从业人员，在相关信息尚未披露、市场猜测众多的情况下，在尚未立即协调公司内外依法履行信息披露义务的情况下，未做任何核实即以个人猜测对外发表言论，并被媒体纷纷转载。梅键的轻率言论加剧了市场波动，对投资者造成了严重误导，违反了《证券法》第78条第二款关于禁止证券公司从业人员在证券交易活动中作出信息误导的规定。

四、光大证券乌龙指事件调查处理

（一）中国银行间市场交易商协会通报

2013年8月20日，光大证券收到中国银行间市场交易商协会《关于开展非金融企业债务融资工具主承销业务规范自查的通知》，称光大证券这几日出现的交易异常事件反映出公司在内控合规、风险管理等方面存在重大问题，不符合交易商协会关于主承销类会员应建立健全风险管理和内部控制制度的自律管理相关要求，决定暂停其非金融企业债务融资工具主承销业务。

（二）行政处罚和行政监管、市场禁入措施

中国证券监督管理委员会对此作出以下处理决定：

鉴于光大证券异常交易事件对证券期货市场造成了很大的负面影响，给公众投资者特别是广大中小投资者造成了较大损失，本着严格执法、严肃追责的原则，根据《证券法》第150、第202、第207、第233条，《证券公司监督管理条例》第70条，《期货交易管理条例》第70、第78条以及《证券市场禁入规定》，中国证监会将依照法定程序，对光大证券和相关责任人员做出以下行政处罚和行政监管、市场禁入措施：

（1）没收光大证券违法所得87214278.08元，并处以5倍罚款，罚没款金额总计523285668.48元。

（2）对徐浩明、杨赤忠、沈诗光、杨剑波分别给予警告，罚款60万元并采取终身的证券市场禁入措施，宣布徐浩明、杨赤忠、沈诗光、杨剑波为期货市场禁止进入者。

（3）对董秘梅键责令改正并处以罚款20万元。

（4）停止光大证券从事证券自营业务（固定收益证券除外），暂停审批光大证券新业务，责令光大证券整改并处分有关责任人员，并将整改情况和处理结果报告中国证监会。

中国证监会依法追究光大证券内幕交易的行政法律责任，反映了中国证监会严惩违法违规，禁止不当交易，维护市场公正的一贯决心和态度。同时，中国证监会也注意到，光大证券在事件突发的背景下实施的内幕交易行为，主观上具有对冲风险、调剂头寸，降低可能产生的交易结算风险的因素，光大证券案件不同于一般的内幕交易案件，在我国证券期货市场没有先例，涉及跨市场交易，属新型案件，因此，中国证监会在深入调查基础上，组织有关部门和专家对相关问题进行了认真论证咨询后认为，认定追究光大证券内幕交易的行政法律责任是适当的。

事件发生后，市场质疑光大证券涉嫌操纵市场。经过深入调查取证、充分咨询论证后，中国证监会认为，光大证券的巨额交易虽然在客观上引起了市场大幅波动，但是，事件的起因是系统技术缺陷，调查没有发现公司及相关人员组织、策划、促使这一事件发生的证据。根据《证券法》《期货交易管理条例》和中国证监会执法实践，因突发事故导致相关证券、期货价格和交易量异常波动的，不构成操纵市场。

五、光大证券乌龙指事件进一步思考

（一）积极研究完善相关风险的前端防控制度

此次事件中，市场对于交易所为何没有对券商自营席位交易数量、金额进行前端控制也颇有疑问。对此，上交所表示，从境外经验看，几乎所有交易所都不对证券交易进行前端控制。而中国证券市场的情况有所不同，由于实行一级证券账户体系，交易所和登记结算公司掌握投资者的证券数据，故交易所和登记结算公司在卖出证券上增加了前

端控制机制。同时，根据现行证券法的规定，投资者的资金实行第三方存管，因此证券买入的前端控制，由掌握投资者资金信息的证券公司和存管银行负责。此外，登记结算公司建立了最低结算备付金制度，要求证券公司缴存结算备付金，并在交易结束后的次日缴足结算资金，以完成交易的交收。因而，不能简单地认为证券公司的自营交易是"超额买入"或"信用交易"。

虽然交易所市场监察系统具有相关交易预警指标，能及时发现异常交易，但毕竟是在交易达成后，只能进入事后处置环节，无法进行有效预防。为此，上交所将在监管机构统筹组织下，积极研究完善相关风险的前端防控制度和措施。

（二）对交易所的运营与监管的思考

对于市场比较关心的光大证券是否借 ETF 卖股票的问题，上交所发言人表示，通过对光大相关证券账户进行的重点监控，截至 2013 年 8 月 23 日收盘，相关账户未有减持行为。发言人进一步表示，通过该事件，上交所结合市场的意见和建议，对交易所的运营与监管也做了一些思考，加深了相关认识：第一，交易所的市场运营以法律、规则为导向。第二，交易所的市场秩序以市场各方归位尽责为基础。第三，交易所的市场监管以强化事后追责为保障。第四，交易所的市场发展以效率与安全的平衡为目标。上交所将进一步加强和改进一线监管，不断完善监管制度和规则，进一步强化风险控制措施，确保市场安全有效规范运行。

六、案例使用说明

（一）教学目的与用途

（1）本案例主要使用于金融学、投资银行学等课程中关于证券公司的经营管理、内部监管和外部监管相关内容的教学。

（2）本案例主要正对金融学术硕士生、金融硕士生、MBA、EMBA 学员和企业培训人员及经济类、管理类专业的本科生。

（3）本案例的教学目的是投资银行的经营管理和监管，通过对案例的分析和探讨，帮助学生理解和掌握以下知识点：①我国证券公司的经营风险；②证券公司的内部监管制度和外部监管制度。

（二）思考题

（1）为什么 2013 年 8 月 16 日光大证券乌龙指事件对 A 股市场产生重大的影响？

（2）光大证券在内部管理方面存在哪些问题？

（3）我国证券公司经营的外部管理主要有哪些？在光大证券乌龙指事件上的责任是什么？

（4）中国证监会对光大证券乌龙指的内部交易认定是否合适？

（5）你怎么看待中国的投资银行与国际接轨的问题。

（三）角色扮演

证监会、证券交易所、法院、徐浩明、杨赤忠、沈诗光、杨剑波、梅键等投资人

讨论：光大证券在乌龙指事件中是否应该承担民事责任？

参考文献

［1］中国证监会．光大证券异常交易事件的调查处理情况［EB/OL］．中国证券监督管理委员会网站，http：//www. csrc. gov. cn/pub/newsite/jcj/aqfb/201310/t20131014_236116. html，2003.

［2］谢卫群．上交所：光大乌龙指事件不临时停市出于三点考虑［N］．人民日报，2013－08－26.

（撰稿人：彭东慧）

郁南县农村金融扶贫案例

随着中国30多年的经济社会高速发展，农村贫困人口稳步减少。中国社科院和国务院扶贫办联合在京发布的《中国扶贫开发报告2016》（扶贫蓝皮书）指出，中国减贫对全球贡献卓越，农村贫困人口从1978年的7.7亿人减少到2015年的5575万人，减少了71464万人。2013年11月，习近平指出“精准扶贫，就是要对扶贫对象实行精细化管理，对扶贫资源实行精确化配置，对扶贫对象实行精准化扶持，确保扶贫资源真正用在扶贫对象身上、真正用在贫困地区”。贺雪峰（2017）认为贫困本来就是一个不断发生的过程，中国过去几十年在缓解贫困上取得巨大成就，主要靠的不是政府扶贫工作，而是制度建设的成果，包括市场经济制度的建立。

金融是经济的血液。然而农村贫困地区往往存在金融服务不足的问题。党的十八大以来，我国一直强调要通过金融扶贫创新，整合金融扶贫资源，推动更多金融资源向农村倾斜。打造“信用+契约”制度格局。扶贫制度“无偿”与“馈赠”，是普惠金融阶段农村金融扶贫发展的重大难题。

2009年广东省郁南县试点农村金融改革，通过构建县级综合信用平台，在试点农村推动信用村建设，通过农村金融扶贫方式落实“双到扶贫”，取得了显著成绩。

一、郁南县农村金融扶贫介绍

广东省郁南县位于广东省西部，是山区县、沿江县，辖区面积1966.2平方千米，县城都城镇沿西江而建，东距省城广州290多千米。截至2015年末，全县辖15个镇，户籍人口53.37万人，其中农业人口45.29万人，是典型的以从事种养业为主的山区农业县。2008年统计，郁南县贫困户占比超过8%。同年，郁南县全部金融机构存贷比仅为36.7%，涉农贷款余额为12.42亿元，其中农户贷款余额仅为5.91亿元。

农村要发展生产，摆脱贫困，需要资金，但金融机构对于往往没有什么抵押资产的农村市场缺乏支持。根据调查显示，郁南县80%的中小企业、个体户、农户认为贷款难。20世纪90年代以后，农信社的信用贷款大幅减少；2003年后，开始少量发放；2005~2006年，发放数额稍微加大；但到2007年，出现一些不良贷款，又马上收窄贷款权限；2008年起，广东省要求加大金融支农力度，通过信贷员下乡了解情况，发放少量信用贷款。2000~2008年郁南全县信贷年均增长2%，2008年全县的存贷比为

36.7%，远低于全省和全国的平均水平。农民从正规金融获得的金融服务很难，只能从非正规金融渠道获得资金。

广东省委办公厅和省政府办公厅2009年联合下发了《关于新时期我省扶贫开发“规划到户、责任到人”的实施意见》（以下简称《实施意见》），《实施意见》提出，金融部门要加大支持贫困村建设和贫困户发展生产的扶持力度；实施小额贷款扶贫政策，逐步放开小额贷款规模，完善实施办法，提高扶持效果。2009年3月，郁南县委、县政府成立实施金融扶贫工作领导小组，启动了农村金融改革发展综合试点工作，围绕“政府统筹、人行指导、部门联动、多方参与、共建共用”原则，力促以农村信用体系建设为核心的农村金融服务平台建设和金融改革创新试点工作，全力“组建一个平台、创新两套模式”，为郁南全县金融扶贫工作提供了制度和组织保障。

经过不断的探索实践，郁南县的金融扶贫和金融创新取得了较好成效。一是有效解决了贫困农户发展经济的资金需求。通过金融扶贫基金担保，为贫困户发放小额担保贴息贷款，解决贫困户购买种子、种苗、肥料、饲料、农药等生产资料的资金需求，加快脱贫致富步伐。2009年投入各项扶贫资金4716.37万元，被帮扶的贫困户有44.27%达到脱贫标准，有2004户获得金融扶贫支持，金额1579万元，覆盖率44.56%。二是破解了农户贷款难问题。郁南县通过开展信用户建设，加强农民的金融信用意识，农户贷款比率大幅提高。2009年全县新增小额贷款农户达到11945户，同比增长80.5%；2010年上半年，新增2881户，同比增长51.7%。农户贷款平均额度由1.8万元上升到3.6万元，全县农户贷款覆盖率达到25%，累计有45%的农户得到过银行贷款，占需要贷款农户的58%。2010年上半年全县农业总产值同比增长7.2%，农民人均纯收入增长11.86%。三是农村信贷为县域经济发展注入了新活力。全县4181户贫困户，2011年人均纯收入达到2500元以上，脱贫率达100%。村集体经济实现了稳定增收，23个贫困村的村集体收入平均达7.1万元。

二、郁南县金融扶贫经验总结

1. 金融扶贫信用平台建设：创设县级综合性征信中心平台，打造信息对称的金融环境

一般正规金融认为，穷人没有可供抵押的实物资产，因此无法获得金融机构贷款。而尤努斯所建的格莱珉银行通过5人小组的信用担保贷款，还款率达98.89%。格莱珉银行的成功说明，贫困人口可以通过信用担保获得贷款，而且在有效的激励约束下，信用贷款的银行风险是可控的。因此，在农村金融市场建设中，信用体系的建立尤为重要。为了准确掌握农户借款人全面、真实、有效的信用信息，实现政府各部门之间以及政府部门与银行之间的信用信息共享，2009年4月，郁南县创建广东省首个县域综合性征信中心——郁南县征信中心。农户非银行信用信息查询系统已100%采集全县农户的户籍、违法记录等信息以及首个信用村农户经济及社会评价信息。通过郁南征信网，可实时查询到该县企业、个体户、农户的非银行信用信息，实现地区社会信用信息

共享。

“征信体系建设”是一个从无到有的过程。2009 年 6 月，由郁南县委牵头，中国人民银行云浮中心支行协助，联合郁南县人民法院和工商、税务、公安、国土等部门建成了两套系统“郁南县企业非银行信用信息查询系统”和“农户非银行信用信息查询系统”。在系统所依托的县征信中心，人们可直接查询全县企业和个体户及农户的信用信息。即“一个平台、两套模式”为金融扶贫打造了信息对称的金融环境。

2. 构建农村信用体系：创建信用村、信用户

征信体系具体运用到农民贷款，则依托两套系统“郁南县企业非银行信用信息查询系统”和“农户非银行信用信息查询系统”的制度创新信用村建设。2009 年 6 月，在政府的统筹下，郁南人民银行引导金融机构率先在该县桂圩镇勿坦村启动信用村、信用户建设试点。明确信用村、信用户的创建标准、信用等级评定方式，成立由金融机构信贷员、村干部、党员代表、村民代表四方组成的信用评定小组，按优秀、较好、一般、较差四个等级灵活开展评分，对不同级别信用户实行区别授信额度，对信用等级较高的农户直接给予无抵押授信，简化农户小额信贷手续，使农民便捷获得贷款支持。截至 2010 年 9 月底，全县已有 18 个行政村被评定为信用村，3027 户农户参与信用等级评定，其中被评为较好以上等级的农户 2485 户，评级后对有贷款需求的 563 户信用户授信 1287 万元，全县 327 户信用户凭个人信用获得金融机构信用贷款支持，发放信用贷款金额 646 万元。而在实施金融扶贫前，农民贷款难，贫困户贷款则基本上是不可能的，郁南全县 4497 户贫困户未有从银行得到贷款的经历。农村信用体系建设为郁南县金融机构带来了新契机，信用环境的逐步改善也使得郁南县金融机构经营效益大幅提高，缓解了金融扶贫资金的供给不足问题。

3. 创新金融扶贫信用服务模式

郁南县在金融扶贫中，坚持政府领导，人行主导，金融机构参与，地方组织配合，将诚信环境建设与经济发展、群众生活条件相结合的原则，取得了良好的社会效果。在政府的协调和推动下，农村信用体系、产业发展平台和农村资产流通平台建设为充分发挥市场机制提供良好的金融生态环境，充分调动了市场参与主体的积极性，共同实现地方经济社会环境的全面发展。

首先，设立金融扶贫担保基金。通过募集对口帮扶单位支持基金和社会捐助资金等方式，成立金融扶贫担保基金，用于对扶贫对象提供担保和贴息。2010 年 6 月，郁南县经多方筹集，募集扶贫担保基金 1000 万元。郁南县农信社在按照基金 5 倍的金额向全县贫困农户整体授信 5000 万元的同时，对贫困农户贷款按季贴息 90%，以减轻贫困农户还贷负担。其次，郁南县金融机构通过创新动产贷款业务、订单农业贷款业务等方式，帮助缺乏合法有效抵押担保物、信用度不足的贫困户及时获得贷款。

4. 扶贫担保基金小额贷款产品创新

为化解贫困户因缺乏抵押担保而难以融资创业难题，郁南县首创“扶贫基金小额担保贷款”金融产品。扶贫基金采用小额担保贷款机制实施金融帮扶，以“自愿申请、严格审批、基金担保、按时付息、到期归还”原则，由政府扶贫办主导、市场化运作。基金来源于财政投入、对口帮扶单位支持和社会捐助资金等，与对口帮扶郁南的东莞市茶山、石排、厚街 3 镇及市直单位设立 11 个“规划到户、责任到人”的“双到”金融

扶贫基金专户。基金分为两个部分：扶贫担保基金及扶贫贴息基金。其中，扶贫基金专户资金的85%为担保扶贫贷款基数，15%用于扣划扶贫贷款利息。当扶贫贴息基金专户余额不足以扣划扶贫基金担保贷款90%的利息时，由担保基金专户划转资金补充，发放贷款总额不超过基数5倍；单户申贷额度不超过2万元，期限最长为3年。贷款只能用作种养等生产经营性项目、生产工具购买、加工储运、贸易流通、助学及职业技术培训等。贷款利息由扶贫贴息基金贴息90%，贫困户承担10%，按季付息，到期还本。按同样运作方式，郁南还设立50万元妇女创业基金，为农村妇女提供小额担保贷款和贴息支持。

5. 行政指令与信贷管理相结合，创建金融扶贫正向激励机制

对信贷总量、信贷增量和信贷结构达到考核要求的金融机构进行奖励和补偿，提高金融机构对“三农”贷款投放的积极性。同时，由农信社提取专项资金，对在考核期内按进度完成贷款发放任务且不良率控制在10%以下的信贷人员实行奖励；对向贫困户发放的不良率在10%以下的贷款不启动责任追究和扣罚程序。

扶贫“双到”的概念是由广东省在中国扶贫计划中创造出来的，具体是在扶贫工作中要规划到户，责任到人。郁南县通过金融扶贫，破除贫困人口“等、靠、要”的懒惰思想，建立自我发展信心，树立勤劳致富观念。从整体上看，郁南扶贫工作成效显著，已由以往“输血式”扶贫转变为“造血式”扶贫。特别是通过实施金融扶贫和全面对接合作帮扶，推进了扶贫开发的深入开展，顺利通过省、市的考核，走出了一条具有郁南特色的扶贫开发新路子。

三、案例使用说明

（一）教学目的与用途

（1）适用课程：农村金融学、发展经济学。

（2）适用对象：金融专业硕士、金融学术硕士。

（3）教学目的：本案例总结了郁南县试点农村金融改革以来，通过设立县级综合信用平台，构建信用村等途径，改善农村金融生态环境；通过农村金融扶贫取代以往政府财政扶贫，树立贫困农户自我发展、勤劳致富的观念，大大改善郁南县贫困农户的经济状况。郁南县金融扶贫的成功经验，对实施广东省提出的“双刀”扶贫有很好的借鉴意义。

（二）案例思考题与分析思路

（1）思考题：为什么贫困农户难以获得正规金融服务？

分析思路：①贫困户无抵押资产，按照传统的做法很难获得正规金融的贷款。②金融贷款的使用成本高抑制了贫困农户的贷款需求。

（2）思考题：为什么农村信用体系的建立需要政府的协调？

分析思路：①必要性：信用平台是公共物品，有利于解决信息不对称问题。②可行性：农村信用体系建设涉及的部门很多，单一机构（如银行）无法。

其他思路：①信用体系的建立一方面有利于金融机构合理配置资源，规避风险，另一方面也有利于政府的长期治理。②信用村的各项指标设定有利于村民争取评价自身的状况，明确改进的方向。

（3）思考题：政府如何诱导金融资源向农村倾斜？

分析思路：①传统的政府扶贫主要通过财政补贴，一方面，大大增加了政府的财政负担，另一方面导致贫困农户“等、靠、要”形成心理。通过诱导金融市场资源向农村倾斜可以弥补财政补贴扶贫的缺点。②分析金融机构不愿意向贫困人口提供贷款的原因：信息不对称与风险。③农村金融供给侧方面：政府诱导金融资源向农村倾斜需要完善农村金融生态环境，为金融机构开展金融扶贫提供通过信息对称的金融环境农村金融市场环境。④农村金融需求侧方面：政府向农户提供贴息服务，降低农户使用贷款的成本，拉动农民对金融资源的需求。

（三）理论依据

1. 公共产品理论

萨缪尔森的定义：纯粹的公共产品是指这样一种产品，即每个人消费这种产品不会导致别人对该产品消费的减少。纯公共产品的基本特征：

（1）非竞争性：某人对公共产品的消费不排斥和妨碍他人同时享用，也不会因此减少他人消费该种公共产品的数量和质量。

（2）非排他性：在技术上无法将那些不愿意为消费行为付款的人排除在某种公共产品的受益范围之外；或者在技术上虽然可以排他，但排他的成本很高，导致经济上不可行。

（3）效用的非可分割性。公共产品是向整个社会共同提供的，具有共同受益或联合消费的特点。

2. 政府职能理论

政府职能也叫行政职能，是指行政主体作为国家管理的执法机关，在依法对国家政治、经济和社会公共事务进行管理时应承担的职责和所具有的功能。它体现着公共行政活动的基本内容和方向，是公共行政本质的反应。公共产品的特性导致了对其供给的稀缺；因而只能依靠政府出面组织生产和供应才有可能得以解决，这是政府职能的基本依据。

政府是第一部门，又称公共部门，有资源配置、收入分配、宏观调控三大主要职能。①资源配置职能，由中央和地方政府按照公共品的范围或税收对象特征等因素分别承担；②收入分配职能，由中央政府承担，因为如果收入分配职能由地方政府承担，首先地方政府缺乏动力，其次会造成地方政府之间的竞争，加剧地区之间的经济不平衡或贫富差距；③宏观调控职能，由中央政府承担，因为地方政府对宏观经济环境与要素把握有限。

3. 贫困理论

按照联合国对贫困的定义（UN，1998），贫困是对人的选择和机会的否定，是对人格的侵害。贫困意味着缺乏有效地参与社会的基本能力、没有足够的食物和衣物维持温饱、无法享受基本的教育和医疗服务、没有权利、被排斥在群体生活之外。根据世界银行2000年发布的《世界发展报告》对贫困的定义（World Bank，2000），贫困是指福利的被剥夺状态。那么，福利被剥夺的含义又是什么呢？报告指出：贫困不仅指物质的匮乏，而且还包括低水平的教育和健康。除此之外，贫困还包括风险和面临风险时的脆弱性，以及不能表达自身的需求和缺乏参与机会。

经济学视角认为，贫困是个人或家庭没有足够的收入满足其基本需要，即收入贫困。发展学从Sen的“能力说”角度出发，认为贫困是个人或家庭的基本可行能力不足，即能力贫困。社会学视角认为，贫困是一种排斥现象，是个人或家庭被排斥在经济活动、社会活动和政治活动之外，即权利贫困。心理学视角认为，贫困是依赖福利、懒于工作的状态，形成一种强烈的宿命感、自卑感和无助感，即心理贫困。

（四）案例拓展讨论

（1）讨论：进入郁南县农村金融市场的金融机构主要是农村信用社，金融扶贫资金仍然不足，如何进一步吸引金融机构进入农村金融市场？

分析思路：①健全农村的投资环境。②进一步完善农村贷款担保制度。③完善农业保险制度。

（2）讨论：郁南县金融扶贫担保基金制度是否具有可持续性？

分析思路：①形成长效的扶贫担保基金募集制度。②促进农业保险市场的发展。

参考文献

［1］李培林，魏后凯. 中国扶贫开发报告2016（扶贫蓝皮书）［M］. 北京：社会科学文艺出版社，2016.

［2］贺雪峰. 中国农村反贫困问题研究：类型、误区及对策［J］. 社会科学，2017（4）：57－63.

［3］邢琳. 农村金融扶贫要帮到点子上［J］. 人民论坛，2017（19）：76－77.

［4］初昌雄. “双到”扶贫中的金融创新——“郁南模式”及其启示［J］. 广东农业科学，2012（3）：204－206.

［5］尤努斯. 穷人的银行家［M］. 北京：生活·读书·新知三联书店，2015.

［6］张乐柱. 小额信贷“郁南模式”的制度性解析——农村金融改革发展新探索［J］. 学术研究，2011（1）：91－98.

［7］徐诺金. 从郁南模式看信用体系建设的社会管理功能［J］. 征信，2013（1）：17－21.

［8］黎永红. 脱贫率达到百分之百的“秘诀”——郁南县人大常委会专题审议扶贫开发“双到”工作［J］. 人民之声，2013（Z1）：103.

（撰稿人：彭东慧）

大学生返乡务农融资行为研究：兼对新型农业经营主体发育的思考

目前，我国正处在社会经济转型的关键期，面临国际农产品市场的低价冲击，国内农业生产资源与环境、政策约束条件的不断恶化，以及城镇化进程不断推进。如何通过农村自身的资源与人力资本解决“三农问题”与“新型城镇化问题”，是实现农业转型升级与经济社会稳定发展的关键。为实现传统农业向现代农业的转型，国家出台了一系列的惠农支农政策，强调培育与扶持新型农业经营主体，并配套相应的农地产权制度改革，助推农业适度规模化与现代化经营与产业融合过程。

无论是种养殖大户、农业龙头企业还是农民专业合作社，新型农业经营主体要发挥促进农业发展的功能，都需要一个熟悉农业实际生产，了解农户经营心理的农村精英。而这样的精英除需要具备以上天然优势外，还应具有较高的技术素质与管理能力，农村户籍大学生往往是优中之选。在“大众创业、万众创新”的时代背景下，相比在大城市进行创新创业，农村户籍大学生往往面临成本高、风险大、缺乏社会资源等一系列问题，而选择到自己熟悉的家乡进行创业已成为其提升自身价值，并融入促进新型城镇化进程的一项重要选择。然而，我国农村金融市场发展仍不完善，农业生产又天然的具有高风险性与周期性，想要带领乡亲们改变低效率与低附加值的农业生产经营现状的急迫愿望在创业初期极为艰难。

基于此，有必要从具体的大学生返乡务农实践的典型案例出发，研究其在返乡务农过程中逐渐结合自身的社会资源与技术观念优势，通过投资新型农业经营模式，提高农业生产效率、促进农户增收，以及在此过程中的融资渠道选择与所在地政府形成的良性互动与金融支持模式。这对深刻理解农业生产经营过程中的投融资问题，总结相关经验，促进农村金融有效供给具有重要现实意义。因此，下文将结合去往辽宁省海城市温香镇马倩蔬菜专业合作社的典型调研案例展开分析。

一、马倩蔬菜专业合作社的基本概况

辽宁省是重要的北方蔬菜供应地，更是省内大城市与京津冀等地区的主要蔬菜供应来源地。辽宁基于其夏天相对凉爽的气候条件，有着丰富的生产越夏蔬菜的历史与经验基础。近年来，由于农业生产技术与生产条件的不断优化，设施蔬菜的生产因其相对风险小、连续种植单位收益较高的优良属性，逐渐吸引了全国各地主要蔬菜生产区域农户的注意。结合山东的设施蔬菜种植经验，辽宁省海城市附近地区种植露地蔬菜的农户也开始逐渐萌生了这种投入资金来改造成设施农业的生产积极性。2013 年，农业部为保障北方省份的蔬菜自给率，将辽宁省作为 8 个试点省份之一，大力推进设施蔬菜生产。

温香镇位于海城市西北部 27.5 千米处，素有辽南地区著名的“鱼米之乡”的美称。目前，其日光温室生产已初具规模，全镇已有 1.8 万亩旱田被开发为日光温室生产基地，成为鞍山地区较大的冬菜生产销售集散地，产品畅销东北三省。马倩蔬菜专业合作社就位于辽宁省海城市温香镇，合作社的理事长马倩 2008 年毕业后看到很多同学通过自己的努力，开创了自己的事业，过上了富裕的生活，她也萌生了自己创业的想法。

温香镇是传统的设施农业乡镇，很多群众靠棚菜生产走上了致富道路。通过考察，她觉得这一传统产业还有很多潜力可挖，只要注入新的生产技术和经营理念，就会发展成为前景广阔的朝阳产业。于是她说服父母，辞掉了鞍山的工作，回乡创业。

回到老家后，亲属们、村民们起初都不能理解。创业初期需要大量的原始资金输入，因为没有固定资产作为抵押，她需要自寻门路、跑贷款、找亲戚，自筹资金达 80 万元，并协调当地农民承包土地 120 亩，开始建设温室大棚 20 栋，主要生产茄子、辣椒、芸豆等五个品种的蔬菜。尽管初始投入较大，但由于种植的蔬菜质量不是很好，并卖不上好价钱。马倩通过调查研究，虚心请教，发现地温低和湿度大是造成蔬菜品质不好的“元凶”。于是她开始上网查阅相关的设施种植技术资料，并向农技专家咨询，利用秸秆反应堆增加地温，改善蔬菜的品质。在实践中，她发现是冬天大水漫灌导致温室大棚的湿度大，人工放风又控制不好温度，容易滋生一些病菌，致使蔬菜产量下降。为解决这些问题，她引入滴灌技术和智能温控器技术，不仅蔬菜的产量没有下降，品质还提高了，减去引入新技术设备的费用，当年就获利 20 万元。

同时，蔬菜的品质上来了，价格提升了，当地村民在当初的疑虑也被一同打消。2010 年，马倩牵头成立了海城市马倩蔬菜种植专业合作社，自任理事长。“合作社是大家的，社员才是真正的主人，社员的利益高于一切”成为合作社一直坚持的宗旨。据调研，截至 2014 年底，由马倩在 2010 年牵头成立的海城市马倩蔬菜种植专业合作社已经从 5 家农户发展到如今的 108 户，现在当地村大棚已有 500 多座，年收入达 500 多万元。在团市委、市青联的推举下，马倩已成为辽宁省青联委员候选人。

这种投入资金于新技术的采用，让马倩意识到了资本深化与科技进步给农业生产带来的重大机遇。她发展现代棚菜产业不再是靠天吃饭，而是要靠技术吃饭。为了学习最先进的蔬菜种植技术，她先后到沈阳农业大学、辽宁农业职业技术学院、辽东学院等院校进行专门进修。她还参加了全国妇联在山东寿光举办的全国巾帼科技辅导员培训。

现在，合作社社员所生产的设施蔬菜品质已经得到科技投入的有力支撑。合作社采取科学蔬菜种植方法，普及秸秆反应堆、滴灌、温控等先进技术和设备的应用，帮助社员筛选蔬菜新品种，高效节能日光温室技术，蔬菜高效立体栽培技术，肥料处理和科学施肥技术，病虫害综合防治技术，嫁接栽培技术得以应用。为进一步扩大合作社的知名度，进而拓宽拓深合作社生产的设施蔬菜的销售渠道与附加值，她还计划把无公害蔬菜升级到绿色蔬菜，打造品牌，使农产品尽快进入无公害专柜及超市，实行农超对接。

二、当地政府对合作社发育的金融支持与良性互动

连续几年的调研见证了马倩蔬菜专业合作社的不断发展，其在老乡们中积累的声誉以及在产后销售市场中的地位，同时也发现当地政府在各个阶段给予其金融、补贴等方面支持的政策机制逐渐完善的过程。

马倩刚毕业返乡创业时，当地政府逐渐注意到其在带动当地农业发展、农民就业等方面的潜力，从开始技术培训指导、组织跨地生产技术与经验交流到销路推荐，再到金融补贴政策上的支撑的不断深入，形成了良性互动机制。

（一）当地政府金融支撑的目标定位

2016 年，海城市人民政府办公室印发了《海城市农业贷款“风险资金池”扶持新型农业经营主体贷款实施意见》① 明确提出为加快海城市国家现代农业示范区建设，适应新型农业经营主体“一无（无担保）、四有（有适销对路农产品及明确的销售对象、有稳定的现金流、农业龙头企业有健全的财务会计核算及正常的纳税记录）”的实际需求，充分发挥财政资金杠杆作用，按照农业部关于财政资金撬动金融资本试点要求，参照江苏省南京市的成功做法，由市农村经济局和金融机构发挥政府财政资金和商业金融资本的资源优势，在全市范围内合作开展农业贷款“风险资金池 + 农村产权抵押”（简称“惠农贷”）业务，按照市场方式运作，着力缓解融资难、融资贵问题。

其主要目标定位于，通过“惠农贷”业务，即以海城市新型农业经营主体贷款风险补偿基金作为增信手段，按照与承办银行议定的放大倍数对符合条件的新型农业经营主体发放贷款，以便支持新型农业经营主体发展和精准扶贫工作中以较低成本、较便利手段筹措正常生产经营所需资金的信贷融资业务。

（二）金融支撑政策的管理模式

其资金管理中，定名为“海城市扶持新型农业经营主体贷款风险补偿资金池”（以下简称“资金池”）。资金池由市农村经济局发起设立，首期总额 2000 万元，全部使用国家农业部对海城国家现代农业示范区的奖补资金（2015～2016 年）。以海城市农用地储备流转中心名义在海城市农村信用社开立专用账户，建立风险资金池，实行专户专账管理，封闭运行。各合作金融机构按照 10 倍比例放大，计划提供总授信额度 2 亿元以上，市农村经济局按实际贷款余额，原则上按 10% 给予各合作金融机构匹配风险保证资金。如资金池不足，承办金融机构可与市农村经济局协商重新确定放大比例或由政府出资扩大资金池。同时，人民银行将加大对承办金融机构支持力度，向承办金融机构投放支农再贷款。首期设立的资金池计划合作期 3 年，2016 年保持资金池余额规模不低于 2000 万元。2017 年，国家农业部将继续拨付给海城市现代农业示范区财政奖补资金

① http：//www. haicheng. gov. cn/shownews. asp？ id =4190.

1000 万元，统一纳入资金池，加上资金账户存款利息，到 2017 年末，将形成超过 3000 万元的资金池，总放款额高于 3 亿元时，本级财政需注入资金扩大资金池规模。

首批承办金融机构为海城市农村信用社、农业银行等金融机构，主要用于农业新型经营主体抵押融资和精准支持农村贫困户融资保证，以后将会根据市场导向的原则，不断选择贷款利率最低、业务服务最好的金融机构作为承办银行。主要的融资特征如下：

（1）贷款用途。“惠农贷”贷款，主要用于南果梨的“提质增效”、设施蔬菜的“提档升级”、优质米的“提纯复壮”、畜牧小区的“升级改造”和农业第一、二、三产业融合项目。具体应包括农业基础设施建设、技术应用推广、购置农机设备、购买农业生产资料、新品种新技术引进（示范）、扩大种养殖规模、农产品深加工、农产品销售等农业生产经营和活动的贷款需求。

（2）支持对象。重点支持农业龙头企业、种植大户、家庭农场、实际生产经营型农民专业合作社、农业专业化服务组织等新型经营主体，打造现代农业爆发点。同时，支持精准扶贫工作，打造扶贫亮点。

（3）金融产品。主要有农村土地经营权 + 农业生产预期收益 + 农业保险抵押贷款业务；农村土地经营权 + 农业生产设施（大棚、养殖禽舍、气调库） + 农业保险抵押贷款业务；果树生产成本贷款即林地使用权 + 果树经营权 + 果树常年平均产值 + 保险融资业务；果园建设贷款即林地使用权 + 果树三年经营权 + 保险融资业务；用材林贷款：林地使用权 + 用材林所有权 + 保险贷款业务；薪炭林贷款业务；蚕场贷款业务；农机具抵押贷款业务；农产品保单贷款业务；农产品订单贷款业务；农商贷；扶贫贷。

（4）贷款限额。贷款额度根据借款人贷款实际需求、自筹资金和生产情况综合确定。原则上国家级农业龙头企业贷款额度控制在 1000 万元以内，省级农业龙头企业贷款额度控制在 500 万元以内，其他农业企业额度控制在 300 万元以内，且自筹资金比例不得低于资金总需求的 30%。

（5）贷款担保。贷款担保采取抵押担保 + 风险资金池保证担保方式。“惠农贷”贷款由借款人提供农业有效资产（含土地承包经营权、农业设施产权等）担保加风险资金池贷款提供风险保证担保。

（6）贷款期限。贷款期限应根据种、养殖生产的季节特点、生产经营周期和综合还款能力等因素灵活确定，最长期限控制在 36 个月以内。

（7）贷款利率。原则上按金融机构相应贷款利率低于 10% 标准执行。

（8）审批运作。“惠农贷”贷款实行“政府推荐、联合监管、公开公正、规范操作”原则，采取“六台一会”工作模式。具体做法包括：

融资项目准入平台，以农规会为项目准入平台，建立农业融资项目库；以扶贫办为扶贫贷准入平台，建立扶贫人员名册，精准扶持。

建立融资项目产权认定、发证平台。以海城市农村产权流转交易中心为平台，在农村土地确权登记颁证和林权颁证基础上，按《海城市农业设施发证办法》，对项目库的农业新型经营主体拥有的各类农村产权进行认定、发证，明晰农村产权权属，并以书面形式推荐到承办银行。

融资操作平台。以承办银行为平台主体，承办银行在接到农村产权流转交易中心推荐函三个工作日内做出是否受理贷款决定，不受理的说明原因，并协调好本系统内部机构，在十五个工作日完成用款户农村产权评估、保险等贷款操作流程，并完成借款合同、抵押合同签订工作。

抵押登记平台。以海城市农村产权流转交易中心为平台，按照相关法律法规，开展抵押登记。

监管平台。由农村经济局、承办银行等相关部门成立银政联席会，对每一笔贷款的前置审批、具体操作、贷后跟踪等环节实施动态监管，全程规范工作人员行为，同时组织对运行中出现的问题进行处理和相关便民流程进行改进。

资产处置平台。以海城市农村产权流转交易中心为平台，制定《农村产权交易管理办法（试行）》《农用地承包经营权流转交易规则（试行）》《林权交易规则》《农业生产设施交易规则》等一系列规范性文件，当农业贷款出现逾期时，依托农村综合产权交易中心，对抵押物进行公开处置，用于偿还金融部门的贷款本息，确保金融部门融资风险缓释。

信用评定协会。出台《海城市农业新型经营主体信用等级评定办法》，由人民银行指导，农经局具体实施，依据银行流水、经济往来信誉、银行贷款和信用卡偿还情况对农业新型经营主体进行全面评估，确定信用等级，作为融资贷款必要参考。

（三）金融支撑政策的风险管理

在风险的承担方面，“惠农贷”实行风险资金池资金补偿和承办银行风险共担机制。风险资金池承担有限风险，鼓励承办银行开展金融创新，为新型农业经营主体量身定做需要金融产品的风险保证方式，探索土地承包经营权、农机具所有权、农业设施所有权、订单、保单、仓单、林权、荒山滩涂使用权、农业预期收益等作为质押的弱抵押、弱担保的创新金融产品，解决农业领域长期缺乏有效抵押物、担保物的制约因素，打通银行审贷关。

贷款出现欠息或本金逾期，或发生借款合同约定的其他违约事项后，经承办银行催收在75天内仍无法收回的，由基金在15天内按违约金额的50%先行垫付，最多单笔不超过100万元。

“惠农贷”贷款出现违约，承办银行应根据不良贷款管理要求，按约定或经法院依法诉讼程序，对抵押物在海城市农村产权流转交易市场进行公开拍卖，拍卖所得资金首先用于偿还资金池垫付资金。

对于坏账，当违约率低于5%（含）时，基金按照坏账金额的80%进行代偿，其余损失由承办银行承担；当违约率超过5%时，对超出5%部分的坏账金额，基金按照金额的20%进行代偿，其余损失由承办银行承担。

在绩效管理方面，承办银行每季度向市农经局报送基金运营情况汇报；每年1月15日前，提供上一年度（上年1～12月末）基金使用情况的报告。银政联席会可委托第三方中介机构，对贷款客户情况、基金使用情况、投资收益情况、风险垫付、贷款损失等进行专项审计及绩效评价。

三、新型农业经营主体发育与融资渠道转变

（一）创业初期的非正规金融渠道

在农业发展过程中，尤其是倡导农村三产融合的大背景下，资金已经成为一个重要的约束因素。新型农业经营主体在发育初期，尤其容易面对筹资难，周转难的金融投资等问题。马倩蔬菜专业合作社在发展初期也面临同样问题。此时，非正规金融成为其迅速融资，看准机会发展新型农业生产经营的重要途径。

农村地区原本就相对城镇缺乏正规金融资源，随着四大银行的商业化改革，许多营业网点从农村地区逐渐撤离，更是雪上加霜。加之农业生产的高风险性与自然周期性，面临的道德风险很大，因此，很少有正规金融机构愿意在新型农业经营主体发育初期给予贷款支持。这时，非正规金融则成为农业生产资金供给缺口的重要补充，伴随着创业初期的发展过程。从农村熟人社会的角度看，熟人信任代替信用，成为判断农村金融的需求方能否成功借贷、低利息借贷甚至是否具有借贷可持续性的天然指标。在民间借贷的三种形式，即友情借贷（无利息）、灰色借贷（中等利率）和黑色借贷（较高利率）安排上，就能充分体现熟人社会在对抗信息不对称的交易成本与道德风险的重要规则。

但是，随着马倩蔬菜专业合作社这类新型农业经营主体的不断发育，对于资金需求也在不断扩大。此时，非正规金融由于大多缺乏正规组织形式、良好的运作机制与有限的监管与风险控制，若仍以此作为主要的融资渠道，则很容易不断累加风险，大大降低非正规金融的效率。

（二）创业成熟期的正规金融渠道

在上述案例中，当马倩蔬菜专业合作社逐渐发展壮大起来，再加上“三权分置”搞活经营权的改革，使得其能够通过农地经营权的抵押获得正规金融机构的贷款支持。同时，海城市政府也配套出台了“惠农贷”的“风险资金池＋农地经营权抵押”贷款的平台与较为完善的政策安排。当地政府将奖补资金作为风险资金池，对符合要求的新型农业经营主体进行增信与保证金服务，并借助“三权分置”中放活农地经营权的政策导向，撮合当地农村信用社与农业银行等金融机构承担此次农地经营权抵押贷款服务，两种机制共同作用于马倩蔬菜专业合作社这类创业已经进入成熟、成功期的新型农业经营主体提供更加强有力、有组织化的配套融资服务。

四、进一步思考：新型农业经营主体的成长路径

农民专业合作社是在解决我国传统小规模细碎化与低效生产向适度规模化与现代化

农业转型主要承载者——新型农业经营主体之一，大学生返乡创业，结合自身在农村这种熟人型社会的威望、耳濡目染的务农经验以及先进的高等教育下的新观念、新技术的素质储备，是推进我国农业现代化发展的关键抓手。由本案例分析可知，新型经营主体的经营模式创新，一定程度上提高了农业经营的效率与效益，但却加大了农业生产者风险以及投融资需求。因此，在农业风险性与弱质特性作用下，非正规金融市场为新型农业经营主体在发展初期的投融资需求提供了有力支撑，而随着新型农业经营主体的不断发展、壮大，引进新技术等更多配套资金缺口会带来更大的资金需求，此时，需要正规金融渠道的畅通得以实现组织的进一步发展与成长。

另外，由于农业生产风险的不确定性，需要政府的金融政策和财政补贴支持。而政府在新型农业经营主体发展过程中，也起到了重要的融资中介作用。既包括合理利用农业补贴政策资金为新型农业经营主体的信贷活动提供增信保障服务，也包括结合国家农地产权制度，帮助其通过农地经营权抵押方式获得正规金融机构的贷款。

五、案例使用说明

（一）教学目的与用途

（1）适用课程：农村金融、小微金融。

（2）适用对象：金融专业硕士、金融学术硕士。

（3）教学目的：本案例梳理了马倩蔬菜专业合作社的发展历程、与政府的良性互动及其融资渠道转变过程，充分分析与揭示了返乡务农的大学生带领的新型农业经营主体在发育的不同阶段中，所面临的不同投融资需求以及相应的合理融资渠道，以及当地政府在服务新型农业经营主体的模式与方式。为我国农业经营模式创新与转型调整的模式提供一个典型的借鉴。

（二）案例思考题与分析思路

（1）思考题：大学生返乡创业（务农）对提升农业竞争力的优势与作用？

分析思路：①返乡大学生不仅在农村这种熟人型社会的威望、耳濡目染的务农经验以及先进的高等教育下的新观念、新技术的素质储备，是推进我国农业现代化发展的关键抓手。②形成适度规模经济，引导科技要素的投入，提高农业产出效益。

（2）思考题：大学生返乡创业形成的新型农业经营主体在各阶段的融资需求特点与相应合理渠道？

分析思路：①在创业初期，对投融资的需求相对较小且分散，主要通过非正规金融方式筹集得到。②在创业成熟期，对投融资的需求相对较大且集中，主要通过政府介入的正规金融机构获得支撑。

（3）思考题：此案例中，当地政府在新型农业经营主体的融资过程中扮演的角色？

分析思路：①政府在新型农业经营主体发育的不同阶段给予支持的方式。②政府结合农业补贴与农地产权制度政策，为新型农业经营主体增信，并撮合正规金融机构向其提供贷款支持。

（三）理论依据

（1）农业的弱质性。农业的弱质性一方面体现在其生产的高风险性上，另一方面体现在农户在农产品市场上的弱势地位。前者指由于农业风险单位（即一次风险事故所造成的损失范围）发生频率高、概率大，造成的损失规模大且难以分散，同时具有伴生性和明显的区域性，严重阻碍农业发展。后者指“小农户，大市场”背景下的农产品产值很难得到有效保障。因此，必须建立一个长期有效的农业风险分散机制来分散和转移农业风险，并需要政府各种形式的有效介入，来缓冲可能由于农业经营规模的扩大而被传导集中的风险。

（2）信息不对称理论。信息不对称理论中的两个核心问题，即逆向选择和道德风险。新型农业经营主体的融资行为，无论是创业前期的少量分散性融资行为，还是创业成熟期的大量集中性资金需求，都在一定程度上面临着信息不对称的困扰。伴随契约的出现，必然会有机会主义行为的产生。机会主义（或者说投机）假设是指人具有随机应变、投机取巧为自己谋取最大利益的行为倾向，包括事前机会主义行为（逆向选择）与事后机会主义行为（道德风险）。机会主义行为必然会给农村金融机构带来新的风险，因此，在新型农业经营主体发育的初期需要农村非正规金融的及时补充，以及政府在后期融资的增信机制。

（3）熟人社会理论。熟人社会，更通俗地讲就是“小圈子”社会，是在20世纪由费孝通在《乡土中国》提出的概念。一般是指人与人之间有着一种私人关系，人与人通过这种关系联系起来，构成一张张关系网。往往在现代社会中，由于社会变迁，在越来越大的社会空间里，人们成为陌生人，由此法律才有产生的必要，而在农村社会中，往往存在非正规的社会排斥的制裁机制。因为只有当一个社会成为一个“陌生人社会”的时候，社会的发展才能依赖于契约和制度，人与人之间的交往才能通过制度和规则，建立起彼此的关系与信任。契约、制度和规则的逐步发育，法律就自然地成长起来。

（四）案例拓展讨论

（1）讨论：一般新型农业经营主体融资的渠道包括哪些？

分析思路：①凭借个人信用在熟人社会的非正规金融机构筹集资金。②以农地经营权的抵押与政府的配套增信获得正规金融机构融资。

（2）讨论：正规金融与非正规金融机构在农村金融发展中的结合点。

分析思路：①正规金融机构资金雄厚，但通常不会雪中送炭；非正规金融机构在熟人社会的信息不对称的风险较小，但资金量有限。②若两者能取长补短，建立合理的机制，集中服务农村与农业发展，则是更好的选择。

参考文献

［1］何广文，李树生．农村金融学［M］．北京：中国金融出版社，2008.
［2］沈鑫泉．大学生回乡创业与地方企业互动研究［J］．中国青年研究，2014（6）：87－90.

（撰稿人：董莹）

普惠金融扶贫：贵阳乌当农商行案例

一、贵阳乌当农商行的发展历程

（一）贵阳乌当农商行的改革历程

贵州省农村信用社联合社（以下简称省联社）经中国银行业监督管理委员会批准于2003年12月30日成立，是具有独立企业法人资格的地方性金融机构。省联社成立以来，坚持立足县域，服务“三农”、服务社区、服务中小微企业的市场定位，秉持“根在农村、命在农业、情系农民”的经营理念，不断加强信息科技建设、内控制度建设、企业文化建设和员工队伍建设。贵州省联社在贵州省政府的授权范围内，对县（市、区）农村信用合作联社（农村商业银行）履行“指导、协调、服务、管理”职能。贵州省辖50家县联社、34家农村商业银行，乌当农商行就是其中之一。

贵阳乌当农商银行全称是贵阳乌当农村商业银行股份有限公司，是经中国银行业监督管理委员会贵州监管局批准，由贵阳市原乌当区农村信用合作联社改制成立的股份制商业银行，注册资金5亿元，2015年9月16日正式挂牌开业。贵阳乌当农村商业银行股份有限公司（以下简称“乌当农商行”）位于贵阳市乌当区，其前身是贵阳市乌当区农村信用合作联社（以下简称“乌当联社”），乌当联社于2005年6月24日完成了统一法人社改革，结束了长达50多年的经营管理模式，建立了“三会一层”组织架构，正式揭开乌当联社深化改革、加快发展的序幕。乌当农商行现有在职员工531人（在岗员工509人，内退22人）；28个营业网点覆盖辖内所有乡镇、社区，其中，乌当区12个网点、观山湖区13个网点、云岩区2个网点、南明区1个网点。

（二）贵阳乌当农商行的改革业绩

改制后的贵阳乌当农商行，始终坚持服务“三农”、服务小微企业和服务社区的市场定位，坚持以市场为导向，依法、合规、审慎经营，走出了一条具有特色的“改革、创新、发展”之路，经营业绩不断攀升，综合竞争力日益增强。在省联社“五动协同”

和“五个金融”[①] 的发展方针指导下，认清自身优势，扬长避短，奋起直追，始终坚持以“四个最有价值”[②] 企业愿景为依托，围绕年初制定的中心工作和管理目标，始终坚持“守住两条底线，在风险防控和业务发展中实现双赢”的核心理念，着力实施“党建带动”“管理联动”“改革推动”“创新驱动”“文化拉动”“金融扶贫”六大战略。在筑牢筑实思想阵地基础上，全面释放了经营管理改革活力，稳固夯实了“三农”市场根基，在全国经济持续下行的大环境下，依旧实现了全年各项存款规模持续稳定增长，不良贷款持续压降，各项收入稳步上升，电子银行业务迅猛发展的年初既定目标。积极做精特色银行、做大小微金融总部、做活金融市场、启动直销银行；紧紧围绕质量效益中心，坚持全面风险管理和审慎经营原则，努力开拓创新，推进科学发展，打造“治理完善、管理严格、财务良好、服务一流”的标杆银行；坚持立足县域、服务“三农”，积极发挥支农主力军的作用，为当地区域经济发展做出新的贡献。

从2005年统一法人到2015年成功改制农商行，十年间始终坚持服务“三农”、服务中小微企业、服务社区的市场定位，坚持以市场为导向，依法、合规、审慎经营，走出了一条具有特色的“改革、创新、发展”之路，经营业绩不断攀升，综合竞争力日益增强，已成为全区“资产规模最大、存贷款余额最高、支农支小力度最强、金融服务最宽、机构网点最广、从业人员最多、百姓最为信赖”的银行业金融机构。

2016年上半年，乌当农商行始终坚持面向“三农”、面向中小微企业、面向社区的市场定位，紧紧围绕贵州省主基调、主战略和省联社年初工作会议精神，创新金融服务，拓展服务功能，主动适应经济金融新常态，充分发挥了服务“三农”和地方经济发展金融主力军作用。①存贷款业务较快增长。截至2016年6月30日，贵阳乌当农商银行各项存款余额为129.77亿元，较年初118.10亿元上升11.67亿元；各项贷款余额为103.81亿元，较年初75.70亿元上升28.11亿元；资产总额为185.60亿元，较年初182.73亿元增加2.87亿元，增幅为1.57%。②各项收入稳步上升。2016年上半年实现各项收入2.98亿元，利润总额0.49亿元，净利润0.36亿元。③核心指标持续优化。按照银监会2012年6月7日发布的《商业银行资本充足率管理办法（试行）》计算，截至2016年6月30日，考虑募集新股金因素后，新口径资本充足率为10.09%，一级资本充足率为9.12%，核心一级资本充足率为9.12%。按照贷款五级分类标准，截至2016年6月30日，不良贷款余额19588.77万元，其中，次级类贷款2519.14万元，可疑类贷款17069.63万元，不良贷款占比1.89%。呆账准备余额30408.01万元，不良贷款余额19588.77万元，拨备覆盖率155.23%。④银行卡业务增势良好。总计发行信合卡约33950张，全辖累计发卡达341263张，活卡率14.88%。新增ATM机12台，其中12台投入运营，全辖ATM机具共计62台。全辖全年共安装银联POS机具191台，全辖累计1833台。“村村通”存量机具328户，交易914076笔，交易总额59283.92万元，实现全辖121个行政村100%全覆盖。新增网上银行和手机银行客户15422户，电子银行替代率达到73.57%，较年初上升5.57个百分点。

2016年是贵州乌当农商行小微中心向小微金融总部（事业部）改制转型的启动之

① 指做精“三农”金融，做大小微金融，做实民生金融，做优产业金融，做强电子金融。

② 指的是最优客户价值、最强员工价值、最高股东价值、最大社会价值。

年，贵州乌当农商行坚持支农支小的市场定位，面对复杂的外部环境，直面激烈的市场环境，不断完善“六项机制”① 建设，不断创新特色产品、优质的服务流程、高效的风控能力以及独特的企业文化，支持小微企业稳步发展。自 2011 年成立小微中心以来，贵州乌当农商银行始终坚持“以市场为导向、以客户为中心”的经营理念，从满足小微企业金融需求出发，精耕细作于小微企业金融服务领域，不断探索创新金融产品和服务方式，积极探索化解小微企业融资难、融资贵问题，助力实体经济发展。“小微企业信用贷款”历经五年发展，已被证实是成功的，贵州乌当农商银行以此项信贷技术为核心，形成了标准化、可复制、可持续的小额信贷商业模式。在经济“寒冬”，贵州乌当农商银行小微企业依然保持较快增长。截至 2016 年 8 月末，贵州乌当农商银行小微金融总部发放的小微企业信用贷款余额 37463 万元，户均贷款余额为 98. 33 万元。较 2015 年同期增长 400%，小微企业贷款增速高于各项贷款增速 180. 06 个百分点，小微企业信用贷款较 2015 年同期增加 190 户，申贷获得率 99. 55%，较 2015 年同期提升 10 个百分点，完成了小微企业贷款“三个不低于”② 目标。

乌当农商行取得如此快速的发展，得益于其与时俱进的发展，充分利用自身的优势，牢牢抓住目标客户的需求特征，并以此为核心，不断开拓新的金融产品，以适应经济发展的需要。

二、贵阳乌当农商行的特色金融产品

伴随着农村社会经济发展，农村社会经济结构正在发生深刻变化，原有社会经济形态解构，社会经济要素重新整合，新的经济社会态势正在逐步形成。从传统农户分离出新的市场经营主体，如专业大户、家庭农场、农业企业、合作性经济组织等。但就金融需求而言，农户依然是主要的贷款对象，尤其是在欠发达地区。作为服务农村经济的主力军，理应重视农户的金融需求。为此，贵阳乌当农商银行推出了“信用工程建设”“农户小额贷款与联保贷款”“金融夜校活动”“金融精准扶贫”“农民工金融服务活动”“直销银行”服务等。

（一）信用工程建设

农村信用工程建设以农户小额信用贷款为基础，通过培育信用农户，创建信用村（组）信用乡（镇）、农村金融信用县，构建小额信贷质量管理的保障机制。目的是促进和改善农村金融生态，降低违约概率，挖掘潜在需求，培养优质客户，能够有效降低交易成本，有利于农商行可持续发展经营。另外，有利于普惠农户，不断提高农户小额

① 六项机制是中国银监会 2005 年 7 月在《银行开展小企业贷款业务指导意见》中提出的。具体内容包括，商业银行开展小企业贷款要着重落实利率的风险定价机制、独立核算机制、高效的贷款审批机制、激励约束机制、专业化的人员培训机制、违约信息通报六项机制。

② 即在有效提高贷款增量的基础上，努力实现小微企业贷款增速不低于各项贷款平均增速，小微企业贷款户数不低于上年同期户数，小微企业申贷获得率不低于上年同期水平。

信用贷款的授信额度、扩大农户贷款面、提高农户有效信贷需求满足率，有效解决广大农民贷款难和农村信用社难贷款、收贷难问题，实现金融资源更多配置于农村经济主体客户。活动主要包括信用村（组）、信用乡（镇）、信用县（市）的创建。为此，贵州农信社先后出台了《贵州省农村信用社“致富通”农户贷款管理办法》《贵州省农村信用社“致富通”农户信用等级及综合授信管理办法》和《贵州省农村信用社信用乡（镇）信用村、组评定及管理办法》等规章制度，规范了农户小额信用贷款的管理，有效促进了贵州省农户小额信用贷款快速、健康发展。截至 2014 年 10 月末，贵州农信在贵州省 852 万农户中建档 701 万户，评定等级 686 万户，评定信用农户 663 万户，创建信用组 67144 个，信用村 8993 个，信用乡镇 528 个，农村金融信用县（市）10 个。截至 2015 年末，贵州省农信社已建立农户档案 710 万户，占贵州省总农户数的 83.24%，其中，评定信用农户 677 万户，授信总额为 2512 亿元；累计创建农村金融信用市 1 个（地级市），创建农村金融信用县（区）19 个，创建信用乡（镇）757 个，占贵州省 1345 个乡（镇）的 56.28%；累计创建信用村 10481 个，占贵州省 16558 个行政村 63.30%；累计创建信用组 91397 个，占贵州省 166361 个村民小组 54.94%。

乌当农商行各基层信用社利用宣传专栏、张贴标语、电视、广播等媒介、卡片、进村入户等形式，广泛宣传创建信用工程的目的、意义、方法步骤和可享受的利率优惠等，营造良好的舆论氛围。让广大群众进一步认识信用工程创建带来的实惠，主动参与到创建工作中来。依靠政府的支持和村组织的配合，充分利用乡镇、村“两委”的助推作用，形成“政府牵头、信用社主办、部门配合、村组响应、农民参与、整体联动”的良性互动格局。由政府、农信社（农商行）、村委会携手开展“信用村”“信用户”评定工作，以行政组织措施推动实施。贵阳乌当农商行通过开展信用农户、信用村（组）、信用乡（镇）的创建，使信用农户得到更大的信贷资金支持，讲信用的农户得到贷款优先、利率优惠及服务优良的“三优”政策扶持，最终实现农民增收、农业增产、农村经济及农村商业银行共同发展的目标。为进一步规范乌当农商行信用工程“三优”政策的实施与管理，使信用工程“三优”政策更好地贯彻执行，打造较好的农村区域信用环境，切实让信用乡（镇）、信用村（组）的信用农户得到“服务优良、贷款优先、利率优惠”的政策优惠。

（二）农户小额贷款与联保贷款

2015 年 10 月 18 日贵州省扶贫开发工作会议召开以后，为使金融扶贫更有针对性，贵州省扶贫办、人行贵阳中支、贵州农信社联合印发了贵州省精准扶贫“特惠贷”实施意见，对建档立卡贫困户发放“5 万元（含）以下、3 年期以内、免担保抵押、扶贫贴息支持、县级风险补偿”的低利率、低成本的扶贫小额信用贷款，用于贫困户的生产、就业、就学和移民搬迁等用途，帮助贫困户“换穷业”。截至 2016 年 6 月末，贵州省农信社累计向 34.16 万贫困户发放“特惠贷”115.6 亿元，其中 2016 年“特惠贷”累放达 78.3 亿元，申贷获得率达 100%。为配合贵州省联社“特惠贷”，推出了“致富通”农户贷款。

一是“致富通”农户联保贷款。“致富通”农户联保贷款是指在农村信用社（农村商业银行）营业区域内，没有直系亲属关系的农户在资源基础上组成联保小组，贷款人对联保小组成员发放的，并由联保小组成员相互承担连带保证责任的贷款。居住在信用社服务区域内，在从事农业（农林牧副渔业）生产、加工等农业生产经营及其他非农生产经营活动中，产生信贷需求的农户。其申请条件为：①依规定成立联保小组，并共同签订联保协议；②借款用途明确、合法；③联保小组成员从事农业生产或者其他符合国家产业政策的经营活动，并有合法、可靠的还款来源；④联保小组成员均在贷款人处开立个人银行结算账户；⑤贷款人要求的其他条件。借款人提供材料有：①借款申请书；②联保协议；③借款人及联保小组其他成员合法有效身份证件、户口簿或结婚证；④贷款人要求的其他资料。

二是“致富通”农户小额信用贷款。“致富通”农户小额信用贷款是指农村信用社（农村商业银行）以评定农户信用等级为基础，以农户信誉为条件发放的满足其农业生产、生活资金及其他非农生产经营需要的小额信用贷款。居住在信用社服务辖区内，经农村信用社（农村商业银行）评级授信后的信用农户。其申请条件：①借款人在贷款人服务辖区内，有稳定住所；②借款人年龄在18～65周岁，具有完全民事行为能力，身体健康；③借款人遵纪守法，诚实守信，无重大不良信用记录；④借款人具有还款意愿和能力；⑤从事的生产经营活动符合国家产业政策；⑥信用社要求的其他条件。借款人须提供材料：①书面借款申请，包括但不限于借款人基本信息，借款金额、期限、通途、担保方式、还款来源以及个人征信报告；②借款人有效身份证明；③婚姻状况证明；④合法收入证明；⑤贷款人要求的其他资料。贷款流程：提交申请→资信调查→确定信用等级→审查审批→签订合同→贷款发放。

“致富通”农户小额灵活贷款。“致富通”农户小额灵活贷款是指农村信用社（农村商业银行）对原有拖欠贷款的借款人，在制定并已开始履行分期还款计划的基础上，向借款人再次发放的农户小额信用贷款。居住在信用社服务区域内，因自然灾害等不可抗力因素，造成在信用社贷款形成不良贷款①的农户均可申请“致富通”农户小额灵活贷款。其申请须具体条件：①借款人在贷款人服务辖区内，有稳定住所；②借款人年龄在18～65周岁，具有完全民事行为能力，身体健康；③借款人遵纪守法，诚实守信，无重大不良信用记录；④借款人具有还款意愿，已按分期还款计划按期偿还贷款本息；⑤从事的生产经营活动符合国家产业政策；⑥贷款人要求的其他条件。借款人提供材料：①书面借款申请；②借款人有效身份证明；③以家庭为成员为承贷人的，须提供户口簿等相关有效证件，证明原借款人与新承贷人之间的家庭关系，并由新承贷人出具《连带还款责任承诺书》。贷款流程：借款申请→调查建档→确定授信→签订授信合同→贷款发放→支付管理。

（三）金融夜校活动

贵阳乌当农商行组织了乌当农商行“金融夜校”活动。农村业务部制定了《贵阳乌当农商银行金融夜校管理办法》，通过与各个相关部门细心准备，在新场镇、百宜镇、下坝镇、偏坡乡、新堡乡举行了乌当农商行2015年“金融夜校”活动，6次“金融夜校”由总行领导班子进行演讲，乌当农商行领导班子、部分部（室、中心）负责人、

① 不良贷款的认定原则上按四级分类标准执行。

农商行（分行）负责人、乡镇政府领导、乡镇部分村支两委、村民组长、部分村民、部分“诚者信合村村通”商户共1100余人参加了活动。通过“金融夜校”活动，农商行领导从不同方面对在场群众进行了金融知识宣传，通过向参加活动者发放纪念品、宣传资料等，提高了其参与的积极性，通过“金融夜校”全面从创建“信用工程”，传递致富信息、讲述致富故事，教会致富方法，营造致富环境，让农民群众讲诚信、换思想、寻对策、求发展，解决农户金融知识贫乏、理财意识淡薄、致富信息来源少、诚信意识差、法律知识匮乏等问题，打通惠农金融服务最后1公里。并且将农村业务部作为该活动的主办部门，持续做好“金融夜校”活动。

金融夜校活动一方面普及了农户的金融知识，另一方面也向更多农户提供了贷款，理财产品等金融机构信息，大大减少了借贷双方的信息不对称现象，使得深入普惠金融发展得以推进。

（四）金融精准扶贫

贵州是国家扶贫减贫的重点省份，中共贵州省委出台《关于以改革创新精神扎实推进扶贫开发工作的实施意见》（黔党办发〔2014〕23号）、省扶贫办出台《关于印发〈贵州省信贷支持精准扶贫工作实施办法〉的通知》（黔扶通〔2014〕64号）、中国银监会贵州监管局下发《贵州银监局关于银行业支持扶贫开发工作的指导意见》（黔银监发〔2015〕49号）等文件。按照贵阳市精准扶贫最新工作要求，贵阳市2015年按照人均收入低于3280元的贫困标准已全部脱贫，2016年贵阳市确定人均收入低于4300元的为低收入困难户。按照相应上级文件精神，一方面，乌当农商行农村业务部于2015年内开展对全辖贫困农户的扶持工作，18个网点对全辖农户情况进行逐户走访、建档立卡，多次与政府及相关部门进行对接，持续多个月，并按照文件规定发放扶贫贷款用于支持农户脱贫致富；另一方面，加强银政企的有效合作。乌当农商行朱昌镇支行、朱昌镇政府领导班子及企业代表三方举行了帮扶扶贫会，主要为解决朱昌镇辖区内农民工及留守儿童外出父母的就业问题，做到社会力量参与，达到有效精准扶贫。会议中，朱昌镇党委书记吴勇提到了：搭建社会帮扶平台，通过朱昌支行的帮扶，携手企业，共同解决朱昌镇辖区内贫困家庭、留守儿童家庭、返乡农民工等的就业问题。此次合作，也是观山湖片区的第一例，加强相互合作，携手共进，有效解决当地就业问题。朱昌支行行长常国荣提出：希望通过此次银企政合作，实现三方共赢，既能解决当地农民的就业困难，又能加强银企政的相互合作了解，共同尽社会责任。另外还需联合各方面的社会力量参与，坚持做好“精准扶贫”工作，用实际行动关爱留守儿童、关心农民工返乡、关注贫困家庭。

2016年上半年，乌当农商行农村业务部同乌当区、观山湖区政府、金融办、农业局、财政局进行工作对接，摸清贫困农户致贫原因，促进乌当区金融精准扶贫。做到“六个精准”①。在切实走访基础上，增加精准扶贫相关工作外延，对贫困户进行建档立卡，并且进行信贷扶持，争取早日扶持农户脱贫致富。增加农业企业、农民专业合作社的评级授信，增强其扶贫带动作用。

① 扶贫对象精准、项目安排精准、资金使用精准、措施到户精准、因村派人精准、脱贫成效精准。

（五）农民工金融服务产品创新

农民工金融服务中心。贵州省农村信用社农民工金融服务中心于2008年成立，旨在贯彻落实党中央国务院关于农民工问题的文件精神，为农民工提供更加方便、快捷、优质的金融服务。该服务中心的职责主要有三个：①搭建桥梁。加强对外出务工人员金融知识的宣传力度，与联社加强联系与对接，为全市外出务工人员提供相应的金融服务。②拓展业务。负责组织贵州省外出务工人员汇款到社、清收在外务工人员不良贷款；负责吸收、培养、发展在外联络员；负责对贵州省外出务工人员的档案建立；加强与贵州省各驻外机构的协调与联系，积极为农民工排忧解难，延伸和拓展农村信用社服务领域，增进与农民工之间感情。③汲取经验。积极探索一些中间业务开展，了解学习借鉴外省农村社和其他金融机构的一些好的经验与做法；了解当地农副产品信息和务工信息，帮助我省农村发展经济。

农民工银行卡特色服务。贵阳乌当农商行在全国率先试点“农民工银行卡特色服务”，有效提高农村信用社服务水平和质量。截至2012年10月，就已发行农民工特色银行卡9.2万张。为广大异地农民工解决了资金流转及安全性问题。

农民工返乡创业外出创业贷款。农民工返乡创业贷款是指农村信用社（农村商业银行）根据建立的《农户小额信用贷款档案》及在外务工期间与户口所在地农村信用社业务往来情况，在评级核定的信用等级额度内，外出务工人员申请用于创业所需的贷款。限于各信用社所辖服务区域内外出务工返乡人员，并获得农户信用贷款优秀级、较好级和一般级的农户。申请条件是：①年满18～60周岁，具有完全民事行为能力；②借款人的户口、住所、生产经营场所均在信用社服务的区域内；③外出务工期间经常汇款到户口所在地农村信用社，与农村信用社有业务往来，贷款优先；④已筹足30%的自有资金（运输业自筹资金50%）从打工地汇款存入户口所在地信用社；⑤借款人遵纪守法，诚实守信，贷款时无不良贷款；⑥有从事项目相应的经验、技术、能力，对市场有一定的了解；⑦有到期偿还贷款本息的能力。借款人须提供材料：①贷款申请书；②活期储蓄存折；③《贷款证》和夫妻身份证明；④有关部门对从事的项目的批准文件、营业执照或技能证书；⑤信用社要求提供的其他资料。贷款流程：提交申请→资信调查→确定信用等级→审查审批→签订合同→贷款发放。

（六）推行“直销银行”服务

探索大数据背景下的现代银行生存发展。2015年经济下行明显、同业竞争加剧、利率市场化的到来，给银行业带来了一系列连锁反应。在这种大背景下，传统业务主导的高速发展逐渐丧失。谋求创新、试水互联网金融是必须选择的道路。2015年，贵阳乌当农商行通过大量调研、论证、考察、学习，初步做出了搭建直销银行，向互联网金融进军的决策，借助网络科技，打造网上直销平台，打破柜台服务对时间、地域、网点等方面的限制，提供全天候、不间断的金融服务。现目前机构初步搭建、人员初步配备，直销银行已初具雏形。推行“电子银行”及“社区银行”服务，从时间、空间上覆盖城区金融服务“真空”。2015年，贵阳乌当农商行积极跟进城市社区及城镇化建设，实施金融服务进社区计划，进行社区营业网点搬迁、谋划金融超市或自助网点，充分运用自助设备、网上银行、手机银行以及人工服务等方式，为社区居民提供现金存取、转账汇款等便民金融服务，打造社区居民的“贴心银行”，把社区居民和商户发展成最忠诚的客户群体。

（七）黔微贷

“黔微贷”微型企业贷款是指农信社、农商行在风险可控的情况下，采取信用、保证、抵质押、担保公司担保等多种方式，向符合条件的微型企业发放单户不超过300万元的贷款，以短期贷款为主。“黔微贷”微型企业贷款是指贵州省范围内符合“3个15万元”[①]扶持政策、获得微型企业扶持资格，有贷款需求的微型企业、微型企业法定代表人或合伙人等客户。申请条件：①有固定的经营场所，取得合法经营的证照及相关资料，所创办的项目通过政府相关部门审核并被列为“扶持微型企业”；②法定代表人持有有效身份证件或有效授权委托书；③注册地及经营在贷款人辖区范围内，从事的经营项目必须符合国家有关法律、法规、政策规定，并具有可持续性、预期收益较好、具备还贷能力；④企业及相关投资者信用记录良好，无恶意逃废债务、信用卡恶意透支记录，无涉黑、涉赌、涉毒的不良记录。借款人需提供材料：①借款申请书；②合法有效的营业执照、组织机构代码证、税务登记证、开户许可正等证照及法定代表人的资格证明或有效授权委托书；③公司法定代表人、股东的情况介绍，包括学历、工作经历、家庭住址、个人资产等，并附身份证复印件；④提交自成立以来的年度报表及当期财务月报；⑤贷款人要求提供的其他资料。贷款流程：申请→调查→审查→评级授信→审议审批→签订合同→发放。贵阳乌当农商行小微中心严格执行联社信贷业务流程，稳步推进“黔进贷”信用贷款，2014年小微中心内部全年召开审贷会60次，过会金额21045万元。截至2014年12月末，发放“黔微贷”信用贷款224笔，放款金额21600万元，单笔金额96万元。单笔发放金额有了较大幅度的提升。同时，以省联社进一步做好“3个15万”微型企业金融服务工作的通知为契机，大力扶植微型企业。

（八）信合惠农一折通

信合卡一折通业务是指以贵州省农村信用社信合借记卡为载体，集不同档次的定期储蓄存款于一个主账户管理，具有多储种、多账户集中管理功能的一种服务产品，适用于贵州省农村信用社发行的信合借记卡，包括有折卡和无折卡。每张信合借记卡只能开立一个主账户，即个人银行结算账户，可关联多个子账户，即定期储蓄账户。信合卡一折通是整存整取定期储蓄账户进行集中管理的一种手段，其核心实质仍是整存整取定期储蓄，可以办理整存整取定期储蓄存款和个人通知存款。支持在贵州省农村信用社系统内跨联社（行）开户和销户。贵阳乌当农商行2015年全年总计发行信合卡约63593张，累计发卡307313张，活卡率12.64%（贵州省排第12位）。新增ATM机19台，其中17台投入运营（北衙支行新网点未交付使用，故2台机具未启用），ATM机具共计51台，2015年共安装银联POS机具579台，累计1622台（贵州省排第2位）。

① 投资者出资达到10万元后，政府给予5万元补助，15万元的税收奖励，15万元额度的银行贷款支持。

（九）信合村村通

“信合村村通”助农金融服务业务是贵州省农村信用社通过发布在农村乡（镇）、村指定合作商户服务点刷卡机（POS 终端设备），利用商户流动资金，通过转账方式为农村群众提供取款、转款和查询等金融服务。适用于贵州省农村信用社发行的信合卡所有持卡客户。其产品功能有：助农取款、转账付款、余额查询。贵州农村信用社发行的信合卡办理任何业务均不收取手续费。助农取款收取跨行手续费，手续费由系统自动从持卡人账户内扣收，收费标准由各发卡行分别制定，且收费标准不高于农民工银行卡取款。转账付款收款账户为跨行卡的 1 万元以下收取 4.95 元/每笔手续费；1 万元以上收取 9.45 元/每笔手续费。余额查询行外、行内均不收取手续费。另助农取款每卡每日取现金额不超过 2000 元（含）。“村村通”业务的大力推广。2015 年共安装银联 POS 机具 833 台，“村村通”机具 486 台，解决 POS 机具故障 100 余次，处理商户资金差错 50 余笔，差错金额 80 余万元。其中，银联 POS 机具新增台数较上年同期相比增长了 617.89%。村村通实现了 121 个行政村 100% 覆盖任务，并超额完成了 360 余台，为力争实现组组通打下了坚实的基础。2015 年交易 1405337 笔（贵州省排名第 2 位），交易总额 107929.79 万元（贵州省排名第 3 位），实现全辖 121 个行政村 100% 全任务。新增网上银行 6036 和手机银行客户 6501 户，电子银行替代率达到 51.83%（贵州省第 3 位），较年初上升 9.22 个百分点。

三、贵阳乌当农商行发展普惠金融的经验总结

（一）锁定目标客户，有针对性地创新金融产品

农村商业银行拥有广泛的机构网点，具有支持“三农”的基础，尽管农村这块市场的利润不像城市那么肥沃，但农村具有人多量大的特点，贵阳乌当农商行始终牢牢守住自己的营业场所，为所在地区的农村提供必需的金融服务。由于具有对农村金融需求的较高熟悉度，倾力为“三农”量身打造各类金融产品，从而实现在经济下行情况下依旧保持较高的利润率。

（二）降低交易成本，使得借贷双方获益

锁定了服务对象，降低金融交易双方的成本是贵阳乌当农商行一直努力的方向，根据农户的金融需求及农户自身禀赋的特征，创新性地设计了信用工程建设项目、致富通小额信贷和联保贷款、以及精准扶贫的项目等，大大降低了交易双方的成本，同时也减小了交易风险，大大解决了农户贷款难的问题。

（三）借助政府的力量，发展普惠金融扶贫

解决农户和金融机构的交易对接难问题，不仅解决了双方各自的困难，同时还涉及

到金融交易的外部性问题，为社会经济发展做出了贡献，因此政府需加入其中，使得交易顺利实施，从而实现帕累托改进。信用工程项目是一个工作量较大的项目，仅农户和金融机构而言，由于交易成本太高，而双方难以顺利实现交易，政府的投入，不仅使得交易顺畅，而且加快了地方经济的发展与繁荣。因此更好地借助政府的力量，不仅仅是提供金融供给，也是实现了社会进步。

四、案例使用说明

（一）教学目的与用途

（1）适用课程：农村金融、小微金融。

（2）适用对象：金融专业硕士、金融学术硕士。

（3）教学目的：本案例梳理了贵阳乌当农商行发展历史及业绩，并分析了特色农村金融产品。进一步分析了随着社会经济发展及社会结构的转变，农村金融需求的变化，带来了乌当农商行农村金融产品的不断创新。为农村金融机构在新时期行业竞争中发展，提供借鉴思路。

（二）案例思考题与分析思路

（1）思考题：农村金融需求发生哪些变化及其原因解析？

分析思路：①社会经济的发展，农村劳动力的转移，工商资本下乡等，人资的流动会带来新的金融需求。②运用经济学的分析方法，各要素的流动，引致资本流动。

（2）思考题：此案例中，分析信用工程建设各方利益所得？

分析思路：①信用工程建设初期工作量较大，成本与后期的收益关系。②政府在这个关系中所扮演的角色，以及政府在这个关系中的利得。

（3）思考题：此案例中的小额联保贷款是否会带来违约？

分析思路：①在农村普遍缺乏抵押品的社会中，联保贷款是对农户的另一种约束机制，这种约束能否奏效。②如果发生违约，是否会有更强的约束替代机制。

（三）理论依据

1. 农业的弱质性

农业的弱质性一方面体现在其生产的高风险性上，另一方面体现在农户在农产品市场上的弱势地位。前者指由于农业风险单位（即一次风险事故所造成的损失范围）发生频率高、概率大，造成的损失规模大且难以分散，同时具有伴生性和明显的区域性，严重阻碍农业发展。后者指“小农户，大市场”背景下的农产品产值很难得到有效保障。因此，必须建立一个长期有效的农业风险分散机制来分散和转移农业风险，并需要政府各种形式的有效介入，来缓冲可能由于农业经营规模的扩大而被传导集中的风险。

2. 信息不对称理论

信息不对称理论中的两个核心问题，即逆向选择和道德风险。农户的融资行为，无论是少量分散性融资行为，还是大量集中性资金需求，都在一定程度上面临着信息不对称的困扰。伴随契约的出现，必然会有机会主义行为的产生。机会主义（或者说投机）假设是指人具有随机应变、投机取巧为自己谋取最大利益的行为倾向，包括事前机会主义行为（逆向选择）与事后机会主义行为（道德风险）。机会主义行为必然会给农村金融机构带来新的风险，因此，农村金融市场需要农村非正规金融的及时补充，以及政府在后期融资的增信机制。

3. 交易成本理论

阿罗把交易成本定义为“经济体系运行的成本”，但除了这种日常成本以外，交易成本还包括建立、维持或改变一个体系的基本制度框架的成本。因此，相对于正式制度来说，我们可以说，交易成本来自建立、维持和改变下列方面的成本：①法律意义上的制度（宪法和民法）；②权利意义上的制度（如根据自愿协商的劳动合同而产生的具体索取权）。此外，由于存在与基本的正规制度运行相联系的非正式活动，也会出现交易成本。科斯定理：只要交易成本为零，那么，初始的合法的权利配置对于资源配置的有效性是无关的。这就是说，只要交易界区是清晰的，资源配置就能有效。经济运行中交易成本是必不可少的，是交易双方必须支付的，因此如何降低交易成本实现交易双方收益最大化是经济学的重要问题。

（四）案例拓展讨论

（1）讨论：借助农户自身的资源，以及政府的力量，如何实现农户金融需求的更大化满足？

分析思路：①分析农户自资源禀赋以及政府在农村金融中扮演的角色，这些资源如何更好地在农户借贷中发挥作用。②以农地经营权的抵押与政府的配套增信获得正规金融机构融资。

（2）讨论：如何将正规金融的机制与民间资金相结合，从而实现更好地服务“三农”？

分析思路：①正规金融机构资金雄厚，但通常不会雪中送炭；非正规金融机构在熟人社会的信息不对称的风险较小，但资金量有限。②民间存在大量的自由资金，如何能够将民间资金更好地运用于正规金融，或者显性化使用，从而实现资金配置效率的提高。③若两者能取长补短，建立合理的机制，集中服务农村与农业发展，则是更好的选择。

（撰写者：孙红、于卉兰）

后 记

——鲁五山人行学的日子

十年之前雁迁南国，效法孔老夫子，走上杏坛，开始了与年轻学子神游的旅程。当我带领弟子们在南粤大地上游走时，每每被金融实践者的服务创意所打动，尽可能地在微利空间寻求创新金融产品，服务农村大众。当时就想做一份类似案例的东西分享给大家。后为金融专业硕士授课，更加促使我实现这个愿望，恰好研究生院立项专业硕士课程案例库建设项目，就与弟子们着手材料与调研的准备。后负责 MF 中心，学院予以支持，进而 MF 中心的几位老师也加入进来。在忙碌的上课之余，师生同仁累积材料，先后到广东、广西、贵州、湖南、江西等地调研。2017 年暑假又得到了导师王家传先生的支持和全程安排，调研了山东泰安、日照、临沂等地。先生 60 多岁高龄，在酷暑之中一直陪伴我辈左右，以脚踏实地的认真与不倦的谆谆教诲示范后学。原计划重点总结广东省农村金融服务实践创新案例，现自然拓展开来，包括地域上和案例类别上，从银行到市场——毕竟股份制度是最好的普惠手段。从起意到即将付梓，不知不觉间已近两载。

在调研及写作过程中，得到了诸多亲朋好友相助。在贵州调研时，贵州大学的李晓红教授伸以援手，贵州省农信社系统同仁热情接待；广西农户与企业调研，黄应文及其家人以其精心准备的家宴让我们感觉回到老家的温暖；云浮是我的第三故乡，回到那里总感日头太短，难以与老友把樽言欢；四会走访，四会农商行给予周到关照；茂名调研，茂名市国资委与金融局细心安排，尤其是金融局钟期军副局长全程陪同，高州、信宜、电白等金融局与农商行、电白区长江村镇银行等给予大力支持；山东调研是一个远游学子魂牵梦绕的故乡行，山东农业融资担保公司、山东农信联社泰安办事处与岱岳区农商行、日照市岚山区农商行、济宁银行日照分行、山东农信联社临沂办事处、中国人民银行平邑支行、中国银行平邑支行与平邑农商行的领导和同仁鼎力相助。而王征的机场相迎，师门兄弟姐妹的相聚，同学三十年后的拥抱，兄弟亲人老家的会首，与我年逾八旬的高中老师的相见，都是我最激动幸福的时刻，让我体会到了家乡的温暖，怎一个谢字了得！我的同事在调研中也得到了中和农信项目管理有限公司与盟德晟农业科技发展有限公司的支持，写作中也借鉴了许多学人的高见，一并表示衷心感谢！

张乐柱

2017 年 10 月 26 日于花城